Margot Woltering

El Salvador: Leben auf dem Vulkan

D1723446

Margot Woltering

El Salvador: Leben auf dem Vulkan

Erfahrungen und Beobachtungen aus der Nähe

ATE

Umschlagbild: eigenes Foto, aufgenommen am Plaza Libertad in San Salvador

Danken möchte ich
Prof. Dr. Paulus Engelhardt OP, ohne ihn wäre dieses Buch nie erschienen; Anne Leefen und Volker Glaßner für die Zeit und Geduld, die sie mit korrigieren und am Computer aufgebracht haben; der Stadt Bottrop für die großzügige finanzielle Hilfe; meinen salvadorianischen Freunden, die mich dieses Land trotz großer Schwierigkeiten lieben gelernt haben.
Widmen möchte ich es den zwei Menschen, die mir die Augen geöffnet haben für das Leid in El Salvador, Pater Markus Steindl OP und Ursula Schwarzenberger.

Die Deutsche Bibliothek – CIP-Einheitsaufnahme

Woltering, Margot
El Salvador: Leben auf dem Vulkan : Erfahrungen und Beobachtungen aus der Nähe / Margot Woltering . – Münster : LIT, 1998
  (AT Edition)
  ISBN 3-8258-3604-5

NE: GT

AT Edition Dieckstr. 73 48145 Münster 0 251 / 23 50 91

Vorwort

Das Bedürfnis, ganz schnell und auf den Punkt gebracht, über historische, ökonomische und politische Zusammenhänge der salvadorianischen Wirklichkeit informiert zu werden, wird in diesem Buch ganz sicher nicht auf dieselbe Weise befriedigt, wie wir das bei den üblichen Länderanalysen gewöhnt sind. Margot Woltering beschreibt sehr genau alles, was sie bei ihren verschiedenen Besuchen in El Salvador während des Bürgerkriegs und danach erlebt hat. Die Verdichtung, das Herausfiltern von Thesen müssen wir selber besorgen. Ein Vorteil für aktive Leserinnen und Leser, die selber entscheiden wollen, was im selbst konstruierten analytischen Netz hängen bleiben und was durchrutschen soll:

Der akademisch einflußreiche deutsche Sozialtheoretiker Jürgen Habermas macht die Berechtigung von Geltungsansprüchen für Wahrheit, normative Richtigkeit und Wahrhaftigkeit in Sprechakten davon abhängig, ob sie unbegrenzt einer argumentativen Prüfung unterzogen werden können oder nicht. Das würde bedeuten, daß wir die "Wahrheit" über die salvadorianische Gesellschaft nur erfahren könnten, wenn alle, die darüber etwas behaupten wollen, es auch ohne Zwang tun könnten, daß alle gehört würden, die dazu argumentieren wollen. Das ist sicherlich nicht praktizierbar. Habermas nennt seine Forderung deshalb auch zu Recht kontrafaktisch. Aber diese logisch korrekte Feststellung darf nicht die gegenwärtigen Zustände rechtfertigen, d.h. die praktisch-gesellschaftliche Auswahl derjenigen festschreiben, die das Recht zu sprechen und zu schreiben und die Chance, gehört oder gelesen zu werden, tatsächlich besitzen.

Daß der Diskurs niemals völlig unbegrenzt sein wird, gibt keine glaubwürdige Erklärung dafür, daß "los-sin-voz", die Armen ohne Stimme in El Salvador, von denen Bischof Romero sich eine kurze Zeit lang in ihr Megaphon verwandeln ließ, nun wieder stimmlos, unhörbar in der salvadorianischen Öffentlichkeit geworden sind. Dieselbe Einsicht darf aber ebensowenig als Legitimation dafür herhalten, daß die große Mehrheit der Menschen in Deutschland als mediales Objekt mißbraucht wird. Als in der Zeit der sandinistischen Revolution im nicaraguanischen Fernsehen plötzlich die Armen auftraten, aber nicht, um mal kurz den Clown zu spielen, sondern um über ihre alltäglichen ernsten Probleme zu sprechen, war das für die reichen Oligarchen ein Skandal. Genau so wenig gefiel ihnen die radikale Demokratie der Basisgemeinden in ganz Lateinamerika, wo nun plötzlich Don José und Doña Maria anfingen zu reden, die Bibel zu interpretieren und zu erzählen, wo sie der Schuh drückt, und in ihrer Gemeinschaft aufmerksam und respektvoll angehört wurden so sehr und so lange, daß sie sich schließlich nicht mehr damit abfinden wollten, außerhalb der Basisgemeinden weiterhin zur Stummheit verurteilt zu sein. Aber nicht nur die Oligarchen empfanden das als völlig unangemessen und unanständig, sondern auch die mit ihnen verbündeten Mächte im Norden. Hunderttausende mußten sterben, weil die Idee vom unbegrenzten Diskurs, die nicht von Habermas sondern aus der Bibel gewonnen wurde, so ernst nun doch nicht genommen werden sollte. Unbegrenzter Diskurs für Intellektuelle ja, aber doch bitte nicht für diese analphabetischen Massen.

Mit diesem Buch passiert nun wirklich ein Wunder im Sinne der Heiligen Schrift. Eine von uns, eine deutsche Frau von unten, hat aufgeschrieben, was sie erlebt hat und was die Begegnungen mit einem fremden Land, einem für Europäer unerträglichen Klima, einer schwer zu verstehenden Kultur und was vor allem die Menschen, die armen Menschen, mit ihr gemacht haben, wie sie selbst durch diese neuen, überraschenden Erfahrungen allmählich verändert worden ist. Margot Woltering war lange Zeit das Herz der pastoralen Arbeit in einer kleinen Bergarbeitergemeinde in Bottrop, wo sie zusammen mit unserem Freund und Mitbruder Pater Markus Steindl eine kreative Arbeit im Viertel und wegen der ökologischen Orientierung auch weit darüber hinaus geleistet hat.

Wie es in diesem Buch deutlich wird, war es für die Frauen aus Mesa Grande, dem Flüchtlingslager für salvadorianische Campesino-Flüchtlinge schwer, Margot und andere Frauen aus der Gemeinde St. Antonius in Bottrop aus ihrer vertrauten Umgebung herauszulocken und sie für eine Reise nach Mittelamerika zu gewinnen. Die spirituelle (d.h. von Gott angebotene) Praxis des Auszugs, die uns an die Grunderfahrung des Glaubens erinnert, bedeutet etwas mehr als Kerzen anzünden und gefühlvolle Lieder singen. Der "Exodus" gelang schließlich doch trotz der Sprachbarriere und der unleserlichen Schrift der erst im Lager alphabetisierten salvadorianischen Frauen, deren Briefe nur Expertinnen und diese auch nur unvollständig entziffern konnten. Die Flüchtlingsfrauen wußten aus ihrem eigenen Leben, wie schwer und widersprüchlich das Loslassen und Wegziehen ist, beharrten aber mit viel Geduld gegenüber den deutschen Frauen auf dieser Möglichkeit.

Europäische Journalisten, die Länder wie El Salvador besuchen, schreiben anders als Margot Woltering. Wir sind an ihre Weise zu schreiben gewöhnt, empfinden sie als angemessen. Sie schreiben unter Zeitdruck, wir selbst lesen ihre Berichte hastig. Ausländische Journalisten sammeln ihre Informationen häufig, indem sie in den besten Hotels sitzen. Die Kunst besteht für sie darin, möglichst vieles wegzulassen und die Wirklichkeit in wenige Wörter einzufangen. Diesen Zwang hat Margot Woltering sich nicht angetan. Was aber noch wichtiger ist: Sie war bei ihren Besuchen näher und länger dran an der Wirklichkeit der Armen. Andererseits hat sie sich auch nicht gezwungen gefühlt, die jeweils gängigen Einschätzungen der Solidaritätsbewegung zu reproduzieren. Beim Lesen hat man den Eindruck, daß sie lieber dem Leser die Entscheidung über "wichtig" und "unwichtig" überlassen möchte. Auf diese Weise bleiben viele "Schätze" erhalten und jede/r LeserIn kann frei entscheiden, welche sie oder er heben will. Unsere Gewöhnung an die üblichen offiziellen Texte wird auf eine schmerzliche Weise in Frage gestellt. Wir möchten schneller zu den kurzgefaßten Konklusionen kommen.

Wie gut wäre es, wenn wir solche Texte wie diesen von Margot aus der lateinamerikanischen Geschichte hätten! Leider erfahren wir über das Fühlen, Denken und Handeln des Volkes nur aus der Feder der Ordensleute, Priester und Sekretäre der Vice-Könige, für die das gemeine Volk meistens ein Randthema war. Es ist eine äußerst verkürzte Geschichte, die dabei herauskommen mußte.

Was würde geschehen, wenn es häufiger solche Leute wie diese Autorin gäbe? Wäre dann noch ein Golfkrieg möglich? Wie könnte jemand mit solch einem Krieg einverstanden sein, dessen Freundinnen und Freunde dort wohnen, der weiß, daß die Bomben auf die Häuser seiner Gastgeberinnen und Gastgeber fallen? Moderne Kriege (auch der Hungertote produzierende Wirtschaftskrieg) brauchen eine merkwürdige Distanz, genau die Distanz, die eine Frau wie diese Autorin mit Mühen und mit viel Energie überwunden hat.

Gerhard Pöter
San Salvador

Worterklärungen

ACNUR	Flüchtlingsorganisation
Acuerdo	Friedensvertrag
Artesania	Kunstwerkstätte
Autopista	Autostraße, Nationalstraße
Comadres	Frauen, die nach Verschwundenen suchen
Campesino	Bauer
Campesina	Bäuerin
CEDEN	christliche Hilfsorganisation
CDHES	Menschenrechtskomission
Champa	Elendshütte
Chicharra	für heilig gehaltene Käfer
Cliníca	Arztpraxis
Colones	Salvadorianische Währung
Comisión	Arbeitsteam
Comitè	Komitee
CRIPDES	christliche Hilfsorganisation
CRS	Mitarbeiter des Gefangenenlagers Nicaragua
Cucaracha	Käferart
Equipo pastoral	priesterloses Leitungsteam einer Kirchen-gemeinde mit beschließender Autorität
Fedecoopades	Hilfsorganisation
Finca	Bauernhof
FMLN	Befreiungsorganisation
Guarderia	Kindertagesstätte
Hermanas	Ordensschwestern
Indigeno	reinrassige Ureinwohner (Mayas)
Manzana	ca. 1 Hektar
Migración	Einwanderungsbehörde
Niña	Mädchen
Pasaje	Gasse
Pupusa	Gefüllte Maistasche
Repoblación	Rücksiedlung
Semana santa	Heilige Woche (Karwoche)
Testimonio	eigene Geschichte
Tutela legal	Kommission zum Schutz der Menschenrechte auf christlicher Ebene
UNO-SAL	Uno in San Salvador
UNTS	Gewerkschaftsverband
Zancudo	Stechmücken

Sie sagen, wir seien Rebellen.
Vier Wochen in Mittelameria (1987)

Wasser in eine Badewanne rauschen zu hören - wer kann nachempfinden, wie herrlich das ist? Ich lauschte diesem so lange entbehrten Geräusch. So viel Wasser, und das nur, um das Waschbedürfnis eines einzigen Menschen zu befriedigen, meines. Es kommt mir so unwahrscheinlich vor und ich weiß nicht, was das Normale ist, Wasser verbrauchen nach Lust und Laune oder jeden Tropfen abzählen müssen wie in El Salvador. Dort war es jeden Morgen ein Ratespiel: Gibt es Wasser? Gibt es kein Wasser? In den ersten Tagen war das schlimm, dann hatte ich mich damit abgefunden, war nur froh, daß ich in weiser Voraussicht genug Feuchtigkeitstücher mitgenommen hatte. So manches Mal waren sie die einzige Möglichkeit, Staub und Schweiß vom Körper zu entfernen. Wer hatte denn einen Wasseranschluß? Und wenn einer da war, wann kam wirklich mal Wasser da heraus? Es war schön, manchmal mit einem Plastikschüsselchen Wasser aus einer Zisterne schöpfen zu können. Was machte es denn schon, daß alles mögliche Getier darin herumschwamm? Und jetzt? Schönes, klares Wasser rauscht in meine Badewanne und gleich steige ich hinein und lasse mich umspülen. Ich schaue auf meinen Koffer, meine Tasche, die noch bedeckt sind vom Staub aus El Salvador.

Und ich denke zurück

Eigentlich hätte die Reise drei Monate früher sein sollen, der Flug war sogar schon gebucht, da wurde San Salvador von einem schweren Erdbeben heimgesucht und es gab Tote und Verletzte. Wo Häuser gestanden hatten, gab es nur noch Schutthaufen. Wir sollten bei den 'Hermanas de la corazon' (Ordensschwestern) wohnen. Aber Wohnhaus, Clínica und Schule der Schwestern mußten geräumt werden. Was nicht gleich bei dem Beben zerstört wurde, drohte hinterher einzustürzen. Die Schwestern mußten für sich selbst Unterschlupf suchen, für uns hatten sie keine Bleibe gefunden.

Ist es gut, trotz der Unsicherheit zu fahren?

Wir sind wirklich gut vorbereitet, und dennoch ist alles so ungewiß. Was wissen wir denn schon von diesen Ländern in Mittelamerika? Wir wissen von Verschleppungen, Folterungen, Morden, Bruderkrieg. Aber was erwartet uns? Was erwarten wir? Im Moment weiß ich nicht einmal mehr genau, was ich dort will. Habe ich mich tatsächlich zu einer solchen Reise entschlossen, weil Frauen aus einem Flüchtlingslager es wünschten?

Habe ich über dem Wunsch der Frauen vergessen, welch ein Risiko das ist? Bin ich so versessen darauf, die Wahrheit über diese Länder und Menschen zu erfahren, daß ich jedes Risiko, alle Strapazen dafür in Kauf nehme? Wie oft hörte ich in letzter Zeit: "Du erfährst sowieso nicht, was dort wirklich los ist. Du bekommst ja doch nichts zu sehen."
Und wenn es so ist? Was will ich dann dort? Was ist, wenn wir irgendwo außerhalb des Lagers sitzen und keine Besuchserlaubnis bekommen?
Fragen, Fragen, Fragen. Viele Fragen und keine einzige Antwort.
Hier sagt man, wir fahren stellvertretend für viele. Aber was erwarten die Vielen von uns? Bestätigung der Nachrichten über die Greuel? Oder ein Dementi, damit sie wieder in aller Ruhe konsumieren können? Ich weiß nichts mehr. Ich gehe in Gedanken zurück. Wie hat es angefangen? Vielleicht gibt mir das die Klarheit, die Sicherheit zurück, die ich anfangs hatte. Begonnen hatte es mit den Briefen aus Mesa Grande in Honduras. Heimat? Oder Gefängnis? Für elftausend Flüchtlinge aus El Salvador.

"Geliebte Schwestern in Deutschland, hört unser Klagen und, hört von unseren Leiden, die wir hier in unserem Gefängnis erleben müssen. Man läßt unsere Verwandten nicht zu uns. Sie sagen, wir seien Rebellen, aber das ist nicht wahr. Unsere Dörfer haben sie bombardiert, unsere Männer und Söhne haben sie umgebracht, sie foltern und schießen und sie vergewaltigen die Frauen und Mädchen. Schwestern in Deutschland, seid unser Sprachrohr. Wir brauchen Eure Hilfe."

So oder ähnlich hieß es in jedem Brief, der uns aus Honduras erreichte. Immer wieder schrieben sie von Massakern, die das Militär in El Salvador an ihnen verübt hatte.
Und der Arbeitskreis Mesa Grande in Bottrop schrieb zurück: Wir denken an Euch, wir beten für Euch und wir bitten Gott um seine Hilfe für Euch.
Damals gehörte ich noch nicht so fest zu dem Arbeitskreis, hatte nur die erste besprochene Cassette und die ersten Briefe vom Spanischen ins Deutsche übersetzen lassen.
Uneingeschränkt positiv stand ich dem Arbeitskreis nicht gegenüber. Es kam mir alles so sinnlos vor, das Schreiben, das Beten, das Mitleid. Und außerdem verstand ich die Leute im Lager nicht.
Ich fand es wahnsinnig schlimm, was ihnen in ihrer Heimat passiert war, aber sie waren nun schon seit Jahren in Honduras. Warum schrieben sie immer nur von Greueln, die sie vor Jahren erlebt hatten? Ich konnte es nicht verstehen. Ihre jetzige Situation sollten sie schildern, ich wollte wissen, wie es ihnen in dem Lager erging.
Aber nein, es blieb bei den Berichten über die Vergangenheit, bis eines Tages der dringende Ruf kam:

"Geliebte Schwestern, wir brauchen Eure Hilfe! Kommt uns besuchen in unserem Lager, damit Ihr unsere Not seht!"
Und irgendwann schrieb der Arbeitskreis zurück "Wir kommen Euch mal besuchen." Aber niemand wollte wirklich hin.
Warum nicht? Die hohen Kosten? Angst, in dieses unruhige Land zu fahren? Angst vor den Strapazen? Ich weiß es nicht, hörte nur von Zeit zu Zeit sagen: "Es müßte ja mal jemand ... man müßte doch mal ... irgendwann wird jemand ..." und dabei blieb es.
Ich selbst glaubte eigentlich nicht, daß ein Besuch etwas bringen würde und begründete das: "Was haben die Menschen in El Salvador davon? Schickt ihnen lieber das Geld, damit ist ihnen mehr geholfen."
Ich hatte dabei an die Zeit nach dem Krieg gedacht. Wir hatten kein Dach mehr über dem Kopf, haben gehungert und gefroren. Es kamen Care-Pakete aus Amerika, aber die waren nicht für uns, sondern nur für Bergleute bestimmt. Wir bekamen keine Wohnung und keine Kleidung, die waren für Flüchtlinge aus dem Osten bestimmt. Und wir froren und hungerten weiter. Was hätte uns ein noch so gut gemeinter Besuch eines Amerikaners gebracht? Wir brauchten dringend Hilfe und nicht schöne Worte und Mitleid.
Besuche machen, Gott um seine Gnade bitten, Mitleid zeigen, damals für uns und heute für El Salvador, alles gut und schön, steht aber keine tatkräftige Hilfe dahinter, ist alles für die Katz.
So sah ich auch die Situation im Lager Mesa Grande. Da schrieen Menschen nach Gerechtigkeit.
Flüchtlinge aus anderen Ländern, z.B. aus Nicaragua, durften sich in Honduras frei bewegen. Salvadorianer dagegen wurden eingesperrt. Not und Elend litten sie alle, aber warum diese unterschiedliche Behandlung? Warum konnten die einen gehen, wohin sie wollten, und andere wurden wie Volksfeinde behandelt?
Ein Besuch, dachte ich, bringt gar nichts. Wir können sie nicht aus ihrer Lage befreien.

Das nicht eingehaltene Versprechen

Die Bitten wurden drängender, die Enttäuschung kam in den Briefen immer deutlicher zum Ausdruck. Daß dieses "Komm doch mal ..." und dieses "ich komme mal ..." bei uns oft nur so dahingesagt wird, ist für sie unbegreiflich. Dieses "wir kommen mal ..." war für sie ein gegebenes Versprechen. Als mir das klar geworden war, sagte ich kurz entschlossen: "Ich fliege."
Zuerst glaubte man hier, ich hätte das auch nur so dahingesagt, mußte aber bald feststellen, wie ernst es mir war. Nach langem Zögern hatte Marga sich schließlich durchgerungen, mit mir zu fliegen.

Tom und Jörg, zwei junge Filmemacher, hatten schon zwei Comadres aus El Salvador, die dort schwerste Folterungen erlitten hatten, auf ihrem Besuch in Deutschland begleitet und gefilmt. Und jetzt wollten sie unsere Vorbereitungen auf Film festhalten. Sie haben gefilmt und gefragt - gefragt und gefilmt, wären sie nicht so sympathisch gewesen, ich hätte das mit Sicherheit nicht über mich ergehen lassen.

Ganz überraschend erklärten sie dann, daß sie mit uns fliegen würden und das Unternehmen "El Salvador und Mesa Grande" auf Video festhalten wollten. Keiner von uns sprach spanisch, aber glücklicherweise konnten wir Mila noch als Dolmetscherin gewinnen.

Ich fand das ganz toll. Zuerst stand ich ganz allein und man wollte mir nicht einmal glauben, daß es mir ernst war, und jetzt waren wir ein richtiges, komplettes Team. Gemeinsam arbeiteten wir die Reiseroute aus, berechneten genau, wann und wie lange wir für Besuche brauchten und kalkulierten sogar eventuelle Verzögerungen ein.

Drei Tage waren für San Salvador und den Besuch bei Pater Jerry (P. Gerhard Pöter, ein deutscher Dominikaner) vorgesehen. Die Zeit würde reichen, uns an die Zeitverschiebung und das Klima zu gewöhnen.

Unser Hauptziel war Honduras, das Flüchtlinglager Mesa Grande.

Wir wollten mit dem Bus nach Tegucigalpa. Die Fahrt würde fast einen Tag dauern und für die Laufereien, das Besorgen verschiedener Papiere und notwendiger Stempel und Genehmigungen setzten wir noch einmal drei Tage an. "In Mesa Grande," sagten wir optimistisch, "bleiben wir drei, vielleicht sogar vier Tage," und die, die mit den Gegebenheiten dort etwas bekannt waren, haben uns ausgelacht. "Ihr könnt schon froh sein, wenn ihr das Lager überhaupt nur zu sehen bekommt."

Von Tegucigalpa aus wollten wir dann, wieder mit dem Bus, nach San Marcos, einem kleinen Städtchen im Süden Honduras. In San Marcos bei ACNUR, internationale Flüchtlingsorganisation, würden wir die letzten Papiere zum reibungslosen Ablauf unseres Besuches abholen und dann so oft wie möglich im Lager sein.

Und jetzt sitze ich hier, schaue auf meine gepackten Koffer. Plötzlich habe ich meine innere Sicherheit wieder, weiß wieder, was ich in Mittelamerika will. Ich will nicht Sensationen erleben, nicht Material sammeln, um das Schreckliche noch schrecklicher darstellen zu können.

Ich will von den Flüchtlingen selbst hören, wie wir ihnen wirksam helfen können. Insgeheim hoffe ich jedoch, daß Folter, Qual und Mord der Vergangenheit angehören.

Schönheit und Chaos so dicht beieinander

Landung in Guatemala City, reibungslose Abfertigung am Zoll, Jerry, der aus San Salvadorr zum Flughaben gekommen war, wartete schon in der Halle. "Wir fahren mit dem Bus nach San Salvador," sagt er, "das ist am einfachsten." Er besorgte ein Taxi, das uns zum Busbahnhof bringen sollte. "Ein Taxi? Das reicht bestimmt nicht. Wir sind zu fünft, Du und der Fahrer dazu, das sind sieben, die Filmgeräte, der große Blechkoffer mit den Videofilmen und unser ganzes Gepäck, wie soll das in diese Klapperkiste passen? Das ist doch purer Irrsinn." Aber mit flinker Gelassenheit hatte der Fahrer bald alles Gepäck verstaut und wir quetschten uns in das Auto. Wir mußten uns regelrecht stapeln und einer saß sogar noch dem Fahrer halb auf dem Schoß.

Das Taxi quietschte fürchterlich, brachte uns aber sicher zum Busbahnhof. Eine unbeschreibliche Atmosphäre erwartete uns hier, bunt, laut, dreckig, ein heilloses Durcheinander und wahnsinnig interessant.

Wir wurden neugierig angestarrt, die Fremden mit den seltsamen Geräten und der unpassenden Kleidung, Exoten in dicken Pullovern, warmen Hosen und Parkas. Es wimmelte von Leuten, die alle möglichen Sachen zum Verkauf anboten, aber wir konnten nichts kaufen, hatten ja keine Quetzal (Währung in Guatemala). Ich schenkte ihnen ein paar Zigaretten und schon kamen alle an, um eine zu ergattern.

Es war heiß in Guatemala und wir in unserem Winterzeug schwitzten erbärmlich. Und wir waren durstig.

Sehnsüchtig schauten wir auf den Saftverkäufer.

Jerry sagte: "Ihr dürft nicht alles trinken, das ist zu riskant," und er kaufte eine grüne, glatte Kokosnuß, dick wie ein Kinderkopf. So eine hatte ich noch nie gesehen, kannte nur die kleinen mit den braunen Haaren. Der Verkäufer haute mit der Machete einen Deckel ab, gab einen Strohhalm dazu. Die Milch reichte aus, unser aller Durst zu stillen.

Der Bus wird gleich abfahren, hieß es, aber hier machten wir unsere erste Erfahrung, was die Begriffe 'gleich' und 'sofort' bedeuten. Gleich, sofort, das kann in dieser Minute, das können aber auch Stunden sein.

Es störte mich überhaupt nicht, denn es gab ja so unendlich viel zu sehen. Irgendwann konnten wir dann einsteigen, die Händler nutzten die letzte Gelegenheit, ihre Waren anzupreisen, Zeitungsverkäufer liefen noch durch den Bus, um ein paar Exemplare loszuwerden, und dann rumpelte der bunt bemalte, uralte Diesel durch die Stadt.

Wir fuhren zuerst über eine sehr breite, aber total verdreckte Straße, an verwahrlosten Häusern vorbei, die Geschäfte sahen alles andere als einladend aus. Die Menschen gingen barfuß, ihre Kleider waren armselig und schmuddelig.

Wir fuhren um eine Straßenecke, ich traute meinen Augen nicht. Die Straße war sauber wie gewaschen, rechts und links gab es schmucke Villen und protzige Bauten mit gepflegten Vorgärten. Elegante Herren und Damen mit hochhackigen Schuhen an den Füßen promenierten über den makellosen Bürgersteig.

Nur ein paar hundert Meter weiter und wir waren wieder zwischen verfallenen Häusern und windschiefen Hütten. Welch krasse Gegensätze. So dicht beisammen lagen Wohlstand und Armut und doch absolut getrennt. Hier gab es keine Barfüßigen, dort keine Eleganz.

Die Stadt lag hinter uns, wir fuhren durch das weite Land. Ich war überwältigt von seiner Schönheit und sog begierig alles in mich hinein. Daß der Bus rumpelte, spürte ich gar nicht mehr. Wir kamen an Prachtbauten vorbei, die mich an die Herrenhäuser eines Gutshofes in Deutschland erinnerten. Weit von der Straße entfernt standen sie inmitten der herrlichen Natur, die Einfahrten durch rot-weiß gestreifte Schranken versperrt. Campesinos ist der Zutritt verboten.

Die windschiefen Hütten am Straßenrand waren nicht zu übersehen. Das sind sicher Notunterstände für Tiere, dachte ich, aber da sagte Jerry: "Das sind die Häuser der Campesinos." Ich fragte nicht, wie man in einem solchen Stall wohnen kann. In dieser wunderschönen Landschaft und aus dem fahrenden Bus heraus empfand ich das noch als sehr romantisch.

Wir fuhren weiter, bergauf, bergab, Es müssen wenigstens 30 Grad gewesen sein und wir kamen aus dem kältesten Winter, Februar 1987, den Europa seit Jahren hatte.

Jerry meinte, in Guatemala sei es doch relativ kalt, in El Salvador wäre es viel wärmer.

Wir sahen uns an und machten dumme Gesichter. Um Gottes Willen, noch heißer? Uns reichte es schon.

Vorsicht ist geboten

Nach zwei Stunden Fahrt waren wir an der Grenze nach El Salvador. Es war nicht der übliche Grenzübergang. Dieser wurde sonst kaum genutzt, war aber jetzt der einzige passierbare, der andere war tags zuvor von der Guerilla gesprengt worden. Da wurden wir ja schon gut empfangen, doch Jerry machte keinen besorgten Eindruck.

Paßkontrolle. Auf guatemaltekischer Seite ging es schnell, Stempel in den Paß und schon waren wir wieder draußen.

Laufen zur salvadorenischen Station, unser Gepäck wurde genauestens kontrolliert, Schwierigkeiten machte man uns auch hier nicht.

Wir waren also in El Salvador. War das eine Straße - nie hätte ich geglaubt, daß der Bus das lange mitmachen würde. Aber ich sollte mich noch oft über die

Leistungsfähigkeit der Fahrzeuge wundern. Manche sehen nämlich so aus, daß man sie nur mit größter Mühe noch einem Schrotthändler andrehen könnte. Endlich erreichten wir wieder die Autostraße und kamen voran und, wie zuvor in Guatemala, bewunderte ich wieder die zauberhafte Landschaft, die riesigen Wälder, die Vulkane, exotischen Bäume mit prächtigen Blüten.

Und auch hier, Prachtvillen der Besitzenden, Bruchbuden der Campesinos. Was nicht zu übersehen war, an allen Straßenecken und vor allem an allen Brücken, offene und oft versteckte Militärposten. Noch glaubte ich bei diesem Anblick an eine gewisse Sicherheit.

Ich wunderte mich, daß der Bus so voll war und Jerry sagte: "Das sind wohl Geschäftsleute, oder Leute aus dem Mittelstand, die Verwandte besuchen. Auf keinen Fall Campesinos, die gehen zu Fuß."

Ein Mann sprach Mila an. Zuerst war es ein leichtes Geplänkel, aber sein Blick war dabei nur auf unser Gepäck gerichtet und vor allem die Filmgeräte schienen ihn zu interessieren. Dann stellte er ganz gezielte Fragen, warum wir nach El Salvador gekommen sind, wohin wir wollten, was wir vorhätten. Seine Fragen wurden immer eindringlicher, seine Stimme wirkte auf einmal bedrohlich und ich bemerkte bei Mila ein ganz leichtes Zittern.

Tom saß auf der anderen Seite des Ganges und plötzlich, er konnte später nicht sagen woher, hatte er einen Zettel in der Hand. Nur zwei Worte standen darauf: "Achtung, Spion." Uns wurde recht mulmig in der Magengegend und Mila wechselte schnellstens ihren Platz.

Wir kamen nach San Salvador, gingen in den Konvent der Dominikaner, bekamen dort Essen und Trinken, dann brachte Jerry uns nach Credisa am Südrand der Hauptstadt.

Drei Tage wollten wir bleiben, um uns an das Klima und die Zeitverschiebung zu gewöhnen.

Wo fängt denn Armut an?

Jerry hatte uns ein keines Häuschen der Dominikaner zur Verfügung gestellt. Platz zum Schlafen bot es leider nur für zwei Personen, war ja eigentlich auch nur für kleine Sitzungen und Besprechungen gedacht.

Wenn man ins Haus kam, befand man sich gleich in einer Art Büro, Schreibtisch, ein Stuhl, an der Wand ein Regal mit ein paar Büchern. Es gab zwei kleine Kammern mit je einem Feldbett und eine Küche. Es gab auch eine Toilette, und da war auch ein Wasserhahn, wahrscheinlich nur zur Zierde, denn es kam kein Wasser heraus.

Neben dem Häuschen gab es aber eine Zisterne, und die hatte Wasser. Die Zisterne war zwar immer abgedeckt, trotzdem schwammen viele Tierchen darin herum. Was machte das schon? Als Trinkwasser war das natürlich nicht zu gebrauchen, das konnten wir freitags in dem kleinem Laden gegenüber kaufen. Wir hatten zwei Glasflaschen zu je 20 Litern. Welch ein Luxus dies alles war, sollten wir schon bald erfahren.

Tom und Jörg schliefen in diesem Häuschen, uns Frauen hatte Jerry bei Yolanda untergebracht.

Yolanda gehörte zu den glücklichen Menschen, die eine feste Arbeit hatten. Dementsprechend war sie auch besser eingerichtet als der Großteil der Salvadorianer. Sie wohnte in dem 'besseren Viertel' von Credisa. In ihrem Wohnraum hatte sie eine Couch, einen gemütlichen Sessel und einen wunderschönen Tisch und sie besaß sogar ein Fernsehgerät.

Dann gab es in dem Häuschen noch eine Küche, daneben einen Raum mit einem Wasserbassin, Yolandas Schlafzimmer mit Bett und Schrank und eine winzige Kammer mit zwei Betten und einem Stuhl. Diese Kammer bekamen Marga und ich als Schlafgemach, Mila meinte, daß sie in der Hängematte, die in der Küche hing, sehr gut würde schlafen können.

Unsere Kammer war so winzig, daß unsere Koffer sie total ausfüllte. Der Raum zwischen den beiden Betten hatte genau die Breite des Stuhls. Wir hatten es so geregelt: eine von uns zog sich aus und ging ins Bett, und dann die andere und so kamen wir gut zurecht. Wir gingen dann gleich wieder los, denn Tom und Jörg erwarteten uns.

Ich sah noch einmal auf die 'nackten' Matratzen und dachte: bis wir zum Schlafen kommen, hat Yolanda sicher Bettzeug hingelegt. Zu der Zeit kam mir noch nicht in den Sinn, welch ein Luxusdenken das war und als wir am Abend ankamen, sahen die Betten nicht anders aus, kein Laken, kein Kissen, keine Decke. Und ich hatte nicht einmal einen Schlafsack dabei.

Die erste Nacht war schrecklich. Ich versuchte zu schlafen, aber es blieb bei dem Versuch. Ich habe wahnsinnig gefroren, denn so heiß es am Tag auch ist, so kalt ist es in der Nacht. Ich versuchte, mein Bett gemütlich herzurichten. Meine eingerollte Cordhose nahm ich als Kopfkissen, den Parka als Zudecke. Das erwies sich jedoch als recht unvollkommen, denn entweder war ich obenherum zugedeckt oder an den Beinen. Und das kam wiederum den Mücken sehr gelegen und am Morgen war ich so zerstochen, daß ich aussah wie ein Streuselkuchen. Das Kratzen der juckenden Stellen wurde in den nächsten Wochen zu einer Dauerbeschäftigung.

Außerdem hatte sich in der Kammer irgendein zirpendes Tierchen eingenistet, das uns die ganze Nacht hindurch mit seinem Konzert erfreut hatte.

Irgendwann in der Nacht kam Mila, wollte mit in mein Bett, denn die Hängematte hatte in der Mitte ein großes Loch und sie rutschte ständig da durch. Bei jedem Rutschen kam Yolandas Hund und stupste sie.

Es gab da noch ein Räumchen von ca. einem Quadratmeter. In dem war die Toilette, ohne Brille, und eine Dusche, das war ein Stückchen rostiges Rohr, das aus der Decke ragte.

Es war alles sehr primitiv, ich meinte, die größte Armut zu sehen. Und doch freuten wir uns, wir konnten schlafen und hatten Gelegenheit zum Duschen. Jerry hatte schon gesagt, daß nur ganz wenige Leute über Wasser im Haus verfügen.

Wir kamen also abends bei Yolanda an, total verschwitzt und freuten uns auf das kühle Naß. Marga wollte zuerst duschen, ging in die Kammer, kam mit umgeschlungenem Badetuch wieder heraus, verschwand in der Kabine, und dann war sie auch schon wieder draußen. Duschen war gestrichen, kein Wasser da.

Yolanda bot uns Kaffee an. Der war zwar nur lauwarm, aber das war nicht so wichtig. Wir tranken ihn mit Genuß und gingen schlafen.

Morgens fragte Yolanda wieder, ob wir Kaffee möchten. Nach dieser fürchterlichen Nacht hätte ich zehn Tassen trinken können, aber ehe ich "Ja" sagen konnte, hatte Mila schon abgelehnt. Weitschweifig erklärte sie, daß Tom und Jörg ja auf uns warteten, und daß wir mit ihnen Kaffee trinken wollten.

Ich war wütend, hätte Mila erwürgen können. Ohne Schlaf, ungewaschen, zerstochen und jetzt auch noch ohne Kaffee den mühsamen Weg zum Dominikanerhäuschen, das war zu viel. "Denkst Du nicht an die Anstrengung da hinauf?" Aber Mila blieb dabei. "Kein Kaffee!" Ich war sauer und marschierte hinaus. Draußen habe ich Mila angemotzt: "Bist Du noch gescheit? Warum hast Du abgelehnt?" Aber sie blieb ganz kühl: "Ich habe gesehen, welches Wasser sie genommen hat."

Es war aus dem Bassin. Wie lange stand es wohl schon darin? Keine Ahnung, frisch sah es jedenfalls nicht aus und außerdem lag eine Schicht von Tierchen auf der Oberfläche. Und dieses Wasser hatte Yolanda nicht einmal abgekocht, sondern nur warm gemacht, über Pulverkaffee gegossen und der Kaffee war fertig. Hier hatten wir nie mehr Lust auf Kaffee. Wir trotteten also bei glühender Hitze durch die Straßen, auf und ab, auf und ab. Mein Gott, war das anstrengend, sämtliche Muskeln taten weh und der Schweiß lief am Körper entlang. Neugierige Blicke folgten uns.

Wir kamen an einem kleinen Markt vorbei, die Leute saßen mit ihren Waren am Straßenrand. Wir kauften Obst und quälten uns weiter.

Tom hatte schon Kaffee gekocht, unsere gute Laune kam zurück. Neben dem Haus war eine Wiese. Jörgs Pritsche stand schon draußen als Sitzgelegenheit, aber auch, weil die Flöhe in der Sonne vertrocknen sollten.

Die Hauptstadt war nah genug, um sie überblicken zu können und weit genug, um das Elend nicht sehen zu müssen. Es war phantastisch. Und ringsherum die bewaldete Bergkette mit dem Vulkan von San Salvador.

Hinter den Bergen liegt Guazapa und noch maßen wir den Hubschraubern, die regelmäßig über uns hinweg in Richtig Guazapa donnerten, keine große Bedeutung zu. Das änderte sich schlagartig, als wir die erste Bombardierung mitkriegten. Da empfanden wir die Flüge nicht mehr als harmlos, denn inzwischen wußten wir, daß die Hubschrauber erstens die Ziele für Bombardierungen ausmachten und zweitens, daß aus ihnen heraus die Dörfer mit MGs beschossen wurden.

Wir fühlten uns noch recht wohl, es war ja weit weg.

Jerry kam. "Lernt wenigstens meine Gemeinde kennen, bevor Ihr nach Honduras fahrt."

Erstes Spüren einer Angst

Wie schnell es sich doch herumspricht, wenn Fremde da sind. Mittags kamen schon zwei Campesinos, sie hatten gehört, 'da sind Leute, die wollen nach Mesa Grande'. Beide haben einige Jahre dort gelebt, hielten es nicht mehr aus und ließen sich repatriieren. Es war nicht ungefährlich, deshalb hatte einer von ihnen seine Frau im Lager gelassen und wollte uns eine Nachricht für sie mitgeben.

Der Unterschied zwischen den beiden Campesinos war beachtlich. Der eine wirkte ruhig und ausgeglichen. Als er wieder nach El Salvador kam, fanden sich gleich Freunde und Verwandte, die ihm halfen, eine kleine Bienenzucht anzufangen. Von dem Verkauf des Honigs konnte er ganz gut leben. Er war gelassen, fast heiter. Nur die Trennung von seiner Frau machte ihm Kummer, und er hoffte, daß sie bald kommen würde.

Der andere, Teodore, saß uns ebenfalls sehr ruhig gegenüber, nur in seinen Augen stand Hektik und Angst geschrieben, Todesangst. Immer wieder ging sein Blick zur Tür, jedes Geräusch draußen ließ ihn aufhorchen.

Als er nach El Salvador kam, warteten weder Freunde noch Verwandte auf ihn. Und doch hatte er zuerst großes Glück. Er bekam Arbeit als Maurer. Das Glück hielt nicht lange an, er wurde verhaftet. Der Grund: er sollte erklären, aus Mesa Grande gekommen zu sein, um für die Guerilla Spitzeldienste zu leisten. Mit ihm zugleich waren 18 Frauen und Männer ins Gefängnis gesteckt worden und alle wurden grausam gefoltert. Folter ist die sicherste Methode, Menschen zu einem Geständnis zu zwingen.

Teodore erzählte, was man mit ihm gemacht hatte.

Man sperrte ihn in eine Einzelzelle, dort mußte er drei lange Tage mit verbundenen Augen an der Wand stehen. Setzen war verboten, er bekam weder Essen noch trinken. Und immer wieder die Verhöre, den Psychoterror. Man drohte, daß man ihn umbringen werde und drückte ihm einen spitzen Gegenstand an den Hals. Er glaubte, das sei eine Pistole und wartete voller Entsetzen auf den Schuß.

Vor einiger Zeit kam zu uns in die BRD ein Hilferuf, wir sollten uns für die Freilassung dieser Gefangenen einsetzen. Eine Namensliste war beigefügt. Wir schrieben einen Brief mit der Forderung um Freilassung und der Anklage, daß wieder einmal die Menschenrechte in El Salvador aufs gröbste verletzt worden waren. Wir sammelten Unterschriften und schickten den Brief an den Präsidenten und den Obersten Gerichtshof in El Salvador. Eines Tages kam, für die Gefangenen überraschend, der Leiter des Gefängnisses und sagte: "Ihr könnt gehen." Die Leute trauten der Sache nicht, wollten wissen, was dahinter steckt und ob man eine neue Teufelei mit ihnen vorhatte. Da wurde ihnen gesagt: "Wir können Euch nicht länger halten, der internationale Druck ist zu groß." Hier hörten wir nun endlich einmal von einem Betroffenen, daß unsere Aktionen nicht umsonst sind.

Die Leute waren frei, aber weil er im Gefängnis gewesen war, blieb er ein Verdächtiger, niemand gab ihm Arbeit. Hätte jemand ihm trotzdem Arbeit gegeben, wäre er selbst zum Verdächtigen geworden. Teodore ist frei, aber ständig sitzt ihm die Angst, erneut verhaftet zu werden, im Nacken.

Menschen auf der Müllhalde

Drei Tage El Salvador? Wir merkten schon, daß wir damit nicht auskommen würden. Also stellten wir uns erst mal auf fünf Tage ein. Jerry wollte uns seine Gemeinde zeigen, uns mit ein paar seiner Mitarbeiter bekanntmachen. Wir fragten uns: "Sind wir denn nicht in seiner Gemeinde? Wir sind doch in Credisa, oder?"

In Credisa waren wir wohl, aber bis jetzt kannten wir nur das Viertel der Menschen, die etwas besitzen, die Arbeit hatten und, wenn auch kleine, so doch richtige Häuser. Hier lebte der sogenannte untere Mittelstand.

Das darf doch wohl nicht wahr sein, dachte ich und Yolandas Haus kam mir in den Sinn. Was könnte uns denn noch erwarten? Und dann führte Jerry uns in die Gemeinde '22 de abril'.

"O Gott! Laß mich aufwachen! Sagt denn keiner, daß ich träume? Niemals hätte ich es für möglich gehalten, daß Menschen so leben könnten." Viele Tausend, ich hörte etwas von 20.000, lebten hier auf allerengstem Raum, zusammengepfercht. Das kann man nicht mit leben, nicht mit wohnen bezeichnen. Viele der Behausungen verdienen nicht einmal den Namen 'Hütte'. Es fehlte an Holz für Wände, an Wellblech für Dächer. Woher sollen sie das nehmen? Aber so wie jetzt darf es nicht lange bleiben, spätestens bei der nächsten Regenzeit matscht das doch alles zusammen. Diese Champas aus Lumpen und Pappe halten doch keine Nässe aus.

Die Menschen waren freundlich, lachten, und immer wieder hörten wir sie rufen: "Hola Padre! Hola Padre Gerardo!" Oft blieben wir bei ihnen stehen, und

Jerry stellte uns als seine amigos de Alemania vor, und sie begrüßten auch uns.

"Mein Gott," dachte ich, "was sind das für Menschen, die in dieser erschreckenden Armut so freundlich sein können und lachen?" Und vor allem, sie waren so vertrauensselig. Ich habe mich geschämt, ihnen ins Gesicht zu schauen, kam mir so indiskret vor. Mir war, als ob ich meine Nase in eine offene Wunde gebohrt hätte. Tom und Jörg wollten am Nachmittag unbedingt wieder in die Champas um zu filmen und der Gedanke war mir peinlich. Welches Recht hatten wir denn, dieses fürchterliche Elend auf Filmen und Fotos festzuhalten? Nein, ich wollte hier nicht fotografieren, nur um später die Bilder unseren Wohlstandsbürgern zeigen zu können. Und ich wollte auf keinen Fall etwas tun, was den Leuten ihre Armut noch bewußter machen würde.

Später merkte ich dann, wie gerne sie sich filmen und fotografieren ließen. Wer eine Kamera auf sich gerichtet sah, lachte und strahlte über das ganze Gesicht. Vor den Kindern konnten wir uns kaum retten, ständig waren wir umringt und hörten ihr Rufen: "Un foto! Un foto!"

Einige Frauen luden uns in ihre Hütten ein. Waren sie stolz darauf, daß wir bei ihnen fotografierten? Es sah so aus. Im Innern waren die Hütten noch schrecklicher als von außen, und man sah noch deutlicher, wie dringend hier Baumaterial gebraucht wurde. Sie hängten sich an ihren Padre, nur er konnte helfen. Aber woher sollte er das Holz, das Wellblech nehmen? Woher sollte er das Geld nehmen, um wenigstens das Notwendigste zu kaufen? Alles schien so hoffnungslos.

Wir fragten, was das für Leute sind, woher sie kamen, und Jerry sagt: "Das sind alles Flüchtlinge. Die ersten kamen nach einem schweren Erdbeben. Das hier war der Müllplatz von San Salvador. Die Stadt war zerstört und die Obdachlosen bauten am Rand der Müllhalde entlang der Bahnlinie die ersten Hütten. Eine Erlaubnis hatten sie nicht und sie befürchteten, daß man sie verjagen würde. Bald schon kamen mehr Flüchtlinge, verfolgte Campesinos aus den Landgemeinden, Angehörige von Ermordeten, Menschen, die um ihr Leben bangen mußten. In der Nähe der Stadt fühlten sie sich ein klein wenig sicherer. An der Bahnlinie gab es keinen freien Platz mehr und so wurden auf der Müllhalde selbst immer mehr Hütten errichtet. Am 22. April 1982 kam dann die Erklärung, daß sie bleiben durften, und um das Datum immer in Erinnerung zu behalten, nannten sie das Gebiet 'Comunidad 22 de abril', und diese Gemeinde wurde Zufluchtsort der Verfolgten und Geknechteten."

Nach dem Erdbeben am 10. Oktober 1986 kam wieder ein Strom Obdachloser und Jerry stand den Problemen hilflos gegenüber. Auf die Frage, ob die Regierung nicht hilft oder das Sozialamt, ernteten wir nur ein mitleidiges Lächeln. Unser typisch deutsches Denken war wieder zum Vorschein gekommen.

Wer hilft denn in der Not?

Nichts von dem gibt es, was wir als selbstverständlich hinnehmen. Es gibt kein Sozialamt, das Menschen aus größter Not heraushilft, keine Krankenversicherung, kein Geld bei Arbeitslosigkeit, nichts. Und von der Regierung? Da haben sie gar nichts zu erwarten. Wir fragten nach den Hilfsgütern aus dem Ausland, die nach dem Erdbeben nach El Salvador geschickt wurden. Sie schauten resigniert, niedergeschlagen.

"Nein, wir haben nichts bekommen, wir wissen nur, daß in der City auf dem Schwarzmarkt Konserven aus Europa gehandelt wurden. Aber da können wir nichts kaufen. Wir haben keine Arbeit und dann haben wir auch kein Geld." Und jemand weiß zu berichten: "Wir haben in den Gärten der Reichen Zelte gesehen, die nicht von hier kommen." Und ein anderer sagte: "Und Decken und Kleidung sind in den Kellern der Militärs verschwunden. Nein, wir bekommen davon nichts und die Regierung gibt uns auch nichts. Ja, die Kirchen, die helfen uns. Wenn sie etwas haben, dann bekommen wir es. Wenn überhaupt, gibt es Hilfe nur von den Kirchen."

Aber die Kirchen in El Salvador sind arm, sind selbst auf Spenden und Zuschüsse der Großgrundbesitzer angewiesen.

Wären sie nur etwas unabhänger, könnten sie viel mutiger gegen die Mißstände im Land vorgehen. Aber so wie es ist, gehört eine ganz gehörige Portion Mut und auch Selbstaufgabe der Priester und Bischöfe dazu, auf Seiten der Armen zu stehen. Nicht nur, daß sie dann kein Geld bekommen, man trachtet ihnen nach dem Leben. Die Macht liegt bei den paar Großgrundbesitzern. Sie haben das Land, Regierung, Militär und auch die Gerichtsbarkeit fest in der Hand. Das geht so weit, daß bei Ermordungen, egal ob es sich um Campesinos, Priester oder Leute der Menschenrechtsorganisation handelt, nicht einmal nach den Mördern gefahndet wird.

Wenn das Volk zu unruhig reagiert, schiebt man die Morde einfach der Guerilla in die Schuhe. Man legt sogar Geständnisse der angeblichen Täter vor, nur wird verschwiegen, unter welch schwerer Folter diese erpreßt worden sind. Inzwischen gibt es kaum noch einen Rechtsanwalt, der bereit wäre, so einen Angeklagten zu verteidigen. Zu viele Anwälte wurden nach der Verteidigung so eines unglücklichen Menschen selbst zu Verfolgten, wurden verhaftet, ermordet. "Ja," meinte Jerry, "so ist das im ganzen Land. Die '22 de abril' ist nicht die Ausnahme, sondern die Regel. Die Ausnahme, das ist, wenn jemand nicht arm ist und keine Angst haben muß."

Uns hatte dieser Besuch in der Comunidad '22 de abril' furchtbar betroffen gemacht, wir waren total aufgewühlt und wurden uns unserer Hilflosigkeit erschreckend bewußt.

... und dann kommen so Billigreisende ...

Wir sollten uns wohl bei der Deutschen Botschaft melden, man weiß ja nie -.
Wir baten um ein Gespräch und bekamen gleich einen Termin.
"Ihr müßt quer durch die ganze Stadt, die Botschaften liegen alle auf der
anderen Seite," sagte Jerry. Sicherheitshalber nahmen wir ein Taxi.
Während der Fahrt verstand ich, was Jerry damit meinte, als er sagte, die
'22 de abril' ist nicht die Ausnahme.
Über die ganze Stadt verteilt, sei es an der Hauptstraße, an Wiesenrändern,
Bahngleisen, überall standen diese Hütten. Einige waren aus Brettern, viele
aber nur aus Pappe und Lumpen. Man mußte nicht nach dem Elend suchen, an
jeder Ecke stolperte man darüber. Ja selbst auf die Friedhöfe, mitten zwischen Gräber, hatten diese Menschen ihre Elendsbehausungen gesetzt. Es war
fast noch deprimierender als die geballte Not in '22 de abril'. In diesem wunderschönen Land schaute einem aus jedem Winkel die Not mit großen, hungrigen Augen an, die Not und die Angst. Niemand konnte sich sicher fühlen in diesem Krieg ohne Fronten und jeder mußte fürchten, verschleppt, gefoltert,
getötet zu werden.
Unser Taxi überholte einen Lastwagen. Auf der Ladefläche hockte eine Frau,
bewacht von zwei Soldaten, die ihre Maschinenpistolen auf sie gerichtet
hielten. Warum hatte man sie mitgenommen? Warum wurde sie so scharf
bewacht? Warum zwei Männer mit MPs gegen eine wehrlose Frau? Sie sah aus
wie eine Frau vom Land, saß so ängstlich in der Ecke. Was konnte sie getan
haben? Wir haben es nie erfahren. Und dann waren wir auch schon an dem LKW
vorbei.
Escalón, das Viertel der Reichen und der Botschaften.
Waren wir noch in El Salvador? Villen, saubere Straßen, gepflegter Rasen
und gutgekleidete Menschen und keine einzige Elendshütte, das war ein Anblick, den man in der ganzen übrigen Stadt vergeblich suchte.
So intensiv wie in der Deutschen Botschaft sind unsere Pässe nirgendwo
geprüft worden, so sorgfältig ist nirgendwo unser Gepäck durchsucht
worden. Wir mußten während dieser sehr langen Zeit in einem winzigen
Vorraum gleich am Eingang warten. Danach mußten wir durch noch zwei
Vorräume mit elektronisch gesicherten Türen. Endlich standen wir vor dem
Botschafter. Höflich, aber sehr kühl, gab er Antwort auf unsere Fragen.
"Warum," fragten wir, "versucht die Bundesregierung nicht, Einfluß auf ihre
amerikanischen Verbündeten zu nehmen? Wenn Amerika das Militär nicht
mehr unterstützt, z.B. mit den 2 Millionen Doller täglich, dann muß der Krieg
doch beendet werden und die Massaker in diesem Land würden endlich aufhören." Seine Antwort war ziemlich knapp: "El Salvador kommt ohne US-Hilfe
nicht aus. Das Land kann sich nicht selbst helfen." "Wir sprechen nicht von
Hilfe allgemein, sondern von Unterstützung des Militärs."

Und wir fragten ihn nach seiner Meinung zu den Verhaftungen, den Folterungen und Morden, aber er zuckte nur mit den Schultern. "Und was sagen Sie zu der Todesschwadron?" "Hm, Todesschwadron, offiziell gibt es die nicht mehr. Ich habe aber gehört, daß die noch aktiv sein soll."

Das Thema gefiel ihm nicht sonderlich und er erzählte, es gäbe jetzt ein Hilfsprogramm, in das nicht nur Erdbebenopfer, sondern auch andere Bedürftige einbezogen würden.

"Wissen Sie denn auch, Herr Botschafter, daß die Hilfsgüter gar nicht bei denen ankommen, für die sie bestimmt sind? Und wissen Sie, daß viele dieser Sachen in den Kellern der Militärs verschwinden? Es sind doch auch Sachen aus der BRD dabei. Wie stehen Sie dazu und was unternehmen Sie?" Seine Antwort: "Ich habe davon gehört."

Damit war auch dieses Thema für ihn erledigt.

Er begann mit einem, wie er wohl dachte, für ihn angenehmerem Thema. "Die Bundesrepublik gibt jetzt 10 Millionen Dollar für ein Kinderkrankenhaus, das beim Erdbeben zerstört wurde. Die Bundesregierung schickt eine Delegation eigens zu dem Zweck, die Lage zu sondieren.

Es gibt zwei Möglichkeiten: das Zerstörte wieder aufbauen, oder an einer anderen Stelle ein ganz neues zu bauen. Der Wiederaufbau des 'Alten Turms' könnte in zwei Jahren fertig sein. Diese Stelle ist aber gefährdet und beim kleinsten Erdbeben könnte es wieder einstürzen.

Die Alternative: man könnte an sicherer Stelle ein neues Haus bauen, man brauchte dazu jedoch fünf Jahre und da muß man gut überlegen, was günstiger ist."

"Für welche Kinder wird das Krankenhaus bestimmt sein?"

Und er: "Für kranke natürlich."

Er wußte genau, was ich meinte, aber gut, ich konnte auch gezielter fragen: "Campesinos, Arbeitslose, Flüchtlinge, ihnen allen fehlt das Geld, einen Krankenhausaufenthalt zu bezahlen. Werden deren Kinder dort ebenfalls aufgenommen?"

Er sah mich an, dann ein Achselzucken und das war's.

Neue Frage: "Geht die deutsche Delegation, und überhaupt, gehen Deutsche aus der 'Oberen Etage' schon mal in diese fürchterlichen Elendsviertel?"

"Selbstverständlich," sagt er, "sie sehen alles, wir kommen überall hin, aber dann kommen diese Billigreisenden daher und wissen alles besser."

"Waren die auch schon einmal in Credisa? - Und Sie selbst, Herr Botschafter, waren Sie schon einmal in Credisa?" "Wo soll das denn sein?"

"An der Müllhalde, direkt an der Müllhalde."

Wir standen auf, verabschiedeten uns. "Nun," lächelte er sehr freundlich, "wissen Sie jetzt alles was Sie wissen wollten?"

"Danke für das Gespräch, Herr Botschafter. Danke, wir wissen jetzt genug."

Ein Angestellter der Botschaft, ein deutscher Polizist, begleitete uns zum Ausgang. Wir mußten noch darauf warten, daß man uns unsere Pässe zurückgab. Der Polizist erzählte von der Panik während des Erdbebens, in welcher Mausefalle sie gewesen sind. Keine der elektronisch gesicherten Türen und Fenster ließen sich öffnen. Sie waren eingeschlossen.

"Zum Glück," sagte er, "war das Schlimmste in der Stadtmitte und am anderen Ende der Stadt. Die Wände haben gewackelt, standen schief, Fenster und Türen hoffnungslos verklemmt, deshalb funktionierte auch nichts mehr. Aber es gab hier keine eingestürzten Häuser. Dieses Viertel ist relativ sicher."

Wir fragten ihn, wie die Stadt gleich nach dem Beben ausgesehen hat und ob er mal gesehen hat, wie die Leute jetzt hausen müssen. Er wußte nichts. "Wir aus der Botschaft kommen so gut wie nie aus diesem Viertel raus."

Endlich wurden unsere Papiere gebracht, wir konnten gehen.

Im Zentrum der Gewalt

Tom und Jörg hatten keine Filmerlaubnis, die kann man nur beim Militär bekommen. Wir machten uns auf den Weg zum Hauptquartier. Militärkontrolle, ein Riesenkomplex. Mitten dadurch eine Straße, breit wie eine Autobahn, Verwaltungsgebäude und Kasernen und was immer das sonst noch für Gebäude gewesen sein mochten, fast eine Stadt für sich.

Am Eingang, bei der Wache, wurden wieder unsere Pässe eingesammelt, und jemand verschwand damit. Die Wachhabenden sahen uns mißtrauisch an. Schließlich gab uns jemand wortlos ein Zeichen, wir konnten das Sperrgebiet betreten und sollten uns beim Kommandanten melden. Wir hatten echte Angst, hier wirkte alles so bedrohlich. Man führte uns in einen großen Raum, fast ein Saal. Und auf einmal kam man uns ausgesprochen höflich und zuvorkommend entgegen. Aber sie ließen uns wieder warten, wahrscheinlich mit Absicht, damit wir vor lauter Langeweile die Plakate und Bilder eingehend betrachteten. Bei dem Anblick bekam ich heftige Bauchschmerzen. Alle zeigten verwundete Menschen, hauptsächlich Frauen, Kinder, grausam zugerichtet, mit abgerissenen Armen und Beinen, auf Pritschen liegend, kleine Kinder, die mehr zwischen Krücken hingen als daß sie sich darauf stützten.

Unter jedem Poster, unter jedem Bild nur drei Worte, immer nur die drei Worte: "Opfer der Guerilla".

Wie lange ließ man uns noch warten? Wir starrten auf die Bilder, niemand sagte ein Wort.

Oh Gott, dieser sinnlose Krieg, dieser verfluchte Krieg! Wie viele Dörfer waren zerstört, bombardiert, abgebrannt? Wie viele Menschen sind umgebracht worden, Frauen, Kinder, Greise, Priester, Katecheten, Verfechter der Menschenrechte. Dieses kleine Land, das kleinste von Mittelamerika,

hatte bisher 70.000, siebzigtausend, Tote zu beklagen. Campesinos aus den Dörfern flüchten in die Städte, finden keine Arbeit, haben nicht das Notwendigste zum Leben.
Sie flüchten ins Ausland, wo sie unerwünscht sind, eingeschlossen sind in Lagern wie Schwerverbrecher.
Die Leute haben große Angst, nicht nur vor den Bomben und Maschinengewehren, sondern auch Angst vor den Nachbarn.
Keiner wagt ein offenes Wort zu sprechen, es könnte jemand zuhören und sie ans Militär verraten.
Sie haben Angst vor der Todesschwadron, daß plötzlich eines dieser gefürchteten Autos mit den verdunkelten Scheiben neben ihnen hält, daß sie hineingezerrt und in die Gewalt der Folterknechte gegeben werden.
Wie viele sind verschwunden, spurlos, für immer? Niemand weiß genau, wer auf welcher Seite steht. In diesem Krieg kämpft der Bruder gegen den Bruder, der eine beim Militär als Söldner der Reichen, der andere bei der Guerilla für das Recht der Armen.
Die Menschen sehnen sich nach Frieden, aber es gibt nicht einmal Verhandlungen. Der Krieg geht weiter, Unterdrückung, Folter und Mord nehmen kein Ende. Die Armen, und das ist die absolute Mehrheit, werden durch immer mehr Druck, durch immer mehr Gewalt immer tiefer in die Knie gezwungen.
Es gibt kein Recht in El Salvador.
Und wir saßen im Zentrum der militärischen Macht, im Zentrum der Gewalt unter den Augen des allseits gefürchteten General Blandón, der freundlich lächelte.
Endlich hielten Tom und Jörg die Presseausweise in den Händen, man gab uns unsere Pässe zurück, wir konnten gehen.
Ist Beklemmung ansteckend? Auf jeden Fall atmeten wir erst auf, als wir im Taxi nach Credisa saßen.

Frieden um jeden Preis!?

Wir waren also wieder im Dominikaner-Häuschen und fühlten uns wohl. Nachmittags sollte hier eine kleine Versammlung stattfinden mit Leuten aus dem equipo pastoral und aus der Werkstatt. Die meisten von ihnen kamen aus den Dörfern, die vom Militär ausgerottet waren. Einige waren dabei, die zuerst nach Honduras geflohen waren. Sie kamen zurück, weil das Heimweh nach El Salvador so groß war.
Und jetzt wohnen sie hier, in '22 de abril'.
Der Raum war voll besetzt, alle wollten mit uns reden, jeder wollte sein "testimonio", seine Geschichte erzählen. Sie alle hatten das gleiche Schicksal, kamen aus einem Krisengebiet und sind dann Katecheten geworden. Und

sie wußten, wie gefährlich es ist, Katechet zu sein.

Ja, sie wußten es, aber ich wollte es lange nicht wahrhaben. Ich habe mich dagegen gewehrt zu glauben, daß es immer noch eine Christenverfolgung gibt. Jetzt mußte ich es nicht mehr glauben, ich wußte es. Ich mußte erfahren, daß es lebensgefährlich ist, die Bibel so zu lesen, wie sie geschrieben ist, als das erste und wichtigste Buch über die Rechte jedes einzelnen Menschen.

Hat man in El Salvador noch nie etwas von Menschenrechten gehört? Man sollte es meinen. Und was ich als besonders schlimm empfunden habe, die Spitzen der Gesellschaft, Regierung und die Obersten des Militärs benehmen sich, als ob sie dem Land nur Gutes täten, als ob sie die reinsten Friedensengel wären. Alle Schuld lag bei der Guerilla.

Nach der Versammlung saßen wir bei Yolanda in der Stube. An das Rattern der Hubschrauber hatten wir uns, genau wie die Salvadorianer, inzwischen gewöhnt. Plötzlich hörten wir aus der Richtung von Guazapa ein Donnern, das erschreckend an eine weit zurückliegende Zeit erinnerte. "Was ist das?" Keine Antwort von Yolanda, sie war schon hinausgelaufen. Sie und alle Nachbarn standen draußen und starrten zum Berg, der San Salvador von dem Dorf hinter den Bergen, von Guazapa trennt.

Rauchwolken stiegen über dem Berg auf. Yolanda sagte:

"Sie werfen wieder Bomben auf Guazapa."

"Warum???" "Das Gebiet wird von der Guerilla gehalten."

"Furchtbar! - Aber warum macht die Guerilla denn immer wieder diese Überfälle? Warum versuchen sie nicht friedlich zu einer Einigung zu kommen? Immer nur schießen und bombardieren, das ist doch keine Lösung. Ist nicht das Militär zu diesen harten Maßnahmen gezwungen? Sie wollen doch auch nur Ruhe und Ordnung."

Mitleidiges Lächeln von Yolanda.

Später wußte ich ihr Lächeln zu deuten und meine Meinung über Guerilla und Militär hatte sich grundlegend geändert.

Das hieß aber nicht, daß ich nun Gewalt gutgeheißen hätte. Ich lehnte immer noch jede Art von Gewalt ab, zerbrach mir immer noch den Kopf darüber, wie man in diesem Land für den Frieden kämpfen könnte, ohne immer wieder Blut zu vergießen. Der Gedanke war kaum erträglich, aber solange niemandem eine Lösung des Problems einfällt, bleibt nur dieser Weg.

Ich lehnte Gewalt ab, immer noch, aber ich verstand diese Menschen. Sie wollen doch nur ein freies El Salvador, wollen in Frieden und ohne Unterdrückung leben, ihr Stückchen Land bebauen und ihre Kinder in die Schule schicken können.

Für diesen Traum kämpften sie, setzten sie ihr Leben aufs Spiel, gingen ins Gefängnis, wurden gefoltert, ermordet.

Vorbereitungen treffen für Mesa Grande

Fünf Tage waren wir schon hier, und wenn wir am Montag fahren wollten, hatten wir noch einiges zu regeln.

Wir hatten zwar tolle Empfehlungsschreiben von Kirchen und vom Caritasverband, sogar Monseñor Rodrigues, Bischof von Honduras, hatte seine Unterstützung zugesagt, trotzdem, ohne Erlaubnis von ACNUR würde es keine Möglichkeit geben, ins Lager zu kommen. Um nicht unnötig Zeit zu verlieren, wollten wir das von hier aus telefonisch regeln. Es war schwierig, eine Verbindung nach Honduras zu bekommen, aber wir konnten nichts unternehmen, solange das nicht erledigt war.

Ein Vormittag Ruhe würde uns sicher nicht schaden. Wir blieben alle im Häuschen, frühstückten gemeinsam. Jörg sichtete die schon gemachten Filme, ich schrieb ein bißchen in mein Tagebuch und Mila nahm die Gelegenheit wahr, etwas Wäsche zu waschen. Sie hatte sich erlaubt, ein paar Liter Wasser aus der Zisterne zu schöpfen. Tom hing ununterbrochen am Telefon und jedesmal, wenn er glaubte, eine Verbindung zu haben, rief er nach Mila, von uns sprach ja sonst niemand spanisch.

Mila kam dann angerannt, um dann immer wieder von Tom zu hören: "Ist nichts. Hab mich geirrt." Wir waren verzweifelt. Beim etwa zehnten Mal vergeblichen Rennens meinte Mila, und hielt dabei ein nasses Wäschestück hoch: "Neue Sportdisziplin. Staffellauf zwischen Unterhosen und ACNUR." Wir brachen in ein befreiendes Lachen aus und Tom wählte geduldig weiter die Nummer in Honduras.

Gegen Mittag hatte er endlich ACNUR an der Strippe, alles war in Ordnung, wir konnten mit deren Hilfe rechnen.

"Also Montag," sagte Mila, "Montag fliegen wir nach Honduras, nach Tegucigalpa. Da ist die Hauptgeschäftsstelle von ACNUR. Die wissen dann schon, daß wir kommen. Es wäre auch gut, zur honduranischen Caritas zu gehen. Je mehr gestempelte Papiere wir vorweisen können, umso besser."

Wir rechneten mit drei Tagen Aufenthalt in Honduras Hauptstadt, dann würden wir wohl alles erledigt haben und könnten mit dem Bus nach San Marcos fahren, einem kleinen Städtchen unterhalb von Mesa Grande. Dort müßten wir nach einer Unterkunft suchen, denn, so hatte man gesagt, Besucher mußten das Lager um 18.00 Uhr verlassen, vorausgesetzt, man darf überhaupt hinein. Wir waren sehr zuversichtlich und stellten uns vor, wir dürften an zwei, vielleicht sogar an drei Tagen ins Lager. Mit unseren einmaligen Begleit- und Empfehlungsschreiben konnte gar nichts schiefgehen.

Bei den Comadres

Vier Tage hatten wir also noch in San Salvador, und die wollten wir so gut wie möglich nutzen.

An diesem Nachmittag waren wir bei den Comadres. Was ich immer bewundert habe, war der Mut der Frauen. Wer auch nur das Geringste gegen die Regierung und die Brutalität des Militärs sagt, muß mit massiver Verfolgung rechnen. Aber genau das tun die Comadres.

Es sind Frauen, die in Eigeninitiative nach Verschwundenen und Verschleppten forschen. Ich mußte mir erst sagen lassen, worin der Unterschied zwischen verschwunden und verschleppt lag. Waren nicht die Verschleppten verschwunden? Und waren die Verschwundenen nicht verschleppt worden?

Verschleppt, das hieß, jemand hatte das Verschwinden, die Entführung beobachtet, und das gab die Möglichkeit, in den Gefängnissen zu forschen. Verschwunden, das hieß, bei der Verschleppung gab es keine Zeugen, folglich brauchte kein Gefängnis, brauchte niemand Auskunft zu geben. Nun suchten die Comadres nach ihnen, und wenn sie nicht mehr lebten, wollten sie wenigstens ihre Leichen finden, um sie würdig zu begraben. Die Ermordeten wurden meist einfach im Straßengraben oder im Busch liegengelassen. Die Comadres waren Frauen jeder Altersgruppe, und jede hatte den Tod eines oder mehrerer Familienmitglieder zu beklagen und außerdem Angehörige, die vielleicht auch schon tot, oder irgendwo eingekerkert waren.

Eine Frau suchte seit sechs Jahren nach ihrem verschleppten Mann. Er wurde eines Tages von der Todesschwadron in ein Auto gezerrt, seitdem fehlte jede Spur von ihm.

Eine andere erzählte, man habe ihren Mann am Straßenrand gefunden, bestialisch ermordet.

Wieder eine andere suchte verzweifelt nach ihrem Sohn, von dem ebenfalls keine Spur zu finden war.

Es war so schrecklich, das anhören zu müssen. Diese Frauen mußten das aber nicht nur anhören, sie mußten es erleiden, sie mußten damit leben.

Sie kümmerten sich nicht nur um die eigenen Männer, Kinder, Brüder, sondern auch um die aus fremden Familien, und überall wo die Menschenrechte mit Füßen getreten wurden, setzten sie sich ein. Dabei waren sie selbst in Gefahr, ständig mußten sie mit Verhaftung, Verschleppung und Folterung rechnen. Nichts von dem hielt sie auf, nichts hielt sie davon ab, ihre begonnene Arbeit fortzusetzen.

Als ihnen der Kennedy-Friedenspreis verliehen wurde, durften sie ihn, zu der Geldsumme gehörte eine Büste von John F. Kennedy, nicht selbst entgegen nehmen. Sie bekamen die Büste später auf Umwegen über Mexiko. Jetzt wurde ihr bescheidenes Büro aufgebrochen, durchsucht. Die Büste wurde zerstört, der traurige Überrest steht, gut sichtbar, in ihrem Büro.

Den Comadres hat man vorgeworfen, Rebellen, subversiv zu sein. Sie wurden ins Gefängnis gesteckt und unter schwerster Folter gezwungen, Geständnisse zu unterschreiben, zu einer Aufständischengruppe zu gehören. Oft wußten sie nicht einmal, was sie unterschrieben haben. Entweder sie mußten ihren Namen auf ein leeres Blatt setzen oder das Protokoll wurde bedeckt, damit sie es nicht lesen konnten. Wer sich weigerte, wurde gefoltert, bis der Wille gebrochen war.

Bei Nachfragen über den Verbleib dieser Menschen, bei Protest- und Bittbriefen an den Präsidenten und den Gerichtshof in El Salvador bekam man vielleicht diese "Geständnisse" zugeschickt mit dem Hinweis, die Verhaftung sei rechtmäßig und dem Volk dienlich. Hilfe von deutschen Politikern war kaum zu erwarten, da diese immer noch davon überzeugt waren, 'El Salvador ist das christdemokratische Land, als das es sich im Ausland darstellt'. Kein offizieller Besucher aus der BRD machte sich die Mühe, dem mal auf den Grund zu gehen und unser Herr Bundeskanzler bezeichnete Präsident Duarte als seinen Freund. Das Traurige dabei war, daß das Volk von El Salvador gerade auf Deutschland seine große Hoffnung auf Hilfe bei einem vielleicht möglichen Friedensprozeß setzte.

Zu viele Probleme

Abends kamen wir zurück und spürten gleich die besonders bedrückte Atmosphäre. Eine Frau aus der Gemeinde war verschleppt worden. Sie war über die Straße gegangen, Soldaten hatten sie wortlos gepackt, auf einen Lastwagen gestoßen und waren abgefahren. Seitdem fehlte jede Spur von ihr, und niemand wußte, aus welchem Grund sie verschleppt wurde. Würde sie je wieder auftauchen? Würde man je erfahren, was dahinter steckte? Es war so entsetzlich.

Frauengefängnis, wir durften es besichtigen.

"No problema! Kommen Sie und melden sich beim Direktor," wurde uns am Telefon gesagt, "wegen des Passierscheins."

"Können wir mit den Gefangenen reden?"

"Aber sicher. No problema."

Eigentlich hätten wir bei diesem "No problema" schon stutzig werden müssen, wir hatten es oft hören müssen und jedesmal, wenn es hieß "keine Probleme", fingen sie erst richtig an. Wir warteten am Tor des Gefängnisses. Sehr freundlich wurde uns gesagt, daß der Direktor im Moment nicht da sei, aber bald kommen würde. Wir warteten und warteten. Nach einer Stunde gingen wir wieder zur Wache: "Der Direktor wollte uns erwarten." Die freundliche Antwort: "Ja, das stimmt, aber er ist nicht da, kommt aber sofort."

Der Direktor kam nicht und wir warteten weiter. Langsam wurde uns übel, wir hatten Hunger und Durst. Es gab keinen Schatten und die Sonne knallte unbarmherzig auf uns nieder.

Ein Lastwagen fuhr vor. Zwei Militärs mit undurchdringlichen Gesichtern stießen eine Frau vor sich her, verschwanden mit ihr im Innern des Gefängnisses. Das ging so schnell, ehe wir klar denken konnten, war der Spuk schon vorbei.

Stundenlang standen wir am Tor, immer wieder brachten wir uns bei der Wache in Erinnerung. Der Direktor kam nicht. Keine Aussicht, das Gefängnis betreten zu dürfen.

Wir sollten uns daran gewöhnen, Zusagen zu bekommen und dann hingehalten werden. Warum sagten sie kein klares "Nein"? Das könnten wir akzeptieren. Aber das sinnlose Warten -.

Wenn wir hier irgendwie klarkommen wollten, mußten wir noch viel lernen, vor allem das deutsche Denken mußten wir uns abgewöhnen, andernfalls würde der Frust uns kaputtmachen.

Hier vor dem Gefängnis hatte sich das schon recht deutlich gezeigt, wir waren wahnsinnig gereizt und wenn wir uns nicht gegenseitig auf die Nerven gehen wollten, mußten wir uns intensiver in die Mentalität dieser Menschen hineindenken.

Allein schon wie man in diesem Land mit der Zeit umging, 'Sofort', das heißt in El Salvador nicht, daß jemand auch tatsächlich gleich eintrifft. 'Sofort', das können 10 Minuten, das kann aber auch ein ganzer Tag sein.

"Der Direktor wird bald kommen," hieß für uns, eine halbe, vielleicht eine Stunde warten zu müssen. Nun standen wir schon fünf Stunden vor dem Gefängnis. Noch länger zu warten war sinnlos. Mißmutig trabten wir zunächst einmal los, eine Fahrgelegenheit zu suchen. Irgendwo mußte es ja eine Bushaltestelle geben oder irgendwann würden wir auf ein freies Taxi stoßen. Den Rest des Tages blieben wir in der Innenstadt.

Ich brauchte unbedingt eine Decke, wollte mir eine kaufen, denn die Nächte waren kalt. Aber nicht nur die Kälte machte mir zu schaffen, sondern auch die Mücken quälten mich. Jede Nacht stürzten sie sich mit wahrer Wonne auf meine bloßliegenden Körperteile.

Niemand zeigte Lust, mit mir zu gehen, nach einer Decke zu suchen. Sie brachten kein Verständnis auf für meine Qual. Der Gedanke an die nächste Nacht wurde mir unerträglich und ich sagte bitter: "Laßt euch nicht aufhalten, geht wohin ihr wollt. Ich finde auch allein ein Geschäft."

Ich drehte mich um und ging. Das fehlte noch, daß die sahen wie ich heulte. Meine Tränen kollerten, die Enttäuschung war zu groß. Aber war es wirklich nur diese Enttäuschung? Ein willkommener Anlaß, mir Schwäche einzugestehen? Auf jeden Fall nahm ich gar nicht wahr, was um mich herum vorging, bis ich auf einmal merkte, daß die Stimmung war umgeschlagen war. Alle gingen

mit mir auf Suche und endlich hatte ich eine Decke.
Noch nie hatte ich so viel Glück empfunden und niemand kann sich meine
Dankbarkeit vorstellen. Wir zogen weiter durch die Stadt und ich preßte selig
meine Decke an mich.

Hauptstadt San Salvador

So viele zerstörte Häuser, Berge von Schutt bis zur Straße, windschiefe
Hütten, überall Schmutz und Gestank, so erlebten wir die Hauptstadt.
Kinder liefen bettelnd hinter uns her, wahrscheinlich diese Kinder, die weder
Angehörige noch ein Zuhause hatten, verlorene Kinder, Niemandskinder.
Fast alle bettelten sie um Schuhe. Wir konnten nicht all diesen Kindern Schuhe
kaufen, es waren zu viele. Traurig, aber wir mußten sie abschütteln. Ein Junge blieb uns hartnäckig auf den Fersen. Wir kauften ihm Schuhe und er zog
überglücklich ab. Wir gingen weiter durch die Straßen, über den Markt,
wurden überall zum Teil neugierig, zum Teil mißtrauisch angestarrt. Wir
sprachen Leute an, baten sie, von sich zu erzählen, aber sie waren wie zuge-
knöpft.
Einer knurrte uns an: "Gringo."
"No, no Gringo, Alemanas," und auf einmal waren sie zutraulich, redeten wie
ein Wasserfall. Wieso eigentlich? Einige Gründe erfuhren wir.
Da sind zunächst die Deutschen im Land, Priester, Lehrer, Ärzte und alle mit
unwahrscheinlichem Einsatz für die Ärmsten der Armen. Sie sind nicht hier
um zu verdienen, oft geben sie von ihrem geringen Geld noch einen Teil ab. Sie
leben nicht viel besser als die Einheimischen und das stärkt das Vertrauen
ungemein.
Das ist die erfreuliche Seite, Deutscher zu sein.
Bei der weniger erfreulichen und manchmal peinlichen Seite geht es um die
Politik, weil wir da so machtlos sind. Aber gerade da erwarten sie so viel von
uns.
"Deutschland ist doch mit den USA befreundet. Sagt Euren Politikern, sie sollen Einfluß nehmen auf die USA. Nur wenn von da keine Waffen mehr geliefert
werden, hört das schreckliche Morden hier auf."
Sie stellen sich das so einfach vor, glauben, wir könnten mit unseren
Politikern reden und ihnen die Augen öffnen.
Am Straßenrand stand ein alter Mann, ein Zeitungsverkäufer. Die paar Colones (Währung in San Salvador), die er verdient, reichen gerade für ein bißchen Mais. Hinter seinem Packen Zeitungen lugte ein Päckchen zusammen-
gelegte Pappe hervor. Wir hatten schon mehr Menschen mit so einem Pappe-
päckchen gesehen.
Eigentlich hatten wir uns keine großen Gedanken darüber gemacht und die

Frage an diesen Mann, was er mit der Pappe machen wollte, war mehr oder weniger so dahingesagt. Umso erschütternder war die Antwort.

"Wenn es Abend wird," sagte er, "suche ich mir eine möglichst windstille Ecke zwischen den Häusern und dann mache ich mir da mein Bett," und dabei klopfte er auf die Pappe, seine ganze Habe. "Ich habe genug um mich daraufzulegen und auch noch ein Stück, um mich zuzudecken."

Später einmal, wir waren nach Einbruch der Dunkelheit noch in der Stadt, sahen wir sie, die Menschen in den Hausecken in ihren Pappbetten. Niemand kümmerte sich darum, es war ein alltäglicher Anblick.

Nein, die Armut war nicht die Ausnahme.

Gott will keine Ungerechtigkeit

Credisa, '22 de abril', es kam uns fast wie ein Zuhause vor. Irgendwie fühlten wir uns hier geborgen. Das Gefühl wurde noch gestärkt, als wir in der Kirche aus Wellblech an einer Messe teilnahmen. Frei und ungezwungen lief man durch die Kirche, lachend begrüßte man sich, und keinen störte es, daß die Kinder auf dem Boden lagen und ganz munter plapperten.

Der Chor und die Musiker, Baßgeige, Gitarre und Tamburin, nahmen ihre Plätze ein und dann kehrte ganz langsam eine gewisse Ruhe ein. Ein Mädchen vom Chor gab mir ihr Liederblatt, leider ohne Noten, damit ich mitsingen konnte.

'Es kehrte Ruhe ein', das hieß nicht, daß die Leute steif und stumm in ihren Bänken gesessen hätten. Wer etwas zu den Schrifttexten oder zur Predigt sagen wollte, der tat das auch, total frei und ungeniert. An diesem Tag sprachen die Texte von Gerechtigkeit und dazu konnten viele etwas sagen. Eine Frau stand auf: "Wir wissen jetzt, Gott will keine Ungerechtigkeit und er will nicht, daß Menschen leiden."

Eine andere setzte fort: "Gott will die Würde jedes Menschen, aber ihre Würde wird mit Füßen getreten. Wenn sie Gerechtigkeit fordern, wirft man sie ins Gefängnis."

Ein Mann sprach weiter: "Und dort werden sie gefoltert und umgebracht." Ja, und auch in ihren Liedern kommt der Schrei dieses Volkes zum Ausdruck. Die Melodien sind schwungvoll, kamen mir so fröhlich vor, aber die Texte sprechen von Qual und Tod. Keine der Familien ist davon veschont geblieben. Dieses Volk könnte baden im Blut seiner Opfer.

Dennoch kann nichts ihre Hoffnung erschüttern, daß dieser schreckliche Krieg eines Tages ein Ende hat, daß sie eines Tages menschenwürdig leben können.

Und ein Teil dieser Hoffnung sind wir.

Wir besuchten die 'hermanas de la corazón', die Schwestern, bei denen wir ei-

gentlich wohnen sollten.
Es muß ein gutes Hospital gewesen sein, hatte sogar ein paar Krankenzimmer, es gehörte eine Schule dazu und auch eine Bibliothek. Unterstützt wurde die Einrichtung aus Deutschland, zu erkennen an der Tafel mit der Aufschrift: "Deutscher Caritas-Verband". Ja, und jetzt hatte das Erdbeben einen großen Teil zerstört, ein ganzer Trakt mußte wegen Einsturzgefahr abgerissen werden. Hauptsächlich betroffen war das Schulgebäude und das Haus der Schwestern. Das Beben hatte die Mauern tief in die Erde gerissen, das Gebäude hatte sich um mehr als einen Meter gesenkt. Die Schwestern waren ausquartiert, kamen nur tagsüber zur Versorgung der Patienten. Behandlungsraum und Apotheke konnten genutzt werden, ebenso die Kapelle und ein paar kleine Räume. Natürlich war alles stark beschädigt, schien aber nicht gefährlich zu sein. Irgendwo muß es eine Kochgelegenheit gegeben haben, die Schwestern servierten uns nämlich ein hervorragendes Essen. Etwas so Köstliches hatten wir bisher in El Salvador noch nicht bekommen.

Repoblación

Señora Emilia, eine der aktivsten Frauen bei CRIPDES (Flüchtlingshilfs-Organisation) hatte uns ein Gespräch zugesagt. Wir saßen am Straßenrand in der glühenden Sonne. Inzwischen hatten wir gelernt, daß hier gar nichts in Eile oder gar in Hektik geschah. Zeit und Ruhe mußte man haben, so warteten wir denn auch ganz geduldig.
"Nur nicht aufregen, Señora Emilia wird schon kommen" und wir warteten weiter.
Ein kleiner Junge kam angelaufen. "Mama sagt, ihr sollt ins Haus kommen. Es ist nicht gut für euch, solange in der Sonne zu sitzen." Wir waren so matt und nahmen die Einladung nur allzu gerne an.
Was war mit mir geschehen? Es war mir gar nicht mehr peinlich, in ihre armseligen Hütten zu gehen, in die Gesichter der Menschen zu schauen. Die natürliche Gastfreundschaft und Liebenswürdigkeit hatte die Hemmungen von mir genommen.
Diese Menschen wußten um ihre Armut, sahen das Erbärmliche ihrer Hütten, zeigten aber keine Scham. Sie wollten menschenwürdiger leben, nahmen aber ihr Unvermögen in Kauf. Vielleicht sahen sie schon einen Hoffnungsschimmer darin, daß wir gekommen waren und ließen sich gern fotografieren.
Wir saßen nun in so einer Champa und warteten. Daß die nette Gastgeberin uns zu trinken gab, tat unseren ausgetrockneten Kehlen gut.
Nach einiger Zeit ließ Señora Emilia uns ausrichten, sie hätte absolut keine Zeit, müsse zu einer wichtigen Versammlung. Wir könnten aber gern daran

teilnehmen. Viele Menschen waren in dem Versammlungsraum und es herrschte eine für uns zunächst unerklärliche Erregung. Worum ging es? Wir waren in die Diskussion über den Verbleib der Hilfsgüter für die Erdbebenopfer geplatzt. Alle wußten, aus dem Ausland waren viele Sach- und Geldspenden nach El Salvador gekommen, nur die Opfer hatten wenig davon gesehen, höchstens auf dem Schwarzmarkt.

"Das Ausland soll die Spenden doch an die Kirchen geben, nur dann bekommen wir etwas davon mit," hieß es immer wieder. "Nur die Kirchen helfen uns. Der Staat nicht."

"Das Thema war beendet, die Aufregung hatte sich nicht gelegt und ein wahnsinniges Stimmengewirr drang uns in die Ohren. Ein ständiges Hin und Her setzte ein, alle möglichen Dinge wurden zusammengetragen und auf einen Haufen gepackt. Ich dachte, 'die schleppen Gerümpel zusammen für den Sperrmüll'. Wir glaubten, die Versammlung wäre aus, aber als wir uns an die doch recht ungewöhnliche Hektik gewöhnt hatten, bemerkten wir, es ging weiter. Die Erregung galt der am nächsten Tag stattfindenden Repoblación nach Panchamilama. Die Lutherische Kirche hatte dort ein Stück Land bekommen und es ein paar Familien geschenkt, etwas mehr als 70 Personen. Die sollten das Land nun in Besitz nehmen. Eine dieser Glücklichen war eine Frau aus der '22 de abril' mit ihren zehn Kindern. Was hier zusammengetragen wurde, war kein Gerümpel, sondern der Hausrat dieser Frau.

Die Familien wollten in Panchamilama ein neues Dorf gründen. In der Nähe sollte es eine Kaffeeplantage geben, auf der sie arbeiten könnten und in der Nähe wäre auch ein Fluß.

"Morgen findet die Repoblación statt. Um 10 Uhr treffen wir uns an der lutherischen Kirche zum Abschiedsgottesdienst."

Es war erst die dritte Repoblación, seit es in El Salvador das Flüchtlingsproblem gibt und niemand wußte, was die Menschen erwartete, wie Regierung und Militär reagieren würden. Sie wußten nur, eines dieser beiden ersten neuen Dörfer, Las Flores, hatte ständig unter Militäraktionen zu leiden, Beschießungen waren keine Seltenheit. Trotzdem waren diese Siedler jetzt guter Dinge und glaubten an ein besseres Leben auf dem Land.

Ob sie uns wohl erlauben würden, wenigstens an dem Gottesdienst teilzunehmen? Fragen kostet ja nichts. Und dann wurde gesagt: "Wenn sie wollen, können sie mitfahren."

Am nächssten Morgen war die Kirche war berstend voll, viele standen draußen.

An der Straße warteten die Autobusse und drei Lastwagen mit dem 'Hausrat'. Viele Neugierige standen herum.

Endlich gegen 11 Uhr setzte sich der Konvoi in Bewegung. Wir saßen im ersten Bus, reserviert für Begleiter.

Langsam zockelten wir durch die Stadt, vorbei an Schutthaufen, die einmal Häuser waren, vorbei an Hütten aus Pappe und Lumpen, wie wir sie schon zur Genüge kannten. Die Bewohner standen am Straßenrand, sahen uns aufmerksam entgegen. An allen Bussen flatterten weiße Fähnchen, die Seiten waren in ihrer ganzen Länge mit Spruchbändern bespannt. An unserem Bus war außen ein Lautsprecher angebracht und die Stimme einer Frau dröhnte durch die Straßen. Zwischendurch wurde gesungen und auch die Lieder hallten durch die ganze Stadt. Ich hatte Angst und verbarg die Angst hinter Lachen. Wo hinein waren wir geraten? Dann kam wieder die Stimme aus dem Megaphon, laut und beschwörend, und ich meinte dennoch, auch in ihr diese Angst, diese Ungewißheit zu spüren.

Endlich übersetzte Mila:

"Wir sind Campesinos, wir wollen zurück aufs Land! Duarte hat keine Zustimmung zur Repoblación gegeben und die katholische Kirche steht nicht hinter uns. Laßt uns trotzdem ruhig ziehen! Wir bitten das Militär darum! Wir gehen nicht in Guerillagebiet, wir suchen nur eine neue Heimat!"

Wir hatten den Stadtrand erreicht, es ging den Berg hinauf und die Straße wurde immer schlechter. Hin und her geschüttelt konnten wir uns kaum auf den Sitzen halten. Die Stimme aus dem Lautsprecher war verstummt, es wurde nur noch gesungen. Die LKWs blieben oft weit zurück und die Busse stoppten, damit sie den Anschluß nicht verloren. Wir konnten aussteigen, die Füße vertreten, das tat gut.

Vor mir im Bus saß ein Salvadorianer, Jeans, kurzärmeliges Hemd, an einem Bändchen um den Hals gehängt ein Holzkreuz.

Beim nächsten Stop sprach ich ihn an: "Sie sind doch sicher lutherischer Priester?" "Ja. Ich bin der Bischof von Centroamérica."

Ich dachte: "Das gibt es doch gar nicht. Ein Bischof, der sich in so einen klapprigen Bus setzt, mitten zwischen uns gewöhnliche Menschen? Aber Bischof Medardo Gomez ist eben ein außergewöhnlicher Mann, war auch sofort zu einem Gespräch bereit, obwohl die Zeit recht knapp war. Er sagte: "Es ist eine traurige Situation in unserem Land und solange der Krieg nicht beendet ist, geht das Leiden weiter. Es ist schwierig zu helfen, weil die meisten Hilfesuchenden aus Gebieten kommen, in denen gekämpft wird. Es werden Bomben geworfen und die treffen meist die Zivilbevölkerung. Und dann flüchten die Leute in die Hauptstadt. Aber sie wollen zurück aufs Land.

Die Kirchen, egal ob katholische oder lutherische, helfen so gut sie können und dann treffen die Repressalien auch die Kirchen und wir leben in ständiger Angst. Wir, die Leiter der Kirchen, werden bedroht von der Todesschwadron."

Es gab und gibt blutige Auseinandersetzungen, aber auch Versuche einer Einigung, was meinte Bischof Gomez dazu?

"Ich sage nicht, daß die FMLN (Guerilla-Organisation) alles richtig macht, aber das Volk erhofft sich durch sie die Freiheit. Es bleibt ihnen nur der Kampf, unsere Regierung will keinen Dialog."

Bischof Gomez gab die Hoffnung nicht auf. Er wartete und hoffte auf die Hilfe der christlichen Glaubensbrüder im Ausland, und er sagt: "Es ist doch kein Verbrechen, wenn ein Volk in Frieden leben will."

Wir mußten in den Bus einsteigen, Ende des Gesprächs.

Es ging immer höher hinauf, dann war das Ziel erreicht. Für knapp 50 km hatten wir mehr als zwei Stunden gebraucht. Alle stiegen aus, die LKWs wurden abgeladen und alle Fahrzeuge, bis auf einen Bus, fuhren sofort nach San Salvador zurück.

Am Wegrand stand und lag das ganze Hab und Gut der Neusiedler, aber wo standen die Häuser? Oder wenigstens die Hütten? Ich konnte sie nirgends entdecken.

Wir sahen uns ratlos an, hatten keine Ahnung, wie es weiter gehen sollte. Wir sahen wohl ein geschäftiges Treiben unter den Leuten, sahen Männer, Frauen, Kinder mit Sachen auf dem Kopf im Busch verschwinden. Und da war auch ein schmaler Pfad. Ein Mann balancierte einen Tisch auf dem Kopf, zwängte sich durch die Zweige.

"Das Dorf liegt sicher hinter diesem Busch," vermutete Tom und wir gingen hinter den Leuten her. Nach ein paar Metern ging es steil nach unten. Immer unwegsamer wurde der Pfad, immer weiter hinunter, immer dichter das Buschwerk. Wohin gingen sie nur? Dann hörten wir, daß das Dorf am Fuße des Berges entstehen soll. "Warum sind wir denn hinauf gefahren und machen jetzt den mörderischen Abstieg?" Ein Mann sagte: "Dort unten gibt es keine Straße, nicht einmal einen Weg. Kein Gefährt kann dort hinkommen."

Also weiter hinunter, bei glühender Hitze, über dicke Baumwurzeln, durch fast undurchdringlichen Busch. Die Luft wurde unerträglich, das Atmen immer schwerer. Aber die Campesinos schleppten unverdrossen, ja sogar mit einer gewissen Fröhlichkeit, ihre armselige Habe. Wir fragten einen, wie weit es denn noch wäre und erhielten die Antwort: "Noch ungefähr zwanzig Minuten." Wir stolperten weiter. Das würden wir noch schaffen. Zwanzig Minuten waren längst vorbei und wir kamen zu einem fast ebenen Platz, die Bäume und Sträucher standen nicht so dicht. Viele Campesinos hockten auf dem Boden, und wir suchten uns ebenfalls ein Sitzplätzchen. "Gott sei Dank, wir sind am Ziel." Die Pause war kurz, die Leute verschwanden wieder im Busch. Hatten wir es denn immer noch nicht geschafft? Wir fragten wieder: "Wie weit ist es noch?" Und wieder war die Antwort: "Noch zwanzig Minuten." Da wußten wir zumindest, es war zwecklos, nach einer Zeit zu fragen, immer wieder würden wir hören: "Noch zwanzig Minuten." Also schauten wir gar nicht mehr auf die Uhr, trotteten weiter.

Wieder ein Rastplatz. Völlig erschöpft sanken wir auf den Boden und ich wunderte mich nur darüber, wie zäh diese ausgemergelten Salvadorianer waren. Die meisten waren schon zwei- oder dreimal hinunter- und hinaufgestiegen, um weiteren Hausrat zu holen, und wir waren erledigt nur vom Abstieg. Wir hatten quälenden Durst und keinen Tropfen Wasser.

Es gab Bäume mit Früchten, aber die hingen zu hoch. Niemand von uns hatte die Kraft, auf einen Baum zu klettern. Diese Campesinos, die kletterten hoch und brachten Unmengen der zuckersüßen, saftigen Früchte. Hm, lecker, aber sie stillten nicht den Durst. Im Gegenteil.

"Gibt es hier kein Wasser? Wenn die Leute hier leben wollen, brauchen sie doch Wasser."

Eine Frau sagte: "Wir sind ja noch nicht da, wir müssen noch weiter hinunter und da soll es auch einen Fluß geben."

Aber weiter unten war ebenfalls nur Wald und dichter Busch, keine Felder, keine Häuser, kein Wasser, nur Dschungel.

Einige Männer rodeten schon eine Fläche frei, um eine große Hütte zu bauen. Irgendwo mußten sie ja in der Nacht bleiben. Wenn dann erst einmal jeder sein eigenes Häuschen und etwas Land für Mais und Bohnen hätte, dann wäre alles gut.

"Und wovon lebt ihr bis zur ersten Ernte?"

"Oh, das ist alles geregelt. Einmal in der Woche wird ein Lastwagen Reis, Mais und Wasser bringen. Die Kirche hat das organisiert." Sie waren sehr zuversichtlich.

Endlich hatten wir zwischen all den Menschen die Frau aus der '22 de abril' gefunden. Da hatte eine Verwandlung stattgefunden, das war nicht mehr die Frau aus der Stadt. Sie war so voller Hoffnung, so fröhlich und frei. "Hier," sagte sie, "haben meine Kinder etwas zu tun. Sie werden Spaß haben, weil sie arbeiten können. Sie können das Arbeiten lernen und das wird ihnen viel Freude machen. Ja, und hier kommen sie auch nicht in Versuchung zu stehlen oder Drogen zu nehmen. Ja, es wird uns hier sehr gutgehen."

Andere, die sie nur begleitet hatten, meinten, daß sie lieber in San Salvador bleiben, weil die Kinder dort vielleicht eine Schule besuchen können. Was aber wirklich besser wäre, wer von uns konnte das beurteilen?

Es wurde Zeit für den Aufstieg. Der Bus sollte um 17 Uhr zurück nach San Salvador fahren und den durften wir auf keinen Fall verpassen. Es gab keine andere Möglichkeit, von dort in die Stadt zu kommen.

Der Aufstieg in dieser feuchtheißen Dschungelluft und der elende Durst waren grausam. Wie oft mußten wir uns setzen um auszuruhen? Es wurde immer schwieriger, mehr als zehn Schritte schafften wir nicht mehr ohne Pause, bis wir überhaupt nicht mehr wagten, uns zu setzen, aus Angst, nicht mehr aufstehen zu können. Zuerst hatte ich gedacht, daß nur mein Kreislauf versagt hätte und ich machte Mila, Jörg und Tom den Vorschlag, allein hoch zu gehen, ich würde notfalls im Busch schlafen. Morgens käme ich zur Straße, dorthin könnten sie mir ein Taxi schicken. Nein, nicht nur ich war mit meiner Kraft am Ende. Keuchend schleppten wir uns weiter. 10 Schritte - stehen bleiben, 8 Schritte - an einen Baum lehnen, 5 Schritte - "laßt uns nur einmal hinsetzen, bitte." Tom sagte: "Nein. 17 Uhr müssen wir am Bus sein, sonst ..." Sonst? Dann müßten wir wohl doch hier übernachten, egal, was uns hier erwartete. Ich durfte zwar nicht an die Moskitos denken, aber die stellten wohl die geringste Gefahr dar.

Also machten wir uns gegenseitig Mut und endlich sahen wir die Straße, nur war es weit nach 17 Uhr.

Dem Himmel sei Dank, der Bus war noch da. Die paar Meter sind wir mehr gekrochen als gegangen. Und dann mußten wir warten, auf Bischof Gomez, der noch bei den Siedlern war.

Oh dieser Durst, die Zunge klebte am Gaumen. Im Bus lag ein Beutel voll Apfelsinen. Ich habe nicht gezählt, wie viele ich in mich hineingestopft habe. Auf der Rückfahrt drückte ich dem Bischof meine ehrliche Bewunderung aus, schließlich hatte ich noch nie erlebt, daß eine so hochgestellte Persönlichkeit solche Strapazen auf sich genommen hätte, Und was machte der Bischof? Er bedankte sich bei uns. "Es freut mich," sagte er, "daß Europäer die Menschen meines Landes auf diesem Weg begleitet haben. Das ist ein großer Schutz für uns." Und einer der Presbyter sagte, wie glücklich sie wären, daß wir auch noch die Mühsal des Ab- und Aufstiegs auf uns genommen hätten. "Das," sagte er, "tun sonst nur Einheimische und vielleicht Europäer die schon lange hier arbeiten."

Ich war auch froh, das mitgemacht zu haben. Trotz allem habe ich dadurch doch eine kleine Vorstellung von dem, was die Menschen hier aushalten und auf sich nehmen müssen.

Der Bus schaukelte den Berg hinunter, das Dröhnen und Rumpeln war kaum auszuhalten. Aber wir fuhren und das war die Hauptsache. Und endlich waren wir zu Hause bei Yolanda, total erschöpft, mit einem Kopf, in dem sich ein ganzer Bienenschwarm aufzuhalten schien und dennoch mit einem wunderbaren Glücksgefühl.

Es geht nicht alles glatt

Sonntag, wir hatten wieder viel vor, aber wie sah Marga aus? Dieser glühende Kopf, das war nicht normal, und ich wollte, daß sie im Bett blieb. Sie wollte mit ins Häuschen zu den anderen, fiel da aber gleich geschwächt in die Hängematte. Trotz der Hitze war ihr kalt, hohes Fieber schüttelte sie. Was

wurde aus unserem Flug nach Honduras am Dienstag?
Auch Jörg ging es nicht gut. Bei ihm hatten sich Parasiten im Darm eingenistet, er wurde aber mit dem Durchfall einigermaßen fertig und sah keine Schwierigkeiten. Aber Marga mit ihrem Fieber mitzuschleppen, das war unverantwortlich. Alles war auf einmal so unsicher geworden.
Ich saß vor dem Häuschen und sah hinunter auf die Stadt. Von hier sah es phantastisch aus, mir wurde wieder bewußt, wie schön dieses Land eigentlich ist. Ich schaute hinüber zum Vulkan von San Salvador, zu der Bergkette, die uns von Guazapa trennt, hinunter auf die Wellblechdächer von Credisa und genoß die Ruhe. Nichts störte den Frieden, kein einziger Hubschrauber hatte bis jetzt die Stille durchbrochen.
Für 15.00 Uhr war ein Treffen mit Padre Ion Sobrino von der UCA vereinbart. Er hatte uns ein Gespräch und einen Besuch des Inlands-Flüchtlingslager Calle Real versprochen.
Pünktlich waren wir an der vereinbarten Stelle, auf dem Platz vor einer Kirche. Eine Stunde warteten wir in der glühenden Sonne, der Padre kam nicht. Wir sahen uns nach etwas Schatten um, trauten uns aber nicht zu weit weg, um den Padre nicht zu verpassen. Es wurde mal wieder unerträglich, doch wir hatten ja schon warten gelernt und übten uns in Geduld.
Warten, immer noch warten. Mila fragte in der Kirche nach, niemand wußte etwas. Schließlich sahen wir ein, längeres Warten hatte keinen Sinn, Padre Sobrino hatte uns versetzt.
Enttäuscht und mißmutig zogen wir ab, suchten ein Taxi und fuhren zurück. Wieder einmal hatten wir für nichts in der Höllenglut gebraten.
Im Haus erwartete uns der nächste Schlag, Margas Fieber war weiter gestiegen. Honduras? Nein, nicht jetzt.
Und dann ging es auch Jörg schlechter, obwohl er sehr geduldig war. Und auch Mila war nicht mehr in Ordnung, sie hatte einen eigenartigen Husten.
Am nächsten Morgen fühlten sich alle drei einfach miserabel, noch vor dem Frühstück gingen sie zur Clínica. Jörg mußte wegen seiner Parasiten und Mila wegen einer Bronchitis eine Menge Tabletten schlucken, Marga hatte eine Infektion, sollte mindestens fünf Tage liegen und sehr viel trinken.
Damit war Honduras und Mesa Grande zunächst mal vom Programm gestrichen.
Zu allem Unglück wurde auch noch unser Trinkwasser knapp. Es war erst Montag, wir hatten noch ungefähr fünf Liter und der Lieferant kam immer nur freitags.
Puh, war das eine Stimmung im Haus, knurren, beleidigt sein, verzweifelt nach Wasser rufen, die Atmosphäre war ausgesprochen mies. Das Klima, drei Kranke, das Elend um uns herum, die einseitige Kost und viel zu wenig Wasser - wir waren schrecklich gereizt und gingen uns fürchterlich auf die

Nerven. Jeden Moment konnte einer explodieren.

Mittags kam Jerry. Erfreut war er nicht über unseren hohen Wasserverbrauch, war aber bereit, mit uns in die Stadt zu fahren, eine Wasserverkaufsstelle zu suchen.

"Ich fahre nicht alleine" sagte er. "Ihr müßt mitkommen."

Die Kranken ließen wir zurück, Tom und ich fuhren mit Jerry zur Stadt. Wir fanden schneller eine Verkaufsstelle, als wir zu hoffen gewagt hatten. Der ganze Nachmittag lag noch vor uns und wir hatten keine Lust, wollten nicht sobald zurück ins Haus, in diese knisternde Spannung.

Jerry lud uns zu einem Ausflug ein, zum Lago Ilopango. "Da kann man ausspannen," sagte er. "Ein schlechtes Gewissen müßt ihr nicht haben. Die anderen wollten ja nicht mit."

Es war herrlich. Ilopango, ein wunderschöner Kratersee in einer traumhaften Landschaft. Und das Schönste, hier merkte man fast nichts von den schlimmen Ereignissen im Land, und wir fühlten uns beinahe so wie ganz normale Touristen. Wir saßen gemütlich am See, tranken ein Bier, und ein paar Einheimische kamen mit ihren Gitarren an unseren Tisch, spielten und sangen ihre Lieder. Das war Balsam für die Seele. Wir hatten neue Kraft getankt und konnten allem wieder viel gelassener entgegensehen.

Pressekonferenz

Die Wirklichkeit hatte uns schnell wieder eingeholt. Die Realität des Landes ist nicht der Friede sondern der Krieg. An diesem Abend empfing uns Yolanda allerdings mit einer guten Nachricht. Die FMLN hatte einen hohen Offizier in ihre Gewalt gebracht und das Militär hatte zugestimmt, ihn gegen 57 gefangene Gewerkschaftler auszutauschen. Am nächsten Tag würden sie eine Pressekonferenz geben und es war klar, daß wir daran teilnehmen wollten. Wir nahmen ein Taxi, der Fahrer fuhr kreuz und quer durch die Stadt. Wußte er den Weg nicht? Oder wollte er unsere Anwesenheit verhindern? Möglich war alles. Wir kamen dennoch zeitig genug an, denn der Beginn hatte sich verzögert.

Zunächst begegnete man uns mit Mißtrauen, was ja durchaus berechtigt war. Wir waren ihnen fremd und konnten ja Spitzel sein. Das konnte recht gefährlich werden, denn allzu oft waren schon Konferenzen und Versammlungen überfallen worden. Wir entdeckten ein bekanntes Gesicht zwischen den Veranstaltern, Señora Emilia. Sie erinnerte sich gleich daran, daß wir die Repoblación mitgemacht hatten, begrüßte uns sehr herzlich und es gab keine Schwierigkeiten mehr. Einen besseren Fürsprecher konnten wir uns gar nicht wünschen.

Der Raum war überfüllt. Zeitungen, Rundfunk und Fernsehen hatten ihre

Reporter geschickt.

Die Freigelassenen saßen oder standen hinter einem langen Tisch, in ihrer Mitte Herbert Anaya, Präsident der Menschenrechtskommission, als Leiter der Pressekonferenz.

Da saßen sie, die Frauen und Männer, die man ins Gefängnis geworfen hatte. Ihr Vergehen: Sie waren Gewerkschaftler.

Es war so erschütternd, wie jeder einzelne von den Qualen, von den Folterungen berichtete. Die Folterknechte wenden Methoden an, die am Körper keine Spuren hinterlassen.

Einer erzählte: "Man hatte mich in einen Raum gesperrt, ich mußte vier Tage mit verbundenen Augen in einer Ecke stehen. Ich bekam kein Essen, durfte nicht schlafen, nicht einmal sitzen." Ein anderer bekam mit der flachen Hand solange Schläge auf die Ohren, bis er sein Gehör verloren hatte.

Sie berichteten von Foltermethoden, die ich einfach nicht wiedergeben kann, weil sich mir heute noch der Magen umdreht, wenn ich nur daran denke.

Frauen wurden geschlagen und meist gleich von mehreren Soldaten vergewaltigt. Eine Frau mußte ihren Bericht unterbrechen, so sehr wurde sie vom Weinen geschüttelt. "Sie wollen uns demütigen, moralisch treffen und klein kriegen," sagte sie und die Tränen liefen ihr übers Gesicht. Tröstend strich ihr eine andere über die Schulter: "Ich berichte weiter," und sie sprach von der zermürbenden seelischen Qual, wenn man drohte, ihre Kinder und Angehörigen umzubringen, wenn sie nicht gestanden, was man von ihnen verlangte und wenn sie nicht die Verstecke von Widerstandskämpfern verrieten.

Es war so fürchterlich, mir wurde schon übel nur beim Hören. Ganz tief beeindruckt hatte mich, daß sie alle ohne Haß und ohne Aggressionen sprachen.

Auf die Frage, was sie jetzt machen würden, da sie in Sicherheit sind, bekamen wir zur Antwort: "Wir sind niemals mehr in Sicherheit. Nach dieser Pressekonferenz müssen wir sofort untertauchen, können nur noch im Untergrund arbeiten."

Wer einmal in ihren Klauen war, steht für alle Zeiten auf der 'schwarzen Liste'.

Ja, sie waren von nun an ständig bedroht von der so sehr gefürchteten Todesschwadron. Und aus ihren dunklen Augen schaute uns nackte Angst entgegen. Plötzlich waren alle Plätze hinter dem Tisch leer. Nur die Organisatoren waren noch da. Hatte überhaupt jemand bemerkt, daß sie gegangen waren? Wir forschten nicht. Die Sicherheit dieser Menschen durfte nicht durch Neugier gefährdet werden. Wahrscheinlich werden wir nie erfahren, was aus ihnen geworden ist.

(Zwischenbemerkung: Ich sehe Herbert Anaya noch vor mir sitzen, zwischen den geschundenen Menschen, als Leiter der Versammlung. Nur wenige Monate später war er tot, am hellen Tag auf offener Straße bestialisch ermordet, im Beisein seiner Kinder, die er zur Schule bringen wollte. Merkwürdig war, daß dieser Mord nicht der Guerilla angelastet wurde. Eigentlich war das üblich, wie man bei Tutela legal gesagt hatte. Die meisten Greuel, die nicht totgeschwiegen werden konnten, legt man der Guerilla zur Last. In diesem Fall wurde Jorge Miranda verhaftet und des Mordes beschuldigt, ein junger Mann, der laut glaubwürdiger Zeugenaussage unmöglich der Täter sein konnte. Er ist Student, Professoren und andere Studenten beeideten, daß er zur Tatzeit mit einer Klausurarbeit beschäftigt war.

Die Zeugen wurden nie zur Aussage zugelassen.

Eine Zeugin war auf einmal verschwunden, und es wurde gesagt, sie wäre ins Ausland gegangen wahrscheinlich nach Mexico. Kann man's glauben?

Und Jorge Miranda sitzt immer noch im Gefängnis. Protestbriefe und Forderungen nach einer ordentlichen Gerichtsverhandlung sind nicht einmal beantwortet worden. Es ist kaum damit zu rechnen, daß dieser Mord aufgeklärt wird, denn nie wird ein Angehöriger des Militärs oder der Todesschwadron vor Gericht gestellt.)

Comunidad '22 de abril'

Nur ein paar Schritte in die Gemeinde hinein und uns überfiel das ganze Elend, der unbeschreibliche Schmutz und der penetrante Gestank. Wir schlängelten uns zwischen engstehende Hütten, über holprige Wege, die nicht nur sehr schmal, sondern außerdem von Abwassergräben durchzogen waren. Nur nicht ausrutschen. Ein falscher Tritt und wir würden in der Brühe landen. Den Gestank könnten wir bestimmt nie wieder abwaschen. Es war ja nicht nur Wasser in dem Graben, sondern alle Fäkalien aus den Latrinen schwammen darin.

Nun soll aber ja niemand auf den Gedanken kommen, abfällig über diese Menschen zu urteilen. Sie versuchen, alles sauber zu halten, aber wie sollen sie das machen? Ja, es sind die Ärmsten der Armen, aber es ist nicht ihre Schuld. So gern sie es möchten, sie haben keine Möglichkeit, hier heraus zu kommen. Sicher hat es einige Rücksiedlungen gegeben, aber es waren nur wenige, und was haben sie vorgefunden?

Und hier in den Champas, die vielen tausend Menschen, wohin sollen sie? Es war so hoffnungslos. - oder doch nicht?

Es ist schon viel in der Comunidad '22 de abril' gemacht worden. Die Kirche aus Wellblech hat rechts und links je einen Werkraum, in dem einen ist die Schreinerei, in dem anderen die Kunstwerkstatt. In der Schreinerei stellen junge Männer meist Holzspielzeug her, als Vorlage nehmen sie Spielzeug, das sie aus dem Ausland bekommen haben. Außer Sägen, Feilen und Macheten haben sie kein Werkzeug und doch sind die fertigen Sachen dann perfekt.

Wenn das Spielzeug dann noch in der Artesanía schöne bunte Farben bekommen hat, geht es in die Kindergärten und Vorschulen, eine große Hilfe beim Lernen. Ich erinnerte mich wieder an meinen Ärger vor der Reise, als man mir zugemutet hatte, die Hälfte Platz in meinem Koffer mit schwerem Spielzeug zu füllen. Es kam mir unsinnig vor, als Verschwendung von Platz und Gewicht. Nun wußte ich, es war dumm und oberflächlich gedacht. Ich war davon ausgegangen, wie sehr die Kinder in Deutschland mit Spielzeug überschüttet werden und habe das einfach auf die Kinder in El Salvador übertragen. Unsere Kinder wissen nicht, womit sie spielen sollen, weil sie zuviel haben und sich nicht entscheiden können.

Womit spielen die Kinder in El Salvador? Während meines Aufenthalts habe ich kein einziges Mädchen mit einer Puppe, und keinen einzigen Jungen mit einem Spielzeugauto gesehen.

Wir gingen in die Artesanía, die Kunstwerkstatt. Leiterin ist Teresa, ein bildschönes Mädchen. Ihrem strahlenden Gesicht sieht man nicht an, welche Greuel und Schrecken dieses junge Ding schon erleben mußte.

Auf ein paar alten Tischen lag viel Papier, Farbtöpfchen und ein Stapel der fertigen Produkte, Karten und Bilder. Ihre ganze Sehnsucht und Hoffnung legen sie in diese Malereien und bei der Buntheit kann man fast vergessen, in welcher Misere sie leben.

Sie stellten Frauen mit Körben auf dem Kopf dar, hochbeladen mit Früchten, Männer sind dargestellt, die auf dem Feld arbeiten, mit der Machete Zucker ernten. Und sie malten schneeweiße Häuschen mit roten Dächern, eine Wiese mit Blumen und Bäumen, in denen bunte Vögel sitzen. Oft sah man neben dem Häuschen eine Kuh oder ein Schwein.

Auf den meisten Bildern sah man groß und prächtig eine Taube oder einen Regenbogen, "pedimos paz" (Wir wollen Frieden).

Und nichts, aber auch gar nichts davon ist Wirklichkeit. Sie malten ihre Sehnsucht.

Der Fall Laura Pinto

Bei den Comadres erfuhren wir, wo Laura Pinto geblieben ist. Sie war Mitglied im Komitée der comadres und vor ein paar Jahren in Deutschland. Damals erzählte sie von den Greueln, die ihr Volk ertragen mußte und bat um Hilfe für ihr Land, um Solidarität.

"Macht die Augen auf und seht, was geschieht und wie Duarte wirklich ist. El Salvador ist eine Scheindemokratie und die Welt fällt darauf herein und glaubt den Worten von Duarte," so sagte sie damals.

Nach ihrer Rückkehr wurde sie verschleppt. Sie konnte noch sehen, daß es vier bewaffnete Männer waren, dann wurden ihr die Augen verbunden, sie wurde auf einen LKW geworfen.

Einer der Männer setzte ihr den Fuß in den Nacken, die anderen begannen mit dem Verhör. Sie sollte zugeben, daß sie und alle comadres zu der Guerilla gehörten, und Namen sollte sie nennen. Laura gab vor, niemanden zu kennen. Im Gefängnis gingen die Verhöre weiter und wurden massiver. Als sie kein Geständnis ablegte, rissen die Soldaten ihr die Kleider vom Leib, lachten, verhöhnten sie und dann wurde sie von drei Soldaten vergewaltigt.

Als sie nach Tagen wiederholter Torturen immer noch nichts gesagt hatte, verband man ihr wieder die Augen und zerrte sie in einen Wagen. Während der Fahrt wurde sie weiter gepeinigt, bis einer der Fahrer meinte, sie hätten wohl die falsche Frau erwischt. Man warf sie einfach auf die Straße. Freunde fanden sie und pflegten sie gesund.

Ein paar Wochen später wurde sie wieder verschleppt. Neun Tage mußte sie mit verbundenen Augen und gefesselten Händen in einer Zelle stehen. Sie bekam kein Essen, kein Trinken, durfte nicht schlafen, nicht einmal zur Toilette gehen.

Danach holte man sie zum Verhör. Sie sollte gestehen, an Überfällen beteiligt gewesen zu sein und man beschuldigte sie, drei Polizisten ermordet zu haben. Immer wieder schlug man sie auf den Kopf, auf die Ohren, auf den ganzen Körper. Nach zehn Tagen Folter und Bedrohung mußte sie ein Geständnis unterschreiben, das sie nicht einmal lesen durfte. Der Text war mit einem Blatt Papier abgedeckt worden. Wir hatten uns damals für sie eingesetzt, auch die Bundesregierung um Hilfe gebeten. Das unter Folter erzwungene Geständnis wurde von El Salvador nach Bonn geschickt und als echt angesehen. In Bonn wußte man nicht, oder wollte man nicht wissen, daß diese Art, Geständnisse zu erzwingen, in El Salvador üblich ist. Besonders tragisch ist, diese Geständnisse können nicht widerrufen werden, sie sind Beweismaterial für die Gerichtsverhandlung. Wenn überhaupt eine stattfindet, werden auch keine Entlastungszeugen zugelassen. Briefe an Präsident Duarte im Fall Laura Pinto hatten dann aber doch Erfolg. Er versprach, sie freizulassen, wenn sie in einem Fernsehinterview aussagen würde, sie sei niemals gefoltert worden. Laura sagte zu, vor der Kamera allerdings redete sie offen von den Foltern, die sie erleiden mußte.

Duarte ließ sie dennoch frei, es war aber ganz klar, daß sie vielleicht schon am nächsten Tag wieder verschleppt worden wäre oder man hätte irgendwo ihre Leiche gefunden.

Dazu ließen ihre Freunde es nicht kommen und brachten sie noch am gleichen Tag ins Ausland.

Von dort aus machte sie ihre Arbeit weiter.

Am nächsten Tag fuhren wir zur Presseagentur Reuter, wo wir eine Kopie der Aufzeichnung dieses Fernseh-Interviews bekommen sollten. Leider war dann das gesamte Filmmaterial verschwunden.

Es wurde ernst mit Honduras

Unseren Kranken ging es besser, wir konnten den Flug buchen. "Hin- und Rückflug? Ja. Nur Hinflug? Geht nicht." Großes Palaver, bis wir die Tickets unseres Rückflugs von Guatemala nach Amsterdam vorzeigten und sagten, daß wir eventuell von Honduras aus gleich nach Guatemala fahren würden. Wir wußten ja wirklich nicht, ob wir zurück nach El Salvador könnten. Es war noch viel Zeit und wir schlenderten durch die Stadt. Und da waren sie wieder, Kinder, die hinter einem herlaufen und betteln, Menschen mit Pappe unter dem Arm, Männer die an der Straße stehen und warten, ob jemand ihnen für eine Stunde Arbeit gibt. Niemand sah hin, niemand drehte sich nach ihnen um, das Bild war zu alltäglich.

Ja, das Alltägliche, Menschen im Elend, Wasserknappheit. Und Dreck, Dreck, Dreck. Alltäglich, und für uns immer doch jedes Mal ein neuer Schock.

Fast ohne Übergang wurde es dunkel, wir mußten zurück nach Credisa. Die Busse waren überladen. An den Türen und an den kleinen Leitern hinten am Bus hingen Menschen wie Trauben. Wir waren zu müde, um uns ebenfalls an die Außenwand zu hängen und gingen auf Suche nach einem Taxi. Und bei dieser Suche sahen wir auch wieder die schlafenden Menschen an den Hauswänden unter der Pappe.

Die große Masse in El Salvador hat nichts, absolut nichts, dachte ich. Aber dann fiel mir ein: Doch, sie haben sehr viel, nämlich Mut, Hoffnung, Achtung voreinander und sogar Freude. Und vor allem zeigen sie eine unvorstellbare Gastfreundschaft.

Abends kamen viele Leute zu uns. Es hatte sich herumgesprochen, daß wir in zwei Tagen nach Honduras fliegen und wir sollten Briefe mitnehmen.

Ein Mann kauerte auf dem Boden und weinte. Seine Frau ist noch in Mesa Grande und will nicht zurück nach Salvador, sie hat Angst. Er aber darf nicht mehr nach Honduras, nachdem er das Lager einmal verlassen hat. Jetzt kann er nichts anderes tun, als warten und hoffen, daß die Frau ihre Angst überwindet.

Eine junge Frau kam mit ihrem Baby. Am Tag des Erdbebens war das Baby geboren, ihr Mann kam bei dem Beben ums Leben. Die Mutter der jungen Frau war noch in Mesa Grande, sie wußte weder von der Geburt des Enkels, noch vom Tod des Schwiegersohnes.

Es waren viele Grüße und Lebenszeichen, die wir mitnehmen sollten, aber die Berichte über Schmerz und Leid waren nicht weniger. Langsam stellte sich Furcht vor dem Besuch in Mesa Grande ein. Ich könnte gut eine Lederhaut gebrauchen, wo nicht alles so durchdringt. Aber leider ist meine Haut aus Seidenpapier. Ich sehe nicht nur, was hier los ist, ich erlebe es mit, das Schreckliche saugt sich in mir fest. Ich wäre gerne weggelaufen, vor der Hitze, der Trockenheit, dem Reis und den Bohnen, vor den Tortillas und vor dem Gefühl, dem nie mehr entrinnen zu können.

Tom sagte einmal: "Du kommst daher wie der typische Tourist, Jeanshut auf dem Kopf und Kamera schußbereit." Mag ja sein, daß ich so aussah, aber dann waren mein Aussehen und das, was ich fühlte, meilenweit voneinander entfernt. Ich gebe ja zu, daß ich den Hut selbst etwas albern fand, aber mein Kopf vertrug nun mal nicht die grelle Sonne.

Ein Tag am Pazifik

Totale Entspannung findet man am Meer, an der Küste des Pazifik in La Libertad. Jerry hatte uns schon den Mund wässrig gemacht: "Da gibt es gebratenen Fisch, einfach köstlich. Dazu ein wunderbares kaltes Bier." Wir fuhren mit dem Pick-Up durch das schöne, in der Trockenzeit allerdings ausgedörrte Land, hinab zur Küste.

Warum lag alles um mich herum auf einmal in diesem Dunst und wieso schwankten alle so fürchterlich? Dieses Gewackel um mich herum, mir wurde ganz übel und ich bat Jerry, anzuhalten. "Entschuldigt, aber ich muß mal hinter einen Busch."

Bei dem überwältigenden Anblick am Ziel vergaß ich alle Übelkeit: "Mein Gott, deine Welt ist schön!" Das in der heißen Sonne irisierende Meer, die über dem Wasser schwebenden Pelikane, das leichte Wogen der Palmen und der weite, schwarze Strand. Der Sand glitzerte in der Sonne wie schwarze Diamanten. Einige schroffe Felsbrocken hockten im Wasser, als wären sie gerade aus dem Meer gestiegen.

Ich lief zu einem der Felsen. In einer Spalte saß ein Krebs, größer als meine Hände zusammen. Ich bückte mich über ihn, wollte ihn genau ansehen und er glotzte mich an als wollte er mich warnen, nur ja nicht näher zu kommen. "Reg dich nicht auf, ich will deinen Platz gar nicht." Hatte ich das laut gesagt? Nun, er schien mich verstanden zu haben, denn er schloß seine Augen und ich konnte mich neben ihn setzen.

Es wurde Zeit, zu den anderen zu gehen und langsam schlenderte ich zurück, mit einem Fuß durch den schwarzen Sand, mit dem anderen durch das tiefblaue, klare Wasser. Diese unberechenbaren Wellen, einmal umspülten sie ganz sanft meine Füße, dann bäumten sie sich auf und schlugen hoch über meinem Kopf zusammen.

Ach, wie schön ist die Welt. Aber warum gibt es auf ihr so unendlich viel Elend?

Die anderen hatten schon auf mich gewartet, und gleich würden wir die köstlichste Mahlzeit unseres Lebens bekommen. Und dann brach mir der Schweiß aus, unheimliche Krämpfe im Bauch zwangen mich in die Knie. Alles um mich herum drehte sich, und ich schwankte wie eine Nußschale beim Sturm auf hoher See. Ganz von fern hörte ich Stimmen. Was mochten sie reden? Ich verstand nichts, hörte das Murmeln. Was machten die denn nur mit mir? Irgendwann beruhigte sich die Umwelt wieder, Menschen und Dinge hörten auf zu schwanken, nahmen wieder ihre natürliche Form an. Und ich saß auf einer Holzbank, die Füße in einer Schüssel mit Wasser. Die Wirtin hatte etwas hineingegeben, das wohl eine Wunderwirkung hatte. Mein Gedärm krampfte sich zwar immer noch zusammen, aber der Kopf war wieder klar und meine Seele machte Freudensprünge. Ich war wohl ziemlich lange weggetreten, denn auf dem Tisch standen Teller mit Gräten, an denen nur noch die Fischköpfe an ein gutes Essen erinnerten. Sie sahen alle so fröhlich und glücklich aus, Kinder lachten und spielten um uns herum. Eine schöne, friedliche Welt. Hier gab es keinen Reichtum, aber auch nicht das große Elend. Was hier an der Küste möglich war, das müßte und würde auch im Innern des Landes verwirklicht werden können.

Und da war auch schon das Freudengefühl vorbei.

Ein alter Mann schlich auf unseren Tisch zu. Hose und Hemd schlotterten um seinen mageren Körper und bittend zeigte er auf das, was einmal Fische waren. Er packte alle Gräten auf einen Teller, setzte sich in einiger Entfernung auf den Boden, verspeiste mit sichtlichem Wohlbehagen die Köpfe und die Gräten suchte er selbst nach den kleinsten Resten ab.

Er kam noch einmal an den Tisch, bat um die leeren Colaflaschen, um auch noch die allerletzten Tropfen zu erhaschen.

Als wir ihm dann noch ein paar Zigaretten schenkten strahlte er übers ganze Gesicht und schlurfte zufrieden davon.

Der Tag ging zur Neige. Ich machte meinem Krebs noch einen Abschiedsbesuch, wir fuhren zurück nach San Salvador.

Der letzte Tag hatte begonnen, der Aufenthalt sollte enden mit dem Besuch der Flüchtlinge im Inlandslager Calle Real. Die Krämpfe im Bauch hatten nicht nachgelassen, einigermaßen erträglich war es, wenn ich jede überflüssige Bewegung vermied. Deshalb blieb ich zuhause, denn auf keinen Fall wollten wir die Fahrt nach Honduras noch einmal verschieben.

Tegucigalpa

Wir hatten lange überlegt. Sollten wir unser gesamtes Gepäck mitschleppen nach Honduras? Wir wollten ja gerne noch einmal zu Jerry zurück, aber was wäre, wenn wir nicht wieder über die Grenze dürften, sondern gleich nach Guatemala abgeschoben werden? Gut, wir nahmen alles mit.

Hatten wir schon bei der Fluggesellschaft in San Salvador Schwierigkeiten, in Tegucigalpa war es noch schlimmer. Wir durften den Flugplatz nicht verlassen. Ich weiß nicht, für was die uns gehalten haben, es wurde geredet und gefragt, gefragt und geredet, Papiere wurden geprüft und noch einmal geprüft und Mila redete wie ein Buch. Aber erst als sie unsere Tickets von Guatemala nach Europa genauestens unter die Lupe genommen hatten, durften wir passieren. Draußen standen Taxis, alle ein wenig klapprig.

Wir ließen uns in ein Hotel fahren, einmal wollten wir uns diesen Luxus gönnen. Es war gut und teuer. Egal, wir brauchten das mal. Marga und ich nahmen ein Doppelzimmer. Es war wundervoll, Betten mit Decken und Kissen, schneeweiße Bettwäsche. Es gab einen Waschraum mit großem Waschbecken, eine Dusche und eine Badewanne, und sogar eine Toilette, einfach traumhaft. In Gedanken lag ich schon in der Badewanne und die Vorfreude war schon ein Genuß.

Leider blieb es bei der Vorfreude, wir hatten kein Wasser. Da hatten wir das komfortabelste Bad und konnten uns nicht einmal die Hände waschen.

Ich fuhr mit dem Fahrstuhl die vier Stockwerke hinunter. Wenigstens der funktionierte. An der Rezeption sagte man: "No problema, es wird sofort dafür gesorgt."

An dieses "No problema" hatten wir uns längst gewöhnt und wußten.

Es waren noch einige Vorbereitungen für den Besuch in Mesa Grande zu treffen. Als erstes brauchten wir die Genehmigung der honduranischen Caritas. Wir rechneten mit einer langen Wartezeit und vielen Lauferein. Wir konnten es kaum glauben, aber alle Papiere lagen schon bereit, jeder Weg zu weiteren Behörden blieb uns erspart. Die Schreiberei von Deutschland aus hatte sich gelohnt. Nun mußten wir nur noch sehen, wie wir am günstigsten nach San Marcos kamen.

Eigentlich ist das gar nicht weit, ungefähr 170 km Luftlinie von Tegucigalpa entfernt, sagte man, aber die Strecke wäre absolut unbefahrbar, über die Berge mit dem dichten Buschwald kommt nicht einmal ein Jeep.

Wir konnten mit dem Bus fahren. Zuerst ganz nach Norden zur Karibikküste nach La Ceiba, das waren etwa 250 km. Von dort in den Süden, vorbei an der Grenze von Guatemala nach San Marcos. Man sagte uns aber, die Fahrt wäre sehr strapaziös, auch schon wegen der klapprigen Busse. Wenn aber alles gut klappt und unterwegs keine Sperren oder Überfälle wären, könnten wir in zehn bis zwölf Stunden dort sein.

Wir sahen uns die Dinger, die man Busse nannte, an und es graute uns schon im voraus.

San Marcos hatte einen Flugplatz und wir wußten, daß die Caritasleute regelmäßig das Flüchtlingslager besuchten. Also fragten wir dort nach, ob sie uns mitnehmen könnten. Im Prinzip waren sie auch dazu bereit, nur unser Gepäck war für die kleine Maschine zu schwer. Wir versuchten unser Glück bei AC-NUR. Sie waren bereit, uns ein kleines Flugzeug zur Verfügung zu stellen, aber der Pilot weigerte sich, als er die Video-Kamera und das ganze Zubehör sah. "Ich unterstütze keine Journalisten." Alle guten Worte prallten von ihm ab. Unserer Beteuerung, keine Journalisten zu sein, schenkte er keinen Glauben.

Blieb uns keine andere Möglichkeit, als die schreckliche Fahrt mit dem Bus? Wir fuhren noch einmal zum Flughafen. Wenn San Marcos einen Flugplatz hat, muß es doch auch eine Flugverbindung geben.

Gab es nicht. Aber gleich neben dem Flughafen gab es einen kleinen Privatflugplatz, vielleicht konnten wir hier eine Maschine chartern. Nach langem Verhandeln fanden wir einen Hondurener, der uns für 160,-- $ pro Person mit seiner Cessna nach San Marcos bringen wollte.

In meinen Därmen spielte es immer noch verrückt und da wir alles erledigt hatten und der ganze Tag noch vor uns lag, ging ich zur Clínica. "Amöben im Darm," stellte der Arzt fest und riet mir eine leichte Diät. Am liebsten hätte ich gelacht, die Kost der letzten Tage war wohl mehr als "leichte Diät". Er verschrieb mir noch Medizin, ich ging zur Apotheke und war entsetzt. Er hatte mir ein Medikament verordnet, das in Deutschland schon lange aus dem Verkehr gezogen war. Hier hatte ich die Bestätigung des unverantwortlichen Vorgehens der Pharma-Industrie. Was das Gesetz in Deutschland verboten hatte, wurde an Länder in der sogenannten Dritten Welt verkauft, an Länder, die gutgläubig den deutschen Wertmaßstäben vertrauen. Ich hatte eine unheimliche Wut.

Den Rest des Tages sahen wir uns die Stadt an, gingen ins Hotel und genehmigten uns ein gutes Abendessen. Gut, ich war vorsichtig, denn wenn ich schon die Medizin ablehnte, mußte ich wenigstens darauf achten, was ich aß.

Wir wollten noch baden, inzwischen würde das Wasserproblem ja gelöst sein. Irrtum. Ich ging noch einmal zur Rezeption, hörte wieder "No Problema", es tat sich wieder nichts und wir gaben auf.

San Marcos

Um 8 Uhr waren wir an dem Privatflugplatz, der Pilot wartete schon. Mißtrauisch schielte er auf unser Gepäck. Ich glaube, wenn er vorher gewußt hätte, wie beladen wir waren, er hätte sich die Zusage noch reichlich überlegt. Vielleicht auch nicht, denn an einem Vormittag 750 Dollar zu verdienen war ja wohl kein Pappenstiel.

Er hatte unheimliche Mühe, alles unterzubringen und wir mußten ja auch noch in das Maschinchen, eine Cessna für vier Personen. Und wir waren fünf, dazu der Pilot. Schließlich saßen wir dann, wie Ölsardinen in der Dose, und waren nicht einmal fähig, die kleinste Bewegung zu machen.

Erst beim dritten Versuch schaffte es der Pilot, daß die Maschine abhob. War wohl doch ein bißchen Übergewicht.

Der Flug war äußerst beweglich, aber herrlich. Die Cessna wurde von jedem Windstoß gepackt, zuckte hoch, sackte ab, schaukelte hin und her, als ob sie übermütig ihr ganzes Können unter Beweis stellen wollte. Und dieser Hondurener konnte fliegen, hatte sein Maschinchen fest in der Hand, einfach toll. Fasziniert schaute ich hinunter auf die wilde Landschaft Honduras. Ein unvergleichliches Bild, aus nicht allzu großer Höhe hinabschauen auf diese undurchdringlichen Wälder. Entzückt rief ich immer wieder: "Seht euch das an! Es ist nicht zu beschreiben, man muß es sehen!" Keine Reaktion. Stur schauten sie vor sich hin.

"He, da kommt eine kleine Stadt in Sicht! Wir sind da!" Oder doch nicht? San Marcos sollte doch einen Flugplatz haben, ich sah aber keine Landebahn. Außerdem zog der Pilot ein paar Kreise über den Ort und ließ ein paar Mal ein hupenähnliches Geräusch ertönen. "Entschuldigt," sagte ich. "Der hat sich bestimmt verflogen und weiß nicht, wo er ist." Dann aber setzte er zur Landung an. Wo war die Rollbahn? Ich sah nur eine dürre Wiese und einen Schotterweg. Das Flugzeug mußte erst kreisen und hupen, damit die Kühe von der Bahn getrieben wurden. Und jetzt zeigte der Pilot erst richtig, was für ein ausgezeichneter Flieger er war. Die Landung auf dieser unebenen Wiese war einfach Spitze.

Jetzt erfuhr ich auch, warum die anderen meinen Enthusiasmus während des Fluges ignoriert hatten. Sie sind fast gestorben vor Angst und Mila gestand: "Am liebsten hätte ich dir den Hals umgedreht." Und Jörg fragte voller Unverständnis: "Wie kann man sowas nur genießen?"

Die letzte Hürde war zu nehmen, ACNUR in San Marcos. Ohne sie gab es keinen Weg nach Mesa Grande. Aber auch hier erfuhren wir so ein freundliches Entgegenkommen, wie wir es uns in den kühnsten Träumen nicht vorgestellt hätten.

Die größte Überraschung, eine ganze Woche durften wir im Lager sein. Das hatte es bisher noch nicht gegeben. Wenn überhaupt jemand Besuchserlaubnis bekommen hatte, dann höchstens für ein oder zwei Tage, und zwar von morgens um acht bis nachmittags um fünf. Uns erlaubte man eine ganze Woche und wenn wir wollten, durften wir sogar im Lager schlafen. Wir konnten aber auch abends nach San Marcos kommen, sie stellten uns dort ein Häuschen zur Verfügung. Es war hübsch, hatte die Größe einer kleinen Gartenlaube, es gab einen Tisch, einen Stuhl und in der Ecke standen ein paar zusammengeklappte Pritschen. Draußen gab es eine Toilette und ein Waschbecken, Wasser war in einem Bassin daneben. Es lebten zwar unzählige klitzekleine Viecher darin, aber was machte das schon. Hier konnten wir wohnen, wenn wir nicht im La-

ger bleiben wollten.
Klaus kam mit dem Pritschenwagen. "Ohne Auto," sagte er, "Kommt ihr den
Berg gar nicht erst hoch. Die Straße ist sehr steil und steinig, zu Fuß kommt
ihr da nie rauf."
"Und diese 'Kiste' schafft das?"
"Unser Auto sieht zwar nicht so aus, ist aber echt stabil."
Also kletterten wir auf die Ladefläche und eine abenteuerliche Fahrt begann.
Der Wagen sprang und hüpfte über tiefe Quergräben, haute mit Wucht in
Schlaglöcher, knallte auf dicke, wie aus dem Boden gewachsene Steine,
rutschte bedenklich dem Abhang entgegen. Wir wurden gerüttelt und ge-
schockelt - "Himmel! Ob wohl noch ein einziger Knochen heil ist?" Und höllisch
aufpassen mußten wir, um nicht im hohen Bogen von der Ladefläche geschleudert zu werden.
Wir kamen an einen Schlagbaum, Militärkontrolle. Obwohl die Soldaten ein
wenig bedenklich ihre Maschinengewehre im Anschlag hielten, gab es doch
keine Probleme. Unsere Papiere wurden als korrekt und einwandfrei befun-
den, wir durften passieren.
Noch einmal ein Stück dieser halsbrecherischen Fahrt den Berg hinauf. Die
Arme schmerzten von der Anstrengung beim Anklammern an den Eisenstan-
gen des Wagens. Aber einmal loszulassen hätte schlimme Folgen gehabt.
Oben konnten wir schon das Lager sehen. Noch ein paar Biegungen, noch ein
paar harte Stöße ertragen, dann war die Tortur überstanden.
Das Flüchtlingslager Mesa Grande war erreicht

Das Ziel der Reise - Mesa Grande

Mesa Grande, Hochplateau in den Bergen Honduras in zweitausend Metern
Höhe. Heimat oder Gefängnis für elftausend Flüchtlinge aus den Krisengebie-
ten El Salvadors?
Langsam rumpelte der klapprige, aber stabile Wagen ins Lager hinein. Am
Wegrand, vor den Hütten, überall Menschen, die uns gespannt entgegen sahen.
Sie hatten unsere Fahrt den Berg hinauf mit den Augen verfolgt. Und nun
standen sie da, stumm, abwartend, auf einigen Gesichtern ein zaghaftes
Lächeln.
Klaus hielt nicht an, fuhr gleich weiter ins Lager hinein, zu seiner Hütte. Er
war Lehrer in Mesa Grande und mußte, wie jeder freiwillige Helfer, mal wie-
der zu einem Lehrgang nach Tegucigalpa. Für diese Zeit stellte er uns seine
Wohnung zur Verfügung.
Runter vom Wagen, verschnaufen, die geschundenen Knochen zur Ruhe bringen, das waren die einzigen Gedanken. Aber noch ehe wir unsere Sachen
abgeladen hatten, waren wir schon umringt von Kindern, vielen barfüßigen,

schmutzigen Kindern. Sie lärmten nicht, sie tobten nicht, sie lachten nicht, stumm und neugierig sahen sie uns an, wie Weltwunder. Bis dicht vor die Hüttentür kamen sie, aber keines übertrat die Schwelle. Klaus ließ uns nicht ausruhen, er drängte: "Wir müssen weiter, die Frauen warten." In Windeseile hatte die Nachricht sich verbreitet: "Die alemanas sind da."

Da standen sie vor ihrer Hütte, Marcos, Maria und Laura, die Frauen, mit denen wir seit Jahren in Briefkontakt standen. Sie lachten und weinten gleichzeitig: "Ihr seid wirklich gekommen, ihr habt uns nicht vergessen. Gracias hermanas."

Ja, da standen sie vor uns in ihrer ganzen Armseligkeit, in ihren löcherigen Kleidern und strahlten uns an. Mit ihren Schürzen wischten sie immer wieder die nassen Augen, putzten die Nasen.

Sie hatten schon Kaffee gekocht, schwarz und bitter. Milch? Nein, die gab es hier nicht, aber klebriger, brauner Zucker war da, und Reis und braune Bohnen und Tortillas. Für jeden von uns gab es auch ein Ei.

"Eßt. Eßt doch bitte. Wir haben extra für euch gekocht." Und immer wieder schlangen sich uns die braunen Arme um den Hals und strahlten uns ihre glücklichen Gesichter an.

Draußen schien grell die Sonne. In der Hütte war es dämmerig, die winzigen Fensterluken ließen kaum Licht herein.

Sie erzählten von ihrer grausigen Vergangenheit, der Flucht aus El Salvador, den Hunderten von Toten auf dieser Flucht.

Und sie erzählten von ihrem Zukunftstraum, der Heimkehr nach El Salvador. Elftausend Menschen lebtn in Mesa Grande, viertausend bereiten ihre Rückkehr vor.

El Salvador - Der Erlöser.

Das ist ihr Land, nach dem sie sich sehnen.

Aber da sind die Militärs, die Todesschwadron, vor denen sie einst geflüchtet sind. Sie haben Angst und rechnen mit unserer Hilfe.

"Ist es denn ein Verbrechen, wenn wir in unser Land wollen? Die USA helfen den Soldaten und der Todesschwadron, deshalb können wir dort nicht in Frieden leben. Eine fremde Macht hilft, uns und unser Land auszubeuten. Wir wollen doch nur Frieden und Freiheit."

Vertrauensvoll sahen sie uns an, glauben an Hilfe aus Europa, aus Deutschland.

Ich brachte es nicht fertig, ihnen zu sagen, wie hilflos wir sind, wie hoffnungslos ihre Lage ist. Sie waren fest davon überzeugt, Deutschland könnte Amerika dazu bringen, die Waffenlieferungen einzustellen. Und sie glaubten an unseren Einfluß auf Regierung und Kirchen, weil sie gehört hatten, daß wir schon einige aus dem Gefängnis befreien konnten.

Die Flüchtlinge von Mesa Grande wollen zurück in ihr geliebtes Land. Hier sind

sie eingesperrt, dürfen das Lager nicht verlassen. Wer es dennoch wagt, muß damit rechnen, erschossen zu werden.
Ich wußte sehr gut, daß das Leben im Lager für sie immer unerträglicher wurde, aber hatten sie eine Ahnung, was sie in El Salvador erwartete? Ich fürchtete, daß sie die Augen vor der Realität verschließen. In ihrer Hoffnung sahen sie ein Bild, das stark von der Wirklichkeit abwich.
Am Nachmittag fuhren wir noch einmal hinunter nach San Marcos, ertrugen wieder das durch alle Glieder gehende schreckliche Gerumpel, glaubten fast, der ganze Knochenbau besteht nur noch aus vielen kleinen Einzelteilchen. Unserem Fahrer machte das Rappeln und Springen des Wagens riesigen Spaß und er zeigte große Freude, wenn er ihn kurz vor dem Abrutschen in die Schlucht wieder auf den Weg gebracht hatte. Ich nahm mir fest vor, mich an diesen eigenartigen Fahrstil zu gewöhnen.
In San Marcos gab es eine Imbißstube, klein und schmuddelig. Zuhause hätten wir einen großen Bogen darum gemacht. Aber hier...? Wir bestellten Hähnchen und Pommes, und als das Essen kam, streikte mein Magen. Eine Tasse Kaffee, zu mehr konnte ich mich nicht aufraffen.
Wir wollten diese Nacht hier unten bleiben. Es war angenehm kühl geworden, das mußten wir ausnutzen und setzten uns vor das Häuschen am Straßenrand auf die Erde. Wir schauten hinauf nach Mesa Grande.
Dort oben also lebten die Menschen, um derentwillen wir diese Reise mit all ihren Strapazen auf uns genommen hatten. Niemand von uns sagte etwas, sie waren sicher ebenso nachdenklich geworden wie ich.
Dieser Empfang dort oben, ging es mir durch den Kopf. Wer waren wir denn, daß man uns so empfing, umringte, anstaunte? Wir waren doch kein Staatsbesuch. Das Herz tat mir weh bei dem Gedanken, welche Erwartungen und welche Hoffnung sie in uns setzten und wie wenig wir für sie tun könnten.
Wir starrten zu dem Berg hinüber. Ohne Übergang war es stockdunkel geworden. Hatte ich je eine so intensiv schwarze Nacht erlebt? Hier in der kleinen Stadt nahe der Grenze zwischen Honduras und El Salvador wurde die Finsternis von nichts unterbrochen, nicht von Lichtern aus den Häusern, nicht von Straßenlaternen. In welche Richtung man auch blickte, tiefste, dunkelste Nacht, am Himmel weder Mond noch Sterne. Dazu die absolute Stille. Auf der Straße kein Auto, kein Mensch. der plappernd spazieren ging. Marga, Mila und Jörg waren zu müde, lagen auf den Pritschen. Tom und ich waren allein auf der Welt.
Ich versuchte, mit den Augen die Nacht zu durchdringen, die Berge zu erkennen. Und dann erlebte ich ein Naturschauspiel von unsagbarer Schönheit.
Der Himmel hinter den Bergen färbte sich blutrot und der Halbmond, auf dem Rücken liegend wie eine goldene Schale, stieg hinter dem Berg auf. Und er wanderte und wanderte, wie in einem Zeitrafferfilm, immer höher, bis er

seinen festen Platz gefunden hatte. Der Himmel nahm das Dunkelblau der Nacht an und plötzlich, wie von Geisterhand dorthin gebracht, funkelten und glitzerten Milliarden von Sternen. Der Himmel sah aus wie ein großes Tuch aus blauem Samt. Da wünschte ich mir, Poet zu sein, um diese Pracht beschreiben zu können.

Ich hätte noch lange so sitzen mögen, aber ich war jetzt auch hundemüde. Leise, um die anderen nicht zu wecken, schlichen Tom und ich zu unseren Pritschen. Warum konnte ich ich keinen Schlaf finden? Die Gedanken purzelten durcheinander und ich wälzte mich auf der Pritsche hin und her.

Hin und wieder hörte ich ein leises Rascheln. Es war schnell vorbei, und es war wieder ganz still im Haus.

Und die Gedanken kreisten in meinem Kopf herum. Was war nur los? Hatte ich Angst? Wenn ja, wovor? Vor den Militärs? Vor dem ganzen Elend? Oder vor den Spannungen in unserer Gruppe? Vielleicht war es das alles zusammen. Irgendwann schlief ich dann doch ein.

Am nächsten Morgen stellten wir zu unserer Überraschung fest, daß wir nicht mehr unter uns waren. Einer der hondurenischen Mitarbeiter von AC-NUR, die oft hier schliefen, hatte mit uns in der Hütte übernachtet. Gab es freie Pritschen, gut. Wenn nicht, legten sie sich einfach auf den Fußboden. Hatten wir nicht die Eingangstür verschlossen? Doch ja, aber ein sanfter Ruck und sie ließ sich leicht von außen aufdrücken.

Santa Rosa de Copán

Gerald, ein anderer deutscher Helfer in Honduras, kam am frühen Morgen mit einer Hiobsbotschaft: "Niemand darf ins Lager. Strenge Order vom Kommandanten."

"Das mag ja möglich sein, aber das gilt wohl kaum für uns. Schließlich haben wir die besten Papiere der Welt." Mit der festen Überzeugung, daß es keinerlei Probleme geben würde, fuhren wir mit Gerald den Berg hinauf. Warum sollten die Posten, die uns vom Vortag kannten, auf einmal Schwierigkeiten machen? Mit diesen Gedanken versuchten wir uns selbst zu beruhigen. Und dann waren wir am Schlagbaum und - Feierabend, Ende der Fahrt. Die einzigen, für die der Schlagbaum hochgedreht wurde, waren die offiziellen Angestellten des Lagers. So fuhr Gerald allein hoch und wir setzten uns in den staubigen Straßengraben.

Ein Vertreter von ACNUR wurde aus San Marcos geholt, per Funk setzte der sich mit Tegucigalpa in Verbindung, verhandelte um unser Recht. Nichts zu machen, der Schlagbaum blieb geschlossen.

Nach langem Palaver erfuhren wir endlich den Grund: das Militär hatte einen neuen Kommandanten bekommen, und jeder Kommandant hat das Recht, seine

eigenen Bestimmungen herauszugeben. Dieser nun wollte ganz persönlich kontrollieren, wer ins Lager ging und was er dort wollte. Da half nun alles nichts, wir mußten zu ihm zur "Gesichtskontrolle". Für heute war unser Besuch beendet, noch ehe wir einen Fuß ins Lager gesetzt hatten.
"Und wo finden wir hier den Kommandanten?" "Der ist doch nicht in San Marcos, die Kaserne ist in Santa Rosa de Copan!"
"Und wie kommen wir dorthin? Gibt es eine Busverbindung?"
"Könnte möglich sein," bekamen wir zu hören. "Aber bisher hat es noch niemand versucht."
Und wieder hockten wir am Straßenrand. Langsam wurde das zur Gewohnheit. Welch ein Glück, zufällig kam Klaus vorbei und hatte sogar Zeit, mit uns nach Santa Rosa zu fahren, er wurde erst am nächsten Tag in Tegucigalpa erwartet. Es war eine angenehme Fahrt durch eine wunderschöne gebirgige Landschaft, und die Straße war in erstaunlich gutem Zustand.
Wir erzählten und lachten viel, um das mumlige Gefühl in der Magengegend nicht so zu spüren. Niemand in Mittelamerika ging gern zum Militär, wir auch nicht.
Santa Rosa ist ein reizvolles, malerisches Städtchen, wenn auch ein bißchen verwahrlost.
Dann standen wir vor der Kaserne. Lange standen wir draußen vor dem Tor. Der Kommandant mußte erst gefragt werden, ob er uns überhaupt empfangen wollte. Ich machte ein paar Fotos. Nein, nicht von der Kaserne und nicht von den Soldaten, das hätte ich nie gewagt. Ich steckte die Kamera in den Rucksack. Dann durften wir rein. Aber bevor wir auch nur einen Schritt auf den Kasernenhof gemacht hatten, verlangte einer der Soldaten meine Kamera. Gern habe ich sie ihm nicht gegeben, aber was sollte ich machen? Ich konnte nur lächeln und sie ihm in die Hand drücken. Ärgerlich werden ist sinnlos, lächelnd kam man besser durch. Ich hoffte nur, daß er sie mir auch zurückgeben würde. Im Vorzimmer des Kommandanten, wieder warten. Die Tür zu seinem Büro war nicht ganz geschlossen und wir sahen, daß er allein war, und sehr beschäftigt sah er auch nicht aus. Trotzdem ließ er uns ganz schön braten. Endlich standen wir ihm in seinem Büro gegenüber und er war von ausgesuchter Höflichkeit und Freundlichkeit.
Es wurde ein sehr langes Gespräch. Jede Einzelheit über den Zweck unserer Reise, wer uns veranlaßt hatte, woher wir kamen, wohin wir nach dem Aufenthalt in Mesa Grande wollten, einfach alles wollte er wissen. Seine Freundlichkeit blieb konstant. Wir saßen in weichen Sesseln, bekamen Kaffee und kalte Getränke, er schob uns eine Kiste mit Zigaretten zu und fragte und fragte. Er zog das Gespräch unheimlich in die Länge. Endlich ließ er ein Schriftstück anfertigen, setzte seine Unterschrift darunter. Wir glaubten zu träumen, für den heutigen verlorenen Tag hängte er zusätzlich zwei Besuchstage

für Mesa Grande an.

Jetzt konnte nichts mehr schiefgehen. Wir konnten ins Lager wann wir wollten, wir konnten dort schlafen oder in San Marcos, ganz wie es uns gefiel. Alles war prima geregelt, und jetzt sagten auch wir: "No problema."

Das Haus in San Marcos

Kaum aus Santa Rosa zurück, selig über den Erfolg, kam auch schon die nächste schlechte Nachricht: die Grenze von Honduras nach El Salvador war gesperrt, riesige Truppenaufmärsche waren schon an der Grenze, und es wurden immer mehr. Für Mesa Grande gab es eine absolute Sperre. Selbst zwei Menschen, die aus der Klinik in Tegucigalpa gekommen waren, durften das Lager nicht betreten. Angeblich wußte niemand, wer den Befehl gegeben hatte, nur eines ging wie ein Lauffeuer um, Las Flores war mal wieder bombadiert worden.

Die allgemeine Aufregung hatte uns ebenso gepackt wie die hier lebenden Salvadorianer. Trotzdem planten wir für den nächsten Tag. Vielleicht war die Sperre dann aufgehoben? In diesen Ländern mußte man immer mit Überraschungen rechnen.

Und wenn wir nun nicht abgeholt würden?

Wir saßen vor dem Haus auf der Erde, die Hitze des Tages war vorbei, die Kälte der Nacht noch nicht eingetreten, und so war es sehr angenehm. Erst als es kälter wurde, gingen wir hinein. Marga, Mila und Jörg lagen schon auf ihren Pritschen, Tom suchte Ablenkung und Entspannung beim Legen einer Patience. Ich wollte noch schreiben und setzte mich auf die Kassettenkiste, mein Tagebuch auf den Knien. Die Kiste war nicht hoch genug, um am Tisch sitzen zu können und so wurde das Schreiben mehr ein Krakeln. Wie gern hätte ich die Schuhe ausgezogen. Bei dieser Hitze ständig die festen Schuhe an den Füßen, das war schon eine Qual für sich. Aber bei all dem Getier, das hier auf dem Boden herumlief und kroch, auch im Haus, habe ich mir den Wunsch verkniffen. Da sollten die Füße lieber etwas schwitzen. Unzählige dicke, schwarze Ameisen bedeckten den Boden. Zuerst hatte ich die Füße ununterbrochen hin und her bewegt, um die Krabbeltiere zu zertreten. Dann gab ich das Bemühen auf, ich kam sowieso nicht dagegen an. Die Leute hier schien das nicht zu stören, ebenso wenig wie der Schmutz und der Gestank überall. Gewohnheit? Resignation? Ich wußte es nicht und beides war möglich. Ich gab ja auch schon auf. Ich bekam die Ameisen nicht weg, konnte gegen den Gestank nichts tun, saß im Dreck und fand mich damit ab. Ich qualmte wie ein Schlot, dadurch roch und schmeckte das alles nicht ganz so intensiv. Wir litten alle darunter, aber keiner wollte es so direkt zugeben. Dadurch nahm die Nervosität immer mehr zu und in unserer Gruppe kriselte es manchmal beträchtlich. Am nächsten Tag mußte Klaus nach Tegucigalpa, und seine Hütte stand uns zur Verfügung. Vorausgesetzt, der Schlagbaum würde sich für uns öffnen, wollten wir im Lager bleiben. Klaus hatte schon Pritschen besorgt und versicherte, daß nur eine Flöhe beherbergen würde. "Naja," dachte ich, "bei meinem Glück werde ich diese Schlafstätte wohl beziehen. Aber noch waren wir in San Marcos und was das für ein Schlaraffenland gegen Mesa Grande war, ahnten wir noch nicht. Immerhin konnten wir hier zu Essen und Trinken kaufen und wir hatten gute Pritschen und eine Toilette.

Zeit sich auf's Ohr zu legen, es war kurz vor 21 Uhr, dann wurde im ganzen Städtchen der Strom ausgeschaltet. Am nächsten Morgen war mal wieder kein Wasser da. Wir aßen das Brot, das wir abends gekauft hatten und ließen die Colaflasche kreisen. Kaffee hätten wir sowieso nicht kochen können, es gab keine Kochgelgenheit im Haus. Stehend, in Ermangelung von Stühlen, nahmen wir unser tolles Frühstück zu uns, und dann kam auch schon Gerald mit dem Wagen. Schnell hatten wir unser Gepäck aufgeladen und dann fuhren wir los, den Berg hinauf nach Mesa Grande.

Gerald rüttelte uns wieder kräftig durch, aber das kannten wir ja schon. Wir sahen das bekannte Bild: die Holzbaracke des Militärs, den Schlagbaum. Das war wirklich ein Baum, etwa 20 cm im Durchmesser. An der einen Seite der Straße war er mit einem Scharnier an einem Baumstumpf befestigt, an der anderen Seite lag er auf einer dicken Astgabel auf. Ein dicker Stein hielt den Stamm unten, sollte der Schlagbaum geöffnet werden, wurde er mit einem Seil hochgezogen. Primitiv, erfüllte aber allemal seinen Zweck.

Die Soldaten, ihre Maschinengewehre im Anschlag, schlenderten auf uns zu. Wir gaben uns sehr selbstsicher, holten unsere Papiere raus, dazu das brandneue Schreiben des neuen Kommandanten. Die Soldaten waren sichtlich irritiert, wußten nicht, wie sie sich verhalten sollten. Einerseits bestand immer noch das Verbot, das Lager zu betreten, andrerseits war uns genau an dem Tag, als die Sperre angeordnet wurde, Aufenthalt und Übernachtung von höchster Stelle erlaubt worden.

Die Soldaten haben beraten, irgendwo hin gefunkt, wieder beraten, ihre Unsicherheit war nicht zu übersehen. Schließlich fiel die Entscheidung zu unseren Gunsten aus. Sie wollten aber wohl doch zeigen, daß sie die Herren sind. Noch einmal sahen sie sämtliche Papiere durch, unser Gepäck wurde außergewöhnlich gründlich durchsucht. Jeder Koffer, jede Kiste, jede Tasche wurde bis in den kleinsten Winkel überprüft. Dann gab es nichts mehr, womit sie uns hätten aufhalten können. Der Schlagbaum wurde hochgezogen.

Wir waren ihre Gäste

Im Lager wurden wir schon sehnlichst erwartet. Die Unsicherheit wich einer großen Freude. Señora Marcos kochte sofort Kaffee und innerhalb weniger Minuten war die Hütte voller Menschen. Einige saßen nur stumm da und wandten keinen Blick von uns. Andere plapperten gleich los, wollten ihre Testimonios, Berichte ihrer Flucht, der Verfolgungen, der Massaker erzählen. Sie alle fürchteten, später nicht mehr die Gelegenheit dazu zu finden. Sie hatten Angst, daß man uns vorher wieder hinauswerfen würde. Wir heruhigten sie: "Wir bleiben zunächst hier und wohnen in Camp 5."

Wir mußten Marcos und Maria das Versprechen geben, zum Essen ihre Gäste zu sein, dann erst ließen sie uns gehen, das Lager kennenzulernen.

Der erste Weg führte uns in die Kunsthandwerkstatt und wir kamen aus dem Staunen nicht heraus. Mit einfachsten Mitteln zauberten sie wunderschöne Sachen aus Holz; Kreuze, Bilder, Macheten, Truhen und Koffer, alles farbenprächtig bemalt mit Motiven aus ihrem Leben.

Was wir hier sahen, kam aus dem Innern eines Volkes. Diese Menschen waren Campesinos, mittellose Feldarbeiter, und hier schufen sie diese herrlichen kleinen Kunstwerke.

Als sie nach Honduras kamen, konnten sie weder lesen noch schreiben. Sie wußten nicht, welches Schicksal sie erwartete und sind einfach um ihr Leben gelaufen, geflohen vor den Massakern in El Salvador. Hunderte kamen dabei um, niedergemäht von den Schüssen aus Maschinengewehren, zerrissen von Bomben. Hunderte ertranken im Rio Lempa, dem Grenzfluß zwischen El Salvador und Honduras, und gnadenlos schossen die Soldaten auf die ertrinkenden Menschen.

Jeder in Mesa Grande beklagte den Verlust geliebter Menschen. Viele der Männer, Frauen und Kinder tragen ewig sichtbar die Folgen der Massaker und Folterungen an ihrem Leib. Wie viele Einarmige, Einbeinige haben wir im Lager gesehen? Und von der Qual in ihren Seelen mag ich gar nicht reden.

Ein junger Mann erklärte uns die Abbildungen auf den Holzsachen. Er tat es ruhig, lächelnd, so wie alle hier eine unheimliche Ruhe und lächelnde Gelassenheit zeigen. Ja, zeigen, aber ich konnte mir gut vorstellen, wie stark es in ihrem Innern brodelte. Und irgendwann, dachte ich, werden ihre inneren Vulkane ausbrechen, werden sie sich Luft machen.

Aber noch legten sie all ihr Leid, ihre Angst und Hoffnung in die Bilder, die sie malten. Als sie ankamen in Mesa Grande, gab es nichts für sie zu tun. Man hatte ihnen ein Fleckchen Erde versprochen, auf dem sie pflanzen und ernten könnten. Was sie vorfanden, war nackter harter Fels ohne Möglichkeit, ihn auch nur in geringste Fruchtbarkeit zu verwandeln. Die Holzbaracken, die ihnen Wohnung werden sollten, standen fertig da, von ACNUR gebaut.

Sie selbst waren zur Untätigkeit verdammt.

Dann kamen einige Menschen aus dem Ausland, unter ihnen war Pater Jerry,

und vieles geschah in Mesa Grande. Es wurden Möglichkeiten gefunden, das Leben erträglicher zu machen und zwar dadurch, daß sie für Beschäftigung, für Arbeit sorgten.
Außerdem wollten die Internationalen dem Analphabetismus zu Leibe rücken. Sie hatten sich sehr viel vorgenommen und das Ergebnis konnten wir nun staunend erkennen. Eine dieser realisierten Möglichkeiten war diese Werkstatt.
Zuerst sahen wir nur die Leuchtkraft der Farben auf den kleinen Kunstwerken. Der junge Mann erklärte die unterschiedlichen Motive. Da sah man einmal Überfälle auf Dörfer, Soldaten mit Maschinengewehren, die Flucht über den Fluß, den Rio Lempa, mit den vielen Toten im Wasser. "Wenn hier die Menschen mit ihrer Bekleidung im Wasser zu sehen sind, heißt das, sie sind tot," sagte der junge Mann. Ja, sie brachten alle Erinnerungen an ihre schrecklichste Zeit hier zum Ausdruck. Aber dann gab es auch Abbildungen von Menschen, die vor schneeweißen Häusern saßen, und Tiere auf einer Wiese mit Blumen und Bäumen. Es gab Männer mit Macheten, die auf dem Feld arbeiten. Meist war in der Mitte der Bilder eine Kirche und meistens schwebte über allem eine weiße Taube oder eine blutrote Sonne und ein Regenbogen standen am Himmel.
Mit den Darstellungen der Schrecken hielten sie ihre Geschichte wach, Häuser, Land und Tiere zeigten ihre Wünsche für die Zukunft; Kirchen bekundeten ihren unerschütterlichen Glauben; Taube, Sonne und Regenbogen drückten ihre Hoffnung aus, eines Tages in Frieden und Freiheit leben zu können.
Etliche Männer, Jugendliche und Kinder in der Werkstatt waren arm- oder beinamputiert. Sie erzählten, wo und wie sie ihre Gliedmaßen verloren haben: Als ihr Dorf überfallen wurde; als Militärs gezielt auf sie geschossen haben; bei der Kaffee-Ernte in den Plantagen der Grundbesitzer, wo von Hubschraubern aus auf sie geschossen wurde; und auf der Flucht, wo Soldaten noch auf die Flüchtenden gefeuert hatten.
Wohin wir auch kamen, wir mußten von diesen Greueltaten hören und wenn einer seine Geschichte erzählt hatte, rief schon der nächste: "Hört auch mein Testimonio!" Es war so bedrückend, denn sie glaubten fest, wir könnten Hilfe bringen. Ihr Vertrauen ist viel zu groß. Zuerst glaubten wir, daß sie an finanzielle Hilfe dachten, aber so nötig sie Geld auch brauchten, darum bettelten sie nicht. Sie wollten keine Almosen und wenn wir ihnen etwas gaben, wollten sie auch etwas dafür tun.
Worum sie wirklich immer wieder baten, was sie sich wirklich wünschten, das war unsere Unterstützung in ihrem Kampf um ein friedliches und freies Leben in El Salvador. Manchmal hätte ich am liebsten laut geschrien, wäre am liebsten weggelaufen. Wenn diese Menschen aufsässig, ungeduldig, wütend, gewesen wären, hätte ich das leichter ertragen. Diese stille Hoffnung, diese Sehnsucht in den Augen, diese freudigen Begrüßungen, das Klatschen in die

Hände, wenn wir kamen und das Jubeln, das machte mich total fertig, das machte mich kaputt, weil ich so hilflos war.
Konnten wir ihnen die Wahrheit sagen, zugeben, daß unsere Regierung den Beteuerungen Duartes glaubt, die Aktionen des Militärs seien rechtmäßig und dienten der Ordnung? Sollten wir ihnen die Wahrheit sagen? Vielleicht, aber uns allen fehlte dazu der Mut und die Herzlosigkeit. Unmöglich, diesen Ärmsten das letzte bißchen Hoffnung zu nehmen.
Uns war klar geworden, wir mußten in Deutschland viel aktiver werden, auch wenn es unbequem wurde. Und dieses Versprechen konnten wir ruhigen Gewissens geben.

Bei Marcos und Maria

Mittagessen bei Marcos: Reis, rote Bohnen, Tortillas. Von den Bohnen bekam ich Sodbrennen, so blieb ich bei dem Reis und den Tortillas, die mich inzwischen schon etwas anekelten. Diese Tortillas waren nicht das, was man in Europa bekommt. Hier wurde gekochter Mais solange gerieben und gedrückt, bis ein fester Teig daraus geworden war. Dann formte man ganz dünne Fladen daraus und ließ sie auf heißen Steinen mehr trocknen als backen. Fertig waren die Tortillas, und das war dann das Frühstück, der Hauptbestandteil des Mittagessens und des Abendbrots. Dazu gab es dann jedesmal den schwarzen Kaffee mit dem braunen Zucker, klebrig wie Rübenkraut.
Nach dem Essen füllte sich die Hütte wieder mit Menschen aus den Nachbarhütten. Zwei junge Burschen brachten ihre Gitarren mit, Marcos, Maria und Laura sangen ihre für uns gedichteten Lieder. Sie haben viele Lieder für uns gemacht und alle handelten von ihrer Freude über unseren Besuch, von dem, was sie mitgemacht hatten und von ihrer Hoffnung.
Dann wurde wieder erzählt und wieder hörten wir: "Deutschland ist gut, die Deutschen sind gut, nur sie können uns helfen."
Während der ganzen Zeit saß da ein Mann ruhig, ohne einen Laut von sich zu geben. Das eine Bein bis zum Oberschenkel amputiert, seine billigen Krücken lagen auf der Erde, so saß er auf der schmalen, roh gezimmerten Holzbank. "Erzähle dein Testimonio," sagte Maria, und er begann mit seiner Geschichte:
Er hatte in einer Kaffeeplantage gearbeitet. Die Kaffeepflücker wurden so schlecht bezahlt, daß sie sich zusammenschlossen und den Padrone um gerechteren Lohn baten. Die Antwort des Padrone: er rief das Militär zu Hilfe, die Kaffeeplantage wurde überfallen, alles wurde zusammengeschossen. Die Soldaten hatten "ganze Arbeit" geleistet. Wieder einmal hatten sie "mit Erfolg" für Ruhe gesorgt. Es gab keine Überlebenden, nur diesen einen, der schwerverwundet zwischen den Toten lag, hatten sie übersehen.

Als er aus seiner Ohnmacht erwachte, schleppte er sich in den Busch. Niemand war da, der seine Wunden behandelte. Am schlimmsten verstümmelt war sein Bein. Er sah, er fühlte und roch, wie sein zerschossenes Bein langsam verfaulte. Er fiel wieder in gnädige Ohnmacht. Wie lange er dort gelegen hatte, er wußte es nicht. Eines Tages war er aufgewacht, in einem Klinikbett. Sein Bein war weg, aber er konnte wieder klar sehen.

Er hatte keine Ahnung, wie lange er schon in der Klinik war, wie er hingekommen, wer ihn gefunden und hingebracht hatte. Er wußte es nicht, würde es wohl nie erfahren. Und jetzt war er in Mesa Grande und sein einziger Wunsch: eine Prothese. Ja, das war etwas, wo wir helfen konnten, der Mann bekam seine Prothese.

Zum ersten Mal sahen wir ihn lächeln. Nein, bitter war er auch vorher nicht, nur sehr, sehr traurig.

Auch der 15-jährige, dem die Salve eines Maschinengewehrs den Arm bis zur Schulter abgerissen hatte, war nicht bitter. Ihn hatten wir in der Kunstwerkstatt gesehen, wie er mit einer gewissen Heiterkeit die schrecklichen Erinnerungen auf die Holzkreuze und Bilder gemalt hatte. Und auch der etwa 8-jährige, dem ein ganz kleines Armstümmelchen aus dem kurzen Ärmel seines Hemdchens schaute, sah sehr traurig, aber nicht bitter aus.

Und dann stand da diese junge Frau mit der faustgroßen Schußwunde im Oberarm. Ein Lappen war darum gewickelt. Sie nahm ihn ab, um uns die Wunde zu zeigen. Sie war glänzendrot entzündet und eitrig, wollte einfach nicht heilen. In die Klinik durfte sie nicht, es war "nicht schlimm genug". Und der Lagerarzt konnte ihr nicht helfen. "Mein Gott", dachte ich, "diese sinnlose Verstümmelung der harmlosen kleinen Campesinos, der Frauen und Kinder - nimmt das denn kein Ende? Wie soll, wie kann das weitergehen?"

Ich sah keinen Weg, sah nur noch diese dunklen Gesichter, in denen der Hunger nach Frieden geschrieben war und die dabei diese so leicht und beschwingt klingenden Lieder sangen, deren Inhalt so schwerwiegend und voller Trauer waren.

Und die dunklen Augen, die uns anstrahlten voller Hoffnung, verfolgten mich bis tief in die Nacht hinein. Konnten wir das aushalten ohne durchzudrehen? Sie wollten noch viele Lieder singen, noch viel erzählen, aber wir mußten weiter, das Mütterkommitée wartete. Uns saß die Zeit im Nacken und hier war kein Ende abzusehen. Unterbrechen wollten wir sie aber auch nicht. Es nütze alles nichts, wir mußten lernen, uns loszureißen. Die Menschen hier wußten nicht, was Zeit ist, sie hatten ja mehr als genug davon. Zeit ist das einzige, was sie in Mesa Grande im Überfluß haben, warum sollten sie nicht großzügig damit umgehen?

Mütterkomitée

Zur Versammlungshalle des Lagers war es nicht sehr weit, nur ein paar Minuten. Der Weg dorthin war auch nicht ganz so steil, da machte auch die schlechte Beschaffenheit nicht allzuviel aus.

Schnell war der kleine Monitor, den wir mitgenommen hatten, an eine Autobatterie angeschlossen und wir konnten den Frauen den Videofilm zeigen, den wir von zu Hause mitgebracht hatten. Sie sollten uns, ihre Partner kennenlernen. Sie sollten sehen, wie wir leben, uns bewegen, wie wir reden, ebenso, wie sich unser Alltag in Deutschland abspielt.

Es war für sie eine total exotische, unverständliche Welt.

Nach dem Film sangen sie wieder viele Lieder. Und wieder hatten sie all ihre Nöte und Ängste, ihre Hoffnung auf Frieden und Freiheit, in Lieder umgesetzt. Und auch hier fiel es mir auf: die Melodien ließen glauben, daß es sich um fröhliche Lieder handelte, aber die Texte standen in krassem Gegensatz dazu. Klar wußte ich das schon, begreifen konnte ich es jedoch immer noch nicht. Bei uns wäre das doch ganz unmöglich, wir würden nie Texten, die von Folter, Massaker, Mord sprechen, eine so beschwingte, ja fast heitere Melodie geben. In Honduras, in El Salvador, ist das ganz in Ordnung. Es ist ihre Mentalität. Die hilft ihnen auch, so ruhig ihre Testimonios vorzubringen.

Oder redete ich mir das nur ein? Es war doch alles so grausam, was sie erzählten. Marcos sprach davon, daß das Militär ihr Dorf überfiel: ihr Bruder sollte gestehen, zur Guerilla zu gehören. Er tat es nicht. Da verband man ihm die Augen und schlug ihn. Er gestand immer noch nicht. Ein Soldat setzte ihm den Lauf des Maschinengewehrs an den Hinterkopf und drückte ab. Das Gesicht wurde ihm von hinten herausgeschossen. Dem Neffen schoß man von hinten in den Rücken, das Geschoß zerriß ihm den ganzen Brustkorb. Alle jüngeren Frauen wurden vergewaltigt, die Angehörigen mußten dabei zusehen. Eine junge Frau hat geschrien, sie ließe sich lieber umbringen. Einer der Soldaten hat sie sofort erschossen. Ein 7-jähriger Junge wollte schreiend fortlaufen. Eine Salve aus dem Maschinengewehr, der Junge war tot. Als das Militär, bis zum nächsten Mal, abgezogen war, machten sich die Dorfbewohner sofort auf die Flucht, Richtung Honduras.

Nach dem Testimonio haben wir gemeinsam gebetet, sie spanisch, wir deutsch, aber jeder wußte vom andern, um was er betete.

Wir wollten gehen, da trat Laura aufgeregt ein paar Schritte vor: "Ihr müßt auch in unsere Gruppe kommen! Wir haben auch so viel zu sagen! Bitte, kommt auch zu uns, in unser Mütterkomité.

Wir waren irritiert, noch ein Mütterkomité?

Ja, sie hatten sich geteilt, in zwei Lager mit verschiedenen Vorstellungen und Wünschen. Die einen wollten unbedingt noch in diesem Jahr nach El Salvador zurück, die anderen wollten warten, bis es im Land ruhiger, sicherer

geworden wäre. Jede Gruppe war von der Richtigkeit ihres Vorhabens überzeugt und so hatte es hitzige Debatten gegeben, die schließlich zur Spaltung geführt hatten.
Wir wollten und durften niemandem den Vorrang geben, nur sie allein konnten für sich entscheiden. Und um den Konflikt nicht auch noch zu verschärfen, versprachen wir, auch die andere Gruppe zu besuchen.

Ärzte ohne Grenzen

Wenn wir den Arzt sprechen wollten, mußten wir den Termin, den er uns gegeben hatte, unbedingt einhalten. Er ist der einzige Mensch in Mesa Grande, der nicht im Lager wohnt, also nur schwer anzutreffen ist. Wir konnten uns beim besten Willen nicht vorstellen, wie die ärztliche Betreuung unter diesen Umständen funktionieren konnte und waren sehr gespannt auf das Gespräch mit dem Arzt.
Er erwartete uns, kam uns mit einer lässigen Selbstsicherheit entgegen, die schon fast arrogant wirkte.
Er zeigte uns seine Klinik - zunächst den ziemlich großen Warteraum mit drei Holzwänden, die vierte Seite war nach draußen hin offen. An zwei Wänden rohgezimmerte Holzbänke, an der dritten Plakate über Hygiene, gesundes Leben und eine Aufklärung darüber, wie Fieber gemessen wird, und noch einiges mehr. Manches war dabei, was uns recht dumm erschien in der Situation, in der die Menschen hier leben mußten. Aufklärungen, Anordnungen, die sie hier gar nicht gebrauchen, nicht nachvollziehen konnten.
Danach führte er uns in den Behandlungsraum und zeigte uns seinen Vorrat an Medikamenten. Ich sollte vielleicht nicht ungerecht sein, mit dieser Einrichtung und mit diesen mehr als spärlichen Mitteln war nun wirklich nicht viel zu machen. Hier stand ein Vorrat an Medizin zur Verfügung, wie er bei uns vielleicht im Medizinschrank einer Großfamilie zu finden ist. In Mesa Grande mußte das ausreichen für 11.000 Menschen. Vielleicht hatte der Arzt ja die kühle Arroganz zu seinem eigenen Schutz um sich herum aufgerichtet. Die Schwierigkeit, hier Arzt zu sein, konnte ich mir schon gut vorstellen. Trotzdem regte er uns schrecklich auf. Vor allem ärgerte uns seine Antwort auf unsere Frage nach dem Gesundheitszustand der Leute. Da behauptete dieser Mann doch allen Ernstes, es gäbe keine Unterernährten im Lager. Man könne noch nicht einmal von einer Fehlernährung sprechen.
"Die Leute", sagte er, "haben alles, was sie brauchen. Sie leben sehr gesund."
"Von Reis, Mais und Bohnen?"
"Da ist alles drin, was sie zum Leben brauchen. Es ist nur schwierig, ihnen beizubringen, daß sie hygienischer sein müßten."
Ich konnte mir nur vorstellen, daß das zynisch gemeint war. Wie sollten die

das hier wohl anstellen?

Wir fragten ihn, wieviel Patienten er zu betreuen, zu versorgen hätte und er sagte: "Es gibt noch einen Arzt, aber der ist im Moment nicht da. Wir sind "Ärzte ohne Grenze" und werden alle zwei Jahre ausgetauscht. Wer jetzt kommt, das weiß ich noch nicht. Aber auch zwei Ärzte für 11.000 Menschen ist viel zu wenig. Darum", so sagte er, "haben wir in jedem der 5 Camps von Mesa Grande die Gesundheitsbeauftragten."

Wir gingen zurück ins Wartezimmer, einer der Gesundheitsbeauftragten wartete schon. Er berichtete: "Der Arzt gibt uns die Kenntnisse, die wir als Gesundheitsbeauftragte brauchen, das heißt, wir müssen erkennen, um welche Krankheit es sich handelt und welche Medizin der Patient dagegen bekommen muß. Dann müssen wir lernen, bei den Leuten Fieber zu messen.

Dann sprach er von den Aufgaben, die ihnen vom Arzt übertragen worden sind: zunächst muß jeder, der sich krank fühlt, grundsätzlich zuerst zum Gesundheitsbeauftragten, nur wenn der es für notwendig hält, darf der Kranke zum Arzt. Krankheiten wie Bronchitis, Grippe, Durchfall und die sonst hier üblichen Krankheiten werden von ihnen behandelt, ebenso nicht genau erkannte Krankheiten, wenn die Temperatur unter 39 Grad ist. Bis 1984 klappte das ganz gut, jetzt gab es aber einige Schwierigkeiten. Die Sprachkenntnisse der "Ärzte ohne Grenzen" sind nicht immer ausreichend, dadurch gibt es dann Mißverständnisse im Gesundheitsbereich.

Wenn eine Operation notwendig ist, muß die Genehmigung, daß der Patient das Lager verlassen darf, in Tegucigalpa eingeholt werden. Kleine Operationen können in Santa Rosa de Copan, große nur in Tegucigalpa vorgenommen werden.

Wie schwierig das war, in eine der Kliniken zu kommen, erfuhren wir, als wir eine junge Frau besuchten, die querschnittgelähmt war. Die Frau war schwanger, nach sechs Monaten war das Kind in ihrem Leib abgestorben. Der Arzt hatte gemeint, man könne getrost die Zeit abwarten, bis die normale Zeit abgelaufen sei, dann werde sich das schon von selbst regeln.

Es ging der jungen Frau aber immer schlechter und als sie die Schmerzen nicht mehr ertragen konnte, schickte man sie endlich in die Klinik. Die innere Vergiftung war aber soweit vorgeschritten, daß es bei ihr zu dieser Querschnittslähmung kam. Nach einiger Zeit wurde sie als nicht heilbar entlassen und kam nach Mesa Grande zurück. Der Arzt kümmert sich nicht mehr um sie, da ja keine Heilung zu erwarten ist.

Das Liegen auf ihrer Pritsche bereitete ihr unvorstellbare Qualen und wir waren froh, daß wir ihr wenigstens eine gute Matratze für ihr Bett besorgen konnten.

Der Arzt zuckte zu allem nur mit den Schultern.

Wir fragten ihn nach der Zahl der Frühgeburten, nach der Säuglingssterblich-

keit, aber darauf konnte er keine Antwort geben. "Von Frühgeburten erfahre ich nichts," sagte er. "und wenn Säuglinge sterben, das erfahre ich auch nur selten. Es werden so etwa 5 % sein."
Wir konnten uns jetzt ein ungefähres Bild über die ärztliche Betreuung machen und waren entsetzt darüber.
Es ging auf den späten Nachmittag zu, der Arzt wollte hinunter nach San Marcos. So verabschiedeten wir uns und gingen zu Consuela, bei der wir zum Abendessen eingeladen waren.
Den Arzt sahen wir nicht noch einmal.

Die Realität des Lagers

Consuela freute sich, als wir zu ihr zum Essen kamen, Marcos fürchtete schon, wir kämen nun nicht mehr zu ihr. Aber das hatten wir bald geklärt. Nur dieses eine Mal würden wir bei Consuela sein. Es gab auch bei ihr Reis, rote Bohnen, Tortillas und Kaffee. Das gab es überall, morgens, mittags und abends. Einmal hatten wir bei Marcos jeder eine kleine Banane bekommen, wir wußten nicht, daß das die Monatsration der ganzen Familie gewesen ist. Als ich es erfuhr, habe ich mich wahnsinnig geschämt. Wir konnten uns doch wieder Obst kaufen, sie aber mußten jetzt den ganzen Monat warten und ob die Lieferung dann überhaupt kam, war doch ganz ungewiß. Consuela war sehr lieb, aber sie hatte große Sorgen. Ich weiß nicht genau, wieviele Kinder sie hatte, ich glaube, es waren acht und die meisten davon waren krank. Das jüngste, etwa 4 oder 5 Jahre, war sehr elend, nierenkrank. Jetzt hoffte sie, daß sie damit zur Klinik durfte, das war dringend erforderlich. Aber noch war die Genehmigung nicht erteilt.
Wir blieben noch bis weit nach Einbruch der Dunkelheit bei ihr. Auf dem Tisch stand ein Kerzenstummel, Strom hatte keine der Hütten, nur die der Internationalen. Wir erzählten lange und Consuela sprach, so wie alle anderen auch, immer wieder von "ihrem Padre Gerardo", den sie alle sehr vermißten. "Padre Jim, sein Nachfolger, gibt sich zwar die größte Mühe und wir mögen ihn auch sehr gern, aber den Platz von Padre Gerardo (Jerry) wird er nie ganz einnehmen können."
Wir gingen zu unserem "Palast". Unsere erste Nacht in Mesa Grande. Wir knipsten das Licht an, nackt hing die kleine Glühbirne unter der Decke und verbreitete ein schummeriges Licht. Und dennoch, welch ein Luxus, wir hatten Strom, und sogar einen Wasseranschluß. Wir saßen noch gemütlich beisammen, haben gelesen, geschrieben, erzählt, da geht Punkt 21 Uhr das Licht aus. Wir liefen gleich zu Dominique und Jim, dem kanadischen Lehrerehepaar, weil wir glaubten, unsere Glühbirne sei kaputt.
Dominique lachte: "Um 18.00 Uhr bekommen wir Strom, um 21.00 Uhr wird

er überall ausgeschaltet." Klaus hatte eine uralte Gasfunzel und auch eine Flasche mit Propangas, so konnten wir noch etwas sehen. Ich fragte Dominique dann auch gleich, wo denn hier eine Toilette wäre. Sie zeigte es mir, oder besser gesagt, ich stolperte in der Dunkelheit hinter ihr her, den Abhang hinunter.

"Vorsicht, hier sind viele Gräben und Hockel," sagte sie. Als wir die nächste Reihe Hütten passiert hatten, brauchte ich eigentlich keinen Führer mehr, ich brauchte nur dem penetranten Gestank nachzugehen. Unterhalb der Wohnhütten standen sie, eine Reihe von zehn Büdchen, getrennt jeweils durch eine dünne Holzwand. Die Türen gingen ungefähr bis in Bauchnabelhöhe. Dahinter war dann das, was die Toilette darstellen sollte. Ein runder Zementblock mit einem Loch in der Mitte, Höhe ungefähr 40 Zentimeter, Durchmesser ungefähr 30 Zentimeter. Ein Stück ging das Loch in den Boden hinein, nicht sehr tief, dazu war der Fels zu hart. Wenn die Löcher voll sind, wird die ganze "Einrichtung" einfach um ein paar Meter verschoben. Ist aber gerade jemand im Lager, der wegen eines Vergehens eine Strafe verbüßen muß, muß er alle Löcher ausleeren und das Verschieben an einen anderen Platz kann bis zum nächsten Mal warten. Hoffentlich bekam keiner von uns hier Durchfall, nach Möglichkeit wollten wir diesen so wenig anheimelnden Ort meiden.

Als ich zu unserer Hütte zurückkam, standen immer noch viele Kinder vor unserer Tür. Sie dachten gar nicht daran, wegzugehen, starrten immer nur zu uns herein. Wir aber wollten endlich schlafen und machten die Tür zu. Langsam wurde es draußen still.

Wir löschten die Gasfunzel und jeder suchte seine Schlafstätte auf. Es war stockdunkel. Ich tastete mich zu meiner Pritsche, legte mich hin, da kippte das Kopfstück weg. Wo eigentlich ein Haltefuß sein sollte, war nichts. Außerdem war diese Pritsche sowieso mindestens 50 Zentimeter kürzer als ich, und ich bin mit meinen 1,59 Metern ja nun wirklich kein Riese. Ich versuchte, mich zusammenzurollen, aber immer fehlte irgendwo ein Stück. Dann wollte ich es andersherum versuchen, die Beine über das abfallende Kopfstück zu hängen, es war immer noch zu knapp. Dabei war es noch schrecklich kalt. In dieser Höhe ist der Temperaturunterschied zwischen Tag und Nacht noch viel größer als im Tal. Im Dunkeln krabbelte ich meinen Parka aus dem Koffer, tastete zur Pritsche zurück und dann hatte ich die Orientierung total verloren. Ich fühlte nur an der einen Seite eine Bretterwand, vor der die Pritsche stand. Ich setzte mich im Schneidersitz auf das, was ich von der Pritsche ertastet hatte, hüllte mich in den Parka, lehnte mich mit dem Rücken gegen die Wand und versuchte zu schlafen.

Geschlafen habe ich kaum, aber wenigstens hin und wieder ein bißchen geschlummert.

Tom war morgens als erster wach. "Was machst du denn da?" Dann sah er dieses elende Ding, auf dem ich hätte schlafen sollen. Um 8.30 Uhr sollten wir bei Marcos zum Frühstück sein, um 9 Uhr war die Versammlung beim zweiten Mütterkomitée, und ich hatte wahnsinnige Kopfschmerzen. "Trotzdem nur nicht schlappmachen," dachte ich. Wir gingen zu Marcos, ein ziemlich weiter und sehr beschwerlicher Weg. Kaffee, Tortillas, Reis und rote Bohnen, alles stand schon bereit. Ich knabberte eine Tortilla und trank einen Becher Kaffee dazu. Dann wurde es Zeit, daß wir gingen.

Der Saal war brechend voll und wir wurden empfangen, als ob wir die "höchsten Tieren" eines mächtigen Staates wären. Da war Klatschen und Viva-Rufen, Lachen und Weinen, und immer wieder Umarmungen und um Hilfe flehende Augen. Und wir standen wieder bei ihnen und nur wir wußten um unsere schreckliche Hilflosigkeit. Jeder, der auch nur etwas in der Organisation arbeitet, hielt eine Begrüßungsansprache, dazwischen wurde gesungen. Und wir hörten wieder Testimonios.

"Laßt mich auch meine Geschichte erzählen!" rief eine Frau aus der Menge. Dann streckte sie ihre Arme aus und zeigte, was ein Soldat mit ihrem Mann gemacht hatte. Immer ein Stück weiter hinauf hackte man ihm die Arme ab, bis zur Schulter zeigte sie. Dann ließ man ihn liegen, bis er verblutet war.

"Man ließ den Kindern keine Zeit, geboren zu werden," rief eine Frau. "Man hatte sie aus den aufgeschlitzten Leibern ihrer Mütter gerissen. Das ist ungerecht, Schwestern aus Alemania!"

Und so ging es weiter und weiter, bis zum Mittag. Stundenlang hörten wir von diesen entsetzlichen Einzelschicksalen. Die Kehle war mir wie zugeschnürt. Mit dem allgemeinen Begriff Mitleid hatte das, was ich fühlte, nichts zu tun. Ich habe wirklich gelitten, jede Faser meines Körpers tat mir weh und wenn ich jetzt an diese Menschen denke, stellt sich sofort der körperliche Schmerz wieder bei mir ein. Dann kam ihr allgemeines Leid zur Sprache: die Sehnsucht, heimzukehren in ein freies El Salvador. Um dieses Ziel zu erreichen, lernten sie lesen und schreiben, denn nur dann konnten sie sich selbst informieren, waren nicht darauf angewiesen, was andere ihnen sagten.

Das wichtigste Buch ist für sie die Bibel, denn darin lesen sie ihre Berechtigung zum Kampf gegen die Gewalt, zum Kampf gegen die Unfreiheit.

"Früher," sagen sie, "hat man uns gesagt, Gott will, daß es Arme und Reiche gibt. Wenn wir leiden, so ist es Gottes Wille. Seit wir aber selbst in der Bibel lesen können, wissen wir, daß Gott nicht will, daß der Mensch leidet. Vor Gott sind alle Menschen gleich viel wert. Darum ist es gefährlich, eine Bibel zu besitzen, noch gefährlicher, Katechet zu sein. Ein Katechet muß immer mit Verfolgung rechnen."

"Als der Papst in San Salvador war, haben wir versucht, ihn zu sprechen, oder wenigstens Briefe zu geben. Man hat es uns verwehrt." "Wir hatten uns gewünscht, mit dem Papst in der Kathedrale am Grab von Monseñor Romero zu beten, eine Hl. Messe zu feiern. Auch daß durften wir nicht."

"Helft uns, Schwestern aus Alemania, erzählt in Deutschland von unserem Leid. Sagt euren Bischöfen, daß sie sich einsetzen für uns, denn nur die Kirche kann uns helfen." Wie zerschlagen saß ich diesen Menschen gegenüber und ich dachte zurück an unseren Arbeitskreis. Wie hatte Frau S. gesagt? "Bringt etwas Positives mit. Es kann doch dort nicht nur Schreckliches geben, wir können bestimmt von diesen Menschen auch etwas lernen und es gibt dort sicher auch noch etwas anderes als Leiden". Positives - was ist hier positiv? Vielleicht ist es der Mut und die Hoffnung, obwohl gerade das für uns so unerträglich war.

Schulen in Mesa Grande

Nachmittags waren wir in den Schulbaracken. Der Unterricht der Kinder war gerade beendet und von allen Seiten trafen die Erwachsenen ein. Die Kinder hatten wohl noch kein sehr großes Vertrauen zu uns, abwartend standen sie herum und starrten uns an. "Wenn ich doch nur ihre Sprache beherrschen würde," dachte ich.

Dann ging Mila zu den Kindern, sprach mit ihnen, und da auf einmal war das Eis gebrochen. Mila sang mit ihnen spanische Kinderlieder und machte mit ihnen Kreisspiele. Alle machten mit, freuten sich und lachten. Ein schöner Anblick war das.

Dann gingen wir in den Klassenraum. Da saßen die Erwachsenen, manche schon recht alt, auf den rohgezimmerten Bänken an den selbstgemachten Tischen. Alle hatten Hefte vor sich liegen und schauten gebannt auf den Lehrer, den "Meister". Man konnte ihnen ansehen, wie lernbegierig sie waren. Sie ließen sich nicht ablenken, auch nicht durch uns. Diesen Fleiß und diese Lust am Lernen habe ich sonst noch nirgendwo erlebt.

Angekommen in Mesa Grande waren sie fast alle als Analphabeten, jetzt gab es nur noch wenige, die nicht lesen und schreiben konnten, eigentlich nur die ganz Alten.

Die deutschen Lehrer gaben keinen Unterricht mehr, das besorgten nun die Einheimischen selbst. Die Deutschen arbeiteten jetzt nur noch mit den salvadoreanischen Lehrern den Lehrstoff aus. Und so war das ja auch von Anfang an gedacht.

Es war rührend, dem 'Meister' zuzuschauen, denn auch er war keinesfalls schon perfekt. Er mußte selbst fast bei jedem Wort, das er an die Tafel schrieb, in sein Heft sehen. Einmal hatte er ein Wort falsch geschrieben. Eine "Schülerin" machte ihn darauf aufmerksam. Er sah noch einmal in sein Heft, verglich das Geschriebene noch ein paar Mal mit der Vorlage im Heft, dann wischte er das Wort seelenruhig aus und schrieb es neu. Niemand nahm ihm den Fehler übel und auch er war nicht sauer, daß die Frau ihn verbessert hatte. Schließlich hatte ja auch er erst hier seine Kenntnisse bekommen und was er jetzt leistete, das war schon enorm. Für die Flüchtlinge war nur eines wichtig: sie wollten nicht so unwissend nach El Salvador zurückgehen, wie sie vor ein paar Jahren im Lager angekommen sind.

Wieviel Spaß ihnen das machte, das konnten wir oft genug feststellen. Da sind zum Beispiel die wunderschön bestickten Tücher. Da sitzen Frauen und Mädchen in einem Werkraum und sticken stundenlang daran. Sie haben nur ganz billiges Material, aber die Stickerei ist doch ganz fein und zart. Und fast jedes Tuch, jede Decke, ja selbst die kleinsten Deckchen, sind mit einer gestickten Schrift versehen. Wo immer sie die Möglichkeit haben, zeigen sie, daß sie schreiben können.

Dann sind da die vielen selbst gedichteten Lieder, alle fein säuberlich aufgeschrieben und in einer Mappe gesammelt.

Hier in der Schule in Mesa Grande wurde mir zum ersten Mal richtig bewußt, daß Analphabetismus überhaupt nichts mit Intelligenz zu tun hat.

Diese Menschen, manche schon ziemlich alt, bisher des Lesens und Schreibens unkundig, sind außergewöhnlich klug. In El Salvador fehlte ihnen nur das nötige Geld, eine Schule zu besuchen. Und ausgerechnet hier in dieser Gefangenschaft hatten sie Gelegenheit, nachzuholen, was ihnen bisher verwehrt war. Ihre Freude, lernen zu dürfen, war dementsprechend groß.

Wir konnten dann noch mit einem Lehrer allein ein Gespräch führen. Dabei wurde mir ganz bewußt, wie ausgeprägt doch das Selbstwertgefühl bei diesen Menschen war. Trotz der schon seit unendlich langen Zeiten andauernden Unterdrückung ist dieses Volk nicht zerbrochen.

Deutlich wurde das auch bei der Sitzung der 'Pastoralen', an der wir an diesem Nachmittag teilnehmen durften. Diese Gruppe, Männer, Frauen und Jugendliche, gaben Religionsunterricht, bereiteten die Gottesdienste vor, wählten die Schrifttexte aus und übernahmen in ihrer Kirche dann auch den gesamten Wortgottesdienst. Sie lasen die Texte, legten sie auf verschiedene Art und Weise aus, animierten die Gottesdienstbesucher zu eigener Auslegung.

Diese Vorbereitung war sehr intensiv und dauerte ein paar Stunden. Consuela hatte zwar die Leitung dieser Sitzung, aber jeder konnte mitreden, jeder Vorschlag wurde lang und breit besprochen. Zum Schluß war so etwas wie eine Abstimmung, dann konnte man beruhigt auf den Sonntag warten. Padre Jim, der Lagerpfarrer, nahm wohl an der Sitzung teil, es gab aber nichts, wo er hätte eingreifen oder korrigieren müssen. "Es besteht kein Grund dazu," sagte er. "Die wissen genau, was sie wollen und was richtig ist."

Ich konnte kaum glauben, daß auch die Pastoralen als Analphabeten nach Mesa

Grande gekommen waren und in dieser mehr als dürftigen Schule ihre Kenntnisse erworben hatten.

In San Marcos

Zum Filmen mit der Video-Kamera und für Tonaufnahmen braucht man Strom. Der aber war im Lager so knapp bemessen. daß Tom und Jörg dort auf keinen Fall ihre Akkus aufladen konnten. Also mußten sie zum Aufladen nach San Marcos. Wir andern hätten im Lager bleiben können, aber ich muß gestehen, daß uns allen ein Abend und eine Nacht in San Marcos ganz gelegen kam. So konnten wir doch wenigstens einmal etwas anderes essen als Tortillas, Reis und Bohnen.

Dominique und Jim fuhren gerne mit hinunter. "Allerdings," sagte Jim, "kann euch morgen früh keiner abholen. Aber um 7 Uhr fährt das Auto der Caritas ins Lager, die nehmen euch mit."

Es wurde ein richtig schöner Abend. Nachdem die Akkus angeschlossen waren, machten wir zunächst einen Bummel durch das reizvolle Städtchen. Dann gingen wir in einen Laden und kauften ein: Obst, Trockenmilch, Bonbons für die Kinder und vor allem einen Kamm für Marcos, den sie sich so sehr wünschte. Danach gingen wir zum Essen. Jim wußte ein kleines gemütliches Lokal, wo man recht gut essen konnte. Es gab hier sogar ein recht gutes Bier. Wir hatten zwar keine Lempire (das ist die hondurenische Währung), aber überall in Zentral-Amerika kann man ebenso gut mit US-Dollar bezahlen.

Der Abend war schön und wir konnten neue Kraft 'tanken'.

Nur eine dumme Sache ist passiert. Als wir zu unserem Domizil kamen, sahen wir mit Schrecken Einschußlöcher in Jim's Auto, aber Jim nahm das nicht sonderlich tragisch. "Sowas kann hier schon mal vorkommen," sagte er. Er prüfte auch nicht weiter, wer geschossen hatte. "Besser, man läßt das auf sich beruhen," meinte er. Dann fuhren Jim und Dominique los, den Berg hinauf. Die vielen Krabbeltiere in dem Häuschen waren nicht mehr ganz so schrecklich, wir hatten uns schon daran gewöhnt. Einen kleinen Schreck bekam ich nur, als ich einen kleinen Ast mit dem Fuß ins Freie befördern wollte, und der lief auf einmal fort. Ich ging aber doch in die Hocke und sah mir das Ding mal genauer an. Dieser kleine Ast hatte tatsächlich Beinchen, ich konnte sogar die Augen erkennen. Es war ein Käfer, der sich, wenn er ruhig dort lag, in nichts von einem echten Ast unterschied. Er sah ganz lustig aus, ich hoffte nur, daß er nachts nicht auf meine Pritsche geklettert kam.

Ich schlief relativ gut, obwohl die Bude auch in dieser Nacht überfüllt war. Die honduranischen Mitarbeiter der CRS hatten ihr Lager wieder auf dem Fußboden aufgeschlagen. Es war dadurch alles recht eng, aber die Männer waren sehr ruhig. Und so still, wie sie nachts gekommen waren, so still verschwanden sie am Morgen. Wir waren morgens gegen 6 Uhr aufgestanden und hatten uns hinter dem Haus im Wasserbassin gewaschen. Ich dachte: Wie unempfindlich man doch werden kann. Da wäscht man sich in einem Wasser, das alles andere als rein ist, in dem sich jede Menge Tierchen tummeln, und man fühlt sich dennoch erfrischt und sauber.

Wir aßen noch das keksartige Gebäck, das wir abends gekauft hatten, ließen die Coca-Flasche kreisen und um pünktlich um 7 Uhr standen wir an der Ecke des Weges nach Mesa Grande und warteten auf das Auto der Caritas. Nach langem Warten erfuhren wir, daß es schon vor 7 abgefahren war.

Was jetzt? Wir waren ratlos. Dann kam die 'Erleuchtung', ACNUR. "Nein, von uns fährt niemand rauf, wir haben heute kein Fahrzeug zur Verfügung. Ihr könnt zu dem Arzt gehen. Der soll euch mitnehmen." Mila und ich machten uns auf den Weg, bald hatten wir es gefunden das Haus des Arztes. Ein sehr hübsches, weißes Haus in einem Garten, mit vielen exotische Blüten. An der Haustür gab es eine Klingel. Das erste Haus mit Klingel, das wir hier sahen. Ein junger Mann öffnete die Tür, sogleich drängte sich ein Hündchen, so ein 'selbst gestricktes', zwischen seine Füße.

"Nein, der Doktor ist nicht hier," sagte er.

"Ist er schon nach Mesa hinauf?"

"Nein, er wird auch heute nicht hinauffahren, er hat etwas anderes vor."

Wir sagten, daß die Leute von ACNUR uns an ihn verwiesen hätten, er sollte uns nach Mesa bringen. Aber er brachte alle möglichen Ausreden vor: das Auto sei nicht in Ordnung; der Doktor brauche es selbst: der Fahrer sei nicht da, usw. Aber wir ließen nicht locker und schließlich gab er nach. Plötzlich war auch der Fahrer da und auch das Auto war nicht mehr kaputt. Es mußte nur getankt werden. Wir fuhren zur einzigen Tankstelle, aber dort gab es dann doch noch ein Problem. Die Tankstelle hatte kein Benzin. Der Tankwart suchte in allen Ecken, und dann kam er strahlend und stolz mit einem Kanister. Das war der letzte Sprit, den er in seiner Tankstelle gefunden hatte.

Dann ging es hoch nach Mesa Grande. An der Art des Fahrens konnte man die Wut des Fahrers, uns wegbringen zu müssen, erkennen. Es wurde eine Höllenfahrt.

Wieder in Mesa Grande

Wir brachten unsere Sachen in unsere Hütte und gingen gleich zu Marcos und Maria. Sie warteten schon mit dem Frühstück: Reis - rote Bohnen - Tortillas - Kaffee. Dann gaben wir Marcos den Kamm. Das jemand sich über so eine Kleinigkeit noch so sehr freuen kann. Sie steckte den Kamm in ihr Haar, damit ja alle diese neue Kostbarkeit sehen konnten.

Danach wurden wir bei der Versammlung der Basisgemeinden erwartet. Wie strapaziös das Gehen war, merkten wir nicht mehr. Außerdem hatten wir herausgefunden, daß ein Umweg manchmal ratsamer war, weil man dadurch oft die schlimmsten Steigungen umgehen konnte. Wir waren wieder in der großen Hütte, in der sowohl der Gottesdienst, als auch alle Versammlungen stattfanden.

Aus jedem der fünf Camps von Mesa Grande waren die gewählten Vertreter gekommen, um die Ergebnisse der Diskussionen in ihren Blocks mitzuteilen und gemeinsam weiter darüber zu diskutieren.

An diesem Tag ging es um das Thema "Abtreibung und Schwangerschaftsverhütung". Es ging sehr hitzig zu, nur was mich wunderte, daß die Debatte hauptsächlich von alten Leuten und Männern geführt wurde. Das Thema Abtreibung war schnell erledigt. Sie sind zu sehr Christen, um an die Tötung ungeborenen Lebens auch nur zu denken. Das konnte ich sehr gut nachempfinden. Nicht ganz verstehen konnte ich die heißen, emotionalen Reden gegen Verhütung. Ich wunderte mich auch darüber, daß die jungen Frauen sich überhaupt nicht dazu äußerten. Sicher sind junge Frauen in der Minderheit, von den 11.000 Menschen, die im Lager leben, sind 60 % Kinder, 25 % Frauen und 15 % Männer. Von diesen 40 % Erwachsenen sind wiederum 30 % alte Menschen. Aber schließlich sind es doch die jungen Frauen, um die es bei dieser Frage geht, aber sie halten mit ihrer Meinung entweder zurück, oder sie dürfen sie nicht äußern. Es kam dann zu den Begründungen der Ablehnung.

Wichtig war da zuerst einmal die Forderung der Kirche, jede Art von Verhütung einer Schwangerschaft zu vermeiden. Und daran hielten sie strikt fest. Jedes Kind ist ein Geschenk Gottes.

Hinzu kam noch das Argument, daß die "Pille" ihnen von Amerika geschickt wurde, und es stand für sie fest, daß der Ami ihr Volk auf diesem Weg schwächen will. Je weniger Kinder sie haben, umso schwächer wird ihr Volk. "Die USA hat noch nichts in unser Land gebracht, was zu unseren Gunsten war. Sie schicken nur Waffen, um uns zu töten, sie schicken Flugzeuge, die unsere Dörfer bombardieren. Für billiges Geld holen sie unsere Früchte, den Kaffee, den Zucker aus unserem Land, für uns selbst bleibt nur wenig übrig. Sie tun nur das, was uns schadet. Wieso sollte dann die Pille für uns etwas Gutes sein? Das können wir nicht glauben."

Eigentlich waren alle dieser Meinung, und trotzdem hatte es ein riesiges Palaver gegeben.

Fazit: je mehr Kinder wir haben, umso größer ist die Chance, daß das Volk von El Salvador überlebt.

So ging es weiter, jeden Vormittag, jeden Nachmittag, große Versammlungen, kleine Versammlungen, Einzelgespräche, und viele, viele Testimonios. Nicht jeder erzählte unaufgefordert seine Geschichte. Ein Mann sollte erzählen, was das Militär mit seiner Frau gemacht hatte. Zunächst sagte er nur: "Man hat sie umgebracht." Die anderen bedrängten ihn: "Sag wie das war." Und er erzählte. "Eines Tages waren Soldaten in unser Dorf gekommen. Ich war mit den Kindern auf dem Feld. Sie fragten meine Frau, wo ich wäre und sie antwortete, daß sie das nicht wüßte. Die Soldaten haben meine Frau geschlagen, dann haben sie wieder gefragt. Aber sie hat nichts gesagt. Dann sagten die Soldaten, sie solle mit hinauskommen, sie wollten vor dem Haus weiter mit ihr reden. Sie haben aber nicht mehr geredet, sondern ihr den Kopf abgeschnitten und sie dann liegengelassen. Das ist mein Testimonio, solamente."

Nun war auch dieser Mann in Mesa Grande und sehnte sich in das Land zurück, wo er so hautnah erlebt hatte, daß Mord und Grauen die alltägliche Realität ist.

Viertausend wollen zurück

Abends waren wir bei Consuela zum Essen eingeladen - Reis, rote Bohnen, Tortillas. Sie hat sehr viel erzählt, vor allem über die geplante Repatriierung und den Streit, der dadurch entstanden ist. Warum hatte das zu so heftigem Streit geführt? Warum sind Freundschaften dadurch zerbrochen? Stand es denn nicht jedem frei, die Repatriierung mitzumachen oder im Lager zu bleiben?

Warum zerstritten sich diese Menschen, die sich ansonsten gegenseitig Mut machten und halfen, wo sie nur konnten?

Consuela erklärte es uns: "Wenn von den 11.000 Lagerbewohnern 4.000 oder vielleicht auch 4.500 das Lager verlassen, werden die Zurückbleibenden mit noch viel mehr Schwierigkeiten zu kämpfen haben. Vielleicht werden sie dann sogar zwangsrepatriiert, und davor haben sie Angst. In dem Fall hätten sie noch weniger Rechte als die, die jetzt freiwillig gehen."

Wir wußten ziemlich genau, wer zu welcher Gruppe gehörte und wir kamen dadurch in ganz schön verrückte und verzwickte Situationen. Mit welcher Naivität hatte ich mich doch auf diese Reise begeben. Wir saßen noch lange bei Consuela, erzählten, betrachteten den wunderbaren Sternenhimmel. Auf dem Tisch stand wieder der Kerzenstummel mit seinem armseligen Flämmchen, das so wenig Licht verbreitete, daß es wohl mehr symbolisch war. Aber ein Gutes hatte diese Dunkelheit doch: ich konnte ungestört und in aller Ruhe meine vielen Flohstiche zerkratzen.

Dann gingen wir zu unserer Hütte zurück. Ich blieb noch lange draußen sitzen. Ich litt entsetzlich unter Depressionen, einesteils wegen dieser vielen Greuel, von denen wir hörten, dann auch, weil wir zwischen den verschiedenen Parteien standen, und nicht zuletzt auch wegen der knisternden Spannung in unserer Gruppe.

Koordinatoren - Besucherkomité

Es war immer wieder erstaunlich zu sehen, wie die Selbstverwaltung in diesem Flüchtlingslager funktionierte. Davon sollten wir beim Besucherkomitée allerhand erfahren.

Zehn Leute gehörten zum Komitée. Carlos leitete die Versammlung. Wir hätten uns schon in den ersten Tagen unseres Aufenthaltes bei ihm melden sollen, aber es kam immer etwas anderes dazwischen. Das wäre auch für uns besser gewesen, weil wir dann wahrscheinlich sinnvoller geplant hätten. Aber jetzt war es müßig, sich noch den Kopf darüber zu zerbrechen.

Eigentlich ist es die Aufgabe des Besucherkomitées, Gäste zu empfangen und mit der Situation des Lagers bekanntzumachen. Es kommen nicht sehr häufig Besucher und wenn, dann kommen sie ganz offiziell, z. B. von der Caritas, von Kirchen, und, wenn auch selten, ein Beauftragter eines hondurenischen oder salvadorenischen Bischofs.

Jetzt wartete man auf den Bischof selbst, er hatte sein Kommen zugesagt, um über die Repatriierung mit ihnen zu verhandeln. Zwei der angekündigten Termine waren schon verstrichen und einige glaubten schon gar nicht mehr, daß er überhaupt noch kommen würde. Wenn doch, es war alles vorbereitet. Und jetzt standen wir zuerst mal vor dem Komitée.

In jedem der fünf Camps des Lagers gibt es 10 Coordinatoren, zwei kommen jeweils zu Besprechungen zusammen und bilden auch dieses Besucherkomitée.

Carlos ist dafür verantwortlich, daß alles richtig klappt. Er ist für die gesamte Planung und für die Gestaltung des Lagers verantwortlich. Wir fragten ihn, wer die Koordinatoren aussucht, wer sie für die verschiedenen Arbeiten bestimmt.

"Hier geht alles ganz offiziell zu," sagte Carlos. "Die Leute in den einzelnen Camps suchen die Kandidaten aus, dann wird gewählt. Jeder muß ganz bestimmte Voraussetzungen mitbringen, z.B. daß er durch seine gute Arbeit mit den Leuten bekannt ist, daß er Organisationstalent besitzt, daß er schon Erfahrung aus El Salvador mitgebracht hat. Die Leute müssen sich auf ihre Koordinatoren verlassen können." Und wie kam es, daß er Koordinator für ganz Mesa Grande wurde? Nun, bei der Wahl lag er mit I.000 Stimmen weit vor allen anderen. Seine Fähigkeiten waren schon von El Salvador her bekannt, und er genoß das Vertrauen der Leute. Sein Talent, Verhandlungen zu führen, so etwa mit ACNUR oder der Caritas oder CRIPDES, war schon erstaunlich. Außerdem kannten die Leute seinen starken Gerechtigkeitssinn. So war es auch selbstverständlich, daß er in allen Camps für eine gerechte Verteilung der Arbeiten zuständig war, auch für unregelmäßig anfallende. Ebenso unterstand ihm die Rechtssprechung und die Auferlegung von Strafen. Ob schwere Verbrechen geschehen, wollten wir wissen.

"Nun;" sagte Carlos, "wenn im Hauptlager Reis, Mais und Bohnen zur Verteilung liegen, dann gibt es oft Schiebungen. Aus dem Garten wird immer wieder Gemüse gestohlen. Einmal hat jemand aus Honduras Alkohol ins Lager geschmuggelt, das ist natürlich streng verboten. Dann gibt es auch schon mal Prügeleien. Meistens müssen die dabei erwischten Leute dann die Klos saubermachen. Das ist eine sehr schwere Strafe, weil sie sehr unangenehm ist."

Dann wurde uns Rodrigo vorgestellt, Koordinator für die Alphabetisierung in seinem Camp. Außerdem gehörte es zu seinen Aufgaben, Lehrer, auch für andere Camps, weiter auszubilden und mit diesen die Lehrpläne auszuarbeiten und zu erstellen.

Luis war für die Alphabetisierung in einem anderen Camp verantwortlich. Jedes Camp hatte eine Schule und der Koordinator hatte für einen guten Unterricht und zufriedenstellende Ergebnisse zu sorgen. Alle Flüchtlinge sollten lesen und schreiben können, wenn sie einmal nach El Salvador zurückkämen. Nur so könnten sie etwas für ihr Land, für Frieden und Freiheit in ihrem Land, tun.

Luis war außerdem in der Verwaltung des Unterernährten-Zentrums tätig. Die Blockverwaltung unterstand Tulio.

Der Arzt hatte zwar behauptet, es gäbe keine Unterernährung, ja nicht einmal eine Fehlernährung, jetzt bei den Kooperativen erfuhren wir genau das Gegenteil. Etwa 15 % der Erwachsenen waren unterernährt und 14 - 22 % der Kinder wurden untergewichtig geboren. Und wie steht es bei den Kindern? "Wir wissen es nicht genau, fast alle," sagte Tulio. "Es gibt aber keinen Etat mehr für Unterernährte. Nicht was wir wissen, sondern die Aussage der Ärzte bestimmt, ob es Sonderzuteilungen gibt. Es gibt auch für Schwangere keine Extraration, z.B. Milch. Für Säuglinge gibt es Milch nur in schwerwiegenden Fällen, und die gibt es nach Aussage der Ärzte kaum."

Da haben die Flüchtlinge sich selbst geholfen und dieses Unterernährten-Zentrum eingerichtet. Sie hatten eine Kaninchenzucht angelegt, damit sie für diese Leute mal eine Suppe kochen können. Von dem Gemüse des kleinen Gartens - mühsam hatten sie ein Stückchen Boden fruchtbar machen können - ging ein Teil ebenfalls in das Unterernährten-Zentrum.

Es ging dort alles sehr geregelt zu. Jeder, der Anspruch auf eine Sondermahlzeit stellte, wurde gemessen und gewogen, alles wurde in ein Buch eingetragen, verglichen mit einer Liste, in der Größe und Mindestgewicht abzulesen waren.

Dann hörten wir den Bericht von Marcien.

Er war verantwortlich für die gerechte Verteilung von Kleidung und Schuhen und auch von Möbeln.

Für Kleidung gab es in Mesa Grande drei, für Möbel ein Sammellager. Von der Caritas bekamen sie Stoff. Kleider, Hemden, Hosen wurden in der Nähwerkstatt genäht. Jeder hatte Anrecht auf zwei Kleidungsstücke pro Jahr. Erwachsene bekamen pro Jahr zwei Paar Schuhe, Kinder ein Paar.

Allerdings hielten die Schuhe nur so kurze Zeit, daß die meisten Leute barfuß gingen. Auch die Kleider waren sehr bald verschlissen und durchlöchert. Da Wasser und Seife sehr knapp waren, mußten die Kleider mit Muskelkraft und durch kräftiges Scheuern gereinigt werden. Man legt sie auf eine Steinplatte, gießt ein Schüsselchen Wasser darüber, reibt die Seife über den Stoff, und dann wird mit einer Bürste gescheuert und gerieben, bis die Sachen sauber sind.

Unsere Hüttennachbarn waren ganz versessen darauf, meine Wäsche zu waschen. Bei meinen Waschmitteln blieb immer etwas für sie übrig.

Die Möbel - Tische, Bänke, Hocker und Pritschen zum Schlafen, alles wurde selbst gemacht.

Die Verantwortung für den Garten und die Verteilung der Ernten lag beim gesamten Komitée. CEDEN, eine caritative Einrichtung der lutherischen Kirche, sorgte für Saatgut. Die Menge des Saatgutes war jetzt allerdings gekürzt worden mit dem Argument, es wäre noch neues Land gekauft worden. In der Tat war die Fläche über die Grenze des Lagers hinaus erweitert worden, aber es war total trockener, harter Boden.

Aber selbst wenn es fruchtbares Land gewesen wäre, leuchtete es mir nicht ein, wieso es bei mehr Land weniger Saatgut geben sollte.

Die Leute wollten jetzt versuchen, Mais anzupflanzen. Sie sagten: "Mais ist eine große Pflanze und wir haben dann außer den Maiskolben mit der Pflanze selbst noch viel Gemüse. Das sind dann Vitamine extra."

Ein großes Problem war jedoch die Wasserversorgung. Es gab viele Konflikte mit den hondurenischen Campesinos. In der Trockenzeit hatte die Quelle nur sehr wenig Wasser und dann wurde die Wasserzuleitung zum Lager von den Honduranern einfach abgesperrt. Nun suchten sie nach einem Weg für eine gerechte Wasseraufteilung zwischen dem Lager und den Campesinos in Honduras.

Von dem geernteten Gemüse ging nur ein Teil in das Unterernährten Zentrum. Das übrige wurde nach einem genau berechneten Plan an die Flüchtlinge ausgegeben: bei der ersten Ernte wurde es unter 10 Familien verteilt; bei der nächsten Ernte an die nächsten 10 Familien, usw. bis alle in den Genuß gekommen waren. Dann fing es wieder bei den ersten an.

Das alles war nur ein Tropfen auf einen heißen Stein, aber es war ein klein wenig Zusatznahrung.

Ich war erstaunt und glaubte, daß das keine gerechte Verteilung wäre. Die Familien sind doch unterschiedlich groß.

Aber Carlos klärte uns über die Familienstruktur auf.

Die Camps sind in Blocks zu je zehn Familien aufgeteilt, wobei jede Familie dreizehn Personen zählt. Die Familien müssen nicht unbedingt in verwandtschaftlichem Verhältnis stehen, es können sich auch Freunde zusammenschließen. Wichtig ist nur, daß jede 'Familie' aus 13 Menschen besteht. Es gibt keine Probleme, bei Streit in eine anderen Familie umzuziehen.

Manchmal kommt es vor, daß Einzelpersonen oder kleine Gruppen sich repatriieren lassen, weil sie das Leben im Lager nicht mehr ertragen können. Sie werden wie Gefangene behandelt, Kontakt mit den Honurenern wird untersagt aus Angst vor Rebellion des eigenen Volkes. Die Flüchtlinge haben durch die Alphabetisierung und Initiativen auf vielen Gebieten ein starkes Selbstbewußtsein bekommen, und das will die hondurenische Regierung für ihr Volk auf jeden Fall unterbinden.

Hat sich eine Familie also verkleinert, sucht man sich neue Familienmitglieder, um wieder auf die entsprechende Zahl zu kommen. Oder Neuankömmlinge werden von dem Koordinator erst einmal zugewiesen.

Die Versorgung mit Nahrungsmitteln geschieht zum Teil durch die CARITAS, zum Teil durch CEDEN, beide aber sind abhängig von ACNUR, "Trotzdem", sagt Tulio, "erleben wir unterschiedlichen Umgang und Lieferung der Waren. Früher bekamen wir alles sehr regelmäßig, das hat sich geändert. 3 - 4 Bananen und Apfelsinen pro Monat soll es geben. Aber einmal bekommen wir sie, einen anderen Monat nicht.

Fleisch sind uns pro Monat 3 Unzen, das sind etwa 245 Gramm, zugesagt, aber das kommt auch nicht regelmäßig und dann ist das Fleisch noch mit Knochen gewogen worden. Woran das liegt? Einmal an der Initiative der Leute, die in den großen Verteilerstellen sitzen, aber auch an den Spenden aus dem Ausland."

Und Carlos sagte: "Die Grundnahrung wird immer geliefert. Jeder bekommt monatlich ungefähr 10 Kilogramm Mais, 750 Gramm Bohnen und Reis. Die Menge ist nicht gekürzt worden," sagte er, "aber jeden Monat kommen die Lieferungen ein paar Tage später, und wir müssen dann mit der gleichen Ration länger auskommen."

Danach wurde noch einmal über die große Aufregung in der vergangenen Woche gesprochen. Einen ganzen Tag lang hatte man die donnernden Hubschrauber über dem Lager kreisen gesehen, Schießen von der nahen Grenze nach El Salvador gehört. Im Lager hatte sich Angst und Schrecken verbreitet.

Sie hatten gehört, daß amerikanisches Militär in Chalatenango, der salvadorianischen Provinz gleich hinter der Grenze, einmarschiert wäre. Dann kamen Leute von ACNUR, um die Leute zu beruhigen, es wäre nur ein honduranisches Manöver gewesen.

Die Aufregung legte sich, aber geglaubt hat das keiner. Dann wurde ausgiebig über die Repatriierung im großen Stil gesprochen. Wir erfuhren erst jetzt, was die Ursache zu diesem Plan gewesen ist.

Die honduranische Regierung hatte sie unter Druck gesetzt. Der Plan, das Lager weiter ins Innere des Landes zu verlegen, weil dieses angeblich zu nahe bei der Grenze liegt, war durch die Initiative ausländischer Solidaritätsgruppen gescheitert. Jetzt drohte die Regierung mit einer Zwangsrepatriierung. Die Flüchtlinge kamen diesem Plan zuvor und beantragten ihrerseits, nach El Salvador zurückgehen zu dürfen. Sie stellten aber Bedingen. Normalerweise ist ein Flüchtling, der zurückkommt, ohne alle Rechte. Als Ausweis bekommt er nur einen Zettel mit seinem Namen und dem Stempelaufdruck "Flüchtling".

In diesen 14 Punkte umfassenden Bedingungen forderten sie:

1. reguläre Ausweise ohne den Vermerk "Flüchtling";
2. Ansiedlung in ihren Heimatgebieten, ungeachtet dessen, ob diese von Militär oder Guerilla kontrolliert werden;
3. keine Militärpräsenz;
4. keine Bombardierungen;
5. internationale Begleitung (Rotes Kreuz, Caritas, Kirche, Solidaritätsgruppen);
6. freie Bewegung im Land;
7. freien Zugang zu ihren Dörfern für Verwandte und Freunde;
8. Aufenthalt internationaler Helfer in den Dörfern, solange diese zu bleiben gewillt sind;

Dazu kamen dann noch die Bedingungen, frei Handel treiben zu dürfen, sie wollten ungestörten Zugang zu den Häfen, alles Punkte, die wir eigentlich als selbstverständlich ansehen.

Trotzdem wußten sie, daß sie niemals mit diesen Punkten durchkommen würden. Aber noch liefen die Verhandlungen, in die sich auch der Erzbischof von Honduras eingeschaltet hatte.

Aber eines hatten sie dadurch doch schon erreicht, die Zwangsrepatriierung hatten sie abgewendet.

Nun lief aber eine neue Schreckensnachricht durchs Lager: Alle Internationalen, Ärzte, Lehrer, Priester, sollten durch Hondurener ersetzt werden. Man wollte den letzten Kontakt der Lagerbewohner zur Außenwelt abschneiden. Daß dies auf gar keinen Fall geschehen darf, davon waren auch wir überzeugt.

Abschied von Mesa Grande

Noch ein paar Versammlungen, die alle fast gleich verliefen, dann stand unser

Abschied bevor. Zunächst trafen wir mit den Pastoralen bei Consuela zusammen. Jeder gab noch einen persönlichen Gruß auf Tonband an "seinen Padre Gerardo" (Jerry) mit. Wir spürten wieder deutlich, wie sehr sie ihn vermißten, wie sie immer noch wie Kinder an ihm hingen.

Padre Jim, sein Nachfolger, war sehr nett und gab sich die allergrößte Mühe, "aber," so sagte er, "an Padre Gerardo werde ich nie herankommen. Ich werde ihn nie ersetzen können, das weiß ich." Er war nicht böse, nahm es ganz gelassen, es war nun mal so.

Wir sprachen mit ihm über unsere Sorge, ob wir wohl mit unseren Video-Filmen gut über die Grenze kämen und er versprach, uns zu helfen. Am Abend kam er mit einer großen Leinwandtasche zu uns. "Hier könnt ihr eure Filme reinpacken. Ich kann das Lager verlassen, und ich habe auch keine Schwierigkeiten, nach Guatemala zu fahren. Morgen bringe ich eure Filme dorthin, ihr könnt sie dann vor eurem Rückflug in Guatemala bei den Dominikanern abholen." Wir nahmen das Angebot sehr gerne an.

Daß das für uns ein großes Glück war, sollten wir später merken. Wir gingen in noch ein paar Gruppen, um "Auf Wiedersehen" zu sagen, dann kam der Abschied bei Marcos, Maria und Laura. Wir mußten draußen vor der Hütte bleiben, es waren so viele Menschen gekommen, daß drinnen nicht genügend Platz war.

Es war der schwerste Abschied. Wir hatten diese drei Frauen so sehr in unser Herz geschlossen und jetzt - wir mußten gehen, ohne Hoffnung, sie je wiederzusehen. Das tat weh.

Hinzu kam ja noch die Ungewißheit, ob sie die Rückkehr nach El Salvador überhaupt überleben würden. Aber davon durften wir nicht sprechen.

Sehr bedrückt stolperten wir zum letzten Mal den Weg von ihrer Hütte zu unserer. So beschwerlich war uns dieser Weg in den ganzen zehn Tagen nicht geworden.

An unserer Hütte wartete schon eine große Überraschung auf uns. Auf dem kleinen Vorplatz und in den Wegen zwischen den Hütten standen die Leute dicht gedrängt. In ihrer Mitte saßen auf den rohgezimmerten Hockern die Jungs mit ihren Instrumenten, die eine Gitarre war noch gar nicht ganz fertig, sie machten die nämlich selbst.

Sie empfingen uns mit Musik und Gesang und spielten bis weit in die Dunkelheit hinein.

Dann gingen sie einzeln, zögernd, in ihre Hütten zurück. Es wurde ruhig bei uns und auch wir waren sehr ruhig geworden. Jeder hing seinen eigenen Gedanken nach, schauten in den klaren, von Sternen übersäten Himmel.

Endlich zogen wir uns auch in unsere Hütte zurück, legten uns auf unsere Pritschen und versuchten zu schlafen.

Aber der Schlaf wollte nicht kommen. Mir ging ständig im Kopf herum, was

Marcos gesagt hatte:
"Danke, daß ihr gekommen seid. Ihr habt uns so glücklich gemacht. Aber jetzt sind wir sehr unglücklich, daß ihr wieder fortgeht. Wir haben Angst, daß ihr uns vergeßt. Denkt an uns hier in unserem Gefängnis und seid unser Sprachrohr in Deutschland. Und kommt wieder, wir warten auf euch!"
Irgendwann forderte der Körper dann doch sein Recht und ich schlief ein.
Am nächsten Morgen standen Dominique und Jim mit dem Auto vor unserer Hütte. Wir hatten uns entschlossen, mit dem Autobus nach San Salvador zu fahren. Für Dominique und Jim war es ganz selbstverständlich, daß sie uns bis zur Grenze nach El Salvador bringen würden. Das war eine große Erleichterung. Für diese Fahrt hatten sie sogar einen Kleinbus aufgetrieben.
Als wir unsere Sachen einpackten, hatten wir wieder jede Menge Zuschauer, besonders Kinder.
Hier noch ein "In-den-Arm-nehmen". und da, und dort - dann stiegen wir in das Auto und rollten langsam den Hauptweg entlang. Jim fuhr sehr vorsichtig den Berg hinunter und da wir alle auf dieser Fahrt einen Sitzplatz hatten, war es ganz erträglich.

Durch Chalatenango

Das Auto rollte also mit uns das letzte Stück durchs Lager, dann den Berg hinunter Richtung San Marcos. Noch ein Blick zurück "Leb wohl, Mesa Grande! Jetzt nur nicht nachdenken."
Dann waren die Hütten unserem Blick entzogen, wir sahen nur noch den Berg. Irgendwo da oben lebten die Menschen, um derentwillen wir diese Reise gemacht hatten. Irgendwo da oben lebten 11.000 Menschen, vom Militär bewacht wie Verbrecher.
Am Schlagbaum wurden wir noch einmal aufgehalten, kontrolliert, der Wagen untersucht, ob sich nicht vielleicht doch einer der Flüchtlinge darin versteckt hatte, dann wurde der Schlagbaum hochgezogen, wir konnten weiterfahren. Noch einmal folgten unsere Augen dem gewundenen Weg hinauf bis zum Lager, dann war auch das vorbei. Und schnell hatten wir auch San Marcos hinter uns gelassen. Eine zum Teil recht gut asphaltierte Straße führte zur Grenze nach El Salvador, immer bergauf, bis zur Paßhöhe. Rechts und links eine phantastische, manchmal recht wilde Landschaft. Schon ziemlich weit oben im Gebirge fuhren wir auf eine schneeweiße Fläche zu. Sollte es hier in Äquatornähe, bei dieser schrecklichen Hitze, wirklich schneebedeckte Gipfel geben? Aber was konnte das anders sein in dieser Höhe? Klar, man konnte dort nichts mit den Verhältnissen in Europa vergleichen, in Europa wäre in dieser Höhe überhaupt keine Vegetation mehr zu finden. In Honduras und El Salvador sind diese Berge alle mit dichtem Wald bewachsen.

Wir näherten uns dem weißen Feld - ein Teppich aus Kalla-Blüten. "Wenn ich zuhause eine einzelne Kalla-Blüte habe," dachte ich, "kommt sie mir immer vor wie eine unnahbare, kalte Schönheit, es fehlt ihr die Lieblichkeit. Hier, wildwachsend in dieser Menge, ist es bezaubernd." Dann waren wir an der Grenze. Es blieb noch Zeit genug, mit Dominique und Jim etwas zu essen und eine Tasse Kaffee zu trinken. Wir verabschiedeten uns von den kanadischen Freunden und begaben uns zum hondurenischen Zoll. Die Abfertigung war total problemlos und wir marschierten mit unserem Gepäck die ca. 300 Meter bis zum salvadorianischen Zoll. Sie waren zwar ein bißchen mißtrauisch, vor allem wegen der Kunstgegenstände und gestickten Tücher aus Mesa Grande, aber echte Schwierigkeiten machte man uns auch hier nicht. Dann stiegen wir in den Bus, ebenso klapprig und ebenso grell bemalt wir alle Busse in El Salvador.

Die Fahrt sollte vier Stunden dauern, aber wir glaubten nicht daran, denn der Zeitbegriff war hier immer relativ zu verstehen. Endlich war der Bus voll und wir tuckerten los.

Chalatenango, vom Militär kontrolliertes Gebiet, ständig in Unruhe, Angst und Unsicherheit.

Nach einer guten halben Stunde hatten wir die Stadt La Palma hinter uns und befanden uns auf der langen Straße, die nach San Salvador führte. Rechts und links bewaldete Berge, es war schön. Ich hatte nur Augen für die exotische Landschaft und war ganz erstaunt, als der Bus auf einmal stehen blieb. Eine Haltestelle konnte das nicht sein, denn hier gab es kein Dorf, ja nicht einmal eine Hütte in der Nähe. "Alles aussteigen!" hieß es dann. Und da sah ich sie, Militärs, ein Offizier dabei, alle mit Maschinenpistolen.

Männer und Frauen mußten sich getrennt an den Straßenrand stellen, dann wurden die Papiere kontrolliert und wir konnten wieder einsteigen. Das war ja noch gutgegangen.

Jeder nahm seinen Platz wieder ein und ich wunderte mich noch, wie diszipliniert das vor sich ging. Niemand, der vorher keinen Platz hatte, versuchte, jetzt einen zu ergattern. Jeder bekam wieder den Sitzplatz, den er vorher hatte, jeder der vorher stehen mußte, stand auch jetzt wieder an der gleichen Stelle.

Wir glaubten, daß es nun weiterginge, da mußten wir wieder raus, aber nur wir fünf Deutschen. Unser Gepäck war auf dem Dach des Busses verstaut. Der Busfahrer mußte es abladen, dann konnte er weiterfahren. Ohne Kommentar, ohne nachzufragen, ob er nicht auf uns warten sollte, fuhr er ab. Der Offizier gab uns wenigstens eine halbe Erklärung: "Jemand hat euch beobachtet, ihr müßt zum Kommandanten." Wer uns angeblich beobachtet hatte, das sagte er nicht. Unser Gepäck lag im Straßengraben und er meinte, wir könnten das ruhig dort liegenlassen, die Soldaten paßten schon darauf auf. Wohl ist uns dabei nicht gewesen, aber was sollten wir machen? Also ließen wir es liegen und trabten hinter ihm her den Berg hinauf. Mitten im Wald standen wir plötzlich vor einer großen Holzbaracke, rundherum waren Sandsäcke als Wall aufgestapelt. Hinter dem Wall schwerbewaffnete Soldaten, immer bereit, sofort zu schießen. Wir kamen in einen großen Raum. Hinter einem Tisch saß der Kommandant, neben ihm an jeder Seite zwei Offiziere. Alle hatten ihre schweren Pistolen vor sich liegen. Diese Männer flößten uns mehr Angst ein, als wir je vorher gehabt hatten. Das Verhör ging los. Einer der Offiziere, - war er betrunken? Oder stand er unter Drogen? Wir konnten es nicht richtig ausmachen - fuchtelte ständig mit der Pistole vor unseren Gesichtern herum: "Eine Kugel hieraus durchschlägt spielend einen Mangobaum," und dabei sah er uns hinterlistig und lauernd an.

Auch der Kommandant hatte diesen lauernden Blick. Gehörten solche Äußerungen zu einem Verhör, um Leute mürbe zu machen? Dann ging das Fragen los: Woher kommt ihr? Was wolltet ihr in Mesa Grande? Was habt ihr dort gemacht? - Wohin wollt ihr? Was wollt ihr jetzt noch in San Salvador? Warum seid ihr nicht gleich nach Guatemala gefahren? Habt Ihr Spitzeldienste übernommen? So ging das zwei volle Stunden. Dann hatte Mila eine plausible Erklärung gefunden: wir hätten noch einen Termin im Erzbischöflichen Generalvikariat und müßten auch noch Krankenhäuser in San Salvador besuchen. Es ginge auch noch um finanzielle Hilfe, die wir leisten wollten. Unsere Papiere von der Caritas zeigten dann schließlich doch ihre Wirkung bei diesen ekelhaften Typen. Endlich gab der Kommandant uns ein Papier, mit dem wir ungehindert die Straße nach San Salvador passieren konnten. - Aber wie? Unser Bus war seit Stunden weg, der nächste kam, vielleicht, am nächsten Tag. Eine andere Fahrgelegenheit gab es nicht. Eine Möglichkeit, irgendwo zu übernachten, außer am Straßenrand, gab es auch nicht. Der Offizier, der uns angehalten hatte, fragte den Kommandanten, ob sie uns nicht mit einem Militärauto wegbringen könnten. Aber der Kommandant sagte nur kurz und knapp: "Wir haben kein Auto!" Dann konnten wir gehen. Der Offizier brachte uns wieder zur Straße. Ganz stolz erzählte er, daß er und andere hohe Offiziere in USA ausgebildet wären. Wir waren an der Straße und stellten erfreut fest, daß unser Gepäck tatsächlich noch dort lag, wo wir es hingelegt hatten. Die Sorge, wie wir von hier wegkommen sollten, war auch nicht mehr so groß, der Offizier hatte uns versprochen, einen Wagen anzuhalten. Nur, daß die Soldaten sich einem Autofahrer mit Maschinengewehr im Anschlag entgegenstellen würden, hatte er nicht gesagt. Das geschah beim ersten Auto, das angefahren kam. Der Fahrer wurde nicht gefragt, er mußte uns mitnehmen. Daß er darüber nicht glücklich war, merkte man an seinem Fahrstil. Die Ladefläche aus Blech war glühendheiß. Ich hatte mich hingesetzt, aber bald schon hatte ich das Gefühl, ein knusprig gegrilltes Hinterteil zu haben. Also, aufste-

hen, an einem Seitenbrett festhalten und versuchen, die Balance zu halten.
Oja, wir hatten Verständnis dafür, daß der Fahrer nicht gerade sanft durch
die vielen Schlaglöcher sauste. Schließlich war er auf bedrohliche Art gezwungen worden, uns mitzunehmen. Wir kamen an etlichen Militärposten
vorbei, und ihm war bestimmt ebenso mulmig zumute wie uns. Zunächst wurden wir nicht mehr angehalten. Es sah aus, als ob die Posten Order bekommen
hatten, diesen Wagen nicht zu kontrollieren.
Dann sahen wir vor uns einen Berghang, der Wald bis zum Straßenrand lichterloh brennend. Es ist hier nicht selten, daß das Militär Wälder abbrennt, da
sie möglicherweise der Guerilla ein Versteck bieten. So war es wohl auch hier
der Fall.
Wir konnten über die Fahrerkabine hinwegsehen. Die Soldaten standen - wieder auf der Straße, die Maschinengewehre auf das Auto gerichtet.
"Lieber Gott, nicht schon wieder!" Aber sie wollten nicht einmal die Papiere
sehen, grinsend kamen sie zu uns an die Ladefläche und fragten nach Feuer für
ihre Zigaretten. Da war uns klar, daß sie Order bekommen hatten, uns unkon-
trolliert passieren zu lassen. Der psychische Terror war ihnen wohl nicht
untersagt worden. Als wir weiterfuhren, schauten sie mit einem triumphie-
renden Lachen hinter uns her.
Endlich erreichten wir die ersten Häuser von San Salvador. Ein kleines Stück
in die Stadt hinein und der Fahrer hielt an, wir sollten aussteigen.
Mila erklärte ihm, wie es zu diesem unangenehmen, bedrohlichen Vorfall
gekommen war und wir gaben ihm 50 Colones, wenigstens für Benzin. Da
zeigte er Verständnis für unsere Situation und brachte uns noch bis zum
Dominikanerkonvent.
Wir waren so froh, wieder bei Jerry zu sein. Der hatte gar nicht mehr mit uns
gerechnet. Er glaubte, daß wir längst in Guatemala wären und war erstaunt,
daß wir zwei Wochen, und sogar mit Übernachtung, in Mesa Grande sein
durften.
Es war schon seltsam, auf einmal fühlten wir uns in San Salvador richtig
geborgen.

Tutela legal

Ein paar Tage blieben uns noch für San Salvador, die wir natürlich noch für
Gespräche nutzen wollten. Schon am nächsten Tag hatten wir Gelegenheit, mit
Maria Julia H. von "tutela legal" zu sprechen. "tutela legal" ist die Kommis-
sion zum Schutz der Menschenrechte auf christlicher Ebene. Das Büro ist im
Erzbischöflichen Generalsekretariat von San Salvador, gegründet wurde sie
1982 von Monseñor Rivera y Damas, seit der Ermordung von Monseñor Romero Erzbischof von San Salvador.

"tutela legal" setzt sich für die Einhaltung der unbedingten Menschenrechte ein, egal von welcher Seite aus sie verletzt werden. Eine Menge Menschen saßen im Flur, die alle Anzeige erstatten wollten über das Verschwinden von Angehörigen. Tutela legal geht jedem Fall sehr gewissenhaft und mit viel Engagement nach, da spielt es keine Rolle, ob der Verschwundene oder Entführte dem Militär oder der Guerilla angehört. Ebenso egal ist es, ob das Verschwinden dem Militär oder der Guerilla angelastet wird.

Von Señora H. erfuhren wir auch den Unterschied zwischen Verschwundenen und Entführten (Verschleppten) - wie schon auf Seite 20 erwähnt.

Bei Entführten handelt es sich um Menschen, deren Entführung offen zugegeben wird. Man weiß auch, wo sie sich befinden. Vom Militär kann man erfahren, in welchem Gefängnis die Leute sind, allerdings haben sie das Recht, 15 Tage mit der Benachrichtigung der Verwandten zu warten. Das ist die Zeit, in der die Gefangenen wahnsinnig gefoltert werden. Folterungen, die nach außenhin sichtbar sind, kommen nicht mehr so häufig vor. Die Merkmale der jetzt praktizierten Foltermethoden sind schwerer nachzuweisen.

Da bekommt jemand zum Beispiel Schläge auf die Ohren bis er taub ist, Schläge auf den Körper, die außen keine Wunden hinterlassen, aber schwerste innere Verletzungen bewirken, Nieren- Lungenschäden. Die Frauen werden vergewaltigt, nicht nur, um ihnen körperlich Gewalt anzutun, sondern auch, um sie moralisch fertig zu machen und dadurch ihr Selbstwertgefühl zu mindern.

Dann kommen bei Männern und Frauen die psychischen Foltern dazu: man läßt sie tagelang in einer engen Zelle stehen, mit verbundenen Augen, ohne Essen, ohne Trinken, ohne Schlaf; man droht, sie zu töten; man drückt ihnen Gegenstände, die sich anfühlen wie der Lauf einer Pistole oder wie ein spitzes Messer, in den Rücken, gegen den Hals; man droht, ihre Angehören, ihre Kinder, zu entführen und umzubringen.

Der Grund für die Foltern: sie sollten Geständnisse ablegen, sie sollten zugeben, einer bestimmten Organisation anzugehören, und daß diese der Guerilla zugehörte; sie sollten Namen von Mitgliedern angeben und die Versammlungsorte; oft ging es aber auch darum, einen Mord zu gestehen, den das Militär vertuschen wollte.

Unter der Folter gestehen sie alles, was man von ihnen verlangt. Sollten sie, was nur selten vorkommt, wirklich einmal vor Gericht gestellt werden, sind diese Angstgeständnisse die nicht zu widerrufende Vorlage. Ein einmal gegebenes Geständnis, egal unter welchen Umständen es zustande gekommen ist, kann auch durch Zeugen nicht rückgängig gemacht werden.

Tutela legal versucht, ihnen gerichtliche Unterstützung zu geben, aber die Gerichte unterstehen dem Militär. Die Richter machen dieses grausame Spiel aus Angst vor Repressionen mit, auch wenn sie eigentlich anders handeln möchten.

Rechtsanwälte weigern sich, die Gefangenen vor Gericht zu vertreten, um nicht das Los ihrer Amtskollegen teilen zu müssen. Das Geringste ist noch, daß sie nicht mehr praktizieren dürfen, aber das Militär ist auch nicht davor zurückgeschreckt, unliebsame Rechtanwälte zu entführen und zu ermorden. Diese Folterungen und Morde werden dann der Guerilla zugeschoben. Inzwischen glaubt aber niemand mehr daran.

Man weiß, daß die Guerilla auch Menschen entführt, verschiedentlich auch umbringt. Entführungen geschehen aus politischen und ökonomischen Gründen, gefoltert werden diese Entführten nicht. Im Gegenteil, diese sagten alle aus, gut behandelt worden zu sein.

Ohne Gnade sind die Guerillas gegen Spitzel und Verräter, sie werden umgebracht.

Darauf bedacht, Zivilpersonen zu schützen, wurden Straßensperren, Sprengungen von Brücken, Leitungsmasten usw. rechtzeitig angekündigt. Wer sich trotz der Warnung dort aufhielt, mußte allerdings damit rechnen, verletzt oder gar getötet zu werden. Eine angekündigte Sprengung wird nicht verschoben.

Ungerechtfertigt wurden die meisten Verletzungen der Menschenrechte den Guerillas in die Schuhe geschoben, sowohl von der salvadorianischen als auch von der US-Regierung, obwohl folgende Zahlen nach der offiziellen Statistik errechnet wurden: Verletzung der Menschenrechte von Seiten der Regierung, durchgeführt von Militär und Todesschwadron: 70 - 80 %; von Seiten der FMLN (Guerilla): 20 - 30 %.

Bis hierher waren wir im Gespräch mit Señora H. gekommen, als plötzlich das Telefon klingelte. Sie wurde furchtbar aufgeregt, dann sagte sie, wir könnten ruhig warten, wenn wir wollten, aber sie müsse dringend einmal fort. Es könnte aber länger dauern. Natürlich warteten wir, wer weiß, ob wir später noch einmal zu einem Gespräch mit ihr kommen würden.

Sie blieb wirklich sehr lange fort.

Als sie zurückkam. sahen wir ihr die Erleichterung direkt an. Es war ihr gelungen, einen Campesino aus dem Gefängnis zu holen. Er galt lange als verschwunden, jetzt hatte sie Nachricht bekommen, daß er im Gefängnis war und hatte sich sofort dorthin aufgemacht. Dieses Mal hatte es geklappt, er war freigekommen. Im Flur wartete schon seine Familie. Über die braunen Wangen rollten dicke Freudentränen.

Dann hatte Señora H. wieder Zeit für uns.

"Welcher Unterschied besteht denn zwischen Entführten und Verschwundenen?" wollten wir wissen.

"Bei Entführten," sagt die Señora, "wissen wir, wo die Leute sind. Werden aber Leute verschleppt und es gibt sogar Zeugen dieser Verschleppung und das

Militär sagt, sie haben diese Leute nicht, dann sind das Verschwundene. Viel zu oft findet man später ihre Leichen irgendwo im Wald oder Straßengraben. Für diese Morde war fast immer die Todesschwadron verantwortlich, sie wurden aber grundsätzlich der Guerilla unterschoben."

Wenn die Öffentlichkeit gegen einen Mord protestiert, wird irgend jemand von der Straße weg mitgenommen, ins Gefängnis geworfen und solange gefoltert, bis er den Mord gesteht.

Vom Militär und der Todesschwadron ist bis heute noch niemand vor Gericht gestellt, noch niemand angeklagt worden. Selbst der Mörder von Monseñor Romero, der allen namentlich bekannt ist, ist noch nie verhört, geschweige denn angeklagt worden. Er ist immer noch der angesehene Offizier.

Wir fragten Señora H., wie die Regierung die Bombardierungen der Dörfer, der Zivilpersonen, die Folterungen und Morde mit der Genfer Konvention in Einklang bringen kann und sie sagte, daß El Salvador sich aus dem Genfer Abkommen gelöst habe. Begründung: die Konfliktgebiete im Land, zum Beispiel Chalatenango und Morazán, um nur zwei zu nennen.

Eine Sache gab es noch, die wir in Mesa Grande gehört hatten, aber einfach nicht glauben wollten. Danach fragten wir, und die Señora bestätigte auch diese Information:

Zehn Flüchtlinge aus Mesa Grande wollten nach El Salvador zurück, hatten aber keine Genehmigung. Da machten sie sich heimlich auf, gingen auf Schleichwegen über die "grüne Grenze". Acht von ihnen schafften es und kamen unbehelligt ins Land, zwei wurden von Soldaten aufgegriffen. Was man alles mit ihnen angestellt hatte, das war im Einzelnen nicht bekannt, nur eines, man hatte dem einen Campesino die Ohren abgeschnitten, sie in einen Sack getan und der andere Campesino mußte diesen Sack mit den Ohren nach San Salvador tragen. Was dann aus den beiden Männern geworden ist, wußte bisher niemand zu sagen.

Wir verabschiedeten uns von Señora H., sie hatte uns sehr viel ihrer kostbaren Zeit geschenkt.

Staatsgefängnis Mariona

Weit außerhalb von San Salvador befindet sich das Gefängnis für politisch Gefangene, "Mariona".

Jerry hatte für uns eine Besuchserlaubnis erwirkt, für 10.00 Uhr waren wir bei dem Gefängnisdirektor angemeldet.

Zunächst fuhren wir mit einem der klapprigen Busse zur Innenstadt von San Salvador, von dort wollten wir mit einem Taxi weiter. Busse fuhren nur selten in diese Richtung, und wenn, war es eine Strapaze. Wir gingen also zum Taxistand. Der erste Fahrer wußte angeblich den Weg nicht dorthin, der zweite behauptete, wir wären zu viele Personen für sein Taxi. Der dritte freute sich, eine Fahrt zu bekommen, als er aber hörte, daß wir nach Mariona wollten, sagte er: "Überall fahre ich hin, nur nicht nach Mariona." Schließlich fanden wir doch noch einen Fahrer. Er verlangte zwar einen horrenden Fahrpreis, aber wir kamen hin.

Der Wachposten am Tor verwehrte uns den Zugang. Er wollte uns nur dann hineinlassen, wenn Padre Gerardo uns begleitet. Alles Verhandeln nützte nichts. Wir verlangten, daß er mit dem Direktor sprechen sollte, schließlich hatte der ja die Zusage gemacht.

Der Posten ging hinein, kam aber nach einiger Zeit zurück mit dem Bescheid, daß wir nur in Begleitung von Padre Gerardo das Gefängnis besuchen dürften. Alles Verhandeln war vergeblich. Den Direktor bekamen wir nicht einmal zu Gesicht.

Der Taxifahrer schien das gewußt, oder zumindest geahnt zu haben, er stand immer noch am Straßenrand. Für den gleichen Preis wollte er uns nach San Salvador zurückfahren. Dann aber, nach langem Palaver, ging er mit dem Preis wenigstens um 10 Colones runter. Auf der Rückfahrt erzählte er, daß er beim Militär gewesen wäre und nach seiner Dienstzeit das Taxi bekommen hatte. Es war nicht so eine klapprige Kiste wie die meisten Taxis, sondern ein ganz toller Schlitten, mit dem er ohne weiteres auch in Deutschland hätte auftreten können. Warum er so gut bedacht worden war, das hat er nicht gesagt. Wahrscheinlich für besonders 'gute Verdienste'. Der Mann machte uns Angst und wir waren froh, als wir in Credisa aussteigen konnten.

Der letzte Tag

Ich saß vor dem Häuschen der Dominikaner und schaute hinab auf San Salvador mit seinen Höhen und Tiefen. Ringsherum die Berge, zum Greifen nahe der Vulkan von Guazapa.

Regelmäßig flogen wieder die Hubschrauber, immer die gleiche Fluglinie, über uns hinweg in Richtung Guazapa.

Trotzdem wirkte alles so friedlich.

An die Dächer aus Wellblech auf den Häusern der Mittelklasse hatten wir uns gewöhnt, selbst die Papphütten taten den Augen nicht mehr so schrecklich weh wie zu Anfang.

In mir war nicht mehr das Entsetzen, sondern der starke Wille, mich einzusetzen für dieses Volk, für dieses Land.

Diese letzten Stunden hier oben: ich ließ die vier Wochen meines Aufenthaltes in El Salvador noch einmal im Geiste an mir vorbei ziehen. Etwas unbegreifliches ging in mir vor, feststehende Begriffe bekamen eine vollkommen andere

Bedeutung.

Betroffenheit hatte bisher Mitleid bei mir geweckt und ich glaubte, mit Spenden für dieses Volk viel getan zu haben. Auf einmal ging mir der Gedanke auf, wie leicht man dadurch doch in die Gefahr gerät, sich selbst auf die Schulter zu klopfen: "Was bin ich doch für ein guter Mensch!" Ja, ich war betroffen, aber anders. Ich spürte körperlich und seelisch den ganzen Schmerz dieses geknechteten Volkes. Ich hatte auch kein Mitleid mehr mit diesen Menschen. Mitleid, dachte ich, ist ein falsches Gefühl, das schnell im Alltag wieder untergeht. Etwas viel Stärkeres ist an seine Stelle getreten, ein Mitleiden, Mitfühlen, Miterleben.

Es waren nicht mehr fremde Schicksale, sondern Testimonios von Menschen, die ich besucht hatte, um mir ein Bild über ihre Lage zu machen. Es waren nicht mehr die blutlosen Bilder von Dias und Filmen, die ich aus meinem Blickfeld verscheuchen konnte. Ich war mitten drin und das ganze Elend, alle Folter und alle Qual war tief in meine Seele eingeschnitten.

Ich wußte, ich würde wieder mein gewohntes Leben aufnehmen, aber nie mehr würde ich mich von diesen Menschen lösen können. Nicht, daß ich glaubte, es hier nur mit 'Engeln' zu tun zu haben. Ganz nüchtern sah ich auch ihre Macken. Ich konnte auch nicht alles gutheißen, was die Guerilla tat. Jede Art von Gewalt und Töten bleibt für mich etwas, daß ich zutiefst ablehne. Und dennoch konnte ich das jetzt verstehen.

Das Volk hat keine andere Möglichkeit, sich von dem Terror zu befreien. Ihr Recht auf diesen Kampf haben sie aus der Bibel erfahren.

"Gott will nicht die Unterdrückung der Armen, Gott will Recht und Freiheit für *alle* Menschen."

Zwei Monate leben auf dem Vulkan (1990)

Ganz ernsthaft muß ich mir die Frage stellen: Bin ich wirklich solidarisch mit allen daraus entstehenden Konsequenzen? Man muß die Realität gesehen und erlebt haben, die Realität beispielsweise von El Salvador, dann versteht man vielleicht ein bißchen, was es heißt, Zusammengehörigkeit, Gemeinsamkeit mit Menschen auf der untersten sozialen Stufe zu empfinden. Man kann nicht mehr die "lieben reichen Verwandten" spielen, die geben und dann Erfolge sehen wollen. Und man kann auch nicht mehr alles idealisieren. Wie schnell kommt dann der große Frust, wenn keine sichtbaren Erfolge zu sehen sind.

Es war eine erschreckende Erfahrung, die ich jetzt machen mußte. Ich hatte mir eingeredet, wesentliche Verbesserungen vorzufinden, aber es sah alles noch ebenso aus wie vor drei Jahren. Es war schon eine Menge Geld aus der BRD hingeschickt worden, das mußte man doch sehen! Erst nach Tagen, als der Kontakt zu den Menschen enger und ich mit einigen ihrer Probleme konfrontiert wurde, entdeckte ich Fortschritte und mußte mir eingestehen: meine Vorstellungen von Verbesserungen stimmen nicht immer mit denen der Menschen in Elendsvierteln überein.

Hoffentlich geht das irgendwann in meinen Kopf hinein. "Ich muß viel nüchterner werden", sagte ich mir.

Nichts hatte sich verändert

Am Flughafen von San Salvador stand Efraín, der Fahrer der Gemeinde, mit dem Pick-Up. Schnell waren die Koffer aufgeladen und schon brauste er los, Richtung Credisa, durch das total ausgetrocknete Land. Hin und wieder am Straßenrand eine Wohnhütte, manchmal saß da auch ein Campesino mit Obst, das er verkaufen wollte.

Eigentlich sah es doch recht friedlich aus. Aber dann sausten wir an einem LKW mit schwerbewaffneten Soldaten vorbei, die MGs starrten schußbereit in alle vier Richtungen.

Das zeigte ja nun sehr deutlich: kein Friede im Land. Der Anblick war nicht erfreulich, dennoch war ich bis zu diesem Zeitpunkt noch OK.

Wir näherten uns der Hauptstadt, die zerfallenen Wohnhütten mehrten sich. Rechts von der Straße ein Bezirk, ähnlich dem des '22 de abril'. Panik überfiel mich. Worauf hatte ich mich da bloß eingelassen? Weiter! Und dann waren wir auf der Straße nach Credisa. Da, die Bahnlinie, rechts und links davon die ersten Behausungen von '22 de abril'. Nichts hatte sich verändert, in drei Jahren nichts! Und hier wollte ich zwei lange Monate bleiben? Angst und Beklemmung drückten auf meine Seele. Wie werde ich damit nur fertig?

Vielleicht, ging es mir durch den Kopf, bleibe ich ja nur zwei Wochen. Mehr hatte ich bei der Paßkontrolle nicht bekommen. Im gleichen Moment schämte ich mich meiner Gedanken, schielte zu Efraín hinüber. Er war so fröhlich. Hoffentlich sah er nicht meine Niedergeschlagenheit, spürte nicht meinen Frust. Aber es ist doch so erbärmlich. Man kann machen, was man will, diese Armut ist nie, niemals zu besiegen. Diese Leute sind zu ewigem Elend verurteilt.

Unsere ganze Arbeit ist vergebliche Liebesmühe. Wäre ich doch nur zu Hause geblieben.

Altos del Cerro, hier wohnte Eli, bei ihr durfte ich wohnen. Es war sehr hübsch dort und alles da, was man brauchte. Die Aussicht war phantastisch. Von hier aus konnte man die ganze Stadt San Salvador, eingerahmt von den Bergen, überblicken.

Es war eine himmlische Ruhe und ich hätte mich echt wohlfühlen können, wenn nicht diese Angst in mir gewesen wäre.

Jerry, Lidia und ich gingen noch ein Stück die Straße hinunter, in die Pupuseria. Essen? Nein, mein Magen war wie zugeschnürt, ein dicker Stein versperrte den Eingang.

Zurück nach Altos del Cerro. Eli war noch nicht da. Ich war so müde. Jetzt nur noch schlafen.

Ich erinnerte mich daran, wie schrecklich ich gefroren hatte, als ich damals hier gewesen bin. Ich brauchte unbedingt eine Decke. Jerry gab mir ein ganz dünnes Linontuch. 'Das kann ja heiter werden', dachte ich 'Bestimmt wirst du wieder die ganze Nacht vor Kälte schnattern.' Irrtum, es war kurz vor der Regenzeit, da kühlt es überhaupt nicht ab, auch nicht nachts.

Am nächsten Morgen wurde ich wach, nebenan rumorte es. Hatte ich verschlafen? Warum hatte mich denn niemand geweckt? Ein Blick auf die Uhr und ich drehte mich noch einmal auf die andere Seite. Es war 4.00 Uhr morgens, und das ist für Jerry eine ganz normale Zeit, aufzustehen.

Um 6.00 Uhr bin ich dann auch raus. Bei Eli gab es immer Wasser und ich freute mich auf eine kalte Dusche, aber ... "Hallo! Wo ist denn hier der Hahn für kaltes Wasser?" Jerry lachte. "Kaltes Wasser gibt es nicht!" rief er. "Wir leben hier auf dem Vulkan, da ist das Wasser immer heiß!" Na ja, da spült man halt den alten Schweiß ab, um gleich für neuen Platz zu machen.

Der erste Gang durch die Gemeinde

Wir hatten Bücher und Spielsachen für die Schulen und Kindertagesstätten aus der BRD mitgebracht. Alles rein in die Rucksäcke und wir marschierten los. Zunächst ein kurzer Besuch in der Clínica Frai Martin in Credisa. Schwester Gabriela kam gleich mit einem großen Glas Wasser an: "Sie müssen hier sehr viel trinken, das ist ganz wichtig," sagte sie. Gehorsam trank ich das Glas

leer.
Weiter, ein Stückchen die Straße hinunter, zur Schule San Pedro Apostól. Wir packten die Rucksäcke aus, die Sachen würden später von hier aus an die Lehrer und Erzieherinnen verteilt.
Weiter, an dem kleinen Markt vorbei, da war auch schon die Bahnlinie und hier beginnt die Gemeinde '22 de abril'.
Ich holperte und stolperte über Schienen, Schwellen, Gräben und Hockel. Nach etwa 200 Metern, rechts hinauf eine wahnsinnig steile Pasaje, unregelmäßige, krumme, schiefe, grob ausgehauene Stufen. An den Seiten dieser Pasaje Rinnen, durch die sich die Abwasser, angereichert mit allem möglichen Unrat, ihren Weg nach unten zum Bahnlinienweg suchten. Da mußten wir hoch. Dort oben ist eine der Guaderias. Wir wollten nur kurz 'Guten Tag' sagen und dann gleich wieder gehen. Die Kinder und Erzieherinnen dachten anders. Ohne wenigstens ein bißchen rumgetollt zu haben, kamen wir von den Kindern nicht weg. Außerdem war gerade Frühstückszeit und die Erzieherinnen bestanden darauf, daß wir mit ihnen frühstückten. Wir hockten uns auf die niedrigen Kinderbänkchen. Ich bin ja kein Riese und hatte da keine Schwierigkeiten, Jerry mußte allerdings sehen, wo er seine langen Beine unterbrachte. Es schien ihm aber nichts auszumachen, aber vielleicht sitzt er ja gerne so tief am Boden. Wir bekamen, ebenso wie die Kinder, ein Tellerchen mit einer Eierspeise und natürlich die unvermeidlichen Tortillas. Noch ein Becher mit Kaffee, und schon waren wir wieder auf dem Weg, die Pasaje hinunter. Wir stolperten - nein, nur ich stolperte, denn Jerry war wieder ganz zuhause - über die Bahngeleise, zur nächsten Kindertagesstätte. Hier gab es auch gerade Frühstück, Gemüse und natürlich ebenfalls Tortillas. Einladung auch hier. Schon wieder essen? "Nein, bitte nicht für mich."
"Aber wenigstens eine Erfrischung", meinte Mari und sie gab mir einen Becher, bis zum Rand gefüllt mit einem warmen, sehr süßen und dickflüssigen Getränk aus Soja. Von Erfrischung konnte man beim besten Willen nicht reden, geschmeckt hat es mir auch nicht. Aber man muß es ja wenigstens mal gekostet haben. Wir spielten noch ein bißchen mit den Kindern, dann stapften wir zurück zur Clínica.

Warum blieb Heidrun in Nicaragua?

Eli saß dort und wartete auf eine Telefonverbindung mit Heidrun. Spannung hing im Raum und jeder versuchte, seine Nervosität vor dem anderen zu verbergen. Niemand wußte, was in Heidrun vorging, warum sie ihr Zurückkommen verzögerte. War ihre Angst vor den Militärs größer, als wir ahnten? Egal, was es auch war, sie sollte sich endlich entscheiden, ob sie in Nicaragua bleiben oder nach Salvador zurückwollte. Wenn sie lieber in Nicaragua arbeiten wollte, dann sollte sie es doch ganz offen sagen. Jerry hatte durchaus Verständnis dafür, nur wollte er Klarheit.

Endlich kam die Verbindung zustande. Heidrun sagte: "Wenn meine Papiere in Ordnung sind, komme ich sofort, spätestens im Juli."

"Aber die sind doch in Ordnung. Schwester Gabriela hat alles bestens geregelt. Du kannst sofort kommen, wenn du willst." Aber nein, viele Gründe sprachen dagegen. Wir überlegten hin und her, was da wohl sein könnte, kamen aber zu keinem Ergebnis. (Hätte sie doch nur mal über ihre Probleme gesprochen, vielleicht wäre alles anders gekommen.)

Bei Eli in Altos del Cerro

Es war noch früh am Tag, trotzdem ging ich mit Eli zurück nach Altos del Cerro. Für den ersten Tag reichte es mir.

Die Bruthitze machte mir mehr zu schaffen, als ich zugeben wollte. Ich hatte geglaubt, in die Regenzeit zu kommen und eine angenehmere Temperatur vorzufinden. Weit gefehlt. Der Regen hatte noch nicht angefangen und dann ist die Regenzeit entgegen meiner Meinung die heißeste Jahreszeit überhaupt.

Zum Glück war Eli gut mit Cola versorgt. Ich habe getrunken und getrunken, als wäre ich ein hohler Schlauch.

Und dann hockten wir zusammen und redeten. Bis spät in die Nacht hinein redeten wir.

Eli ging hinüber in die andere Stube. "Komm doch mal her", rief sie, "Ich zeig dir was!" Vor meiner Kammertür saß ein daumendickes braunes Tier mit breiten, durchsichtigen Flügeln. Oberhalb der Augen hatte es fünf relativ große Löcher, das sah ulkig aus. "Was ist das?"

"Eine Chicharra. Die Salvadorianer sagen, die Löcher sind die Wundmale Jesu. Deshalb und auch weil sie nur in der Semana Santa, der Heiligen Woche, zum Vorschein kommt, hält man die Chicharra für ein heiliges Tier. Ein Salvadorianer würde nie eine Chicharra töten und quälen."

Diese hatte sich mächtig verfrüht und wurde dementsprechend bejubelt. Ich muß allerdings gestehen: mir waren sie nicht sonderlich sympathisch. Ich durfte gar nicht daran denken, daß bald hunderte davon herumschwirren und bestimmt auch mein Bett bevölkern würden. Da hatte ich mich gefreut, daß es hier oben nicht so viele Cucarachas gab, und jetzt meldeten sich diese komischen Viecher an. Zum Glück bleiben Chicharras nur eine Woche. Wohin sie dann verschwinden? Niemand konnte mir Auskunft geben. Es war eben so.

Ziemlich verwirrend das ganze System

Jerry machte mir einen Plan von der Gemeinde '22 de abril'.

Allerdings zeichnete er nur die zwei festen Straßen, die von Credisa zum
Boulevard und die ehemalige Zufahrt der LKWs zum Müllplatz, die Bahnlinie
und die Standorte der Projekte ein. Die vielen Pasajen, die sich kreuz und quer
durch die ganze Gemeinde ziehen, waren nicht eingezeichnet.
Kirche, Clínica, Monseñor Romero-Schule und Guaderia Sector III waren
leicht zu finden, sie lagen an der Straße. Zu den anderen Guaderias, Sector I,
Monte Maria, Labor I, mußte ich mich zuerst immer wieder durchfragen.
Abends war Elternversammlung. Einige Kinder hatten das Glück, in die staatliche Schule zu kommen. Manchmal spart eine ganze Großfamilie, um
wenigstens ein Kind dorthin schicken zu können.
Eine Mutter erzählte voller Stolz: "Die Lehrer haben Eltern aus '22 de abril'
zu sich gebeten. Sie können es nicht fassen, wie gut diese Kinder lernen, wie
aufgeschlossen sie sind. Sie lernen viel besser als andere Kinder. Das war für
sie unverständlich."
Anfangs waren die Eltern gar nicht begeistert von den Methoden in den
Guaderias. Sie hielten das alles für eine sinnlose Spielerei. Ständig
bedrängten sie die Erzieherinnen, endlich etwas Vernünftiges zu machen.
"Unsere Kinder können gar nichts und sie sollen doch lesen und schreiben
lernen. Woanders schreiben die Kinder schon 'ma - me - mi - mo mu' und unsere Kinder haben das noch nicht gelernt." Sie waren richtig sauer diese Eltern,
und jetzt machten sie so eine tolle Erfahrung: die Lehrer lobten ihre Kinder.
Also mußte dieses "nur spielen" tatsächlich sinnvoll sein. Auch für die Erzieherinnen war das eine heilsame Lektion, denn auch sie haben den Hang,
altgewohnte Methoden anzuwenden und das heißt: stupides Einpauken und
hartes Bestrafen.
Prügelstrafe gehört zum ganz normalen Alltag. Oft geben Eltern ihren Kindern
sogar den Prügelstock mit zur Guaderia und zur Schule. Die Überzeugung, der
Mensch wird als ein böses Wesen geboren und die Schlechtigkeit muß heraus-
geprügelt werden, steckt tief in diesen Menschen als ein schreckliches Überbleibsel aus der Kolonialzeit. Diese Strafen, diese Prügel, überschreiten oft
die Grenze des Erträglichen, aber niemand nimmt das tragisch. Sie leben mit
der Brutalität und es wird noch ein weiter Weg sein, ehe Abhilfe geschaffen
ist.
Am nächsten Morgen besuchten wir wieder alle Kindertagesstätten. Jerry
wollte noch ein paar Mal mitgehen, damit die Kinder sich an mich gewöhnten.
Eigentlich war das gar nicht mehr nötig, denn kaum waren wir dort, fing das
Jauchzen und Hallo schon an und ich hatte alle Kinder am Körper hängen. Alle
wollten in den Arm genommen und gedrückt werden.
Und dann ging es richtig los, wurde strapaziös: "Avión, por favor!" und ich
packte mit einer Hand ein Ärmchen, mit der anderen ein Beinchen, schaukelte
das Kind hin und her, um dann so schnell ich konnte herumzuschleudern. Den

Kindern machte das riesigen Spaß und ich war nach dem zweiten Avión (Flugzeug) patschnaß geschwitzt. Aber es gab kein Ausweichen, sie stellten sich
immer wieder hinten an, um noch einmal fliegen zu können. Sie hatten eine
unbändige Freude, denn normalerweise spielen Erwachsene nicht mit Kindern.
Alle vier Guaderias hatten wir besucht und in jeder waren wir ungefähr eine
Stunde. Es war anstrengend, aber schön.

Wir kamen aus der letzten Guaderia, sie liegt an einer der steilen Pasajen mit
abwechselnd ungleichmäßigen Stufen und holprigem Stückchen Weg. Eigentlich wird das Auf- und Abgehen dadurch erleichtert, mir wurde es zum
Verhängnis. Hinterher fragte ich mich, wie ein Mensch nur so dusselig sein
kann.

Wie Kletten hingen die Kinder an mir. Draußen riefen sie noch hinter mir her
und natürlich drehte ich mich zum Winken um, ging dabei aber weiter. Zwei
oder drei Schritte hatte ich gemacht, da kamen die ersten Stufen. Ich sah sie
nicht, habe ja hinten keine Augen, und stürzte hinunter. So ein abschüssiger
Weg, da war der Fall natürlich besonders hart.

Die aufgeschlagenen Knie kümmerten mich nicht, daß die Handballen und -ge-
lenke schmerzten, war zu verkraften, das verbeulte Objektiv der Kamera
konnte ich durch ein anderes ersetzen, aber daß ich nicht auftreten konnte,
das war alles andere als spaßig. Ich saß auf der Erde und massierte den Fuß,
und dann ging es wieder.

Wir besuchten noch die Monseñor Romero-Schule, dann war Mittag, Schluß
für diesen Tag.

Eines war mir schon klar geworden, alle Projekte brauchten noch lange unsere Hilfe, wenn das Ganze nicht eines Tages wegen Geldmangel zerbrechen
sollte.

Der Fuß wurde dick und schmerzte grauslich. Das konnte ja heiter werden.
Jerry holte mir Schmerztabletten aus der Clínica und ich kühlte den Fuß, so
gut es ging. Geholfen hat es nicht. Der Fuß paßte in keinen Schuh hinein, ich
war ans Haus gefesselt.

Die Clínica ist überfordert

Ich wollte die Zeit wenigstens nutzen und hatte mit den Projektbeschreibun-
gen angefangen. Und dann ist auch noch die Hand angeschwollen, tat so lausig
weh, und ich konnte auch das Schreiben vergessen.

Am nächsten Morgen kam Efraín mit dem Wagen und brachte mich zur Clínica.
Der Warteraum war berstend voll, die Luft heiß und stickig. Und so war es
hier täglich.

Ab 5.00 Uhr in der Frühe stehen die Leute draußen vor dem Tor, um 5.30 Uhr
kommt Schwester Gabriela. Sie hält einen langen Vortrag über Hygiene,

Vermeidung von Krankheiten und gibt gute Ratschläge.

Ob das viel Sinn hat? Das Einhalten der notwendigen Maßnahmen ist bei vielen Familien überhaupt nicht möglich. Der Fußboden in den meisten Champas ist so, wie er auf der Müllhalde gewachsen ist. Wie soll man den reinigen? Abwasser, Abfall, Unrat, wohin damit? Also laufen die Abwasser mit allem stinkenden Dreck die Pasajen hinunter. Was von dem bißchen Wasser nicht mitgenommen wird, bleibt irgendwo auf halber Strecke liegen und verbreitet seinen "Duft".

Sie haben angefangen, Abflußrohre zu legen. Das ist eine Wahnsinnsarbeit, nimmt entsetzlich viel Zeit in Anspruch, da keinerlei technisches Gerät zur Verfügung steht. Alles muß mit Schüppen und Hacken gemacht werden.

Wer sich hier wohlfühlt, das sind die Cucarachas und anderes Kleinvieh und niemand wird darüber Herr. Überall kribbelt und wimmelt es herum. Und die Moskitos? Die hatten mich schon wieder zu ihrem Liebling ernannt. Man sah mir an, daß ich ein Leckerbissen für sie war.

Ich saß also in dem überfüllten Warteraum. Um 7.00 Uhr kam, wie jeden Tag, die Ärztin und bis 9.00 Uhr hatte sie, auch wie jeden Tag, ca. vierzig Personen behandelt.

Ich wartete, bis alle Patienten versorgt waren, dann hüpfte ich auf einem Bein in den Behandlungsraum. Er war schmal wie ein Schlauch und hatte keinerlei Ähnlichkeit mit Behandlungsräumen, wie wir sie gewohnt sind. Ausgestattet war die Clínica noch ebenso armselig wie vor drei Jahren. Klar, bekommt sie auch Spenden, aber die reichen gerade für das Notwendigste an Medikamenten, nicht für Neuanschaffungen. Dabei wäre zum Beispiel ein Röntgengerät oder irgendetwas zum Durchleuchten dringend erforderlich. Wie soll die Ärztin Knochenbrüche oder innere Krankheiten feststellen? Und wer hat schon das Geld, im staatlichen Hospital eine Röntgenaufnahme machen zu lassen? So ist alles nur Behelf.

Die Ärztin tastete also mangels anderer Mittel den Fuß und die Hand ab, wollte mir wieder Schmerztabletten geben, was ich ablehnte. Sie meinte es besonders gut mit mir und wollte mir eine Injektion verabreichen. Die hätte aber auch nur vorübergehend den Schmerz unterdrückt. Also verzichtete ich darauf ebenfalls. Damit hatte ich die arme Frau Doktor tödlich beleidigt. Es war für sie unbegreiflich, daß jemand weder Tabletten noch Injektionen wollte. In ihren Augen war ich nicht normal. Verständlich, denn ihre Patienten tragen stolz ihre Pillen im Beutelchen vor sich her und bekommt jemand eine Spritze, ist das kaum noch zu überbieten. Die stopfen sich beängstigend mit diesem Zeug voll.

Ich kaufte mir in der Apotheke gegenüber eine Salbe, Efraín brachte mich nach Altos del Cerro. Dann stellte ich meinen Fuß in heißes Salzwasser, bis er fast gepökelt war, schmierte ihn dick mit der Salbe ein. Jetzt würde die Schwellung wohl abklingen. Schmerzen könnte ich schon ertragen, aber ich mußte Schuhe anziehen und laufen können. Hier oben war es zwar schön, aber ich war total nutzlos.

Jerry möchte ein Spielhaus bauen

Ich dachte dabei an ein Freizeithaus für Kinder und Jugendliche, wie wir es in der BRD auch kennen. Da lag ich aber völlig falsch.
Dieses Spielhaus sollte eine Alternative zu den Kindertagesstätten sein, für die Ärmsten der Armen.
In den Kindertagesstätten werden einige Forderungen gestellt: die Kinder müssen pünktlich um 8.00 Uhr erscheinen, gewaschen und sauber gekleidet sein; es ist ein Beitrag von 5 Colones monatlich zu zahlen; die Eltern müssen an den regelmäßig stattfindenden Versammlungen teilnehmen; die Eltern verpflichten sich zur Mitarbeit.

Diese Forderungen können die Ärmsten nicht mehr erfüllen. Mit etwas gutem Willen könnten sie die 5 Colones sicher aufbringen, (die Eltern würden für die Mitarbeit, z.B, Kochen und Saubermachen in der Guaderia, bezahlt), aber...
sie sind nicht nur finanziell und gesundheitlich am Ende, das sind in '22 de abril' mehr oder weniger alle, diese Menschen haben sich einfach aufgegeben. Sie sind stumpfsinnig geworden, glauben nicht mehr an die Möglichkeit einer Verbesserung ihrer Lage.
Haben sie mal ein paar Colones in der Hand, setzt der Mann sie gleich in Alkohol um und liegt dann den ganzen Tag total betrunken in der Hängematte.
Die Kinder dieser Familien haben überhaupt keine Chance und über kurz oder lang landen sie auf der Straße, werden diese berühmt-berüchtigten Straßenkinder.
Bei den frechen, aufmüpfigen Kindern, die einem den Weg versperren, um zu ein paar Centavos zu kommen, kann man leicht eine Mauer um sich aufbauen. Diese Kinder erkämpfen sich ihr Recht, egal wie. Ich gebe zu, ich habe immer versucht, ihnen aus dem Weg zu gehen. Sie flößten mir irgendwie Angst ein.
An den anderen, die stumpf und lethargisch an den Ecken der Pupuserias und Pizzerias stehen in der Hoffnung, daß jemand ihnen die Reste seines Essens schenkt, kann man nicht vorbeisehen. Wie Schatten huschen sie manchmal zwischen den Tischen hindurch, immer ängstlich bedacht, vom Wirt nicht gesehen zu werden. Wenn ihnen etwas zugesteckt wird, mal ein Stückchen Tortilla, mal eine Zwiebel oder ein paar Bohnen, dann sind sie gleich wieder von der Bildfläche verschwunden.
Diese Art des Bettelns, diesen Kindern immer wieder zu begegnen, hat mir schwer zu schaffen gemacht. Das war etwas, aus dem es kein Entrinnen gibt. Davor will Jerry die Kinder seiner Gemeinde bewahren und dabei soll das

Spielhaus helfen. Die Ausstattung soll ähnlich wie in den Kindertagesstätten sein, mit Spielzeug, das in der Schreinerei hergestellt wird. Und selbstverständlich sollen sie regelmäßig ihr Essen bekommen.

Das Spielhaus soll allen Kindern offenstehen, der Besuch kostenlos sein und auch dann erlaubt, wenn die Eltern sich an keiner Arbeit beteiligen. Schließlich können die Kinder nichts dazu, wenn die Eltern resignieren, wenn der Vater sich besäuft und Frau und Kinder verprügelt.

Ich war in der Hütte einer dieser Familien. Oje, war das ein Schock. Drei Wände der Champa bestanden aus Pappe, die auf ein Gerüst aus Holzbalken genagelt war. Eng und düster war es in dem einzigen Raum. Quer durch die Champa, von Balken zu Balken gespannt, die Hängematte, darin hing besoffen und stinkend der Vater. Mir lief es kalt den Rücken hinunter.

Und ich wußte wieder genau, daß ich nicht aufgeben durfte.

Und ich wußte, wie idiotisch mein Denken über Fortschritt und Verbesserung war.

Wenn man auch nur ein einziges dieser Kinder vor der Straße bewahrt, hat sich aller Einsatz gelohnt.

Wohnungsbauprojekt

Wenn das einmal fertig ist, wird das ein sehr schöner Wohnkomplex sein. Die Frage ist, wer wird dann dort wohnen? Diejenigen, die hier angefangen haben?

Seit drei Jahren läuft das Programm, die Leute schuften wie die Sklaven und es gibt unendlich viele Probleme und tragische Schicksale.

Das Projekt liegt an einem sehr steilen Hang. Deshalb mußten zuerst Terrassen angelegt werden, auf denen die Häuser einmal stehen sollen. Die Erde muß dazu abgetragen und mit Schubkarren nach unten transportiert werden. Es ist ein ständiges Hinauf und Hinunter mit diesen einrädrigen Karren. Dann muß der Boden festgestampft werden, die Leute arbeiten Stunde um Stunde wie verrückt. Es gibt keinerlei technische Hilfsmittel, keinen Bagger, keine Walze, nicht einmal ein Laufband für die Erde, nichts. Ausgeschachtet wird nur mit Schüppen, Erde ins Tal gebracht mit Karren, Steine, Zement, Wasser und was sonst noch gebraucht wird, auf dem Kopf nach oben getragen. Mit Zement ausgefüllte Eimer, ein Stiel einzementiert, das sind die Stampfer, mit denen sie den Boden feststampfen.

Tiefe Gräben und brunnenartige Schächte müssen ausgehoben werden, um die Sturzfluten in der Regenzeit in eine bestimmte Bahn zu lenken. Die vordringlichste Arbeit im Moment, denn die ersten Regenmassen haben schon viel Schaden angerichtet, viele Stunden schwerster Arbeit waren für die Katz. Die meisten Arbeiten werden von Frauen gemacht, viel zu schwer für diese ausgemergelten, schwachen Körper.

Zwei Tage in der Woche müssen sie an der Baustelle arbeiten, natürlich ohne Lohn. Das Soll müssen sie erfüllen, um später Anrecht zum Wohnen zu haben. Außerdem zahlt jeder eine, wenn auch geringe Summe für die Projektleitung. Vier Tage in der Woche bleiben, um für den eigenen Lebensunterhalt zu arbeiten.

Die meisten Frauen verdienen etwas Geld durch Wäschewaschen bei den Reichen. Das hört sich so leicht an, ist aber echte Knochenarbeit. Die Wäsche wird auf eine Steinplatte gelegt, naßgemacht und mit Seife eingeschmiert und mit einer Bürste solange bearbeitet, bis wirklich kein Fleckchen mehr zu sehen ist. Eine anstrengende, mühsame Angelegenheit.

Das Erzbistum gibt einen Zuschuß zum Wohnbauprogramm und wird jetzt ungeduldig. Das Projekt wird zu teuer, weil es über eine zu lange Zeit läuft. Deshalb sollen die Leute nicht mehr zwei, sondern vier Tage in der Woche dort arbeiten. Das würde aber heißen, daß sie noch weniger als bisher für ihren täglichen Bedarf verdienen würden. Sie hätten noch weniger zu essen, ihre Körper würden noch schwächer werden.

Wer aber unfähig ist, am Projekt zu arbeiten, sei es wegen nicht zu überwindender Schwäche, wegen Krankheit oder aus sonst einem Grund, scheidet aus, ohne Vergütung des schon Geleisteten, ohne Anspruch auf späteres Wohnen.

Viele mußten schon aufgeben, weil sie kaputt sind und Jerry sucht nach einem Ausweg aus diesem Dilemma.

Da kam heute eine Frau zu ihm, sie war ganz verzweifelt. Vier Kinder hat sie und keinen Mann. Nach dreijähriger Arbeit auf der Baustelle ist ihr Rücken kaputt. Sie kann diese schwere Arbeit nicht mehr machen und ihre Kinder sind noch zu klein für die Arbeit am Bau. Das älteste ist gerade sechs Jahre alt. Das heißt, sie hat drei lange Jahre für nichts geschuftet, für nichts ihren Rücken ruiniert. Weder für ihre Arbeit, noch für das eingezahlte Geld bekommt sie eine Entschädigung und irgendjemand, der dem korrupten Bauführer etwas zusteckt, nimmt ihren Platz am Bau ein, ist der Nutznießer. Jerry ist machtlos und es ist schwierig, eine gute Lösung zu finden.

Diese Frau ist kein Einzelfall. Immer wieder müssen Leute aufgeben, weil sie am Ende sind mit ihrer Kraft. Wie kann man da entscheiden? Wie kann man jedem gerecht werden?

Migración oder Rückflug nach Deutschland

Den ersten Tag mit seinem Frust hatte ich längst vergessen. Auf keinen Fall wollte ich schon nach Hause, also mußte ich zur Migración (Einreisebehörde) wegen der Verlängerung meiner Aufenthaltsgenehmigung.

Eigentlich hatte ich noch eine ganze Woche Zeit, aber dann ist die Semana Santa, und alle Ämter sind dann geschlossen.

Paßbilder brauchte ich, und dann mußten Formulare ausgefüllt werden, es wurden meine Fingerabdrücke genommen und den Grund meines Aufenthaltes mußte ich angeben. Klar, daß ich als Tourist in El Salvador war, aber daß ich in einem Haus wohnte, das der Kirche gehört, machte den Beamten mißtrauisch, ich war sehr verdächtig. Die Verlängerung bekam ich nicht.

Der Beamte war äußerst unfreundlich, um nicht zu sagen ruppig. Ich will das nicht überbewerten, diese Art von Beamten findet man überall. Nur in diesem Land kann ein unfreundlicher, mißtrauischer Beamter einem doch sehr gefährlich werden.

Mir war klar, wenn ich bei diesem Mann eine Verlängerung haben wollte, mußte ich schon einen sehr guten Grund vorbringen. Es gab nur eins, ich brauchte ein Schreiben vom Erzbischof.

Den ganzen Vormittag hatte ich auf der Behörde zugebracht, jetzt war es für das Erzbistum zu spät. Also fuhr ich mit einem der stinkenden, klapprigen Busse zurück nach Credisa.

Ich war müde und nahm eine Abkürzung nach Altos del Cerro über eine dieser steilen Pasajen. Lieber Himmel, war das anstrengend. Hätte ich doch den längeren Weg über die Straße genommen. Mein Kopf glühte, die Glieder zitterten, das Herz sprang mir fast aus dem Körper. Ich setzte mich ins Haus. "Nur ja keine Sonne mehr, das wäre mein Tod!"

Ach ja, die Sonne - höllisch brannte sie senkrecht vom Himmel, kaum konnte man etwas Schatten finden.

Es donnerte ununterbrochen. "Gleich gibt es ein kräftiges Gewitter", dachte ich, "und dann kühlt es ab."

Es donnerte, aber die Blitze fehlten. Mir ging ein Licht auf: das ist gar nicht das Donnern eines Gewitters, das waren Schüsse und das Explodieren von Granaten. Nein, nicht bei uns, das war noch weit weg, in einem anderen Stadtteil. Ich beobachtete den aufsteigenden Qualm, horchte, ob das Schießen näher kam. Es kam nicht näher, hielt aber den ganzen Nachmittag an. Abends lag die halbe Stadt im Dunkeln.

In der Nacht ging die Knallerei erst richtig los, und jetzt war sie viel näher als am Nachmittag. Und wie nicht anders zu erwarten, saßen wir ebenfalls ohne Strom. Das Dumme dabei ist, wenn wir keinen Strom haben, gibt es auch kein Wasser. Die Pumpen, die uns mit dem Wasser vom Vulkan versorgen, fallen dann aus.

Ohne Sitzung wird nichts entschieden

In der Kirche '22 de abril' war jeden Dienstag eine Sitzung der Komitées. Teilnehmer von jedem Sector: der Vorsitzende und sein Stellvertreter. Vorbereitung und Leitung der Sitzung geht reihum, jedes Mal ein anderer Sector. In dieser Woche war Sector I dran, der allerärmste in der Gemeinde. Wir waren insgesamt 25 Personen.

Nach einer kurzen Begrüßung durch Geofredo und einem Lied mußten wir alle aufstehen, jeweils zwei sollten sich gegenüberstehen und in die Augen sehen. Man durfte nicht reden, nicht lachen, nicht einmal sich bewegen.

Nach einiger Zeit drehte man sich um, hatte jetzt einen anderen Partner und diesen sollte man jetzt zum Lachen bringen. Man konnte tun, was man wollte, Fratzen schneiden, mit Armen und Beinen herumfuchteln, Verrenkungen machen, wichtig war nur, daß der andere darüber lachte. Nur sprechen durfte man natürlich auch jetzt nicht. Ich fühlte mich zuerst ziemlich albern dabei, machte aber mit.

Und dann setzten wir uns in einen Kreis und jeder mußte sagen, was er gesehen und empfunden hatten und da bekam das Spiel einen Sinn, war sogar recht interessant.

Die Erfahrung fast aller Teilnehmer: man merkte, wie wenig man sich selbst unter Kontrolle hat; wie schwer es ist, ein paar Minuten lang jemandem stumm in die Augen zu schauen; jemanden zum Lachen bringen ist viel einfacher als ernst zu bleiben.

Ungefähr eine halbe Stunde dauert ein Spiel, und dann erst geht es zur Sache, wichtige Themen werden besprochen.

Diese Übungen machen die Leute von Zeit zu Zeit vor den Sitzungen. Sie sagen, es stärkt ihr Selbstvertrauen.

Es ging recht heiß zu bei dieser Sitzung, obwohl es eigentlich so harmlos anfing. Verbesserungsvorschläge wurden gemacht, man beriet über künftige Aktivitäten und erstattete Bericht über geleistete Arbeiten. Als aber Klagen vorgebracht wurden, da wurde die Debatte richtig hitzig, besonders, als über die Zusammensetzung der equipo pastoral und das Komitée gesprochen wurde.

"Zu viele Leute aus Credisa und nur ein paar aus '22 de abril' sind darin", wurde beanstandet. "Die Leute aus Credisa verstehen uns nicht, sie können sich überhaupt nicht in unsere Lage versetzen. Und eine Neuwahl wäre schon längst fällig gewesen", hieß es.

Die Diskussion wurde immer heftiger, bis sie auf einmal ganz von selbst darauf kamen: die große Offensive der Guerilla vor ein paar Monaten hatte die Wahl verhindert, und schnell war ein neuer Termin gefunden und festgelegt.

Das Klagen ging weiter. Ein Arbeiter aus der Schreinerwerkstatt war sauer: "Die Leute in den Guaderias verdienen mehr als ich, und das ist ungerecht!" Dem mußte man natürlich auf den Grund gehen und Arbeitsstunden und Verdienst wurden genauestens überprüft. Dabei stellte sich heraus, daß der

Schreiner mittags um 12 Uhr seine Arbeit niederlegte und nach Hause ging, die Erzieherinnen und Erzieher aber frühestens am Nachmittag um 5 Uhr Feierabend hatten. Ihm verständlich zu machen, daß sein geringerer Verdienst darauf zurückzuführen ist, dauerte lange.

Die Schwestern sprachen von ihren Sorgen in der Clínica: "Wir brauchen unbedingt medizinisch-technische Geräte. Nicht einmal das Notwendigste ist vorhanden. Die Ärztin kann oft nur vermuten, welche Krankheit ein Patient hat."

Das konnte ich bestätigen, hatte ja am eigenen Körper erfahren, wie unzureichend die Ausstattung ist. Ich konnte es mir leisten, meinen Knochen im staatlichen Hospital röntgen zu lassen. Die Schwestern haben aber ständig dieses Problem und fühlen sich dann so hilflos dem Leiden gegenüber. Jetzt hatten sie es mal ausgesprochen, eine Lösung gab es nicht.

Die Pastoralen waren an der Reihe und ihre Fragen und Sorgen beschäftigten das gesamte Komitée - die Gestaltung der Semana Santa, der Heiligen Woche. Sollte die Passion als Theaterstück aufgeführt werden? Machte man Prozessionen? Reichten Texte ohne Darstellung aus? Alle anderen Sorgen waren vergessen, die wichtigste Zeit des Jahres hatte Vorrang.

Dann stand die schwierigste Frage im Raum - Gründonnerstag!

An diesem Tag ist es üblich, nach dem Gottesdienst an alle Teilnehmer Brot und Kaffee oder Kakao zu verteilen und miteinander zu essen und zu trinken. "Das müssen wir beibehalten", sagte eine Frau, "Aber wovon sollen wir das bezahlen?" Und das Palaver ging wieder los!

"Im vergangenen Jahr", meinte die Frau, und schielte dabei Jerry an, "hat Padre Jaime uns die Colones dafür gegeben, aber der ist ja weg." Jerry stellte sich taub. Ich hatte die Hand schon in der Tasche, als Jerry mir zuflüsterte: "Ich gebe nur für soziale Zwecke. Die sollen sich selbst Gedanken machen." Unauffällig, wie ich hoffte, ließ ich meine Geldbörse zurückgleiten. Und tatsächlich, Jerrys Überlegung war goldrichtig. Es gab zwar noch ein ermüdend langes Palaver, dann war die Lösung gefunden. "Jeder vom Komitée bringt einen Beutel Brot mit, dann kommt schon eine Menge zusammen. Was dann noch fehlt, nehmen wir aus der Gemeinschaftskasse."

Genauso hatte Jerry sich das vorgestellt: die Leute dürfen sich nicht darauf verlassen, einfach so das zu bekommen, was sie brauchen. Sie sollen nicht Almosenempfänger sein, sondern Eigeninitiative entwickeln.

Alle waren zufrieden.

Jerry und ich gingen noch zu den Schwestern. Gemütlich saßen wir bei einer Tasse Kaffee und plauderten, und dann - verzogen wir uns schnellsten in den hinteren Raum, weg von Fenstern und Türen. Dicht am Haus knatterte und ballerte es aus Gewehren und MGs. Tun konnten wir nichts, nur warten, bis es wieder ruhig war. Und dann sind wir mit dem Motorrad im Affentempo hochgerast nach Altos del Cerro. Schon weit vorher hat Jerry wie verrückt gehupt, damit das Tor schon geöffnet wurde. Wir haben es geschafft, waren unbeschadet im Haus angekommen.

Wir beobachteten die kreisenden Hubschrauber, wie sie im Licht ihrer Scheinwerfer Credisa absuchten. Hin und wieder fielen noch ein paar Schüsse, dann wurde es still. Die Hubschrauber mußten die Suche (wonach?) aufgeben und Credisa lag mal wieder in totaler Dunkelheit. Irgendwo hatte wohl wieder ein Strommast dran glauben müssen.

Noch einmal 30 Tage

Von Monseñor Rivera y Damas bekam ich ein tolles Schreiben. Mein Aufenthalt in El Salvador und eine Verlängerung um 30 Tage sei ganz in seinem Sinn, das möge man berücksichtigen.

Damit ging ich zur Migracion. Das gleiche Theater wie beim ersten Mal, und auch der mir schon bekannte Beamte. Wieder mußte ich Paßbilder abgeben, Fingerabdrücke machen lassen, eine Menge Papiere ausfüllen, und wurde hinaus auf den Flur geschickt. Warten, warten, warten.

Endlich rief er meinen Namen auf, sah mich mürrisch an und schrieb weitere 30 Tage in den Paß. Jetzt mußte das noch von höherer Stelle genehmigt werden und am nächsten Tag bekam ich meinen Paß mit dem nötigen Stempel versehen zurück.

Lernen, "Nein" zu sagen, lernen zu widersprechen

Natürlich nahm ich mittags an dem Kindergottesdienst teil. Die Kinder sollten alle ihre Wünsche vor Gott bringen, klar war ich neugierig darauf. Aber was ich erwartet hatte, geschah nicht. Sie hatten unzählige Wünsche, aber nicht einer entsprach meiner Vorstellung von Kinderwünschen. Sie plapperten alles nach, was sie von den Erwachsenen gehört hatten.

Sie sind süß, diese Kinder, aber ebenso wie die Erwachsenen total abhängig. Nicht nur materiell, sondern in ihrem ganzen Fühlen und Denken machen sie sich abhängig.

Widersprechen fällt ihnen immer noch schwer und will man von Salvadorianern eine selbstgefaßte Meinung hören, muß man seine eigene verschweigen, sonst hört man nur das Echo von dem, was man vorher gesagt hat. Wenigstens eines haben sie schon gelernt, untereinander ihre Belange auszusprechen.

Nach dem Kindergottesdienst war Sitzung der equipo pastoral und wieder war das Hauptthema: die Leute aus Credisa sind in der Überzahl.

Vor allem die in der equipo vertretenen Ordensschwestern litten tief unter dem Vorwurf. Schwester Gabriela sagte: "Die meinen, weil wir nicht bei ihnen wohnen, können wir sie nicht verstehen. Das tut weh. Nein, wir wohnen nicht in '22 de abril', sind aber ständig dort, leben und arbeiten mit ihnen zusammen. Aber gut, bei der nächsten Wahl müssen wir daran denken." Ich hörte dann gar nicht mehr, worüber sonst noch gesprochen wurde, dieser eine Satz spukte mir im Kopf herum: "Weil wir nicht bei ihnen wohnen ..." Die Schwestern sind ständig in '22 de abril', arbeiten in der Clínica, versorgen Schwerkranke in den Champas, arbeiten in den Schulen und Guaderias, sind immer für die Leute da und dennoch wird angezweifelt, daß sie die Armen verstehen.

Und ich dachte: Wie sieht es dann mit uns aus? Welche Vorstellung haben die Leute von uns, unserer Arbeit, unserer Solidarität? Die meisten aus den Gruppen in Europa sind noch nie in El Salvador gewesen, kennen '22 de abril' nur von Bildern und Erzählungen, und fliegt mal jemand hin, bleibt er nur kurze Zeit, macht knappe Besuche in der Gemeinde. Ja, was verstehen wir denn nun wirklich von der Situation dieser Menschen? Ist uns nicht alles fremd? Das beginnt beim Klima, geht über ihre Art zu leben bis hin zu ihrer Mentalität. Alles ist uns fremd.

Wir leiden unter der ungewohnten Hitze und stöhnen;

wir sehen den Schmutz und sind entsetzt;

wir sehen ihre Armut und haben Mitleid;

wir sehen ihre Freundlichkeit und freuen uns;

wir leben für kurze Zeit bei ihnen, aber nicht mit ihnen.

Von diesem Tag an habe ich mich sehr stark auf den einzelnen Menschen konzentriert. Ich sah nicht mehr die Salvadorianer, sondern den Salvadorianer. Nach einiger Zeit merkte ich, das ist der Weg zum Verstehen. Und ich merkte, daß ich mit den Augen viel mehr 'höre' als mit den Ohren.

Nur keine Schwäche zeigen

Konnte ich mich wohl an die steilen Pasajen zur Guaderia gewöhnen? Wäre mir das vor den Leuten nicht so peinlich gewesen, ich wäre bestimmt öfter stehengeblieben um auszuruhen. Ich als wohlgenährte, ausgeruhte Europäerin konnte doch nicht schlappmachen, wo diese ausgezehrten Menschen ununterbrochen ihre Körper strapazieren mußten. Also quälte ich mich weiter durch Hitze und Staub.

Einmal in der Woche ist in der Guaderia Schwimmtag, das war heute. Die Kinder standen in dem kleinen Hof in einer Reihe und warteten darauf, gründlich gewaschen zu werden.

Eins nach dem andern wurde vom Kopf bis zu den Füßen eingeseift, kräftig gerubbelt, eine Schüssel voll Wasser wurde über sie ausgeleert und sie durften in das ca. 8 qm große Schwimmbecken. An den übrigen Tagen war das Bekken ohne Wasser und wurde als Spielplatz oder für die Erzieherinnen als 'Versammlungsort' genutzt.

Eine ganze Reihe Kinder hatte noch furchtbare Angst, mit dem ganzen Körper ins Wasser zu gehen. Dabei ging es den Kleinsten im Höchstfall bis zu den Hüften. Aber Wasser ist für sie nicht nur ein kostbares, sondern ebenfalls ein fremdes Element. Hatten sie sich aber erst einmal daran gewöhnt, planschten sie wie verrückt herum.

Ich stellte mich ganz nah an den Beckenrand um von dem spritzenden Wasser wenigstens ein paar Tropfen abzukriegen.

Das Badefest war vorbei, ich wollte noch zur Romero-Schule und habe mich prompt verlaufen. Sinnlos, jemanden nach dem Weg zu fragen. Sie kommen zwar mit geschlossenen Augen überall hin, den Weg erklären können sie nicht. Die Bahnlinie mußte ich finden, das war immer noch die beste Orientierung. Klitschnaß geschwitzt kam ich endlich an der Schule an.

Es war gerade Lehrerbesprechung und wieder wurde man sich nicht einig bei dem Problem: die Art des Unterrichtes. Einige Lehrer hängen immer noch an der Methode: Drill, Erziehung zum Gehorchen, immer und überall gehorchen, zu allem "Ja" sagen, harte Strafen.

Dieses ewige Ja-Sagen ist aber die Ursache für sehr viel Elend. Die meisten Erwachsenen habe nie gelernt, für sich selbst zu reden, ihre Bedürfnisse auszusprechen und lassen alles mit sich machen, was eine Obrigkeit anordnet. Sie leiden und ertragen, weil ihnen gesagt wird: "Das ist Gottes Wille!" Es ist für sie ganz natürlich, daß die Kinder ebenso erzogen werden. Jerrys Ziel aber ist es, daß die Kinder anders aufwachsen, freier, natürlicher, selbstbewußter.

Es war Mittag und zum Essen sollte ich in einer Kindertagesstätte sein. Eigentlich hatte ich gar keinen Hunger, es war zu heiß. Die Leiterin bestand darauf, daß ich aß und so saß ich mit meinem Tellerchen zwischen den Kindern. Es gab ein Festessen, Hähnchenfleisch mit Reis und Melone. Trotzdem starrte ich auf meinen Teller und stocherte lustlos in dem Essen herum.

Ein kleines Mädchen sah mich ernst und mit großen Augen an und sagte: "Essen ist heilig." Das ging mir tief unter die Haut, dieses kleine Wesen hatte mir eine schöne Lektion erteilt.

Alles hatte seine Ordnung. War ein Kind fertig mit dem Essen, nahm es seinen Teller, wandte sich an die anderen Kindern mit einem "con permise" ("Entschuldigung") und brachte sein Tellerchen hinaus zum Abwaschbecken. Dann legte es sich auf den nackten Steinboden. Matratzen? Decken? Hatten sie nicht und brauchten sie nicht, und es dauerte nicht lange, dann lagen alle Kinder nebeneinander, wie aufgereiht, in tiefem Schlaf.

Ich bekam noch eine Tasse Kaffee, dann wurden Teller und Becher abgewaschen und wir konnten plaudern. Ich brauchte wieder Hände und Füße, um mich verständlich zu machen. Aber das klappt prima. Ungefähr zwei Stunden herrschte Ruhe, dann wachten die Kinder so nach und nach auf und gleich setzte das Toben wieder ein. Und natürlich mußte ich sie wieder drücken und küssen, darin waren sie unersättlich.

Es gibt so wenig Zärtlichkeit

Es ist so traurig, die Kinder sind so liebebedürftig, kennen aber kaum Zärtlichkeit. Zärtlich ist man nur mit Babys, dann hört das auf. Nein, nicht ganz, eine Ausnahme gibt es, das ist die übergroße Liebe der Mütter zu ihren Söhnen.
Die Frau hat ein starkes Anlehnungsbedürfnis, das der Mann ihr nicht gibt oder nicht geben kann. Mann und Frau sind nie allein. Man muß bedenken, daß das ganze Familienleben sich in einem einzigen Raum von höchstens 16 qm abspielt. Dort leben, wohnen, essen, schlafen bis zu zwölf, manchmal noch mehr Personen: Großeltern, Onkel und Tanten, Neffen und Nichten. Wer keine Unterkunft hat, wird nach Möglichkeit aufgenommen. Der Mann ist der Herr der Familie und ein Mann, der liebevoll mit seiner Frau umgeht, ist in den Augen der anderen ein Waschlappen.
Die Mutter darf mit dem Sohn, der Sohn darf mit der Mutter zärtlich sein. Mädchen sind davon ausgeschlossen. Wenn dann jemand kommt, der sie in die Arme nimmt, sie an sich drückt, genießen sie das wie ein Geschenk.
Den ganzen Nachmittag spielte ich noch mit den Kindern, saß zwischen ihnen auf dem Fußboden bis zum Feierabend. Um 16 Uhr wurden sie von den Müttern abgeholt, und eine gute halbe Stunde später war ich in Altos del Cerro.
Es gab noch eine Versammlung im Wohnbau-Projekt. Ich war so müde und kaputt, konnte mich nicht mehr dazu aufraffen. Immerhin hatte ich einen anstrengenden Neun-Stunden-Tag hinter mir.
Ich war also im Haus, hatte die Tür verriegelt, wollte allein sein. Claudia und William, die beiden 3- und 5jährigen Kinder des Wärters, klopften und riefen in einer Tour: "Margot! Margot!" Sie wollten unbedingt zu mir, ich sollte mit ihnen spielen und ich wußte, daß es ganz bestimmt nicht nett von mir war, nicht zu reagieren. Aber ich konnte sie an diesem Tag nicht mehr ertragen. Die beiden sind anhänglich und lieb, aber manchmal auch sehr anstrengend und heute war ich wirklich zu nichts mehr fähig. Sie hatten eine unwahrscheinliche Ausdauer, zogen aber dann doch ab.
Abends war wieder eine Schießerei. Ich habe es registriert, mehr nicht. Eigentlich kann ich nicht einmal sagen, ich hätte Angst gehabt. In mir war nur die innere Auflehnung darüber, daß diesem Land und diesen Menschen keine Chance gegeben ist, in Frieden zu leben. Die Knallerei selbst, die nahm ich inzwischen als das, was sie ist: die Realität, mit der man sich hier abfinden muß.

Ich kenne noch so wenig

Am nächsten Morgen wollte ich mir die Clínica '22 de abril' ansehen. Sie ist noch viel armseliger als die Clínica Frai Martín in Credisa. Aber ich hatte den falschen Tag erwischt, es war keine Sprechstunde, die Räume waren leer, kein Arzt, keine Schwester - niemand war dort.
Ziellos lief ich durch die Pasajen in '22 de abril', traf viele Bekannte, die schon zu meinen Freunden zählten, aber mir war hundsmiserabel. Wurde ich krank? Oder hatte die Sonne schon mein Gehirn aufgeweicht? Ich hatte nur noch einen Gedanken: ein Bett, nichts als ein Bett und schlafen. Also ab nach Hause, hinlegen. Und dann habe ich nichts mehr gehört und gesehen, ich merkte nicht einmal, wann die anderen gekommen sind. Der Schlaf war eine gute Medizin, am nächsten Tag ging es mir schon viel besser.
Zunächst machte ich einige Besuche, ging in meine Lieblings-Guaderia in Sector I und spielte mit den Kindern und schaute auch noch mal in der Artesanía vorbei. Und mittags gab es mal wieder eine Lehrerbesprechung.
Die Leute lieben Besprechungen und Versammlungen. Zeit spielt überhaupt keine Rolle, sie reden und reden ohne zu ermüden. An diesem Tag diskutierten sie mehr als vier Stunden über einen Film, zu dem Jerry sie am Vortag mitgenommen hatte. In dem Film ging es um Erziehung in der Schule, ein Thema, über das sie oft reden und bei dem die Meinungen stark auseinandergehen. Die meisten Lehrer wollen ihre Autorität zeigen, nur wenige wollen auf die Prügelstrafe verzichten. Es ist ein ewiger Kampf.

Semana santa - Heilige Woche

Schulen, Kindergärten, Clínicas, alles blieb geschlossen, als Schwester Gabriela mir jedoch das Programm gab, wußte ich: eine ruhige Woche wird das nicht.
Palmsonntag - Ich saß auf der Wiese in Altos del Cerro, tief unter mir die Stadt im Sonnenglanz. Der Himmel, intensiv blau mit ein paar schneeweißen Wölkchen, auf der Straße frohgestimmte Menschen, in den Händen kunstvoll gebundene Sträuße aus Palmen und Blüten. Ein schönes friedliches Bild. Eine Idylle, die nur leider den ganzen Vormittag durch ständige Knallerei und aufsteigenden schwarzen Qualm der explodierenden Geschosse unterbrochen wurde. Aber die Menschen waren in Festtagsstimmung und nahmen keine Notiz davon, also tat ich es auch nicht.
Die 12-jährige Mariela hatte Heimweh nach der Mama, die in Deutschland war. Um sie etwas abzulenken, wollte Jerry mit ihr zum Spielplatz. Jerry brachte uns, Mariela, Lidia und mich, hin, fuhr aber gleich wieder zurück. Es war sehr weit raus, auf der Grenze nach Escalón, dem Nobelviertel von San Salvador.

Ich hatte gedacht, das wäre wirklich ein Spielplatz, so mit Schaukeln und Rutschen und Karussells. Dieses hier war eher ein Mini-Las Vegas. Vielleicht bin ich wirklich komisch, aber mir gefiel das überhaupt nicht, alles viel zu laut und Spielautomaten öden mich an. Trotzdem war es schön, die Freude von Mariela und Lidia zu sehen.

In diesem vornehmen Viertel gab es eine ausgezeichnete Pizzeria, in die ich die beiden zum Mittagessen einlud. Nein, hier saßen keine armen Leute und wir genossen es, dazwischen zu sitzen.

Zurück mußten wir mit dem Bus fahren. Bis zur Haltestelle war es eine halbe Stunde zu laufen, oder mehr?

Jeder Zentimeter Haut war pitschnaß, die Kleidung klebte am Körper fest. Jetzt eine Dusche, und wäre das Wasser auch noch so heiß. Ich dachte an meinen Trick, mir ein kühles Naß zu verschaffen. Ich hatte ein Handtuch mit dem heißen Wasser naß gemacht und in die pralle Sonne gehängt. Nach einer halben Stunde fühlte ich mal nach und siehe da, es war noch ganz naß, aber wunderbar kühl. Ich hatte mich damit abgerieben und für ein paar Minuten fühlte ich mich total erfrischt, war die Hitze erträglich.

Darauf freute ich mich während der ganzen langen Fahrt. Ich hatte mir das so lebhaft vorgestellt, daß mir die Enge in dem Bus, die vielen aneinandergepreßten Körper kaum bewußt waren. Nicht einmal die Ausdünstungen der Menschen nahm ich richtig wahr. Das mußte ich mir unbedingt merken: man muß der Phantasie freien Lauf lassen, dann wird vieles erträglicher.

Der Tag war noch lange nicht zu Ende. Um 16 Uhr begann in '22 de abril' die Palmprozession. Es war noch Zeit genug, vorher ein weinig auszuruhen. Treffpunkt: 1. Calle in '22 de abril', oberhalb der Moñsenor Romero-Schule. Alle waren in Festtagsstimmung. Ein paar Leute hatten die Gelegenheit zu einem kleinen Verdienst wahrgenommen. Da standen sie mit ihren Körben mit Melonenstückchen und Apfelsinen, mit Wasserbeutelchen und Tortillas.

Ein junger Mann schleppte ein großes, selbst gezimmertes Holzkreuz, das mit vielen Blumen und Palmwedeln geschmückt war. Die anderen hatten alle schöne gebundene Sträuße, einige ein kleines, aus Palmen geflochtenes Kreuz in den Händen.

Ich hatte nichts dergleichen und sofort zupften sie aus ihren Sträußen Blumen und Blätter für mich heraus.

Der Zug formierte sich. Rechts und links der Straße je eine Reihe Menschen, die Mitte der Straße blieb frei für die Musikgruppe und den Sprecher mit dem Megaphon.

Langsam bewegte sich der Zug die Straße hinunter zur Kirche. Der junge Mann mit dem Megaphon sprach Texte aus der Bibel (Sprach? Er geriet regelrecht in Ekstase) und alle riefen jedesmal laut: "Aleluya!" Dabei schwenkten sie die Sträuße hoch über ihre Köpfe. Gitarren- und Tamburinspieler waren mit einer

sagenhaften Begeisterung dabei.
Ich hatte geglaubt, wir gingen bis zur Kirche und nach einem Gottesdienst
wäre es dann vorbei. Aber der Zug hielt dort nicht einmal an und dann ging es
auch nicht mehr über die feste Straße. Jede enge, stinkende, holprige Pasaje
wurde mitgenommen, immer bergauf, bergab. Zwischendurch immer wieder
stehenbleiben, singen, beten und "Aleluya!".
Wir kamen zum tiefsten Punkt von '22 de abril', dem Allzweckplatz. Es fand
gerade ein Fußballspiel statt, aber das störte keinen. Mitten auf dem Platz
machten wir sogar eine der vielen Haltestationen. Die Fußballer unterbrachen
ihr Spiel und warteten brav, bis die ganze Prozession durchgezogen war.
Noch ein sehr steiler Anstieg, ein Stück über die Bahngleise, die Straße hinunter und wir waren wieder an der Kirche.
Zum Abschluß ein Gottesdienst, lebhaft und laut wie immer. Die Kirche war
berstend voll, dennoch schafften die Leute es, hin und her zu laufen, die Plätze
zu wechseln, sich zu begrüßen.
Der erste Tag der Semana Santa war vorbei. Das ganze hatte mehr als vier
Stunden gedauert.
Ich war so müde und konnte doch nicht schlafen. Keine Abkühlung, die Luft in
der Kammer stand still. Das einzige Fenster befand sich zum vorderen Raum
hin. Es war so heiß und die hauchdünne Decke war noch zuviel. Trotzdem zog
ich sie hoch bis über die Ohren.

Werde ich dieses Volk jemals begreifen?

Der nächste Tag - es war so ruhig, in mir ein Gefühl von Frieden. Ich lief durch
'22 de abril', sah die Menschen, die ich tagtäglich sah, blieb hier stehen, blieb
dort stehen zu einem Schwätzchen - und doch war alles ganz anders.
Die Stimmung der Semana Santa?
Ja, es war schon eine andere Atmosphäre als sonst. Jeder Tag ist sorgsam
vorbereitet, obwohl Salvadorianer gar nicht gern im voraus planen. Es geht
mehr nach dem Motto: "Was ich jetzt mache, weiß ich, was morgen wird, er-
gibt sich dann." Meist wird dann auch das im letzten Moment wieder geändert.
Nicht so bei der Semana Santa. Da wird nichts dem Zufall überlassen.
Sie hatten Buchstaben aus Goldpapier ausgeschnitten und Tücher für die Kirche damit beschriftet, Kostüme für die Karfreitagsprozession mußten gerichtet, Rüstungen und Helme für die 'Römer' aus Pappe oder Papier gebastelt
werden. Da war es nicht mit Versammlungen und langen Palavern getan.
Und dann war da noch ihre seelische Vorbereitung, eine ganz schwierige
Sache.
Das ist ein Punkt, den ich echt nicht begreife und wo ich mit aller Deutlichkeit
spüre, daß dieses Volk voller Widersprüche ist.

Es gibt für sie nur einen Begriff von Sünde, Sexualität. Es ist normal, 'in Begleitung' zu sein, das heißt, ohne Trauschein zusammenzuleben. Die wenigsten Paare, gleich welchen Alters, sind verheiratet. Gewiß ist diese Lebensart aus ihrer Situation heraus entstanden. Viele Männer sind verschwunden, verschleppt, niemand weiß, wo sie sind, ob sie überhaupt noch leben. Andere sind ins Ausland geflüchtet und können nicht wieder zurück, wieder andere hatten die Möglichkeit, legal nach Mexico oder Kanada auszuwandern, wollten dort Arbeit suchen und die Familie nachholen, haben aber nie die Erlaubnis dazu bekommen. All diese Frauen waren dann mit ihren Kindern allein, ohne Schutz, ohne Einkommen. Es gab nur eine Möglichkeit für sie, in Begleitung zu sein.

Dennoch sind sie sich der großen Sünde, in der sie leben, bewußt.

Ganz deutlich wird das im Umgang mit ihren jugendlichen Kindern. Ertappen die Eltern ihre Kinder bei der kleinsten Zärtlichkeit mit Jugendlichen des anderen Geschlechts, gibt es die schwersten Strafen. Ihr eigenes "In Begleitung-sein" hindert sie auch nicht, eine Tochter aus dem Haus zu jagen, wenn sie schwanger geworden ist. Das Mädchen hat schwer gesündigt und Schande über die Familie gebracht.

Nicht zu den Sünden zählen Diebstahl, Folterungen, Brutalität, Mord. Das alles sind Verstöße gegen die Gerechtigkeit gegen die Rechte aller Menschen auf Leben und Freiheit. Sicher hängt das mit den Jahrhunderten zusammen, in denen ihr Volk unter Fremdherrschaft leben mußte und als Menschen zweiter Klasse behandelt wurde. Unter diesem Gesichtspunkt ist es nicht verwunderlich, daß Gefangene von den eigenen Landsleuten so brutal gefoltert werden. Sie erfahren diese Grausamkeit schon als Kinder, wachsen damit auf, es gehört zu ihrem minderwertigen Leben. Manchmal hatte ich das dumme Gefühl, sie sehen uns immer noch als die Herrenrasse an. Der Weiße, das ist der Reiche, der Gute, der, der stets das Recht auf seiner Seite hat. Man kann sagen was man will, es wird als gut und richtig anerkannt.

Es gäbe so manches zu verbessern, aber Vorschläge kommen selten von den Leuten selbst. Man muß sie mit der Nase drauf stoßen, sonst bleibt alles wie es war. Ob sie sich nicht trauen? Ich weiß es nicht. Ein gutes Beispiel dafür erlebte ich am Wohnungsbauprojekt. Ich fand es lächerlich, daß alle Arbeiten mit diesem primitiven Werkzeug gemacht wurden. Es müßte doch möglich sein, meinte ich, wenigstens für diese Knochenarbeit beim Ausschachten einen Bagger auszuleihen. Das wäre nicht nur eine körperliche Erleichterung, es würde auch eine Menge Zeitersparnis bedeuten. Jerry sprach mit dem Meister, und am nächsten Tag war ein Bagger da.

Keiner der Leute hatte vorher gewagt, danach zu fragen, nun strahlten sie übers ganze Gesicht. "Wir schaffen jetzt in einer Stunde mehr, als früher in einer Woche." Ich hoffe, dadurch müssen weniger Leute wegen Überanstrengung oder ernsthafter Gesundheitsschäden aufgeben.

Immer lächeln, wenn's auch schwerfällt

Wieder einmal eine Versammlung in der Kirche '22 de abril'. Wieder einmal das lange Sitzen auf den wahnsinnig unbequemen Bänken, das meinem Rücken überhaupt nicht gefällt. Die erste Stunde konnte ich es noch aushalten, dann hatte ich daß das Gefühl, mein Kreuz bricht durch. Von Minute zu Minute wurde es schlimmer, jedes einzelne Knöchelchen der Wirbelsäule protestierte.

"Merken die anderen das nicht? Sind die so unempfindlich?" dachte ich. Es war kein Ende der Versammlung abzusehen und niemand murrte. Dann beobachtete ich die Leute, jeden einzelnen. Sie waren ganz bei der Sache und lächelten. "Haben nicht alle Leute in '22 de abril' schwerste Bandscheibenschäden?" fragte ich Schwester Gabriela und sie sah mich gequält an: "Ja, es ist fürchterlich, auf diesen Bänken lange sitzen zu müssen. Mit tut der Rücken auch schrecklich weh, aber wir haben kein Geld für neue Bänke."

Ich sagte, daß nur die Bretter der Rückenlehnen falsch angebracht sind und daß das in der Schreinerei ganz leicht geändert werden könnte. "Ach, wirklich?" meinte sie, und wir litten tapfer weiter.

Dann war der Tag vorbei. Ich saß in Altos del Cerro, schwarz stand das große Kreuz gegen den blutrot gefärbten Himmel. Ich erlebte und genoß, wie an jedem Abend, einen traumhaft schönen Sonnenuntergang.

Dann, 18.30 Uhr, war die Sonne hinter dem Berg verschwunden, es war Nacht. Der Himmel tiefschwarz, kein einziger Stern zu sehen, nur tausende Lichter der Stadt, von weiß über gelb und orange bis zum glühenden Rot glühten durch die Dunkelheit zu mir herauf. Es glitzerte und flimmerte, als hätte jemand unzählige flackernde Kerzen angezündet, und durch die Ritzen irisierte auch das simple elektrische Licht und sah aus wie ein ganzes Heer tanzender Glühwürmchen.

Ein wunderbarer Abend und nur das Knattern und rattern der oft schrottreifen Autos und Busse erinnern daran, daß doch nicht alles so schön ist. Ich glaube, nicht eines der Fahrzeuge hatte einen intakten Auspuff und lärmend und stinkend quälten sie sich die ansteigende Straße hoch und mit quietschenden Bremsen ging's an der anderen Seite hinunter. Und unser Domizil lag genau in der Kurve. Salvadorianer waren gute Autofahrer und sie versuchten stets, den größten Huckeln und tiefsten Schlaglöchern auszuweichen, was nicht immer möglich war, da sie zu dicht beieinander lagen. In jedem anderen Land kann man das auch erleben, hier störte der Lärm meine Träumerei, weil er mich an den schrecklichen Verfall des Landes erinnerte.

Ein Ferientag in Ilopango

Jerry mußte zu einer Besprechung zum Kloster nach Ilopango.
Bis zum Kloster bin ich mit ihm gefahren, von dort waren es nur noch zwanzig Minuten Fußweg bis zu dem herrlichen See.
Semana Santa, da gehen viele Leute zum See. Es wird nicht gearbeitet, die Geschäfte sind geschlossen, da nutzt man die Ruhe und tankt neue Kraft.
Viele hatten ihre schmutzige Wäsche mitgebracht, standen bis zu den Knien im Wasser und schrubbten ihre Wäsche. Was nur eben möglich war, wurde ausgezogen und gleich mitgewaschen. Die Frauen hatten nur noch ihre Röcke an, die kleinen Mädchen liefen in Höschen herum, kleine Jungens waren nackt.
Eine lustige Eigenart, Jungens dürfen, auch in '22 de abril', nackt herumlaufen, Mädchen nicht, im Höchstfall darf der Oberkörper nackt sein.
Ein etwa 8-jähriger kam regelmäßig splitternackt in die Kirche. Von der Haut war wohl nicht viel zu sehen, er war so voll Staub und Dreck, daß er immer wie gepudert aussah. Hier am See war es ebenso, nur ganz Fortschrittliche tragen Badeanzüge, die meisten sind korrekt angezogen.
Und dann wieder stehen sie ganz selbstverständlich mit freiem Oberkörper an einem See oder Fluß, um zuerst ihre Wäsche, und dann sich selbst zu waschen. Nur den Rock, den ziehen sie nie aus.
Ein wunderschöner Vormittag. Die Idylle wurde nur durch die auch hier patroullierenden Soldaten und ihre MGs gestört.
Um 11.30 Uhr sollte ich wieder am Kloster sein. Der Rückweg war beschwerlicher, weil es nur bergauf ging und so rechnete ich dafür statt der zwanzig Minuten eine Stunde. Es war noch mühsamer, als ich geglaubt hatte, denn auf der ganzen Strecke gab es keinen Zentimeter Schatten. Die Straße war kochendheiß, ich spürte das Brennen durch die Schuhsohlen hindurch. Meine Beine waren schwer, taten nur noch mechanisch ihren Dienst.
Jerry verspätete sich etwas und ich saß am Straßenrand in der Sonne. Ich hatte zwar das Gefühl, gegrillt zu werden, dennoch fühlte ich mich frei und glücklich.
Jerry kam, wir fuhren zurück nach Credisa, Lidia und Mariela abholen. Eigentlich wollten wir nachmittags nach La Libertad ans Meer, aber die Hitze war inzwischen so unerträglich, daß sogar die Salvadorianer darunter litten. Die Fahrt zum Pazifik dauerte lange, die Ladefläche des Pick-Up glich einem Backblech, so haben wir lieber die kürzere Strecke nach Ilopango zum See gewählt. Den ganzen Nachmittag tummelten wir im Wasser. Ach, war das herrlich. So gut habe ich mich noch nicht gefühlt, seit ich in diesem Land bin. Das erste Mal war der Körper ohne Schweiß, nichts von der üblichen Mattigkeit war in mir, nur eine angenehme Müdigkeit. Und Mariela war so fröhlich, wie ich sie noch nie erlebt hatte, lachte so herzlich, wie ich es an ihr gar nicht kannte. Das hielt auch dann noch an, als wir uns in Credisa ein paar leckere

Pupusas genehmigten.

Ich knotete für Mariela aus meinem letzten Taschentuch eine Maus und ließ sie aus meiner Hand hüpfen. Zuerst glaubte sie, ich hätte die Maus echt lebendig gemacht, aber dann lernte sie schnell, wie man die Maus hüpfen ließ. Es machte ihr so viel Spaß, sie mußte sie mit nach Hause nehmen.

Der Tag war vorbei. Die Fröhlichkeit hatte ein Ende. Bei Onkel und Tante, bei denen Mariela aufwuchs, waren solche Albernheiten nicht angebracht. Sie waren wirklich sehr lieb, aber hier hieiß es für Mariela, genau wie bei allen anderen Kindern, absoluter Gehorsam. Erziehung heißt: Strenge bis zum Äußersten.

Jerry sagt: das ist normal. Auch die meisten Priester denken so. Wichtigstes Dogma der Kirche ist nicht Auferstehung und Himmelfahrt Jesu, sondern strenge Erziehung und Gehorsam. Diese Priester denken, reden und leben ständig an der Realität der Menschen vorbei. Diese seit 500 Jahren versklavten Menschen werden immer noch in einer schrecklichen Abhängigkeit gehalten.

So kommen viele Priester mit ihren Moralpredigten, und keiner weiß damit umzugehen. Es wird ständig von Liebe geredet, aber lieblos gehandelt. Den Menschen wird von Treue und der Unauflöslichkeit der Ehe gesprochen, vor der bitteren Realität schließen sie die Augen. Die Priester kennen die Situation im Land, kriegen alles hautnah mit und müssen sich nicht krampfhaft hineindenken wie wir Europäer. Trotzdem gibt es statt Hilfe nur das Gebot und den erhobenen Zeigefinger. Aber vielleicht sehen sie ja wirklich nicht die Not dieses armen Volkes. Vielleicht sind sie noch weiter davon entfernt zu verstehen als wir. Sie leben nicht zusammengepreßt in einer Champa, genauso wenig wie wir.

Könnten wir es uns vorstellen, in einer Champa zu leben? Diese winzigen, engen Hütten, eine dicht neben der anderen, stinkig und stickig und düster. Meist ist der Eingang die einzige Öffnung des Raumes, die einzige Quelle für Licht und Luft. Ein einziger Raum zum Leben und Schlafen. Kaum Mobiliar und oft nur ein einziges Bett. Vater, Mutter und Kinder, Großeltern und Tanten, und was weiß ich, wer sonst noch alles darin hausen muß, zusammengepfercht. Der Mann oft ohne Arbeit, die Frau verkauft ein paar Tortillas oder geht bei Reichen Wäsche waschen, bringt ein paar Colones mit, die aber hinten und vorne nicht reichen. Der Mann fängt an, die paar mühsam verdienten Colones zu versaufen. Oft will er seine Männlichkeit damit beweisen, oder einfach die Resignation hinterspülen. Und dann wird er grausam und brutal. Kann man da von Familienleben sprechen? Wie kann da Liebe und Zärtlichkeit wachsen? Wie verkraften die Frauen das? Viele Männer halten dieses Leben nicht aus, wollen aber nicht untergehen, suchen anderswo Arbeit, im Ausland, meist in Kanada, lassen die Familie zurück, weil sie keine andere Wahl haben. Denn sitzt die Frau mit den Kindern in der Champa, hat keine Ahnung, ob der Mann jemals zurückkommt. Sie schuftet sich halb tot, aus dem Elend heraus kommt sie nicht. Manchmal, nach Jahren, wenn sie die Hoffnung endgültig aufgegeben hat, findet sie einen anderen Mann, der ein bißchen für sie sorgt, der ihr ein bißchen das Gefühl von Geborgenheit gibt. Dann kommt ein Priester, spricht von ehelicher Treue und von schwerer Sünde, sagt, für sie gibt es keine Hoffnung mehr auf Gottes Güte und Gnade. Man kann echt verzweifeln.

Alles erscheint hoffnungslos

"Wie kann man so ein wunderschönes Land so sinnlos und bewußt zerstören?" Diese Frage stellte ich mir immer wieder. Wälder wurden abgeholzt, und nicht etwa, um Profit zu machen. Zum Teil wurden sie einfach abgebrannt, um bessere Sicht in Guerillagebiete zu haben. Ganze Berghänge sind inzwischen vollkommen kahl. Das hat katastrophale Folgen. In der Regenzeit finden die Wassermassen keinen Halt, Unmengen Erdreich werden dann die Hänge hintergeschwemmt, reißen die am Berg stehenden Häuser und Hütten mit in die Tiefe. Und niemand ist da, der allem Einhalt gebietet. Es ist frustrierend, die Folgen dieser bewußten Vernichtung anzusehen. Plötzlich kam mir der schreckliche Gedanke: Diesem Land kann nicht mehr geholfen werden. Und wenn die Ausbeutung durch Europa und USA kein Ende nimmt, ist El Salvador rettungslos verloren.

Sieh dir doch die Hauptstadt genauer an

Nicht nur auf dem Land wird man ständig mit dieser Misere konfrontiert, auch in San Salvador, der Hauptstadt, sieht man diesen Verfall. Je öfter ich hinkam, umso deutlicher, umso erschreckender nahm ich die Zerstörung wahr. Immer noch diese vielen Ruinen, Zeugen des Erdbebens, und dazu der Dreck und der Gestank. Und dann dieser Gegensatz, gutgekleidete Menschen aus dem Vornehmenviertel Escalón und daneben die Überzahl der Leute, armselig und zerlumpt; Kinder der Besitzenden in ihren schmucken Schuluniformen, sich ihres Wertes voll bewußt, daneben diese Niemandskinder, Fetzen am Leib und mit riesigen, hungrigen Augen und immer darauf gefaßt, vertrieben zu werden. Ich war im Zentrum der Stadt, konnte nicht weitergehen, der Gehweg hatte, bis auf ein schmales Stückchen, ein tiefes Loch und ich ließ entgegenkommende Leute vorbei. Da sah ich diese Frau, an eine Hauswand gelehnt, stumpf vor sich hinschauend. Ihr Alter ließ sich beim besten Willen nicht bestimmen, sie konnte 40, aber auch 80 Jahre alt sein. Gesicht und Hals, die nackten Arme und Beine hatten große schwarze Flecken. Ich glaubte ein Skelett zu sehen, das notdürftig mit einer Pergamenthaut überzogen ist. Ihre

Finger waren gekrümmt wie die Krallen eines verendenden Raubtieres. Ich stand wie festgenagelt und sah auf die Frau. Im Zeitlupentempo stand sie auf, ging auf wackeligen Beinen an den Straßenrand, hob den Rock und verrichtete ihre Notdurft. Niemand achtete darauf, es war das Selbstverständlichste der Welt. Und wen stört es schon, daß die Straßen verdreckt sind? Keiner kommt auf die Idee, sie zu säubern. Wenn man nicht ständig in Mist und Abfall treten will, nicht in Löcher fallen und durch Risse und Graben stolpern will, muß man eben die Augen möglichst nach unten auf die Straße richten. Verwunderlich ist nur, wie schnell man sich daran gewöhnt.

La esperanza del pueblo no muerte - Die Hoffnung des Volkes stirbt nicht

Equipo pastoral in El Rosario. Die Sitzung war ins Kloster der Dominikaner im Stadtzentrum gelegt, die Tagesordnung stand schon vorher fest.
Die schwerwiegendste Sorge: die immer stärkere Ausbreitung der Sekten. Es ist tatsächlich ein großes Problem, mit dem die Kirchen konfrontiert werden. Priester der beiden großen Kirchen, katholische und lutherische, sind in Lebensgefahr, Sektenführer haben von der Regierung jede Unterstützung. Auf dem Plaza Libertad stehen ihre Redner und überschreien jeden Lärm. In Rundfunk, Fernsehen und Presse erscheinen beängstigende Bilder und Reklamen. Und viele Leute fallen darauf rein. Es sind drei Hauptpunkte, durch die die Leute sich angezogen fühlen: Spiritualität, Fanatismus und Aggressivität. Auf die Spiritualität sprechen Salvadorianer besonders an, sie kommt ihrer Art von Frömmigkeit sehr entgegen. Die Sektenführer gehen sehr fanatisch vor, nutzen die Gottesfurcht der Leute geschickt aus.
Da ist dieser festverankerte Glaube, daß ihnen alles Elend, alle Krankheit von Gott auferlegt ist wegen ihrer Sünden. Die Sekten machen sich das zu Nutze und versprechen Auswege aus der Not, Heilung der Krankheiten, es muß nur der schändliche katholische oder lutherische Glaube aufgegeben werden. Den Leuten wird so fürchterliche Angst eingejagt, daß viele ihre Kirche verlassen, zu den Sekten übertreten. Dadurch brechen Familien auseinander, Freunde werden zu Feinden. Oder aber einer zieht den anderen nach. Einige verlassen die Sekte wieder nach einiger Zeit, wenn sie merken, wie sehr sie betrogen worden sind. Den meisten wird allerdings mit Erfolg eingeredet, daß ihre Sünden zu groß sind und sie noch sehr viel büßen müssen, ehe Gott sie erhört und hilft.
Diese Menschen werden in unerträgliche Gewissenskonflikte gestürzt, aber der Fanatismus, mit dem die Redner lautstark und eindringlich auf sie einhämmern, läßt ihnen keine Wahl. Sie meinen: "Wer so aggressiv auftritt und so bestimmt vom Strafgericht Gottes, von Buße und Sühne spricht, muß doch Recht haben." Hier wird ganz geschickt genau die Sprache eingesetzt, die die-

ses Volk seit Jahrhunderten gehört hat, die Teil ihrer Unterdrückung gewesen ist. Niemals durften sie selbst denken und offenes Reden konnte den Kopf kosten. Zu Sklaven der Grundbesitzer - Arbeit für einen Hungerlohn; zu Sklaven der Kirche - Angst vor ewiger Verdammnis war dieses Volk verurteilt. Zu der Armut, zu der Bedrohung ihres Lebens wird ihnen auch noch die seelische Belastung aufgebürdet.

Die Sektenführer machen ihnen unmögliche Versprechungen, wenn, ja wenn sie ihre verdammungswürdige Religion aufgeben. Viele fallen darauf herein, die Sekten gewinnen an Macht. Großgrundbesitzern und Politikern kann das nur recht sein, denn so wird das Volk weiterhin in Abhängigkeit gehalten.

Unvorstellbar, daß sie so voller Hoffnung sind, trotz allem. Ich hätte heulen mögen, wenn ich die Menschen ansah.

Wenn mich die Wehmut überfällt ...

Mir kam ein Ausspruch aus Südafrika in den Sinn: "Wenn ihr mich richtig anseht, werdet ihr auch meine Schönheit erkennen."

Hier in El Salvador möchte man es umkehrt sagen: "Wenn ihr oberflächlich hinschaut, erkennt ihr meine Schönheit."

Ja, es sind schöne Menschen, doch bei näherem Hinsehen erkennt man bedrückend, wie sehr diese schönen Gesichter die Spuren von tiefem Leid, von Krankheit und Angst tragen. Eine lähmende Hilflosigkeit befiel mich, als ich die Vernichtung dieser Schönheit wahrnahm und die rührenden Versuche, sich schick zu machen. Sie tragen Schleifen im Haar und an ihren Kleidern und Schürzen sind Spangen und Volants. Das sieht so hübsch aus. Schaut man jedoch genauer hin, bleibt einem nichts von der Schäbigkeit verborgen.

Die bunten Schleifen, mit denen sie ihr dichtes, tiefschwarzes Haar zusammenbinden, sind meist die letzten Fetzen von nicht mehr tragbaren Kleidern. "Wenn ihr nicht richtig hinschaut ..."

Die Armseligkeit fällt nicht so sehr auf, weil sie so großen Wert auf Sauberkeit legen. Wie sie das unter diesen Umständen schaffen, wird mir ewig ein Rätsel bleiben. Wasser ist ein Luxusartikel, entweder man muß es in Flaschen kaufen und da ist es unverschämt teuer, oder es muß von weither herangeschleppt werden. Manchmal vergesse ich, wie mühsam das ist. Es sieht so romantisch aus, wenn die Frauen und Mädchen mit den Cántaros (Henkelkrüge) auf dem Kopf daherkommen. Seife ist sowieso für viele unerschwinglich. Dennoch mühen sie sich ab, um nicht im Dreck zu ersticken. Um so erstaunlicher ist der Schmutz in der Hauptstadt. Ja sicher, in '22 de abril' gibt es viel Schmutz, schließlich lebt man hier ja auf der Müllhalde, aber im Vergleich zum Zentrum sind hier die Pasajen direkt sauber.

Und es wäre doch so einfach. Die unvergleichlich hohe Zahl der Arbeitslosen, da würde jeder gerne eine Stelle bei der Stadtreinigung annehmen. Aber nein, Reinigung der Straßen gibt es nur im Viertel der Reichen, der Vornehmen.

Ein ganz normaler Tag

Rechts und links der Straße, bis dicht an der Fahrbahn, stehen die Marktbuden. Man muß höllisch aufpassen, um nicht überrollt zu werden. Beängstigende Manöver finden statt. Anhaltendes Hupen, schrill und die Ohren betäubend, fordert energisch: laß mich überholen! Und dann zwängt sich ein Fahrzeug durch die engste Lücke. Die einzige Verkehrsregel, die eingehalten wird, ist das Halten vor der roten Ampel. Nicht immer. Bei Dunkelheit, wenn nur wenig Verkehr auf der Straße ist, kann das gefährlich werden und man fährt besser durch. Schon mancher hat nicht nur sein Fahrzeug, sondern auch sein Leben verloren. Es ist ja so einfach, ein haltendes Auto zu nehmen, und was zählt in diesem Land, in dieser Zeit des Todes, denn schon ein Leben?
Tagsüber war auf den Straßen ein wahnsinniges Gewühl und dadurch schlängelte Jerry sich mit dem Motorrad und ich saß auf dem Sozius. Ich machte mich ganz schmal, hatte die Beine ganz eng angepreßt, um nicht bei der Fahrt zwischen zwei Busse hindurch vom Rad gerissen zu werden. Manchmal war es doch recht wackelig und die Flanken eines Busses kamen in bedenkliche Nähe. Ein Schubs mit der Hand gegen den Bus und alles war wieder in Ordnung.
So abenteuerliche Fahrten waren mir fremd. Ich mußte lachen. Jerry drehte sich halb um: "Was ist?" Ich schrie ihm ins Ohr: "Ich stelle mir gerade einen deutschen Verkehrspolizisten vor. Nach zwei Tagen würde der glatt durchdrehen."
Wir kamen durch San Antonio. Entlang der Straße, ebenfalls die Fahrbahn zum Teil mitbenutzt, der Markt. Wir nutzten das reichhaltige Angebot an Gemüse und kauften ein: weiße Maiskolben, allerlei Grünzeug und vor allem eine dicke Yucca und ein Stück Fleisch. Wir würden Suppe haben für diesen Mittag, für abends und auch noch für den nächsten Mittag.
Yucca kann man genauso zubereiten wie Kartoffeln, sind aber nicht ganz so teuer wie diese. Zum ersten Mal habe ich sie in der Schule Pedro Apostól gegessen, und zwar in Honig gebraten. Es muß irgendein Fest gewesen sein, sonst würde man sich diese teure Köstlichkeit nicht gönnen.

Und immer wieder Prozessionen

Es wurde wieder ein unendlich langer Gottesdienst. Ich hatte unverschämt großes Glück, denn ich bekam keinen Sitzplatz, alle Bänke waren belegt. Man kann besser drei Stunden stehen als eine halbe Stunde auf diesen Bänken sitzen. Das Stehen in der Kirche ist sowieso angenehmer, man kann häufig den Platz wechseln. Irgendwo winkt mal jemand, und man geht ihn begrüßen, oder man sieht, daß nahe bei der Tür ein Plätzchen frei ist und geht dorthin mit der Hoffnung auf etwas frische Luft.

Dann allerdings ist auch immer wieder jemand da, der einem unbedingt seinen Sitzplatz überlassen will, und man muß die Kunst des Überredens schon gut beherrschen um ihn davon zu überzeugen, seinen Platz doch zu behalten. Ich muß aber gestehen, daß ich es so gut wie nie geschafft habe.

Nach dem Gottesdienst saßen wir alle ganz zwanglos teils in der Kirche, teils draußen auf der Treppe. Es war schon toll, sie hatten tatsächlich das Problem der Brotbeschaffung gelöst und ein paar Frauen liefen geschäftig herum, verteilten Brot und Becher mit Kaffee oder Kakao, niemand wurde vergessen. Aber das Schönste war doch dieses natürliche Umgehen miteinander, die wunderbare Gemeinschaft, und ich fühlte mich dazugehörig. Nein, es war noch mehr, ich wurde von allen wieder einmal verwöhnt. Jeder wollte mir noch mehr Kaffee, noch mehr Kakao geben, und wieder und wieder sollte ich von dem Brot nehmen. Alle wollten mir etwas geben, keiner wollte zurückstehen Es kamen ganz schön zwiespältige Gefühle in mir auf. Einerseits war es Balsam für meine Seele, weil ich mich angenommen fühlte, andererseits war es aber auch peinlich. Schließlich war ich ja dabei, als sie so ausdauernd beraten haben, woher sie das Geld dafür nehmen sollten. In solchen Fällen das Richtige zu tun, kostete schon einiges an Selbstüberwindung, denn man mußte ihre Gaben annehmen. Zu schnell hatte man sonst ihre Gastfreundschaft verletzt.

Gegen 21.00 Uhr waren wir zurück in Altos del Cerro. Müde und total kaputt wollten wir gleich schlafen gehen. Daraus wurde nichts, denn über uns in der Kirche feierte Padre Gregorio den Gottesdienst zum Gründonnerstag mit vielen und sehr lauten Gesängen bis weit nach Mitternacht. Die Kirche hat nur wenig Mauern, eigentlich nur so viele, daß das Dach getragen wurde, und so war sie eben rundherum offen. Und da an unserer Wohnung das Wellblechdach nirgends richtig auflag, drang jedes Wort, jedes Singen zu uns herein und an Schlaf war beim besten Willen nicht zu denken.

Am nächsten Morgen um 10.00 Uhr Kreuzwegprozession.

Der Sammelpunkt war unten an der Straße, und da saß auch schon, geschmückt mit einer Papierkrone auf dem Kopf, Pilatus, umringt von römischen Soldaten, mit Helmen und Rüstungen, ebenfalls aus Papier.

Das Spiel konnte beginnen. Jesus wurde von dem finster dreinblickenden Pilatus verurteilt, die Soldaten schleppten ein riesiges Kreuz aus Holzstämmen, und dann bewegte sich der Zug langsam den Berg hinauf. Es wurde gebetet und gesungen, bis zur nächsten Station. Und da fühlte man sich um 2.000 Jahre zurückversetzt, denn alle Begebenheiten des Kreuzweges wurden sehr realistisch dargestellt.

Die Sonne knallte unbarmherzig auf uns herab und auf dem ganzen Weg kein Zentimeter Schatten. Da brauchte niemand Ermüdung und Mattigkeit zu spielen. Wir waren alle müde und matt, aber aufgegeben hat keiner.

An der höchsten Stelle von '22 de abril' fand die Kreuzigung statt. Der Jesus-Darsteller hatte den ganzen Weg das schwere Kreuz geschleppt, jetzt wurde er darauf festgebunden, das Kreuz mit ihm aufgerichtet. Und der Mann hing dort, als wäre er tatsächlich gekreuzigt worden.

Mittagszeit, Ruhe, alle Viere von sich strecken, nichts sehen, nichts hören, nichts denken. Die Zeit war sowieso knapp, am Nachmittag mußte ich ja wieder in '22 de abril' sein zur Begräbnisprozession.

Ich wußte gar nicht, daß es so viele Gelegenheiten zu Prozessionen gibt. Die Sargkommission hatte ihre Aufgabe zur Zufriedenheit aller erfüllt und der geschmückte Sarg konnte in einer Prozession in die Kirche getragen werden. Abends war ich so sehr geschafft, daß ich nur an trinken und schlafen denken konnte. Am nächsten Tag würde wieder eine Prozession stattfinden, aber die Gedanken daran schob ich erst einmal weit weg, wenn es auch beruhigend war, daß sie nur hinunter zum sogenannten Fußballplatz gehen sollte. Das 'nur' hätte ich mir sparen können. War doch ganz klar, daß man nicht den kürzesten Weg nahm. Wir liefen und stolperten viele enge Pasajen hinunter und dann schallte uns wahnsinnig laute Musik entgegen und es hatte noch irgend jemand, mitten auf dem Platz, unmittelbar neben dem Osterfeuer, ein uraltes, rostiges Karussell aufgestellt, dessen Quietschen bis in die letzten Gehirnzellen drang. Es war offensichtlich, da wollte jemand ganz bewußt die Osterfeier stören. Schwester Gabriela zeigte sich recht mutig. Sie ging langsam, aber doch energisch auf die Gruppe zu und schaffte es tatsächlich, daß wenigstens die Musik leiser gemacht wurde, erheblich leiser sogar.

Und beim Flackern des Feuers feierten wir eine lange Osternacht. In feierlicher Prozession, Padre Carlos mit der brennenden Kerze voran, zogen wir zur Kirche. Ich wollte mich schon auf den Weg nach Altos del Cerro machen, aber in der Kirche ging die Osterfeier noch weiter.

Fast war der Gottesdienst zu Ende, da trommelte es gewaltig auf die Wellblechwände und das Dach der Kirche. Die Regenzeit hatte begonnen. Kein Mensch ließ sich noch aufhalten, nicht in der Kirche, nicht vor der Kirche, wie es sonst üblich war. Es war ein einziges Schieben und Rennen.

Wie aus Riesenkübeln gegossen klatschte das Wasser vom Himmel und im Nu hatte sich die Straße in einen Sturzbach verwandelt. Zufällig waren Christine und Volker mit einem Auto da und brachten mich heim. So einfach war das gar nicht. Immer wieder blieb das Auto in großen Seen, die sich auf der Straße gebildet hatten, stecken.

Der Himmel hatte alle Schleusen geöffnet und ohne Unterbrechung goß es die ganze Nacht. An Schlaf war nicht zu denken, ohne Pause hämmerte der Regen einen Trommelwirbel auf das Blechdach. Jerry meinte allerdings, das wäre ein sehr milder Regen. "Na," dachte ich, "dann viel Vergnügen."

Ostersonntag, ein ganz normaler Tag

Am nächsten Morgen traute ich meinen Augen nicht Bis auf ein paar Seen auf der Straße war alles wieder pulvertrocken und die Sonne knallte unbarmherzig ihre Glut auf uns herab. Jerry hatte keine Ruhe, das Bauprojekt machte ihm Sorgen. Also fuhren wir schon sehr früh mit dem Motorrad los. Die Schäden waren verheerend. Die Leute hatten Terrassen an dem Berghang angelegt, auf denen die Häuser stehen sollten und einige Rohbauten waren auch schon fertig. Die Terrassen waren mir so haltbar vorgekommen und nun hatte der Regen große Stücke Erdreich ausgebrochen und weggeschwemmt, an anderen Stellen zeigten sich tiefe, etwa einen halben Meter breite Rinnen. Die Arbeit vieler Wochen waren zunichte gemacht. Und Jerry war fast glücklich, denn er hatte weitaus schlimmere Verwüstungen erwartet.

"Ich besuche heute einige Familien," meinte Schwester Gabriela und sie lud mich ein, sie zu begleiten.

Zuerst waren wir bei Paulita. Erstaunlich, daß ihre Champa nicht weggespült worden ist, liegt sie doch am Rand eines steilen Abhangs ohne jede Sicherung. Schon das Hinaufklettern ist ein halsbrecherisches Unternehmen. Die Champa besteht zum Teil noch aus Lumpen, zum Teil aus verrostetem Blech. Es war die fürchterlichste Behausung, die ich je gesehen hatte, ein dunkles Loch. Am ekligsten aber war Paulitas Mann, der dreckig und stinkend in der Hängematte lag. Er war arbeitslos, Paulita arbeitete in einer Kindertagesstätte. Von ihrem Verdienst blieb nicht viel übrig, weil der Mann fast alles in Alkohol umsetzte, dann Frau und Kinder verprügelte, um wieder stockbesoffen in der Hängematte zu liegen.

Vier Kinder haben sie, bildhübsch, aber leider total verwahrlost. Ein Baby war auch noch da, Paulita hatte es bei sich aufgenommen. Wem es gehörte, ob es ein Waisenkind war, ich weiß es nicht.

Die etwa einen Meter breite Fläche vor der Champa ist der einzige Platz hier, auf dem Kinder spielen können, und kein Zaun, keine Hecke sorgt für ihre Sicherheit. Ein unsicherer Schritt und man stürzt in die Tiefe.

Eigentlich ist das typisch für viele Familien in den Elendsvierteln. Trotzdem konnte ich mich nicht daran gewöhnen. Der nächste Besuch bei einer Familie an der Bahnlinie hat mich bis in die tiefste Seele erschüttert.

Die Champa war im Vergleich zu den anderen außergewöhnlich groß. Dennoch hatte sie auch nur einen Raum und in diesem wohnten Vater und Mutter, dreizehn Kinder und zweiundzwanzig Enkel. Einige Hängematten waren unter der Decke festgebunden und in der Mitte des Raumes, in dem einzigen Bett, lag ein schmächtiges Mädchen, Ana Lucia.

Bei der Offensive im November 1989 explodierte direkt neben der Champa eine Platzbombe, die Splitter durchschlugen die Wände und das Dach.

Ein Bombensplitter traf Ana Lucias Bruder in den Bauch. Ihm konnte nicht mehr geholfen werden, er starb. Ana Lucia ist von einer Menge Splitter getroffen worden, die viele Wunden in ihren kleinen Körper gerissen hatten. Einer der Splitter ist in die Lunge eingedrungen, konnte aber entfernt werden. Ein anderer Splitter durchschlug die Wirbelsäule. Nun ist das Mädchen für immer gelähmt. Mit ihren großen schwarzen Augen in dem ernsten, traurigen Gesichtchen sah sie so hilflos aus. Die dünnen Ärmchen und Beinchen waren wundgescheuert vom ständigen Liegen auf den rauhen Tüchern. Die Mutter tat was sie konnte, ständig wechselt sie die Tücher, versucht, die Schmerzen ihres Kindes zu lindern. Niemals wird sie laufen, oder wenigstens stehen können. Vielleicht könnte sie in einem Rollstuhl sitzen, aber den kann sich die Familie nicht leisten. So lag Ana Lucia nur apathisch auf dem Bett. Nur einmal zeigte sich eine Regung auf dem Gesicht des Kindes, nämlich als die Mutter das Hemdchen anhob, um mir all die Narben zu zeigen. Nach diesem Besuch wurde meine Wut noch höllischer, wenn ich die schwerbewaffneten Soldaten und todbringenden Hubschrauber mit den aus den Seitenfenstern ragenden MGs sah.

Der ganz normale Alltag

Ostern war vorbei, Schulen und Guaderias wieder geöffnet.

In der Mittagszeit, als die Kinder alle in Reih und Glied auf dem Fußboden lagen und schliefen, war natürlich wieder eine Versammlung. Nicht nur die Erzieher sondern auch die Coordinatoren nahmen daran teil. Und wieder einmal ging es um die falsche oder richtige Erziehung der Kinder.

Hauptthema, auch wie immer, die Vermeidung von Zwang. Die Kinder sollten lernen, selbst zu entscheiden. Davon wollten die Erzieherinnen jedoch nicht viel wissen. Sie meinten, Kinder müssen hart, wenn nötig auch mit Prügel erzogen werden.

Jerry kam. Er hatte mit Estela, die gerade in Deutschland war, telefoniert. Es gab da ein Problem. Estela hatte sich noch nicht von den schweren Folterungen, die sie im Dezember des vergangenen Jahres erleiden mußte, erholt und jetzt hörte sie von der Möglichkeit, in Deutschland eine Therapie zu bekommen. Sie wollte die gern in Anspruch nehmen, aber da war in Credisa Mariela, ihre Tochter. Die Therapie würde viele Monate dauern und beide hätten eine so lange Trennung nicht verkraftet. Mariela war jetzt schon krank vor Heimweh. Da gab es nur eines, Mariela mußte mit mir nach Deutschland kommen. Zu diesem Zeitpunkt stellte ich mir das noch sehr einfach vor. Ich blieb den ganzen Tag in der Gemeinde und fast hätte ich den Zeitpunkt verpaßt, um vor der Dunkelheit zu Hause zu sein. Es ist gefährlich, im Dunklen auf der Straße zu sein, und ich mußte mich mächtig beeilen.

Eli war für zwei Tage in Guatemala, Jerry noch in El Rosario, ich war also allein im Haus. Müde, aber glücklich und zufrieden lag ich in der Hängematte und schaute auf die Lichter der Stadt.
Und dann wurde der Frieden durch Gewehrschüsse jäh unterbrochen. Ich war nicht eigentlich ängstlich, zog mich aber dennoch in das schützende Innere des Hauses zurück. Schon bald trat auch wieder Ruhe ein.
Als Jerry kam, bereiteten wir uns ein Abendessen zu und machten es uns gemütlich. Da ging die Schießerei wieder los, dieses Mal noch viel näher und intensiver. Auf der Straße direkt am Haus war ein wahnsinniger Lärm, irgendetwas war anders als sonst.
Wir wagten uns bis zum Zaun, sahen hinunter zur Straße. Da sahen wir sie, laut schimpfende, wild gestikulierende Menschen. Nur Wortfetzen wie "Machete" - "Besoffen" - "Angreifen" - drangen an unser Ohr.
Chepes Frau kam mit ihren beiden Kindern vollkommen aufgelöst zu uns rauf. Chepe hatte außerhalb der Stadt zu tun, kam erst am nächsten Tag zurück. Ihre Champa liegt nur ein paar Schritte von der Straße entfernt. Sie hatte Angst. Natürlich konnte sie diese Nacht bei uns bleiben. Sie wurde etwas ruhiger und konnte erzählen, was vorgefallen war. Direkt vor unserem Haus, mitten auf der Straße, war ein Mädchen von 4 oder 5 Jahren vergewaltigt worden. Zufällig kam ein Campesino vorbei, ging mit der Machete auf den Kerl los, der Vergewaltiger hat dann wie wild durch die Gegend geschossen. Eine Stunde lang hielt das Schreien und Schießen draußen an, und plötzlich trat absolute Ruhe ein.
Man wußte nicht, ob außer dem Mädchen noch jemand verletzt wurde, unternommen wurde nichts. Die Polizei kümmert sich nicht im geringsten um solche Vorkommnisse. Das weiß jeder und deshalb hat auch niemand das erwartet. Ich kann mich nicht erinnern, daß hier jemals ein Verbrechen geahndet worden wäre.
Es war Nacht. Der Regen setzte wieder ein und mit ungeheurer Wucht klatschte das Wasser auf das Blechdach. An Schlaf war nicht zu denken, ich hatte mich noch nicht daran gewöhnt. Also setzte ich mich mit einem Becher Cola und einer Zigarette an die geöffnete Tür und genoß die relative Frische.

Ein Land, in dem Brutalität zu Hause ist

Den nächsten Tag verbrachte ich wieder in einer Guaderia, dieses Mal in Sector III, wo es einen schöneren und größeren Raum als in Labor I gibt und auch der Hof größer ist, aber in Labor I wird bessere Arbeit geleistet.
Trotzdem war ich regelmäßig auch in Sector III, wenn auch manchmal mit gemischten Gefühlen. Irgendwie wissen hier die Erzieherinnen selbst nicht genau, was sie machen sollen. Es ist kein System in ihrer Arbeit, zwischen

den Kindern ist häufig Zank und Streit und einige haben eine unbändige Freude daran, anderen Schmerzen zu bereiten.

Hector war besonders schlimm. Seine Angriffe kamen jedesmal unerwartet und man merkte es erst dann, wenn ein Kind plötzlich laut aufschrie. Hector stand dann etwas entfernt, unschuldig lächelnd und siegessicher. Sein hübsches Gesicht drückte dann "Das bin ich doch nicht gewesen!" aus. Jeder fiel darauf herein, ich auch.

Infolge des Sturzes war meine Hand immer noch stark geschwollen und schmerzte. Salbe und Verband machten es einigermaßen erträglich. Hector sah mich an, schaute auf den Verband. "Was hast du da?" Ich erklärte es ihm und er zeigte so viel Mitleid, daß ich ganz gerührt war. Im gleichen Moment krallte er seine Finger in meine Hand, quetschte sie zusammen und ehe ich es verhindern konnte, drehte er das Gelenk um. Mir wurde übel vom Schmerz und das schien ihm Freude zu machen, denn er versuchte es gleich noch einmal. Jetzt war ich vorbereitet und konnte es verhindern. Auf meine Zurechtweisung reagierte er zuerst völlig unbeteiligt, um mich dann ganz liebenswürdig anzustrahlen.

Ich wollte nicht böse mit ihm sein, bückte mich zu ihm runter und schon hatte dieser kleine Teufel mir die Brille weggerissen und den Rahmen zerbrochen. Als die Erzieherin zu uns kam, war Hector wieder das liebste Kind der Welt. Leider haben unter dieser Lust am Wehtun und Zerstören immer die Schüchternen zu leiden, sie können sich nicht wehren.

Dennoch kann ich Kinder wie Hector nicht verurteilen, viele mußten Folterungen von Angehörige mit ansehen. Immer wieder werden sie mit Grausamkeiten konfrontiert. Ich weiß, die Kinder sind die schuldlosen Opfer einer brutalen Welt. Trotzdem war mir im Moment die Lust an der Guaderia gründlich vergangen. Notdürftig klebte ich mein Brillengestell mit Heftpflaster zusammen und ging. Adiós amigos.

Spinnen und anderes Getier

Eines war mir klar, an die Cucarachas würde ich mich nie gewöhnen. Sie machten mir keine Angst, sie waren nur eklig.

Als ein Skorpion sich auf meinem Stuhl niedergelassen hatte und ich mich fast auf ihn gesetzt hätte, überlief mich eine Gänsehaut. Und als ein anderes Mal ein Skorpion auf mein Bett zusteuerte, hatte laut geschrien.

Aber bei den fetten Spinnen, da bin ich echt hilflos.

Kürzlich wurde ich morgens wach und entdeckte direkt über meinem Bett an einem Balken eine dicke haarige Spinne. In Panik geraten schrie ich sofort los. Jerry kam angerannt, "Was ist los?" Ich zeigte nur nach oben, wo das Ungeheuer immer noch saß. Und Jerry sagte in seiner lässigen Art, die ich in diesem Moment ziemlich unpassend fand: "Stell dich nicht so an, die ist ganz harmlos," und wischte sie mit einer Handbewegung weg. Und als ich mich später an Elis Tisch setzte, um etwas zu schreiben, da saß dort wieder so ein feistes Biest und glotzte mich an. Mir war eiskalt vor Ekel. Ich dachte, 'Jetzt nur nicht wieder blamieren. Mach die Augen zu und wisch sie weg'. Auf einmal fauchten Eli und Jerry mich gleichzeitig an: "Laß die Finger davon! Du willst dich wohl umbringen! Die ist hochgiftig!" Das sollte ein Mensch begreifen. Für mich sahen beide ganz gleich aus und doch war die eine harmlos und die andere konnte mich töten.

Ärger in der Schreinerei

Der Schreinermeister war in seinem Fach wirklich ein tüchtiger Mann, im Umgang mit Menschen jedoch eine absolute Niete. Keiner der jungen Arbeiter getraute sich, dem Meister etwas zu sagen, sie warteten, bis der Ärger so richtig in ihnen kochte, kamen dann zu Jerry und der mußte sehen, wie sich alles wieder regeln ließ. Der Meister war verärgert darüber und zeigte seine Macht: "In meiner Werkstatt hat sich jeder nach mir zu richten!" Und jetzt hatte das fürchterliche Ausmaße angenommen. Der Streit wurde heftig, es kam zu einer Prügelei, bei der einer der Arbeiter ziemlich schwer verletzt wurde. Ich kenne das spezielle Mutter-Sohn-Verhältnis in El Salvador und es wunderte mich nicht, daß die Mutter das nicht gelassen hinnehmen wollte. Sie veranstaltete einen regelrechten Terror in der Werkstatt, sprach schlimme Anschuldigungen aus. Das Ergebnis: alle Arbeiter legten die Arbeit nieder, kündigten. Der Meister drohte, er würde am Abend alle Maschinen abholen, er als Meister hätte das Recht dazu. Jerry wechselte das Schloß aus, die Werkstatt wurde geschlossen.

Besichtigung einer Finca

Der Plan war, eine Finca (Bauernhof) zu kaufen, darauf ein Landschulheim einzurichten. Das Haus könnte verschiedenen Zwecken dienen. Einmal kämen die Kinder in regelmäßigen Abständen von der Müllhalde weg, und außerdem sollte es den einzelnen Gruppen zur Verfügung stehen. Und alle sollten sich an der Bewirtschaftung des Landes beteiligen. Es wäre eine große finanzielle Erleichterung, Ananas, Mango, Bananen und Papaya für Schule und Kindergärten nicht mehr kaufen zu müssen. Was außerdem bedacht wurde: die Bewohner von '22 de abril' sind Campesinos und viele denken daran, irgendwann wieder aufs Land zu kommen. Ihre Kinder haben aber nicht die geringste Ahnung von Feldarbeit. Woher auch? Sie sind auf der Müllkippe geboren und kennen nichts anderes.

Auf der Finca sollen sie eine Beziehung zum Land bekommen. Carlos hatte erfahren, daß in Sonsonate eine Finca zum Kauf angeboten wurde. Er, Jerry, Schwester Rosana und ich fuhren mit dem Pick-Up dorthin. Es war eine schöne Finca und wir wurden überall herumgeführt. Als wir alles gesehen hatten, sagte die Besitzerin: "Ich habe es mir anders überlegt. Ich verkaufe nicht."

'22 de Abril'

Jubel und Trubel auf der Straße. Wir kamen von einer Lehrerversammlung und gerieten mitten hinein in diese Hektik. Über die Straßenbreite hinweg war eine Zeltplane gespannt, damit man vielleicht, wenn der Regen heute nicht gar so heftig sein sollte, weiter feiern konnte. Rundherum hingen bunte Laternen, und da stand ein Podium für die Musiker. Es herrschte eine wahnsinnig gute Stimmung und fast konnte man den Krieg und die ständige Gefahr vergessen. Um mich herum waren nur fröhliche Menschen die sangen, tanzten, lachten. Es war der Vorabend zum Jahrestag der Gemeinde.

Der Jahrestag selbst, der 22. April, spielte sich hauptsächlich in der Kirche ab.

Die turbulente Geschichte der Comunidad '22 de abril' wurde vorgelesen, viele erzählten ihre eigene Geschichte.

Der Gottesdienst, das Lesen und das Erzählen dauerten unendlich lange, doch niemand zeigte Ermüdung. Gespannt lauschten sie, als ob sie es zum ersten Mal hören würden.

Die ersten Leute waren schon sehr früh, nach einem Erdbebben, an die Bahnlinie gekommen und hatten dort ihre Hütten hingesetzt. Dann strömten aus vielen Dörfern Flüchtlinge hier zusammen. Die Dörfer gab es nicht mehr. Militär hatte sie zerschossen, abgebrannt. In jeder Familie waren Angehörige ermordet oder verschleppt worden, viele waren schwer verwundet. Ganze Familien waren ausgerottet worden. In den Landgegenden zu bleiben wäre Selbstmord gewesen und sie machten sich auf den Weg, versuchten ins benachbarte Ausland, zum Beispiel nach Honduras, zu kommen.

Und viele kamen in die Hauptstadt San Salvador. Sie glaubten, in Stadtnähe sicherer zu sein.

Der einzige noch freie Platz war die Müllhalde und dorthin setzten sie ihre Champas, meist nur aus Pappe und Lumpen.

Niemand hatte ihnen das Wohnen hier erlaubt und sie mußten zu jeder Zeit damit rechnen, die Halde räumen zu müssen, vertrieben zu werden.

Vor einigen Jahren trat dieser Fall dann auch ein, der Räumungsbefehl war klar und deutlich.

Ein tiefes Entsetzen erfaßte die Menschen. Wohin konnten sie gehen? Verzweifelte Briefe erreichten uns; "Helft uns, daß wir bleiben dürfen!" Und dann, am 22. April, hatten sie die offizielle Genehmigung, dort wohnen bleiben zu dürfen.

Aus Freude und Dankbarkeit, und auch um immer daran erinnert zu werden, nannten sie dieses Gebiet '22 de abril'. Seitdem ist der 22. April der größte Festtag der Gemeinde, aber es wird nicht nur gefeiert, sondern auch ihre ganze schreckliche Geschichte in Erinnerung gerufen.

Sie erzählten von den Massakern, die sie zur Flucht getrieben hatten, wie sie die verstümmelten Körper der ermordeten Angehörigen vor der Flucht noch schnell im Wald begraben hatten, wie sie Abschied nehmen mußten von allem, was ihnen lieb und teuer war. Auf diese Weise halten sie die Erinnerung daran wach, was sie sind und bleiben: Campesinos, die nicht immer auf der Müllhalde gelebt haben. Und auch denen, die schon hier geboren sind, geben sie damit ein Selbstwertgefühl.

Zu dieser Feier wagte Santiago, der ehemalige Chorleiter, es zum ersten Mal nach seiner Verhaftung im November und der schweren Folterung, hierher zu kommen. Er wurde mit einer unwahrscheinlichen Begeisterung empfangen. Natürlich hatte Santiago seine Gitarre mitgebracht. Und wie er spielte und sang und die Leute mitreißen konnte! Selbst nach Beendigung des Gottesdienstes und der Feier wollte niemand heimgehen. Alle blieben in der Kirche, andere hatten noch ihre Gitarren geholt, sie spielten und sangen, die Musik wurde immer feuriger, niemand konnte sich dem entziehen.

Draußen wurde inzwischen ein Feuerwerk veranstaltet. Die Erwachsenen jubelten und schrien in allen Lautstärken, wenn die Raketen hoch in den Himmel schossen und als bunter Regen wieder zur Erde kamen.

Ich hatte ein eigenartiges Gefühl dabei. Hier wird so viel geschossen, Tag für Tag muß man damit rechnen, in ein Gefecht zu geraten. Die Menschen sind ängstlich, verstecken sich, aber viele verlieren dabei auch ihr Leben. Und jetzt das hier. Ich konnte es nicht begreifen, aber ihnen machte das Knallen nichts aus. Es gehört nun mal zu einem großen Fest.

Aber den Kindern, denen machte das große Angst. Ein kleiner Junge drückte sich fest an mich, er zitterte wie Espenlaub und weinte. Ganz sacht schaukelte ich ihn in meinen Armen, redete ihm ruhig zu, streichelte ihn und ganz langsam konnte ich ihn beruhigen. Aber er ließ mich nicht mehr los, klammerte sich fest, bis das Feuerwerk vorbei war.

Das Feiern, der Trubel hielten noch bis lange nach Dunkelwerden an. Irgendwie fand ich es dann doch gut, daß sie so ausgelassen, so fröhlich waren. Sie konnten, wenn auch nur für ein paar Stunden, ihre miese Lage vergessen.

Was wollten die Soldaten von mir?

Ich hatte mich daran gewöhnt, an allen Ecken Militärs zu begegnen, angenehm ist es mir nie geworden. In Altos del Cerro, uns gegenüber, gibt es eine kleine Verkaufsbude. Heute morgen kam der kleine Sohn und sagte: "Gestern abend waren Soldaten bei uns. Die wollten wissen, wer alles hier oben wohnt und wer die fremde Frau ist und was die hier will." Die fremde Frau konnte nur ich sein.

"Wieso fragen die nach mir? Habe ich etwas verbrochen? Bin ich etwa in einem Sperrgebiet gewesen?" Ich war mir keiner Schuld bewußt. Eli wußte auch keine Antwort, sie konnte nur vermuten. Ich verstand das nicht. "Das hier ist das Haus von Padre Miguel", sagte sie, "den hatten sie während der Offensive auch gesucht, da ist er nach Guatemala gegangen. Wer jetzt hier wohnt, wird auf jeden Fall zuerst mal beobachtet. Trotzdem, wenn die Militärs nach jemandem fragen, bedeutet das nie etwas Gutes. Sei vorsichtig, wenn du auf die Straße gehst." Eli war sehr besorgt.

Daß ich absolut ruhig gewesen wäre, kann ich zwar nicht behaupten, hatte aber nicht vor, mir die Nerven ruinieren zu lassen, obwohl ich die Sache sehr ernst genommen hatte. Aber schließlich kann ich mich ja nicht verkriechen, und wenn die mich finden wollen, dann finden sie mich, egal, ob ich im Haus bin oder draußen.

Von da an bin ich den Soldaten zwar nicht unbedingt ausgewichen, habe aber nach Möglichkeit ein Begegnen vermieden. Und meine Devise war: Immer ganz harmlos aussehen, "ich kann doch kein Wässerchen trüben".

Ob bei den Leuten gegenüber noch einmal nach mir gefragt wurde, weiß ich nicht, gehört habe ich nichts mehr davon.

Leben auf dem Vulkan - im doppelten Sinn,

einmal, weil das Haus am Hang des Vulkans von San Salvador liegt, der ständig tätig ist, und zum anderen gärt es im Volk so sehr, daß man immer mit Ausbrüchen von Gewalt rechnen muß. Von Zeit zu Zeit ertappe ich mich dabei, wie ich selbst schon von einem Extrem ins andere falle, wie die Salvadorianer: Wut, daß ich losschlagen könnte, und dann diese Lethargie, die ich bei vielen Salvadorianern so erschreckend finde.

Ich entdecke, ihr Lachen und ihre Fröhlichkeit sind oft eine Flucht vor der grausamen Wirklichkeit. In Momenten akuter Gefahr kommt dann alle Panik zum Ausdruck und die ohnehin großen, schwarzen Augen werden noch größer, noch schwärzer und beherrschen das ganze Gesicht. Und ich? Ich lache, wenn mir so richtig mulmig zumute ist. Dann mache ich Witze und Jerry sagt: "Du mit deinen dummen Sprüchen." Aber es hilft mir, mit allem fertig zu werden. Ist die Gefahr vorbei, lächeln die Salvadorianer wieder und ich höre mit meinen dummen Sprüchen auf, so ist das nun mal. Inzwischen war mir ihr Mienenspiel so vertraut, daß ich das Schmerzliche in ihrem Lächeln nicht mehr übersehen konnte. Es war so ganz anders als vor drei Jahren. Damals sind wir wohl oft durch die Champas gelaufen, haben die große Armut gesehen, uns an der Freundlichkeit der Leute erfreut, aber wir waren doch immer "unter uns". Keiner hat sich wirklich auf den einzelnen Menschen eingelassen. Damals waren es hauptsächlich die Leute aus Mesa Grande: Marcos, Laura, Maria, Carlos, Consuela, die mir nicht aus dem Kopf gingen. Aber sie waren anders, bei ihnen war nur die große Hoffnung auf Heimkehr zu spüren. Faszinierend, wie sie sich gegenseitig Mut gemacht hatten und erstaunlich war ihr ungeheures Selbstbewußtsein. Ja, in meiner Erinnerung waren es immer die Leute aus Mesa Grande.

Und jetzt? Ich war mit der ganzen Misere auf Du und Du, sah die krassen Gegensätze, das 'Nicht-Zusammenpassende' in diesem Land mit erschreckender Deutlichkeit. Beklemmung schnürte mir fast die Luft ab, und ich hätte fliehen mögen vor all dem Unrecht. Aber was nützt fliehen? Was nützt es, die Augen zu schließen? Dadurch wird nichts besser, aber auch wirklich garnichts. Im Gegenteil, je weniger wir im Ausland an uns herankommen lassen, um so unbekümmerter können die Ausbeuter und Unterdrücker wirken.

Was zählt bei denen denn schon ein Menschenleben? Hauptsache, ihre Macht ist gesichert. So ein armseliges Stück Mensch, was liegt daran? Sicher, wenn namhafte Leute ermordet werden, wie der Erzbischof Romero, oder die sechs Jesuiten von der katholischen Universität, dann nimmt man Notiz davon, sogar im Ausland, und ein Schrei geht um die Welt.

Wieviel 'kleine' Priester bestialisch ermordet wurden, ihre Gesichter zerschlagen und zerschnitten wurden, damit sie nicht so leicht identifiziert werden können, das wird kaum bekannt. Und wer fragt schon nach den Tausenden unbekannter Campesinos? Diese Bestien, Soldaten einer christlichen Regierung, haben keinen Respekt vor dem Leben, vor Gottes Schöpfung.

Am Morgen kam ich nach '22 de abril'. Einige Leute standen zusammen und tuschelten. "Was ist los?" wollte ich wissen. Konnten sie mir trauen? Ein langer Blick - sicher, ich war ja ihre amiga. "Da drüben lag heute früh ein junger Mann, tot. Man hat ihn erschossen." "Wer hat das getan? Warum? Was hat er getan? Hat jemand die Polizei gerufen?" "Du bist so ahnungslos. Da kümmert sich doch keiner drum." In der Gemeinde war große Aufregung und Angst, aber darüber hinaus hat niemand etwas davon erfahren. Selbst Eli hier auf dem Berg wußte nichts davon, bis ich es gesagt habe. So ist das in den meisten Fällen, man erfährt so etwas immer nur durch Zufall und nie wird nach den Mördern gefahndet. Die Polizei müßte ja in ihren eigenen Reihen suchen.

Der junge Mann war mit seiner Freundin spazieren gegangen und da hat man ihn einfach abgeknallt. Das Mädchen ist seitdem verschwunden. Kein Zweifel, daß sie verschleppt wurde, oder auch ermordet, aber zu beweisen ist nichts. Die Familie kann auf eigene Faust suchen, nach den Mördern, den Entführern, nach dem verschwundenen Mädchen, aber finden werden sie kaum etwas. Und Mut gehört dazu, sehr viel Mut.

Mit derartigen Sachen werden die Leute hier ständig konfrontiert. Man hört es, man sieht es, man weiß es, und man schaut unglücklich drein und kann nichts tun. Und wenn ich einen tröste, wenn ich einem helfen will, stehen schon hundert Trostbedürftige, hundert Hilfsbedürftige in der Warteschlange.

So geht es bei jeder Hilfe und ich verstehe jetzt Jerrys Bedenken, wenn jemand die Patenschaft für einen dieser Menschen übernehmen will, wenn jemand sein ganzes Bedürfnis zu helfen auf eine bestimmte Person konzentriert. Dieser eine Mensch würde bald alles haben, was Menschen in Not sich nur wünschen können. Um ihn herum würde sich allerdings nichts ändern. Neid würde man wecken und statt zu helfen Unfrieden stiften.

Es gibt in El Salvador ja kein aus dem Rahmen fallendes Einzelschicksal, dem man durch Patenschaften zu Leibe rücken kann. Alle schleppen sie die gleiche Last mit sich herum. Ich schleppte inzwischen auch einiges mit mir herum. Aber so ist das nun mal, wenn man sich auf Menschen einläßt. Aus der Ferne kann man gut solidarisch sein, aber hautnah miterleben, dabei sein, da sieht die Sache schon anders aus.

Ich wurde immer hilfloser, war so ausgelaugt. Ich redete mir ein, daß das nur daran liegt, weil ich mich nicht so wohlfühlte. Seit drei Tagen tummelten sich Parasiten oder Amöben in meinen Gedärmen herum und ich hatte Durchfall. Eine unangenehme Angelegenheit, die mich alles andere natürlich in einem noch trüberen Licht sehen ließ.

Ach was, trüber als die Wirklichkeit kann gar nichts sein.

Ich hatte wieder eine Familie besucht, der Mann lag, genau wie bei Paulita, besoffen in der Hängematte. Lieber Gott, was war das für ein Familienleben. Da erzählte dieser Kerl so, als wäre es das Selbstverständlichste der Welt, daß er die paar Colones, die seine Frau als Köchin in der Guaderia verdient, versäuft und daß er dann Frau und Kinder brutal prügelt. "Die Frau ist schuld", sagte er. "Solange sie nicht gearbeitet hat, war unsere Ehe in Ordnung. Sie hat nicht widersprochen, hat alles getan, was ich gesagt habe. Jetzt gibt sie Widerworte und ist aufsässig. Die Prügel werden sie schon wieder zur Vernunft bringen." Und während er so redete, stand seine Frau mit schuldbewußtem Gesicht daneben und sagte kein Wort.

Ich hatte eine Stinkwut, am liebsten hätte ich den Kerl aus seiner Hängematte rausgekippt. Aber ich schwieg, ebenso wie die Frau, ebenso wie die Kinder.

Dieses Schweigen bringt mich noch um den Verstand.

Und diesem Schweigen begegnet man immer und überall, in den Familien ebenso wie auf der Straße.

Da liegt vielleicht einer auf der Straße mit einer Kugel im Leib, oder da liegt ein Körper, verstümmelt durch Machetenhiebe, oder man muß mit ansehen, wie jemand in ein Auto gezerrt und verschleppt wird, die Leute sehen es, die innere Aufregung ist groß, aber man sieht es ihnen nicht an, niemand geht der Sache nach. Es wird geschwiegen und man geht zur Tagesordnung über. Die Angst läßt sie schweigen, morgen sind sie es vielleicht selbst, die da liegen. Und immer mehr Menschen setzen ihre Hoffnung auf die Befreiung durch die Guerilla, und immer tiefer und tiefer rutscht ein Teil des Volkes in Resignation und Elend.

Und die Reichen im Land? Die kennen die Armen nur als billige Arbeitskräfte, beuten sie aus. Die unwürdigen Lebensbedingungen interessieren sie überhaupt nicht.

Und die Deutschen, die von den großen Verbänden oder von der Regierung kommen, die mit den Geldern der Entwicklungshilfe ins Land kommen? Sie wohnen im 'Sheraton' oder im 'Nueve San Salvador', beides hochmoderne Hotels im Grünen, und sie verhandeln genau mit den Leuten, die das Land ruinieren.

Wahrscheinlich haben sie nie so ein Flüchtlingsviertel gesehen. Da hat die Regierung vorgesorgt mit dem "Calle real", dem Flüchtlingslager zum Vorzeigen. Das können die Leute mit dem großen Geld besichtigen und zuhause erzählen, wie großartig das Flüchtlingsproblem gelöst wird. Und das Volk blutet aus.

Sie müssen sich befreien von der Ungerechtigkeit, sie müssen ihre Angst überwinden. Ich weiß, ich habe gut reden, bin ja nur ein paar Wochen hier. Und in dieser kurzen Zeit läuft es mir selbst kalt den Rücken herunter, wenn ich die Soldaten mit den Maschinenpistolen sehe, und die Läufe sind gefährlich in Bauch- oder Brusthöhe auf einen gerichtet. Es braucht ja nicht einmal absichtlich geschossen zu werden, der spielende Finger am Abzugshahn kann ja auch einmal zu intensiv spielen, und dann?

Ein Arbeiter aus der Werkstatt hat so ganz aus Versehen zwei Schüsse in den Bauch gekriegt. Macht das etwa seine lebensgefährliche Verletzung weniger gefährlich, weil die Schüsse nicht gezielt waren? Dieses Spielen mit den gräßlichen Waffen macht mich nervöser als ich zugeben will.

Wahl der equipo pastoral

Letzte Versammlung der equipo pastoral (ähnlich unserem Pfarrge-meinderat, aber mit Entscheidungsbefugnis) in der jetzigen Zusammensetzung. Das fing morgens mit einem Gottesdienst an, anschließend gab es in der Kirche für alle Mittagessen. Da wurde ein großer Topf mit Suppe in die Kirche geschleppt und ein Topf mit Reis und natürlich Tortillas. Es wurde gegessen und geschwatzt und gelacht, wie bei einem großen Familientreffen. Die Kirche ist halt das, was Kirche sein sollte: ein Zuhause für alle Menschen, ein lebendiges Zuhause.

Am nächsten Tag also war die Wahl der neuen equipo pastoral, nein, nicht in '22 de abril', sondern in Mexicanos. Früh um 8.00 Uhr mußten wir dort sein. Die Fahrt mit dem Bus war angenehm und lustig.

Sie hatten einen Bus gefunden, in dem kein einziger Sitz kaputt war, das allein war schon ein kleines Wunder.

Als wir im Gemeindehaus in Mexicanos ankamen, war das Frühstück schon hergerichtet, aber bevor wir uns darüber hermachten, wurde erst noch gesungen. Und dann wurde regelrecht geschlemmt, mit Kakao, Bohnen, Gemüse und Tortillas, und jede Menge Wasser. Lecker!

Die Vorbereitung zur Wahl und die Wahl selbst waren ein Erlebnis für sich. Da ging nichts einfach so ruckzuck über die Bühne. Am einfachsten war noch die Abstimmung darüber, aus welchem Personenkreis sich die equipo zusammen setzen sollte und wer als Kandidat auf die Liste kam.

Um eine gerechte Verteilung der Stimmen zu erreichen, einigte man sich auf je drei Personen: drei Ordensleute, drei aus Credisa und drei aus '22 de abril'. Alle machten ihre Vorschläge, die Namen wurden auf ein großes Papier an die Wand geschrieben.

Pause! Draußen im Hof stand ein großer Kübel Zitronensaft bereit, jeder bekam ein Stück Gebäck. Die Zweige der Mangobäume beugten sich unter der schweren Last ihrer vielen Früchte weit nach unten, so hatten wir keine Schwierigkeiten, uns zu bedienen. Ich setzte mich in das erstaunlich grüne Gras, verzehrte die zuckersüßen, saftigen Mangos und fühlte mich wie im Paradies.

Der nächste Akt: die Vorgeschlagenen wurden befragt, ob sie sich wählen lassen wollten und fast die Hälfte ließ ihre Namen wieder streichen.

Wieder eine kleine Pause, dann gab es Mittagessen. Reichhaltig, direkt fürstlich: Reis und Bohnen, Kraut und Kartoffeln, Hackfleisch und Tortillas und zum Dessert Melonen. Und natürlich wurde nach dem Essen eine Verdauungspause gemacht.

Aber dann ging es echt zur Sache. Von wegen, Kreuzchen hinter einen Namen machen und fertig, die Kandidaten mußten zuerst einmal zeigen, wie sie sich ihre Arbeit und ihren Einsatz vorstellten. Und für sie war es ganz klar, daß man das am besten spielerisch machte.

Dazu hatten sie sich in drei Gruppen aufgeteilt. Alle drei Gruppen spielten eine Sitzung der equipo pastoral. Die erste zeigte eine ganz normale Sitzung, alle kommen fast gleichzeitig an, es wird geredet, und geredet, und geredet - sachlich und stinklangweilig.

Die zweite Gruppe spielte eine Sitzung, wie sie auf keinen Fall sein sollte, kommen und gehen wie man will, alles quasselt durcheinander und zum Schluß gibt es mehrere kleine Grüppchen und keiner weiß noch, um was es eigentlich ging.

Die dritte Gruppe war nicht sonderlich pünktlich, in ziemlich langen Abständen trudelten sie ein, dann konnte die Sitzung beginnen. Ihre unterschiedlichen Meinungen gaben sie äußerst lebhaft zur Kenntnis. Trotzdem wurde niemand "überfahren". Jeden ausreden lassen ist sowieso eine ihrer besten Tugenden, und das tun sie selbst bei heftigen Debatten. Trotzdem war das für meine Begriffe ein wüstes Durcheinander, aber oh Wunder, am Schluß hatten sie sich geeinigt.

Die Akteure setzten sich wieder in den großen Kreis und dann wurde mit allen Anwesenden diskutiert. Erst als man sich ein Bild davon gemacht hatte, wie jeder sich nach diesen Mustern seine Arbeit in der equipo vorstellte, ging es zur Wahl. Zettel wurden verteilt, jeder schrieb den Namen dessen auf, den er wählen wollte. Damit jeder genau verfolgen konnte, daß es mit rechten Dingen zuging, wurden alle Zettel auf den Tisch gelegt, einzeln die Namen verlesen und an der Wand eine Strichliste gemacht. Gemeinsam zählten sie die Stimmen zusammen.

Die Comisiones suchten aus den Gewählten dann noch jeweils den aus, der sie in den nächsten zwei Jahren begleiten und vertreten sollte. Die Wahl war gelaufen, alle waren zufrieden. Die Rückfahrt verlief etwas ruhiger als die Hinfahrt, wir waren alle ein bißchen müde. Aufregung gab es nur, als wir in eine Militärkontrolle kamen, den Bus verlassen mußten um uns auszuweisen. Das ging aber schnell vorüber, gab keine Probleme.

Einmal im Jahr mietete Jerry einen Bus und machte mit allen Lehrern und Erziehern einen Ausflug. In San Vicente gab es einen wunderschönen Ausflugsort. Hier merkte man überhaupt nichts von Krieg und Terror und die Natur gab alles, was sie nur zu bieten hat. Die üppige Vegetation mit ihren exotischen Bäumen und Blumen machte die Seele weit. Gummibäume, groß und dick wie ausgewachsene Kastanienbäume spendeten reichlich Schatten. Über eine steile Felswand plätscherte Wasser hinunter, ließ die dunklen, bizarr geformten Steine in der Sonne glitzern und gleißen, um sich an der tiefsten Stelle in einem See zu sammeln. Verschlungene Pfade schlängelten sich zwischen fremdartigen Gewächsen hindurch. Ein Schwimmbecken war dort, alles stürzte sich begeistert hinein. Das Wasser war sehr warm, das kam von dem nahe gelegenen Vulkan, und die vielen Algen machten es grün und es klebte wie Kleister.

Unzählige winzige Fischlein tummelten sich in dem Wasser. Jerry sagte: "Wenn man sich nicht bewegt, knabbern sie die Füße an." Ich hatte das Gefühl, sie hätten damit schon begonnen und machte, daß ich auf festen Boden kam. Direkt am Rand des Beckens stand ein mit Früchten beladener Mangobaum. Einer der Lehrer kletterte hinauf, pflückte die Mangos, ließ sie einfach ins

Wasser fallen, ein anderer fischte sie gleich heraus, verteilte sie. Sie waren klebrig, genauso wie das Wasser.Schale kann man ja entfernen und das goldgelbe, zuckersüße Fruchtfleisch schmeckte köstlich. Es war wie Ferien im Paradies.

Mittagszeit - fünf Lastwagen hielten auf dem Parkplatz, auf jedem, dicht gedrängt, Militärs und im Nu war der ganze, herrliche Platz voller Soldaten. Sie waren nicht unfreundlich, hatten sogar Instrumente mitgebracht und machten Musik. Nur, warum kamen sie in ihren Kampfuniformen und warum legten sie ihre Maschinengewehre nicht ab? Man sah José keine Angst an, aber es war doch offensichtlich, daß er eine Begegnung mit den Soldaten vermied, sich immer in der Nähe dichter Büsche aufhielt. Die Verhaftung und Folterungen vor einem halben Jahr steckten ihm noch tief in den Knochen. Auf der Rückfahrt gerieten wir dann noch in eine Militärkontrolle. Sehr unangenehm, aber wir haben sie überstanden. Zwei Stunden dauerte die Fahrt und um 17.00 Uhr waren wir wieder in Credisa.

Wieder einmal zum Bauprojekt

Es gab eine Menge Probleme, und eines war die Einhaltung der vorgeschriebenen Arbeitszeit. "Es geht nicht anders", meinte Jerry, "wir können keine Ausnahmen machen. Aber sie versuchten es immer wieder." Davon sollte ich mich auch gleich überzeugen können.

Eine Frau kam auf uns zu, wollte für eine Freundin bitten, die fünf kleine Kinder hätte, aber keinen Mann. Sie arbeitet schon lange am Bauprojekt, um eines Tages so ein hübsches Haus beziehen zu können. "Jetzt", sagte die Frau, "kann sie hier nicht mehr arbeiten, weil sie dann kein Geld mehr für ihre Kinder verdienen kann. Die Kinder müssen dann verhungern. Bitte, Padre, stellen Sie für meine Freundin einen Arbeiter ein und bezahlen ihn."

Ganz klar, daß Jerry das ablehnen mußte, denn wenn er das täte, kämen wenigstens die Hälfte aller Frauen mit dem gleichen Problem zu ihm.

Man kann es drehen und wenden wie man will, es können noch so gute Vorschläge zur Lösung der Probleme gemacht werden, bei allem hat jeder Angst, benachteiligt zu werden. Da helfen auch die langen Palaver nichts, sie sind nur sehr ermüdend. Es war auch an diesem Abend wieder sehr spät geworden, ohne daß es ein positives Ergebnis gegeben hätte. Wir waren müde und ausgelaugt, trotzdem wollten wir noch zu Heidi. Kreuz und quer fuhren wir durch Escalón, Heidis Haus fanden wir nicht. Natürlich haben wir Leute nach der Straße gefragt und alle waren sehr zuvorkommend und gaben bereitwillig Auskunft. Nur, sie wußten selbst nicht, wo das war. Hätten sie zugegeben, den Weg nicht zu kennen, sie hätten uns einen größeren Gefallen getan. Wir sind herumgefahren, gelaufen, das Haus haben wir nicht gefunden.

1.-Mai-Demonstration

Eine eigenartige Atmosphäre lag über der Stadt. Die Luft war wie mit Elektrizität geladen. Ich spürte die Spannung tief unter der Haut. Es war noch früh am Morgen. Vor dem Nationalpalast waren Männer dabei, eine Tribüne aufzubauen, genauestens beobachtet von einer Menge Soldaten.
Gegenüber, am Turm der Kathedrale, sah ich ganz hoch oben Männer damit beschäftigt, überdimensionale Plakate und Spruchbänder aufzuhängen. Halsbrecherisch, wie sie da herumturnten, wie sie an der Fassade hochkletterten. An den Straßen und Plätzen waren vom Militär Sandsäcke als Barrikaden aufgeschichtet. Es wimmelte von Militär mit schußbereiten Waffen. Und bei all dem lag eine ungewohnte, ja lähmende Stille über der Stadt. Ich lief durch die Straßen, spürte die knisternde Spannung.
Gegen Mittag änderte sich das Bild. Plötzlich war kein einziger Soldat mehr zu sehen. Jeder wußte, sie waren noch da, aber wo?
Für einen kurzen Moment glaubte ich, die Welt stünde still, dann aber kam Leben in die Menschen. Da bog auch schon die Spitze des Demonstrationzuges um die Ecke, nahm die gesamte Breite der Straße in Anspruch. Viele trugen Plakate mit Fotos und Namen von Ermordeten: die der Gewerkschaftler auf gelbem Karton, die der im November ermordeten Jesuiten auf blauem Karton. Andere trugen Spruchbänder und viele ließen kleine Fähnchen flattern in den Landesfarben weiß-blau und viele trugen weiß-blaue Mützen.
Die Bilder der Ermordeten wurden gut sichtbar an der Wand der Kathedrale aufgestellt.
Der Zug schien kein Ende zu nehmen und alles drängte auf den Platz. Dicht an dicht standen die Menschen, schauten erwartungsvoll zur Tribüne. Als die Musikkapelle aufspielte, löste sich der Bann. Viel bewegen konnten die Leute sich nicht, dazu standen sie viel zu dicht beieinander. Ich hatte einen guten Überblick, da ich mir schon vorher einen Platz gleich neben der Tribüne gesichert hatte und mich nun mit Hilfe einer der Redner auf die Tribüne gehievt hatte. Von hier oben sahen die hin- und herwogenden Köpfe aus wie ein vom Wind bewegtes Meer. Der Eindruck wurde noch verstärkt durch die vielen weiß-blauen Fähnchen, die sie hoch über ihren Köpfen schwenkten.
Die Redner wurden mit lauten Rufen begrüßt. Niemand dachte noch daran, daß wir hier auf einem Pulverfaß saßen.
Als letzter und Hauptredner trat der lutherische Landesbischof Medardo Gomez auf. Absolute Ruhe herrschte bei seiner Rede und dann rauschte brausender Beifall auf. Meine Bewunderung für diesen Mann stieg ins Grenzenlose. Ständig mit Morddrohungen traktiert, brachte er den Mut auf, hier draußen, ungeschützt und für alle sichtbar, sozusagen auf dem Präsentierteller, für sein geschundenes Volk einzustehen, gegen jedes Unrecht zu protestieren. Nach seiner Rede konnte ich noch kurz ein paar Worte mit ihm reden. Er sprach

von seinem Risiko, öffentlich aufzutreten, und daß man ihm das Gleiche Schicksal wie Moñsenor Romero angedroht hat. Dann ist er sehr schnell verschwunden.

Erstaunlich, wie schnell der Platz sich dann leerte. Die Leute bringen den Mut zu Großversammlungen auf, sind aber vernünftig genug, danach sofort zu verschwinden.

Gefährlicher Abend bei Heidi

"Heute abend fahren wir zu Heidi, ich weiß jetzt den Weg", sagte Jerry. "Am Nachmittag ist aber erst noch Sitzung der Kooperativen."

Es gab vieles zu besprechen, über Schulen, Kindertagesstätten, Werkstätten. Wir saßen wieder in der Kirche auf diesen unmöglichen Bänken. Je länger die Sitzung dauerte, um so schwieriger wurde das Sitzen.

20 Uhr vorbei, Ende der Sitzung, auf's Motorrad schwingen und ab zu Heidi. Alles sprach für einen schönen, friedlichen Abend. Nichts störte die himmlische Ruhe. Und Heidis Haus, davon konnte man nur träumen. in einem derart feinen Haus bin ich in El Salvador noch nie gewesen. Dazu das tolle Abendessen, ein Eintopf mit Blumenkohl, Reis und Krabben. Einfach herrlich!

Reinhard war da mit Frau und Kindern. Reinhard hatte vor, als Arzt nach Credisa zu kommen und dieser Abend war ausgezeichnet dazu geeignet, alle Einzelheiten, alle Für und Wider zu besprechen.

Wir haben gegessen, getrunken und es war so richtig schön gemütlich, da fielen die ersten Schüsse, ganz nah am Haus. Nur keine Aufregung, das geht jetzt ein bißchen hin und her, wie üblich, und dann ist wieder Ruhe. Wir würden dann sofort losfahren. Aber es hörte nicht auf, im Gegenteil.

Zuerst waren es nur Gewehr- und Pistolenschüsse und wir machten uns nicht allzu große Sorgen. Wir saßen hinter schützenden Mauern, und wir mußten uns ja nicht gerade in Fensternähe aufhalten. Aber dann erschütterten tiefe, dumpfe Detonationen das ganze Haus, dazwischen das wütende Gebell der Maschinengewehre. Es knallte ununterbrochen. Ein Schütze mußte direkt unter unserem Fenster gehockt haben. Ich sah das Aufblitzen des Mündungsfeuers und als Antwort Einschüsse, Detonationen.

Plötzlich Totenstille unter dem Fenster. Hatte der Schütze sich einen anderen Platz gesucht? War er getroffen, vielleicht sogar tot? Wir würden es wohl nie erfahren. Das Licht ging aus, aber immer wieder erhellten Leuchtraketen das Zimmer, Hubschrauber kreisten ständig herum, suchten mit starken Scheinwerfern das Gebiet ab. Wir saßen eng nebeneinander an die Wand gepreßt, die Schießerei wurde immer wütender. An Heimfahrt war überhaupt nicht zu denken. So gegen zwei Uhr nachts, die Schüsse wurden weniger, entfernten sich etwas vom Haus und irgendwann in den frühen Morgenstunden trat wieder Ruhe ein, normalisierte sich das Ganze und wir versuchten zu schlafen. Um 6.00 Uhr rüttelte Jerry mich schon: "Wir fahren los." Ohne uns zu waschen, ohne Kaffee, und ganz leise, um die anderen nicht zu stören, gingen wir raus, keine Ahnung, was uns draußen erwarten würde. Sehr vorsichtig, in alle Richtungen schauend, verließen wir das Haus. Aha, deshalb hatten wir in der Nacht plötzlich kein Licht mehr, der Strommast lag zersplittert auf der Straße, gesprengt. Bei keiner Fahrt mit dem Motorrad hatte ich so ein häßliches Kribbeln im Rücken wie bei dieser. Jeden Moment rechnete ich damit, den Schlag einer Kugel im Kreuz zu spüren. "Mensch", dachte ich, "rede dir nicht so einen Quatsch ein, du bist ja hysterisch." Aber es waren zu viele Soldaten auf der Straße. Sie wirkten zwar müde, aber dennoch...

Wir waren wohl beide froh, als wir heil in Altos del Cerro angekommen waren und nach dem Waschen und Frühstücken war fast alles vergessen. Ich ging also zum Alltag über wie Jerry, wie die Salvadorianer. "Eigenartig", dachte ich, "wie schnell der Mensch sich doch anpaßt."

Wie jeden Tag ging ich morgens zur Bibelstunde nach '22 de abril'. Sie hatten das Thema gewählt: "Die Israeliten als Sklaven in Ägypten." Das meiste wurde natürlich wieder in kleinen Szenen dargestellt.

Zwei Fragen standen im Vordergrund: 1. Wie sieht ein Gott aus, der für den Pharao gut ist? 2. Will Gott die Sklaverei? Im Spiel wurde es ihnen bewußt, daß ihre Geschichte der Geschichte der Israeliten sehr ähnlich ist.

Ganz langsam wächst in ihnen der Gedanke, daß das, was mit ihnen geschieht, Unrecht ist und niemals Gottes Wille sein kann. Sobald aber jemand kommt und sagt, "alles ist Gottes Wille", sind sie wieder bereit, alles geduldig hinzunehmen. Sie können (oder wollen) sich keinen gnädigen Gott vorstellen. Es ist wirklich zum Verzweifeln.

Ich ging noch in eine Kindertagesstätte, in die Romero-Schule und zwischendurch zum Bauprojekt.

Ich wunderte mich selbst, aber ich konnte den Soldaten ins Gesicht schauen, als ob es diese Nacht gar nicht gegeben hätte.

Jerry mußte zum Konvent in die Stadt und nahm mich mit. Ich kaufte einige Sachen zum Essen ein, quetschte mich in einen dieser total überfüllten, knatternden Busse. Den Nachmittag wollte ich ruhen.

Und dann stand ich draußen und konnte nicht ins Haus, Yolanda hatte den Schlüssel mitgenommen. Als nach langem, langem Warten endlich jemand Yolanda gefunden hatte und mit dem Schlüssel ankam, fühlte ich mich wie gegrillt, meine eingekauften Sachen waren schon fast gekocht. Zum Glück hatten wir einen Kühlschrank. Aber wir hatten mal wieder keinen Strom und das Wasser aus dem aufgetauten Kühlschrank kam mir schon an der Tür entgegen. Das sind nun mal die 'netten kleinen Überraschungen' mit denen man immer rechnen muß.

Meine Aufenthaltsgenehmigung läuft ab

Diese Migración, sie war mir ein Greuel, aber es mußte sein. Schwester Rosana mußte ebenfalls hin, ihr Visum verlängern lassen. Also machten wir die Höllenfahrt in dem rumpelnden Bus gemeinsam. Wie üblich war der wieder total überfüllt und wir waren noch nicht aus Credisa raus, da klebten die Klamotten auch schon wieder am schweißnassen Körper fest. In der Migración waren noch mehr Soldaten als sonst, und selbst hier hatten sie ihre Maschinenpistolen schußbereit im Anschlag. O wie ich das haßte!
Jerry hatte mir einen schönen Brief mitgegeben, hatte ausführlich begründet, warum eine Verlängerung meiner Aufenthaltsgenehmigung notwendig sei. Der Beamte sah meine Papiere durch, las Jerrys Brief. Die geforderten Paßfotos hatte ich auch dabei, eigentlich war alles in Ordnung. Aber das Gesicht des Beamten sagte alles. Er gab mir meine Papiere zurück und sagte nur ein Wort: "No!" Erst nach geraumer Zeit bequemte er sich zu sagen, daß der Brief von Jerry nichts nützt, daß ohne ein Schreiben vom Erzbischof nichts zu machen sei.

Schwester Rosana hatte ihr Visum auch nicht bekommen, sollte auch ein Schreiben vom Erzbischof vorlegen. Also begaben wir uns dorthin.
Das Generalvikariat lag nicht gerade in der Nähe, aber Rosana dachte gar nicht daran, einen Bus zu benutzen. Sie lief los und ich zockelte hinterher. Als wir endlich dort ankamen, war Moñsenor Rivera y Damas nicht mehr da, es war Mittagszeit. "Vielleicht am Nachmittag", meinte die Sekretärin. Zurück nach Credisa. Der Bus wieder gerammelt voll. Ich stand vorne gleich neben dem kochendheißen Motorkasten, keine Möglichkeit, mich irgendwo festzuhalten und als der Bus in ein Schlagloch haute, bin ich gegen den Kasten gestoßen und habe mir ganz blöd das Bein verbrannt. Ich bekam kaum noch Luft, speiübel war mir, aber - immer nur lächeln.
Nachmittags wieder zum Erzbistum, Moñsenor war nicht da, morgen wiederkommen. Jetzt wurde die Zeit aber echt knapp. Es war Freitag und am Dienstag mußte ich entweder die Verlängerung haben oder ausreisen. Abends war ich bei der neugewählten equipo pastoral.
Vielleicht war es meine Nervosität, daß ich ausgesprochen habe, was ich schon lange sagen wollte, denn trotz aller Freundschaften wurde ich das Gefühl nicht los, daß sie uns und unsere Arbeit nicht ganz richtig einschätzten. "Wir in den Solidaritätsgruppen in Deutschland", sagte ich, "gehören nicht irgendeiner großen Organisation an und wir sind keine in ein Gremium gewählten Leute, sondern Einzelmenschen, die irgendwann und durch irgend was ihr Herz für El Salvador entdeckt haben. In unseren Gruppen verpflichtet

sich niemand, für eine bestimmte Zeit oder gar für ewig dabei zu bleiben. Jeder entscheidet ganz allein, wieviel Zeit und wieviel Geld er für diese Arbeit einsetzen kann und will." Fragende Augen blickten mich an. Keine Organisation? Niemand der sagt, was man tun soll? Das schien für sie wirklich etwas Neues zu sein. "Jeder muß selbst wissen, ob er etwas tun will und was er tun will", sagte ich. "Manche verlieren schon sehr bald die Lust, aber andere sind schon viele Jahre in so einer Gruppe. Ist es da nicht verständlich, daß sie die Menschen kennenlernen möchten, an die sie so oft denken und die sie Freunde nennen? Sie möchten mit ihnen Freude und auch Leid teilen und sie möchten, wenn es möglich ist, bei der Bewältigung eurer Probleme mithelfen." Es war gut, das ausgesprochen zu haben. Wir hatten uns verstanden. Ich hatte ein richtig gutes Gefühl und am nächsten Morgen, wenn ich das Schreiben von Moñsenor abholen konnte, würde alles bestens geregelt sein. Ja, wenn ... aber, es gab kein Schreiben, und Moñsenor Rivera y Damas war auch nicht da. Mittags wiederkommen. Um 12.00 Uhr hin - "Lo siento, pero Moñsenor no está." (Es tut mir leid, aber der Bischof ist nicht da.) Warten bis Montag? Das darf doch nicht wahr sein! Wenn ich am Dienstag die Verlängerung nicht bekam, mußte ich das Land verlassen. Aber ich konnte nicht weg, was wurde dann aus Mariela? Wenn ich sie nicht mit nach Deutschland brachte, würde Estela sofort nach Hause wollen. Was wurde dann aus ihrer Therapie? Jerry beruhigte mich: "Fahre ein paar Tage nach Nicaragua oder Guatemala. Wenn du neu einreist, hast du automatisch wieder zwei Wochen." Also gut, warteten wir es ab. Pünktlich um 9.00 Uhr am Montag war ich im Bistum. Alles wie gehabt: "Moñsenor kommt um 12.00 Uhr." Um zwölf wieder hin, gleich in das Büro des Erzbischofs. "Der Brief? Der ist fertig, den hat die Sekretärin", meinte er. Also hin zu ihr. Papiere durchblättern, alle Regale absuchen, der Brief war weg, sie hatte ihn verschlampt. Moñsenor kam hinzu, redete ein paar Worte und ohne weiteren Kommentar schrieb sie den Brief noch einmal. Dann auf dem schnellsten Weg zur Migración. Zu spät, alles schon geschlossen, morgen wiederkommen. Nerven sind ja doch sehr strapazierfähig, meine müßten eigentlich längst gerissen sein. Mit gemischten Gefühlen betrat ich am Dienstag das Gebäude der Migración, stieg ganz langsam die Treppe zur 1. Etage hinauf, um die Enttäuschung nur ja lange hinaus zu zögern. Da saß wieder der unfreundliche Mensch. Ich gab ihm den Brief, meinen Paß, neue Paßfotos, ließ mir Fingerabdrücke abnehmen, wurde hinaus auf den Flur geschickt. Diese Migración hing mir echt zum Hals heraus. Die Wartezeit schien kein Ende zu nehmen. Wenn nur dieses unangenehme Kribbeln unter der Haut nicht gewesen wäre. Und dann traute ich meinen Augen nicht - statt der zwei Wochen, um die

Moñsenor ersucht hatte, bekam ich eine Verlängerung von vier Wochen. Jetzt konnte nichts mehr passieren, auch dann nicht, wenn es mit den Papieren für Mariela noch Schwierigkeiten geben sollte. Und die Schwierigkeiten traten tatsächlich ein.
Zuerst hatte der Anwalt vergessen, eine Kopie meines Passes einzureichen. Ebenso mußte eine amtlich beglaubigte Genehmigung von Marielas Großeltern beigebracht werden, daß ich das Kind mitnehmen durfte. Ohne diese Papiere würde kein Kind das Land verlassen können, aus Sicherheitsgründen. Zu viele Kinder verschwanden, wurden geraubt. Sie werden ins Ausland gebracht, verkauft. Der harmlosere Grund sind illegale Adoptionen, oft aber stiehlt man die Kinder wegen der grausamsten Sache, die man sich denken kann, Verkauf an Organbanken. Auf welchem Wege diese Kinder über die Grenze geschmuggelt werden, niemand kann es mit Sicherheit sagen. Nur eines steht fest, ohne die Hilfe von skrupellosen Polizisten und Anwälten wäre das nie möglich. Die Vorsicht war also durchaus begründet.
Endlich war der Paß fertig oder besser gesagt: fast. Sie hatten das 12jährige Mädchen als verheiratet eingetragen.

Tag des Hirten

Eines Tages sah ich mit Staunen, wie Jerry Blumen auf Lidias Arbeitstisch stellte. "Hat Lidia Geburtstag?" "Nein, heute ist Tag der Sekretärin', alle Sekretärinnen bekommen an diesem Tag von ihrem Chef Blumen, und abends lädt er sie zum Essen ein." "Tag der Sekretärin? Nie davon gehört."
"Hier ist das ganze Jahr so eingeteilt. Jeder Beruf hat seinen bestimmten Tag, und da werden diese Menschen besonders geehrt und je besser sie ihre Arbeit tun, um so größer ist zum Beispiel der Blumenstrauß." Eli hatte einen großen Kalender und tatsächlich, da waren sie alle eingedruckt: Tag der Sekretärin - Tag der Ärzte - Tag der Verkäuferin - Tag der Soldaten - und so ging es fort, kein Beruf war vergessen.
Es war Samstag, der 5. Mai. "Tag des Hirten", stand im Kalender. Abends gingen wir in die Kirche. Es waren viele Leute da und bis zur Gabenbereitung war alles ganz normal.
Aber dann - "Was ist denn das?" ein langer Zug, voran mindestens zwanzig Kerzenträger, zog in feierlicher Prozession durch die Kirche zum Altar.
Jerry mußte sich auf einen Schemel setzen, rechts und links von ihm stellten sich die Kerzenträger auf.
Zuerst brachten die Kinder ihre Geschenke, Bilder, die sie gemalt hatten. Dann bekam er Weintrauben und Kuchen, Köstlichkeiten, die für die Leute eigentlich unerschwinglich sind. Das letzte Geschenk war eine Pflanze mit einer sehr starken Wurzel.

Beim Überreichen der Geschenke sagte jeder einen Spruch oder hielt eine kleine Ansprache. Zunächst einmal zeigten sie mit ihren Geschenken, wieviel ihnen 'ihr Padre' bedeutet und daß sie ihn lieben. Mit der Pflanze wollten sie etwas ganz Besonderes zum Ausdruck bringen.

Eine Pflanze mit einer schwachen Wurzel würde in der Trockenheit verdorren, beim Regen weggeschwemmt werden. Nur eine starke Wurzel gibt der Pflanze den nötigen Halt. "So wie diese Wurzel der Halt dieser Pflanze ist, so ist unser Padre der Halt der Gemeinde."

In der kritischen Zeit, selbst als sein eigenes Leben bedroht war, hat er die Gemeinde nicht allein gelassen, er ist bei ihnen geblieben. In seiner Wohnung konnte er nicht bleiben, die wurde ständig von Soldaten überwacht. Aber er war immer in ihrer Nähe, war immer zu erreichen. "Da hat unser Padre gezeigt, daß er wirklich der 'gute Hirte' ist."

Jerry meinte nachher, das hätten sie nur so toll gemacht, weil er bei ihnen geblieben ist. Hätte er sie im Stich gelassen, wäre wahrscheinlich gar nichts gemacht worden.

Ein Sonntag in San Tomás

Don Evaristo gehört sicher nicht zu den armen Leuten. Er scheint so etwas wie ein Makler zu sein, auf jeden Fall hat er mit dem An- und Verkauf von Grundstücken zu tun. In San Tomás besitzt er ein Lote, ein Freizeithaus, weitab vom Lärm und Gestank der Stadt. Evaristo und seine Familie gehören zu Elis Freunden. Eli war sonntags öfter im Lote und jetzt war ich auch eingeladen.

Das Haus stand auf einem Berg, rundherum unberührte Landschaft, Gras und Blumen, Bäume und Sträucher, alles wucherte wild durcheinander und tief unten, mitten in dieser herrlichen Wildnis, ein Palmenhain. Die breiten Fächerkronen berührten sich fast, so daß es aussah wie ein riesiger Teppich aus Palmwedeln.

Weit und breit keine abgebrannten Wälder, keine verkohlten Baumstümpfe, kein Zeichen von Elend, hier konnte man den Krieg vergessen.

Evaristo hatte noch mehr Leute eingeladen, darunter viele Kinder. Sie alle wollten schon mal meinen Abschied feiern mit Festessen und viel Spaß. Das hätte zwar noch mindestens zwei Wochen Zeit gehabt, aber sie wollten sicher sein, daß nichts dazwischen kommt.

Nach der Siesta wollten die Kinder mir den Río Grande zeigen, und wir marschierten auf verschlungenen Waldwegen hinunter ins Tal. Ich traute meinen Augen nicht, ein derart saftiges, leuchtend grünes Gras hatte ich in ganz El Salvador noch nicht gesehen. Es grünte und blühte, nichts war vertrocknet, nichts war braun verbrannt. An einigen Stellen in der Wiese waren niedliche kleine Seen. Es war zauberhaft. Nur - "wo ist der große Fluß?" fragte ich.

"Na hier", sagte Ruben und mir war alles klar. Ein 'Rio Grande' war das nur in der Regenzeit. In der Trockenzeit blieben nur diese paar Pfützen, aber der Boden hatte dann genug Wasser für diese üppige Vegetation gespeichert. Es war so schön und wir hatten uns lange aufgehalten.

"Zurück können wir den Weg abkürzen", sagte Ruben "Wir können gleich hier den Berg hochklettern, dann kommen wir an der Lote aus. Wir sind bestimmt eine halbe Stunde früher oben." Also kraxelten wir den pfadlosen Hang hinauf, über Steine, Baumwurzeln, durch kleine Gräben und dichtes Geäst. Mein Herz hämmerte wie ein Dieselmotor. Gleich würde es sich selbständig machen und rausspringen.

Im Haus gab es dann eine Überraschung, ein Piñatafest.

Eine große Piñata, das ist eine Hohlfigur aus Pappmaché mit vielen bunten Papierstreifen geschmückt, hing schon an einem Seil von der Decke herab. Das andere Ende des Seils hielt Don René in der Hand.

Die Piñata ist mit Dulces, mit Süßigkeiten, gefüllt, da hieß es nun drankommen.

Den Kindern wurden die Augen verbunden und dann durften sie, einer nach dem anderen, versuchen, mit einem Stock die Piñata zu zerschlagen. Und damit es noch etwas schwieriger wurde, ließ Don René sie an dem Seil zappeln, zog sie hoch, schaukelte sie hin und her. Manchmal wurde sie getroffen, oft schlugen die Kinder vorbei. Aber endlich platzte sie auseinander und gab ihren süßen Inhalt frei und die Kinder stürzten sich jubelnd auf die Süßigkeiten.

"Noch viel lustiger sind die Piñatafeste für Erwachsene", erzählte René. "Kleine Krebse kommen dann hinein, oder Cucarachas, Skorpione und Spinnen. Und wenn die Pinata platzt und die Tiere krabbeln auf dem Boden herum, dann solltest Du mal sehen, wie die Leute alle tanzen können. Das macht Spaß. Eigentlich wollten wir Dir so ein Fest machen, aber es sind zuviel Kinder hier." Da hatte ich ja noch einmal Glück gehabt! Schon allein bei der Vorstellung ist mir das Blut in den Adern gefroren, René aber lachte mich nur aus.

Der Vulkan spielt verrückt

Bildete ich mir das ein, oder wurde das Wasser wirklich heißer? Sag lieber nichts, dachte ich, du blamierst dich nur wieder. Aber dann fragte Jerry so ganz nebenbei: "Hast du nicht auch das Gefühl, daß unser Wasser immer heißer wird?" und da konnte ich es ja zugeben: "Ja sicher, schon seit ein paar Tagen. Wie kommt das?" "Das ist der Vulkan. Der brütet was aus."

"Der will doch wohl keinen Blödsinn machen?"

Und die Temperatur stieg weiter an. Der spielte ja echt ein blödes Spiel, der Vulkan. Und dann tatsächlich ein Erdbeben, und der Vulkan hatte es angekündigt.

Der Schaden hielt sich in Grenzen, aber das Tanzen der Erde, wie Consuela es nannte, und das Schaukeln der Häuser machte allen doch ziemlich Angst. Für die Leute hier war das eine beängstigende Bedrohung ihres Lebens und ihrer Existenz, etwas, vor dem man nicht flüchten kann.

Ich hatte zwar täglich die vom letzten großen Erdbeben zertrümmerten Häuser vor Augen, kam ständig an den Ruinen und Trümmerbergen in der Stadt vorbei, wußte, daß es sehr, sehr viele Tote gegeben hatte. Aber mir wirklich vorstellen, wie das ist, konnte ich nicht. Jetzt hatten wir nur ein kleines Erdbeben, wie die Leute sagten, ein ganz kleines. Aber es hat gereicht, um mir ein Bild machen zu können, wenn in Zukunft von irgendwo die Nachricht über eine Erdbebenkatastrophe kommt.

Am nächsten Morgen wachte ich mit gräßlichen Kopfschmerzen auf. Hatte ich die auch dem Vulkan zu verdanken? Vielleicht. Und in der Nähe wurde wieder pausenlos geschossen.

Und Evaristo hatte mich wieder ins 'Lote' eingeladen. Vor der Schießerei wäre ich dort sicher gewesen, aber ich wollte Ruhe. Nichts sehen, nichts hören, nur allein wollte ich sein, aber kaum waren die anderen abgefahren, kam Chepe und redete auf mich ein. Ich verstand kein Wort, er sprach wahnsinnig schnell.

"Schreib mir das auf", sagte ich, "dann kann ich es lesen und weiß, was du willst." Chepe schüttelte den Kopf und ging. Ach ja, Chepe kann ja gar nicht schreiben, wie konnte ich das nur vergessen?

Ich preßte meine Hände gegen den hämmernden Kopf, egal, Hauptsache, er war wieder weg. Claudia und William kamen zu mir rauf und die wurde ich nicht so bald los. Bis mittags tobten sie um mich herum, dann endlich gingen sie in ihre Champa.

Wäre ich doch nur mit zur Lote gefahren - jetzt fing es nämlich oben in der Kirche an. Reden, Singen, Rufen, und alles durch das Megaphon. Und um 14 Uhr war auch Chepe wieder da und stellte Elis Fernseher auf volle Lautstärke. Was hatte ich nur verbrochen, daß ich so malträtiert wurde?

Endlich am späten Nachmittag kehrte die heißersehnte Ruhe ein und total erledigt hing ich in der Hängematte.

Bibelstunde der Katecheten

Zum dritten Mal war ich dabei, und immer noch ging es um das Thema: "Du sollst keine fremden Götter neben mir haben." Das machte ihnen schwer zu schaffen, denn ständig wurden sie von den Sektenführern damit attakiert, daß sie immer noch dieser schändlichen katholischen Kirche mit 'diesem Papst' an der Spitze, oder der lutherischen Kirche angehörten. Und beide Kirchen mißachteten das Gebot Gottes: "Du sollst keine fremden Götter neben

mir haben", und sie weisen dabei auf die Heiligenbilder und Statuen.
Die Salvadorianer lieben ihre Bilder heiß und innig, aber niemals hatten sie diese als fremde Götter betrachtet. Und nun wird ihnen ständig das Sündhafte dieser Verehrung vor Augen geführt. Zunächst sehen sie in den Sekten deshalb die Feinde ihres tiefen Glaubens. Andrerseits zieht sie aber die Spiritualität dieser Sekten stark an. Die Leute sind hin- und hergerissen, leiden unter den Gewissenskonflikten.
Der Glaube dieser Menschen an Gott ist unerschütterlich, aber es ist der Glaube an einen unbarmherzigen Gott. Und dieser unbarmherzige Gott, zusammen mit dem Teufel, greift in ihr ganzes Leben ein, beherrscht ihr Leben.
Wenn kein Geld da ist für Mais, ist das Gottes Wille.
Ist kein Wellblech da für das Dach, ist das Gottes Wille.
Leben sie im Elend, ist das Gottes Wille.
Und dieses eigenartige Verhältnis zu Gott bestimmt ihr Familienleben. Da ist einmal der starke Zusammenhalt und das seltsame Verhältnis zwischen Müttern und Söhnen, und zum andern die überaus strenge, um nicht zu sagen gnadenlose Bestrafung der Kinder selbst für kleine Vergehen. Strafen werden über die Kinder verhängt die für uns unvorstellbar sind. Bei uns würden diese Eltern wegen Kindesmißhandlung verurteilt werden. In Salvador gehört das zum normalen Alltag.
Die Eltern sagen, alle Kinder sind schlecht und haben den Teufel im Leib und nur durch schwerste Züchtigungen kann er ausgetrieben werden. Die Folge davon ist natürlich, daß auch die Kinder schon eine erschreckende Brutalität zeigen. Jerry versucht immer wieder, das Bild Gottes zurechtzurücken. Immer wieder predigt er ihnen: "Gott will nicht euer Elend, Armut ist eine Beleidigung Gottes", und für den Moment, wenn er es sagt, nehmen sie es ihm ab. Aber das hält nicht lange an. Beim nächsten Tiefschlag muß er schon wieder hören: "Wenn ... dann ist das Gottes Wille."
Die Kinder selbst sind auch überzeugt, daß der Teufel in ihnen ist und daß Gott will, daß er aus ihnen heraus geprügelt wird. Und wenn sie dann anderen, schwächeren Kindern gegenüber brutal sind, ist auch das für sie normal. Ich verstehe das alles nicht. Es ist so traurig, die Kinder empfinden ihr Verhalten gar nicht als Brutalität. Vielleicht weil sie es nicht anders kennen? Was für mich so deprimierend war?Ich wunderte mich nicht mehr über die Grausamkeiten der Militärs und Todesschwadron. Viele der Strafen, denen die Kinder ausgesetzt sind, gleichen in erschreckenden Maßen den Foltermethoden der Policía de Hacienda, und diese wiederum gleichen den Folterungen im Mittelalter.
Ich war so unglücklich. Welch ein Verbrechen wurde an diesen Menschen im Namen Gottes begangen. Was hat unsere Zivilisation nur aus diesen Menschen gemacht?

Probleme in der Guaderia

Es war Mittagszeit. Die Kinder lagen auf dem Fußboden und schliefen. Das war dann die Zeit, in der sich die Erzieherinnen zu Besprechungen im Hof versammelten, meistens auf der Suche nach Lösungen ihrer kleinen und großen Probleme.

Das große Problem an diesem Tag hieß Mari.

Mari ist Köchin und es ist jetzt die dritte Kindertagesstätte, in der sie arbeitet und überall gibt es die gleichen Klagen. Mari tut allen sehr leid, trotzdem kann es so nicht weitergehen, und wenn sie sich nicht ändert, muß sie entlassen werden. Sie gehört zu den Ärmsten in der Gemeinde, der Mann hat keine Arbeit, bemüht sich auch gar nicht mehr darum, und sie hat fünf Kinder zu versorgen. Mari verdient nicht schlecht, aber der Mann verlangt ständig nach Alkohol und dann bleibt nicht viel für den Lebensunterhalt übrig. Nun hilft sie sich selbst und nimmt von dem Obst und Gemüse aus der Guaderia mit nach Hause. Klar, daß das auf Kosten der Gemeinschaft geht, daß das Mitgenommene den Kindern fehlt. Auch klar, daß das nicht geduldet werden darf. Es wurde heftig diskutiert und Mari sitzt dabei, als ginge sie das alles nichts an. Die Beschwerden gingen weiter. "Speisen müssen grundsätzlich zugedeckt sein, aber Mari denkt gar nicht daran. Sie kocht und läßt das Essen dann stehen, ohne etwas darüber zu decken. Käfer und Ameisen, Cucarachas und Stechinsekten krabbeln auf dem Essen herum. Und das sollen die Kinder essen."

Im Hof ist ein Becken mit Wasser. Mari vergißt immer wieder, den Deckel aufzulegen und dann schwimmen alle möglichen Tierchen in diesem Wasser herum. Mari hat keine Hemmungen, den Kindern von diesem Wasser zu trinken zu geben. Sie begreift nicht, wie gefährlich das ist.

Da wird alles versucht, den Gesundheitszustand zu verbessern, die Kinder werden regelmäßig ärztlich betreut, es wird darauf geachtet, daß sie sich waschen, Zähne putzen und nicht in den Kloaken spielen. Und dann passiert ausgerechnet in der Guaderia sowas. Unter diesen Umständen kann Mari natürlich nicht bleiben. Sie muß sich ändern oder gehen.

Und es gab noch ein Problem, und das hat mir klargemacht, wie unüberlegt man doch oft handelt. Wir gehen viel zu sehr von unseren Bedürfnissen aus oder, wie in diesem Fall, wir richten uns nach unserem Geschmack. Die Kindertagesstätten und Schulen bekamen von der Caritas etliche Säcke mit Trokkenerbsen.

"Das gibt viele Mittagessen", meinte ich. "Ich freue mich schon auf eine leckere Erbsensuppe."

Aber, so ein Pech, die Köchinnen wußten überhaupt nichts damit anzufangen, hatten noch nie Erbsen gesehen. Und die Kinder sahen sich die gelben, steinharten Kügelchen nur an und wußten sofort: "Das mögen wir nicht. Das kann man nicht essen."

"Was sollen wir denn damit machen?" fragten die Frauen. "Kochen." Und sie haben sie gekocht aber alle hatten "lange Zähne". Mais oder Reis, oder schwarze Bohnen hätte man bringen sollen, das ist das, was sie kennen und mögen. Und jetzt stehen die Säcke mit den Erbsen herum.

Und dennoch bin ich gerne in El Salvador

Es war so heiß, daß jede kleinste Berührung schon unangenehm war. Kaum auszuhalten, aber die Kinder hingen wie Kletten an mir, wollten durch die Luft geschleudert werden, auf meinen Knien reiten, hüpfen und tanzen, alles, was bei der Hitze so richtig "Spaß" macht.

Sehnsüchtig wartete ich auf die Mittagszeit, dann konnte ich verschwinden, ohne mir eine Blöße zu geben.

Hatte ich eigentlich Bleischuhe an den Füßen? Sie waren so furchtbar schwer, der ganze Körper war schwer, wie mit Blei gefüllt.

Die Bahnlinie kam mir doppelt so lang vor, die Straße hoch nach Altos del Cerro wollte kein Ende nehmen, und gnadenlos knallte die Sonne auf meine müden Knochen.

Eine kleine Beruhigung für mich: es ging mir nicht alleine so mies, die Salvadorianer litten ebenso wie ich. Und der große Regen blieb aus. Hin und wieder klatschte Regen vom Himmel wie eine Sintflut und für mich waren das ungeheure Wassermassen, aber es war zu wenig, viel zu wenig für das Land, und in kürzester Zeit war von den Überflutungen nichts mehr zu sehen. All das viele Wasser konnte bisher nichts gegen die Trockenheit ausrichten. Und seit ein paar Tagen hat es überhaupt nicht mehr geregnet, nichts wächst mehr, alles verdorrt, die Flüsse trocknen immer weiter aus.

Nachmittags blieb ich in Altos del Cerro, keine zehn Pferde hätten mich noch den Berg hinuntergebracht. Die Hängematte unter dem Vordach war so verlockend. Viel ist nicht daraus geworden, William und Claudia hatten mich hier oben entdeckt und das kam für sie einer Einladung gleich. Zum Glück waren die beiden auch ein bißchen müde.

Eli hatte einen süßen Kater. Eigentlich sollte der Ratten fangen, oder zumindest aus dem Haus fernhalten. Aber Ratten interessierten ihn nicht so sehr. Er hatte eine Vorliebe für die kleinen Echsen entwickelt. Fressen wollte er sie nicht, nur fangen, totbeißen und verstecken. Und er fand tolle Verstecke für seine Beute.

Meine Füße brannten wie Feuer. "Jetzt die Schuhe wechseln, das wird sicher angenehm sein." Schon wollte ich hinein schlüpfen, als eine innere Stimme mich erinnerte: "Du mußt erst nachschauen!" Und siehe da - der Kater hatte mir "ein Geschenk" gemacht. In einen Schuh hatte er eine tote Echse, schön bis ganz vorne in die Spitze, geschoben. Ein andres Mal lag eine in meinem Bett unter der Decke.

"Der Kater mag dich", meinte Eli, und der Kater ließ sich immer etwas Neues einfallen, das zu beweisen. Nicht so tragisch, ehe man etwas anzieht, schüttelt man es sowieso aus und ins Bett geht man auch erst dann, wenn man es gut durchsucht, Tuch und Nachtzeug ausgeschüttelt hat. Tut man es nicht, kann man unliebsame Überraschungen erleben. Einmal hatte ich es vergessen. In der Nacht krabbelte etwas an meinem Bein hoch und ich spürte gleich, das war nicht nur eine Mücke. Vorsichtig packte ich danach und hatte ein dickes Tier in der Hand. Ich schaute gar nicht erst nach, was sich da in mein Hosenbein geschlichen hatte. Es konnte ebenso eine Cucaracha als auch eine dicke Spinne sein und beides verursachte bei mir ein starkes Unbehagen.

Mit voller Wucht warf ich das Viech gegen die Wand. "Klack" machte es: "So, du bist erledigt und morgen schmeiß ich dich raus!" Aber am Morgen war es verschwunden. Die Biester sind ganz schön zäh, es gehört schon mehr dazu, sie zu vernichten, als ein Klatsch an die Wand.

Ein Gottesdienst für die Kranken

Die Kirche in '22 de abril' war voll. Es gab so viele kranke Menschen und alle wollten die Krankensalbung empfangen.

Die Kranken, zum Teil kamen sie auf selbstgemachten Krücken angehumpelt, andere wurden von Verwandten oder von den Dominikanerinnen gebracht, wollten so nah wie möglich am Altar sitzen.

Es war schon eigenartig, einerseits nehmen sie ihre Krankheit als Strafe an, andrerseits kommen sie und erwarten ein Wunder.

Nein, Wunder gibt es nicht, aber die Krankensalbung sollte ihnen Mut machen, mit den Krankheiten besser fertig zu werden, sich nicht aufzugeben.

Jerrys Predigt zielte auf ein großes Problem hin: "Es ist doch eigentlich so, daß jeder nur an seine eigene Krankheit denkt. Es wäre aber doch richtig, auch die Krankheit und die Leiden des anderen zu sehen."

Und er meinte weiter, wenn jemand geheilt ist, soll er sich darüber freuen. Aber dann soll er damit beginnen, anderen zu helfen, denn viele Krankheiten können nicht geheilt werden. Da ist zum Beispiel Lucia, die nie wieder wird laufen können. Sie wird nie wieder wie andere Kinder herumtollen und spielen können. Eine Splitterbombe hat ihr Rückgrat zerstört. Verkrüppelte Glieder werden nicht wieder gerade und abgeschossene Arme oder Beine wachsen auch nicht nach.

Niemand wird diese Menschen, Männer, Frauen und Kinder, heilen können, aber man kann helfen, diesen Menschen das Leiden zu erleichtern.

Jerry ging dann Reihe für Reihe zu jedem einzelnen Kranken, um ihm mit dem geweihten Öl das Zeichen des Kreuzes auf die Stirn zu geben.

Danach konnte sich jeder, der es wollte, mit seiner ganz persönlichen Bitte an Gott wenden. Einige sprachen Wünsche um Heilung aus, aber ebenso kamen auch ganz inständige Bitten um Frieden in ihrem Land, Hilfe, Rettung aus ihrer Not, Frieden, das waren ihre Bitten an Gott, aber sie sahen mich so erwartungsvoll an, als ob ich das alles in meinem Reisegepäck aus der BRD mitgebracht hätte. Und komisch, ich hatte auch jetzt wieder ein schlechtes Gewissen wegen meiner Hilflosigkeit.

Nur noch ein paar Tage

Endlich war Marielas Paß fertig. Der Vermerk 'verheiratet' war gelöscht, die Großeltern hatte ihre Einwilligung zur Reise nach Deutschland gegeben und ich hatte, wie vorgeschrieben, eine Fotokopie meines Passes beim Notar hinterlegt. Die Flugtickets hatte ich in der Tasche, nichts konnte mehr schiefgehen. Ein Tag ohne Versammlung ist ein verlorener Tag. Ich blickte absolut nicht mehr durch, wußte manchmal nicht einmal mehr, wer sich da versammelte. An diesem Abend allerdings gab es keine Unklarheit. Alle Kooperativen waren vertreten und nie vorher waren ihre Probleme so schnell abgehandelt, denn es gab ein Hauptthema, auf das sich die ganze Aufmerksamkeit konzentrierte: Moñsenor Rivera y Damas hatte seinen Besuch angesagt. "Wo sollen wir Moñsenor empfangen? In Credisa oder in '22 de abril'? Wer wird Moñsenor zum Mittagessen einladen? Die Gemeinde Credisa oder die Gemeinde '22 de abril'?" Schließlich, nach vielem Hin und Her, konnten sie sich einigen. Wenn Moñsenor aus der Stadt kommt und nach '22 de abril' will, muß er sowieso durch Credisa, also wird er dort erst mal begrüßt. Mittagessen würde es bei den Dominikanerinnen geben, und danach geht es nach '22 de abril'. Was er sich alles ansehen wollte, würde man Moñsenor selbst überlassen. Alle waren zufrieden mit der Lösung.
Die gesamte Cooperativa war da und ich nahm die Gelgenheit wahr, sie zu einem Abschiedsessen einzuladen.
Gloria fiel mir gleich um den Hals und Margarito ließ noch eine Rede vom Stapel. "Wir sind traurig, daß du schon wieder zurück nach Deutschland mußt", meinte er "und möchten wissen, wann du wiederkommst." Und dann prasselte die Frage von allen Seiten auf mich herab: "Wann kommst du wieder nach El Salvador?"
"Ich weiß es nicht, aber ich komme wieder."
Ich gab also ein Abschiedsessen und rechnete so mit fünfzig bis sechzig Leuten. Ich hatte es schon angekündigt: "Es gibt nur deutsches Essen. Nein, Tortillas gibt es nicht dazu." "Keine Tortillas? Wie kann man denn ohne Tortillas leben?"
Und dann sind sie gekommen, sogar pünktlich, was gar nicht so selbstver-

ständlich ist.

Ganz vorsichtig probierten sie erst mal das "fremde Essen", nahmen nur klitzekleine Portionen und schielten dabei herum, ob nicht doch irgendwo ein Korb mit Tortillas stand. Aber ich war stur geblieben. Offensichtlich hatte es ihnen geschmeckt, denn der Nachschlag war dann gar nicht mehr winzig. Zum Dessert hatte ich Pudding gekocht und Bananenmilch gemacht. Da mußte niemand vorher kosten, Süßes ist immer gut.

Ich hatte Teller, Becher und Besteck aus Plastik gekauft, einmal hätte ich nirgends diese Menge an Geschirr auftreiben können, und dann wollte ich mir auch den Abwasch ersparen. Ich hatte eigentlich gedacht, wir würden hinterher noch zusammensitzen und plaudern, aber nach dem Essen brachen alle gleich wieder auf, gingen zurück an ihre Arbeit.

Jesús, eine Erzieherin, hatte gefragt, ob ich das Geschirr mitnehmen würde nach Deutschland, oder ob sie das bekommen könnte. "Ich kann das so gut für die Kindertagesstätte gebrauchen", sagte sie. Also durfte ich doch den ganzen Nachmittag Teller, Becher, Gabeln und Löffel abwaschen.

Am nächsten Tag mußte ich mich unbedingt um meine bestellten Sachen in der Artesanía kümmern.

Jerrys Klage, daß die Leute nicht selbständig denken wollen, keine Ideen entwickeln, hatte sich wieder einmal als begründet herausgestellt. Sie hatten ganz korrekt gearbeitet, wie ich es ihnen gesagt hatte, viel zu korrekt. "Macht mir so kleine bunte Tiere aus Holz, mit Bändchen dran zum Aufhängen, hundert Stück, wenn's geht." "Kleine Tiere? Welche Tiere?" "Nun, solche, wie ihr sie auf eure Bilder und Karten malt. Zum Beispiel Papageien." "Si, no problema." Und jetzt schaute ich ziemlich blöd drein.

Sie hatten meinen Wunsch erfüllt und hundert Tiere gemacht, aber, ich hatte gesagt "Papageien", und das "Zum Beispiel" hatten sie einfach überhört und ich bekam hundert Papageien. Es war zum aus-der-Haut-fahren.

Wohin man auch kam, überall das gleiche Dilemma: nur nicht selbst denken, nur nicht etwas tun, was nicht ausdrücklich gefordert worden ist.

Dieser absolute Gehorsam, wenn sie glauben, eine Autorität vor sich zu haben, nur ja nicht widersprechen, das kann einen schon verrückt machen. Sie wirken zwar oft sehr selbstbewußt, aber wenn es drauf ankommt, machen sie sich wieder so klein. Leider, aber 500 Jahre Unterdrückung sind nun mal nicht in ein paar Jahren zu überwinden.

Seit 500 Jahren durften sie nie eine eigene Meinung haben, sind zu Ja-Sagern erzogen worden. Der Weiße war immer der bessere, der wertvollere Mensch, ihre Rasse war zu Sklaven geboren.

Sie wissen es längst, wie falsch dieses Denken ist, sie wissen um die hohe, leider zerstörte Kultur der Mayas in ihrem Land, nur, wissen und danach handeln sind zwei verschiedene Stiefel.

Alle Projekte in '22 de abril', auch die Artesanía, sollen ihnen dabei helfen, selbständig zu werden und zu lernen, ihre Interessen wahrzunehmen. Die Ja-Sager sollen selbstdenkende, selbstentscheidende Menschen werden.

Manchmal klappt das schon ganz gut, aber meistens überhaupt nicht. Dieses Mal war es ein totaler Fehlschlag. Sie hatten einfach ohne zu denken gearbeitet und ich stand da mit meinen Papageien.

Verstehen konnte ich das wirklich nicht.

Warum sind ihre Bilder so lebensnah gemalt? Wie kommt das?

Sie malen Bilder, die mich erschrecken, und sie malen Bilder, die mich erfreuen.

Die erschreckenden Bilder sehen so aus:

Da ist ein Fluß, in dem sind unzählige Tote zu sehen. Ein Hubschrauber am Himmel, aus dem Soldaten mit Maschinengewehren auf einen langen Zug Flüchtender schießen, die Kugeln in ganz kleinen Abständen bilden eine direkte Linie von oben bis zu den fliehenden Menschen und man sieht es deutlich, sie haben keine Chance zu entkommen. Der Weg ist gezeichnet mit blutenden Körpern. Andere Bilder zeigen Häuser, aus denen lichterloh die Flammen schlagen, man sieht Soldaten, die Frauen und Kindern mit Macheten Arme und Beine und die Köpfe abschlagen. Da liegt dann ein Rumpf, der Kopf ein Stück davon entfernt, ebenso kleingehackte Arme und Beine. "Das ist unsere Realität", sagen sie. "Es ist das, was wir in unseren Dörfern erlebt haben, wie es uns auf der Flucht ergangen ist und was wir immer wieder erleben."

Dann sehe ich aber auch die erfreulichen Bilder:

Da sind hübsche weiße Häuser mit roten Dächern, Felder mit Ananas und anderen Früchten, den verschiedensten Blumen und Bäumen, und mit allen möglichen Tieren.

Sie malen Campesinos, wie sie mit Macheten Zuckerrohr schneiden, wie sie pflanzen und ernten, Campesinas mit großen Körben voller Obst auf dem Kopf oder mit ihren Niñas beim Kaffeepflücken.

Leuchtende Regenbögen malen sie an den Himmel und glutrote Sonnen, und Vögel in allen Farben.

Auf den meisten Bildern schwebt hoch oben, nahe bei der Sonne, eine schneeweiße Taube.

"Das sind Bilder der Hoffnung. Das sind unsere Wünsche", sagen sie. "So stellen wir uns den Frieden vor", und sie erzählen von ihrem Traum und ihrer Wirklichkeit.

"Warum malt ihr die Taube immer so sehr hoch am Himmel?"

"Die weiße Taube und die Sonne sind beide Zeichen der Hoffnung. Wir hoffen auf Frieden und darauf, daß wir eines Tages wieder ein Stückchen Land haben, ein sauberes Haus und viele Tiere.

Aber wir haben keinen Frieden. Er ist noch so weit entfernt, und wir haben kein Land und keine Kuh. Wir können es wünschen und wir können darauf hoffen, aber nicht greifen, so wie wir die Taube nicht greifen können. Eines Tages aber wird sie auf unseren Dächern sitzen."
Niemand hatte ihnen gesagt, was sie malen sollen. Sie malen einfach das, was sie erleben oder das, was sie wünschen, und dazu brauchen sie keine Anregung.
Ich hätte sagen sollen: "Macht mir aus Holz das, was ihr euch ersehnt, was ihr vom Frieden erhofft", und ich hätte sicher die schönsten Holzfigürchen bekommen.
Warum nur war das so schwierig? Sie zeigen doch, daß sie es können, haben doch genug Phantasie.
Naja, jetzt war es zu spät, die Zeit, die mir noch verblieb, war zu knapp, eine neue Bestellung aufzugeben, und ich mußte mit meinen hundert Papageien zufrieden sein.

Eine Nacht ganz allein im Haus

Eli hatte eine Mitarbeiterin aus den USA bekommen, Helena. Die mußte sie einarbeiten, deshalb waren sie öfter in Elis Büro in der Stadt.
"Es wird spät heute abend", hatte Eli gesagt. "Es gibt viel zu tun."
Jerry war auch nicht da, mußte zum Konvent El Rosario in die Stadt und würde erst am späten Abend zurück sein.
Es gab wieder einmal keinen Strom. Sicher waren wieder irgendwo Leitungsmasten gesprengt worden. Jetzt aber herrschte eine himmlische Ruhe, kein Geschrei, kein Schießen, kein Lärm aus der Werkstatt, kein Dröhnen aus dem Radio, nicht einmal Singen aus der Kirche oben. Chepe war auch nicht gekommen, es gab ja kein Fernsehen.
Absolute Stille! Lange saß ich vor dem Haus und schaute auf die dunkle Stadt hinunter und zu dem mit Sternen übersäten Himmel hinauf. Ein wunderbarer Abend zum dem Denken und Träumen. 21.00 Uhr und ich war immer noch allein und ging ins Bett.
Dann war an Schlaf allerdings nicht mehr zu denken.
Es regnete. Die Wassermassen klatschten auf das Wellblechdach mit ungeheurem Getöse. Es hörte sich eher an, als wenn jemand aus großer Höhe Zementfässer aufs Dach ausgeleert hätte, als nach Regen.
Das Zimmer hat kein Fenster und die feuchte Hitze staute sich im Raum. Also stand ich wieder auf und setzte mich unter das Vordach. Es reichte fast bis zum Zaun, sodaß ich auf die Straße sehen konnte. Straße? Davon war nichts mehr zu sehen, sie hatte sich in einen Sturzbach verwandelt, mit rasender Geschwindigkeit stürzten die Wassermassen die abschüssige Straße hinab.

Die ebenen Teile der Straße und die tiefen Löcher waren in kurzer Zeit zu unüberwindbaren Seen geworden.

Ein bißchen komisch war das schon, so ganz allein hier oben auf dem Berg. "Da kommt heute Nacht niemand mehr durch", dachte ich. Jerry würde in El Rosario bleiben. Eli und Helena waren auch noch nicht zurück und würden auch nicht kommen, nicht bei dieser Überflutung.

Eigentlich war das sehr beruhigend, denn wenn die nicht durchkommen, schafft es ja auch kein anderer, wozu dann das komische Gefühl? Wahrscheinlich war das noch die Auswirkung davon, daß die Soldaten sich nach mir erkundigt hatten. Aber auch die würden in dieser Nacht nicht mehr den Berg hochkommen.

Und der Regen haute weiter aufs Dach, und ich war abgeschnitten von der übrigen Welt.

Das Land war so durstig.

Am nächsten Morgen waren dort, wo nachts Seen waren, nur noch kleine Pfützen, alles übrige war schon wieder pulvertrocken. Die Erde hatte jeden Tropfen gierig aufgesogen, die Sonne hatte das Ihrige getan und gleich alles wieder ausgetrocknet. Früh am Morgen kam Jerry zurück und wir fuhren zum Bauprojekt. Ich erwartete, Schlammfelder vorzufinden, im Matsch zu versinken, aber auch hier gab es kein bißchen Feuchtigkeit mehr. Nur die Berge an Erdreich, die ins Tal geschwemmt waren, die tiefen Gräben im Gelände zeugten noch von dem Regen in der Nacht.

Männer und Frauen schufteten wie verrückt, um die Schäden zu beseitigen. Es waren wieder einmal nicht alle zum Arbeiten gekommen und das gab wieder viel Ärger. Jetzt soll ein Anreiz zum Arbeiten geschaffen werden.

Vorgesehen war, daß alle Häuser gleichzeitig fertiggestellt und bezogen werden. Der Bau aller Häuser wurde zur gleichen Zeit begonnen, und so sieht man viele Baustellen. Das einzelne Haus wächst dadurch nur langsam und vielleicht verlieren die Leute deshalb die Lust am Arbeiten. Das soll jetzt geändert werden. Nicht mehr alle auf einmal, sondern nach und nach sollen die Häuser einzeln fertig gebaut werden und wer die meisten Stunden aufweisen kann, darf als erster sein Haus beziehen. Trotzdem muß er aber weiter im Projekt arbeiten, bis er seine volle Stundenzahl erreicht hat.

Der letzte Tag

Meine Koffer waren gepackt.

Auf einmal war alles vergessen, Hitze, Cucarachas, Moskitos, es war nicht mehr wichtig. Hatte mich das alles wirklich so gequält? Vergessen, ich sah auf meine Koffer und spürte nur noch Abschiedsschmerz.

Die Maschine nach Guatemala ging erst am späten Nachmittag ab, so hatte ich noch viele Stunden Zeit.

Es war der große Tag, an dem Moñsenor Rivera y Damas in der Gemeinde war, und den konnte ich teilweise noch miterleben. Ich lief hinunter nach Credisa. Moñsenor war schon dort, er und eine Menge Leute hatten es sich in der Kirche bequem gemacht, saßen ganz zwanglos beieinander.

Moñsenor erkundigte sich nach allem Möglichen, ihn interessierten nicht nur kirchliche Angelegenheiten, die Leute konnten auch ganz private Sorgen und Nöte mit ihm besprechen, und sie machten regen Gebrauch davon.

Das war ganz einfach, denn Moñsenor saß zwischen ihnen wie einer aus ihren eigenen Reihen. Nichts erinnerte daran, daß er ein hoher Würdenträger war, weder seine Kleidung, noch sein Auftreten. Deshalb hatte auch niemand Hemmungen, mit ihm zu reden.

Mittags gingen wir zu den Dominikanerinnen. Das kleine Haus liegt an der höchsten Stelle von Credisa und bei dem Weg da hinauf geht einem ganz schön die Puste aus.

Die Schwestern warteten schon mit dem Essen.

In dem engen Hof, auf der kleinen Wiese, überall hatten sie rohgezimmerte, niedrige Bänke aufgestellt und als wäre es das Selbstverständlichste der Welt, hockte sich Monseñor mitten zwischen uns.

Da gab es keine Rangordnung und ein Fremder hätte diesen Erzbischof ohne weiteres für einen Campesino halten können.

Das Essen, Reis und Gemüse, ein Stückchen Hühnerfleisch, wurde auf Papptellerchen serviert und in Körbchen lagen Tortillas, von denen jeder nach Bedarf nehmen konnte.

Wir aßen mit den Fingern oder schaufelten Reis und Gemüse mit einer Tortilla vom Teller. Moñsenor machte da keine Ausnahme.

Das war wieder eine ganz neue Erfahrung: ein Erzbischof, der mit offenem Hemdkragen im Hof auf einem Holzbänkchen saß, sich offensichtlich dabei wohlfühlte, vom Papptelleraß, mit den Fingern wie alle anderen auch, und mit dem die Leute redete, als wäre er einer von ihnen.

Nichts wirkte gekünstelt oder krampfhaft auf Volksnähe getrimmt. Man spürte das Echte, hier saß ein Salvadorianer zwischen Salvadorianern. Das einzige, das anders war als sonst: alle waren regelrecht aufgekratzt und es wurde viel geredet und gelacht, es war ein Fest.

Padre Carlos stellte mal wieder seine Deutschkenntnisse unter Beweis und sagte in regelmäßigen Abständen: "Guten Tag. Wie geht es?" und ich mußte antworten: "Danke, gut."

Die Zeit lief schnell davon und ich mußte mich verabschieden, auch von Jerry, der leider nicht mit zum Flughafen kommen konnte. Moñsenor wollte sich das Bauprojekt ansehen, und da mußte Jerry natürlich mit. Eben saß ich noch zwischen all den fröhlichen Menschen, war selbst fröhlich und jetzt zockelte ich allein und traurig hoch nach Altos del Cerro. Das Haus war voller Menschen. Evaristo und René mit Frauen und Kindern warteten schon. Einige aus der Gemeinde ließen es sich ebenfalls nicht nehmen, mich zu begleiten.

Eli drängte, die Koffer aufs Auto zu packen, und dann kletterten wir alle auf die Ladefläche, sie alle wollten mit zum Flughafen.

In Credisa holten wir dann Mariela und die Großeltern ab. Es war inzwischen ziemlich eng auf dem Pickup geworden, aber es war herrlich. Dieses Gefühl, Freunde zu haben, angenommen zu sein, ist mit nichts zu vergleichen.

Wir fuhren los, zuerst recht langsam, denn überall standen meine Freunde, die mir noch einmal zuwinkten.

Ein letzter Blick auf die Clínica, auf die Schule Pedro Apostól, vorbei an dem kleinen Markt, wo ich mir so oft meine Bananen gekauft hatte, an dem kleinen Laden, dessen Inhaber schon im voraus wußte, daß ich einen Beutel mit Cola haben wollte.

Noch ein Blick auf die Bahnlinie, auf die verfallenen, armseligen Champas, dann die lange Straße hinunter, die Gemeinde '22 de abril' lag hinter mir, vor uns der Boulevard Ejército. Eli steigerte das Tempo, es gab keinen Grund mehr, langsam zu fahren.

Mir war, als würde ich eine Heimat verlassen.

Gut, daß so viele Leute mitfuhren, die die ganze Zeit schnatterten und lachten. Das bewahrte mich davor, wehmütig zu werden und zu heulen. Mariela war außergewöhnlich still. Ohne auch nur ein Wort zu sprechen saß sie zwischen Oma und Opa. Sicher hatte sie Angst vor dem Fremden, daß sie so weit von El Salvador entfernt erwartete, und nur wenn man sie fragte, wohin sie fährt, leuchteten ihre Augen und strahlend sagte sie: "Zu Mama!"

Am Flughafen taute sie etwas auf, dafür sorgten schon die anderen Kinder. Und dann kam das Abschiednehmen.

Ich hatte gedacht, daß jetzt Sturzbäche von Tränen fließen würden, aber weder bei Mariela noch bei den Großeltern wurden die Augen naß. Geheult haben nur Eli und ich. Ist das vielleicht eine typisch deutsche Eigenschaft?

Adiós, El Salvador

Die kleine Maschine hob vom Boden ab, noch ein langer Blick auf die Hauptstadt San Salvador, von hier oben sieht man nichts von ihrer Schäbigkeit, und wir flogen in Richtung Guatemala. Schön ist das Land. Wann darf es endlich seine ganze Schönheit zeigen?

In Guatemala gab es noch ein bißchen Ärger.

Die Maschine nach Amsterdam ging erst am nächsten Morgen, und die Fluggesellschaft hatte uns ein Zimmer im Hotel "Cortijo Reforma" reserviert. Im Preis inbegriffen war die Fahrt mit dem Taxi abends hin und morgens wieder zum Flugplatz.

Wir, Mariela und ich, holten also unsere Koffer und gingen in die Flughafenhalle in Guatemala City. Sofort kam ein Taxifahrer angerannt und ohne zu fragen schleppte er unsere Koffer hinaus und verstaute alles in sein Taxi. Dann wollte er Geld von mir. Ich zeigte ihm den Schein für das Taxi. Nein, er wollte Bargeld. "Sie bekommen das Geld später von der Fluggesellschaft, wenn Sie diesen Schein vorlegen." Da ist er saufrech geworden und forderte noch nachdrücklicher Bargeld. Ich wollte die Koffer zurück, da fing er wütend an zu gestikulieren, ich müßte ihm dann wenigstens das Tragen der Koffer aus der Halle nach draußen bezahlen. Jetzt wußte ich mir überhaupt nicht mehr zu helfen, ging einfach in das nächstbeste Büro und erklärte dem Angestellten meine unangenehme Lage. Es war eine andere Gesellschaft, trotzdem ging der Angestellte sofort mit mir hinaus. Er versuchte in Ruhe mit dem Taxifahrer zu reden, aber der hatte sich inzwischen so in seine Wut hineingesteigert und schrie nun auf diesen hilfsbereiten Mann ein.

Ich konnte kein einziges Wort verstehen, hatte aber das Gefühl, die würden jeden Moment aufeinander losgehen. Plötzlich riß der Taxifahrer seinen Kofferraum auf und schmiß mit Wucht alle unsere Koffer und Taschen einfach auf die Straße, setzte sich in sein Auto und brauste los.

Und der freundliche Mann holte uns ein anderes Taxi, wünschte uns für den nächsten Tag einen guten Flug, und wir kamen wohlbehalten im Hotel an.

Das Hotel war wunderschön, unsere Zimmer mit allem Komfort. Schade, daß wir so müde waren. Fast hätten wir am nächsten Morgen verschlafen, man hatte vergessen, uns zu wecken.

Und dann saßen wir in der Maschine nach Amsterdam.

"Auf Wiedersehen, Centroamérica!"

Frieden - Illusion oder Realität? (1992)

Im ruhigen Flug zog die kleine COPA am wolkenlosen Himmel ihre Bahn von Guatemala nach San Salvador. Was würde ich vorfinden? Der Krieg ist aus, wie sieht der Friede aus? Ich mußte abschalten, grübeln brachte gar nichts. Eine knappe Stunde, und ich war wieder in El Salvador. Dann würde ich selbst sehen.

Die Maschine war nicht einmal zur Hälfte besetzt, so konnte ich nach Belieben den Platz wechseln, einmal nach rechts ans Fenster, dann nach links ans Fenster, immer die schönere Aussicht genießend. Unter mir die Riesenhauptstadt Guatemala City, von hier oben so niedlich wie eine Sandkastenstadt. Im großen Bogen flogen wir über imposante Berge hinweg, über fast ausgetrocknete Flußbetten, hin zur Atlantik-Küste, über die Grenze nach El Salvador.

Von hier oben sah man nichts von der Verwüstung des Landes, alles sah bezaubernd aus. Nur noch kurze Zeit, der Flughafen von San Salvador kam in Sicht. Ich war so aufgeregt, zwei Jahre war ich nicht mehr hier. Angst und Freude vermischten sich zu einem unbeschreiblichen Gefühl.

Landung - Koffer holen - Zoll - Migración.

"Wie lange wollen sie bleiben?" - "Sechs Wochen."

Ich bekam einen Stempel in den Paß - 30 Tage. Das hieß, nach dieser Zeit wieder zur Migración. Der Gedanke war scheußlich, ich erinnerte mich, wie unangenehm diese Behörde war und wieviel Zeitverschwendung das bedeutete. Was soll's. Jetzt erst einmal raus, in die Halle. Ich reckte den Hals. Wo ist Jerry denn nur? Er mit seinen zwei Metern überragt doch alle, ich müßte ihn sehen. Aber - Jerry war nicht da.

Ich zog meinen Koffer durch die ganze Halle, nichts. Draußen - nichts. Kein Jerry weit und breit aber alle paar Schritte wurde ich angehalten: "Taxi?" - "No, gracias."

Ich suchte ein Telefon, rief in der Clínica in Credisa an. "Hallo, Jerry! Soll ich mir ein Taxi nehmen?" Jerry fragte zurück: "Wieso? Estela ist am Flughafen, und Dieter und Volker müßten auch schon dort sein." Ich suchte weiter. Endlich kamen sie mir lachend entgegen. Sie hatten die ganze Zeit gemütlich in einer Ecke gesessen und überhaupt nicht daran gedacht, sich zu zeigen.

Koffer auf die Ladefläche des Pick-Up, wir hinterher und los ging die Fahrt nach Credisa. Den Anorak hatte ich schon in Guatemala in die Tasche gestopft, aber den dicken Pullover hatte ich immer noch an. Nicht gerade die passende Kleidung. Wir kamen durch die Hauptstadt und erreichten den Boulevard Ejercito und schon hatten wir Credisa erreicht.

Da war ja auch die Bahnlinie nach '22 de abril'. Aber zuerst fuhren wir hoch

nach Altos del Cerro. Vor zwei Jahren konnte ich hier wohnen und freute mich schon darauf, wieder hier zu sein. Zu früh gefreut, kein Platz für mich. Ich wurde bei einer Familie untergebracht und Jerry hatte es ziemlich eilig, mich hinunter zu bringen. Bei der Familie hatte man mich so früh noch gar nicht erwartet, aber das wurde schnell geklärt. "Willst du hier auch essen? Oder nur schlafen?"
"Für ein Frühstück wäre ich sehr dankbar." Mittags und abends, dachte ich, wird sich sicher öfter etwas anderes ergeben. Ich stellte Koffer und Tasche in die Ecke und machte mich erst einmal auf in die Gemeinde '22 de abril'.

Comunidad '22 de abril' - Müllhaldengemeinde

Ich war begeistert, wieviel sich hier verändert hatte. Von der Bahnlinie schaute ich zum Fußballplatz: "Na, der ist aber klein geworden." Ich blieb stehen, schaute hinunter: "Bin ich überhaupt richtig? Ist das wirklich '22 de abril'?" Da standen saubere kleine Häuser, zwar sehr dicht beieinander, aber nett anzusehen. Ich ging weiter und stellte erfreut fest, daß es schon eine ganze Menge dieser hübschen Häuser zwischen den Champas gab. Viele der holprigen und stinkenden Pasajen waren asphaltiert, die Hauptstraße zum Teil aufgerissen, weil man dabei war, eine Kanalisation zu legen. Endlich war es geschafft, die Leute konnten menschenwürdig wohnen. Ich fragte mich allerdings, warum man beim Bauen nicht systematisch vorgegangen war. Da standen diese Elendshütten, und mitten dazwischen auf einmal ein neues Haus. Diese Planlosigkeit war mir unverständlich. Trotzdem machte ich mir darüber noch nicht allzu viele Gedanken. Sie werden wohl einen triftigen Grund haben. Hauptsache, sie bekamen mit der Zeit alle ein richtiges Zuhause. Nur eines verstand ich nicht: warum sahen mich die Leute so skeptisch an, wenn ich sie darauf ansprach? Den Grund erfuhr ich viel später.
Es hatte sich überhaupt so einiges verändert, ich wußte nur noch nicht, was es war. Ich spürte es, konnte es aber nicht greifen. Irgendwie spürte ich auch eine Veränderung im Verhältnis zwischen Credisa und '22 de abril'. Der soziale Unterschied war schon immer da, wurde aber nie hervorgehoben. Und jetzt? Jerry erklärte es mir.
Credisa - unterer Mittelstand, '22 de abril' - die Armen.
In Credisa haben die Leute nette, kleine Häuser mit Strom und Wasseranschluß, wenn es auch nur morgens für zwei Stunden Wasser gibt, die meisten haben Arbeit und viele ihrer Kinder besuchen eine gute Schule.
In '22 de abril' - immer noch viele elende Champas, die meisten Leute sind arbeitslos oder haben nur Gelegenheitsarbeiten.
Die Gemeinsamkeit, daß alle gefährdet waren, daß das Militär keinen Unterschied machte zwischen den beiden Gemeinden, ist nicht mehr da und es ist zu

befürchten, daß ein Getto entsteht, ein Wohnviertel für Asoziale. Ein bißchen ist es schon so, ein bißchen schaut man tatsächlich schon auf 'die von der Müllhalde' herab.

Bisher sollten die beiden Schulen von '22 de abril' ausschließlich für die Armen sein, die kein Schulgeld bezahlen können und denen das Geld für Uniform und Schulmaterial fehlt. Nun sind in einer der beiden Schulen zu wenig Kinder aus '22 de abril' angemeldet und man könnte einige aus Credisa aufnehmen. "Vielleicht", so meint Jerry, "kann durch den gemeinsamen Schulbesuch ein Auseinanderleben verhindert werden."

Ich glaube schon, daß das sinnvoll ist, damit die Kluft zwischen den beiden Gemeinden nicht noch größer wird.

Jetzt hatte ich zuerst einmal genug, fühlte mich so fremd, die ungewohnte Hitze machte mir zu schaffen. Ich ging zurück nach Credisa und kaufte mir auf dem kleinen Markt ein paar Bananen. Noch eine Flasche Coca Cola, die wie üblich in einen Plastikbeutel umgefüllt wurde, dann hockte ich mich vor der Kirche auf die Mauersteine zum Mittagessen.

Drei Leute aus Braunschweig waren ebenfalls hier, Margret, Martina und Paulus. Die hatten nur noch vier Tage bis zu ihrem Rückflug und die wollten sie gut nutzen.

So hatten sie für diesen Nachmittag einen Besuch bei den Comadres geplant. Ich schloß mich ihnen an, wollte sie ja sowieso besuchen, warum nicht gleich heute?

Wie mag ihre Arbeit jetzt, nach dem Friedensvertrag, wohl aussehen? Sie würden jetzt bestimmt freier und weniger ängstlich sein, dachte ich.

Bei den Comadres Moñsenor Romero

Äußerst vorsichtig sind sie immer noch, die Comadres, Mütter von Verschwundenen. Wir hatten uns angemeldet, aber bevor wir hinein durften in ihr Büro, mußten wir genaue Angaben über uns machen. Sie sahen auf ihrer Anmeldetafel nach, dann allerdings wurden wir sehr freundlich empfangen.

Sie erzählten, daß ihre Gruppe aus dem Leid der Frauen entstanden ist. Diese Frauen suchten nach einem Sohn, nach einer Tochter, die verschwunden waren. Bei einer der Frauen waren es drei Söhne und ein Enkel. Anfangs glaubten sie noch, die Polizei würde ihnen bei der Suche behilflich sein, aber sie hörten dort immer nur: "Die Namen sind hier nicht bekannt." Kein einziger Fall wurde aufgeklärt. 1980 haben sie die Namen auf große Schilder geschrieben, Fotos mitgenommen und sich vor die Kathedrale gestellt, um Moñsenor Romero aufmerksam zu machen.

"Moñsenor hat in Predigten das Militär öffentlich angeklagt und er hat uns immer wieder ermutigt, auf den Plätzen und vor den Gefängnissen die Bilder

zu zeigen und die Namen zu rufen. Und während einer Mitternachtsmesse hat er gesagt, wenn er umgebracht würde, dann sollten wir seinen Namen weitertragen."
Sie tragen seinen Namen und sie kämpfen weiter und sie wollen nicht vergessen. Zuviel Ungerechtigkeit ist geschehen und ein Friede ohne Gerechtigkeit ist ein oberflächlicher Friede. Und Gerechtigkeit ist, wenn die Personen, die für das Verschwinden von wenigstens 8.000 Menschen verantwortlich sind, zur Verantwortung gezogen werden.
"Nach dem Friedensvertrag ist es nicht erlaubt, daß das Militär noch bewaffnet durch die Straßen geht. Sie tun es trotzdem und das ist nicht gerecht.", sagte eine Frau. "Es wird nicht mehr offen gekämpft, aber der politische Wille zur Beendigung der Entführungen fehlt." Und eine andere sagt: "Die Militärs sind zu Grausamkeit erzogen worden, sie können nichts anderes als foltern und töten. Viele kriminelle Delikte haben die Militärs verübt, aber sie wurden nie bestraft. Es gibt viel Arbeit, weil das ganze Volk verroht ist."
Noch eine andere sagte: "Wir haben immer noch Angst vor der Todesschwadron. In den Friedensverträgen erwähnt man sie überhaupt nicht, weil es sie offiziell nie gegeben hat. Vor ein paar Tagen," sagte sie, "ist ein junger Mann, der uns unterstützt, entführt und schwer geschlagen worden. Die Policía sagt, das wäre eine ganz normale Kriminalität. Aber wir glauben das nicht. Die kennen uns jetzt und wissen, wer zu uns gehört, und die Verfolgung geht im Untergrund weiter."
"Also habt ihr immer noch Angst?" fragte ich.
Sie sahen mich an, diese Frauen, mit verständnislosem Blick. Sie schauten auf die Bilder ihrer verschwundenen Söhne.
"Im Krieg, in der größten Gefahr, hatten wir weniger Angst, weil das Wiederfinden der Verschwundenen wichtiger war als das eigene Leben."
Eine schwierige Arbeit steht ihnen jetzt bevor, der Kampf um soziale Gerechtigkeit. "Generalamnestie in El Salvador? Das darf auf gar keinen Fall sein. Die schrecklichen Massaker würden dann einfach vergessen. Nein, diese Verbrechen müssen bestraft werden. Zu viele Menschen sind noch verschwunden, viel mehr, als wir bisher wußten. Jetzt melden viele Leute das Verschwinden von Angehörigen, die sich bisher nicht getraut hatten, zu uns zu kommen. Wir wollen jeden Fall klären."
Sie hatten sich außerdem noch ein großes Programm vorgenommen, eine Menge Friedensprojekte, die beim Aufbau helfen sollten. Und bei ihrer Arbeit ging es immer um den einzeln Menschen. So gab es in El Salvador unzählige Waisenkinder. Der Krieg, die sinnlosen Massaker, hatten ihnen die Eltern genommen, nun lagen sie auf der Straße, bestritten ihren Lebensunterhalt durch betteln und stehlen. Diesen Kinder wollten die Comadres ein Heim geben, nicht nur eine Unterkunft, sondern hier sollten sie alles bekommen und lernen, was

sie brauchten. Und vor allem sollte ihnen hier ein Bewußtsein zur Menschlichkeit gegeben werden, sollten sie erfahren, daß alle Menschen die gleichen Rechte haben.

Ihre nächste Aufgabe würde in der Krankenversorgung liegen. "Wenn unser Volk leben soll, brauchen wir gesunde Menschen", sagte eine Frau, "und dabei wollen wir helfen. Um gesund zu werden, müssen sie auch aus ihren Pappchampas raus. Deshalb fangen wir jetzt auch mit einem Wohnungsbau an. Unsere Mittel sind zwar bescheiden, aber wir versuchen es trotzdem."

Aus ihren Augen sprachen gleichzeitig Hoffnung und Angst. Hoffnung, daß nicht alles nur eine Illusion blieb, Angst, daß das Ausland seine Solidaritätsarbeit einstellen könnte. Das hatte mich sehr nachdenklich gemacht. Hatte ich mich nicht schon gefragt, ob unsere Arbeit überhaupt noch nötig wäre?

Diese Angst bei den Leuten, im Stich gelassen zu werden, sollte ich noch öfter spüren. Bei einigen durch ihr Verhalten, durch ihre Blicke, bei anderen wurde es sehr klar ausgesprochen.

Ich ging zu 'meiner Familie'. Hier merkte ich kaum etwas von den üblichen Problemen der Salvadorianer. José, der Vater, hatte eine gut bezahlte Arbeit, die beiden älteren Kinder, Guillermo und Claudia, besuchten ein Gymnasium und die beiden jüngeren, Juan und Leticia, gingen in eine der guten staatlichen Schulen. Ihr Haus war für deutsche Begriffe bescheiden, in Salvador kann man bei ihnen aber fast schon von Wohlstand sprechen.

Es war ein anstrengender Tag und man konnte es mir wohl ansehen. Miriam fragte: "Cansado?" und ich sagte "Si, muy cansado", zog mich hinter den Vorhang in die Kammer zurück und fiel müde ins Bett. Und dann wurde es eine fürchterliche Nacht, hatte ich doch total vergessen, wie beliebt ich bei den Moskitos bin. Sie ließen mir die ganze Nacht keine Ruhe. Dementsprechend sah ich am nächsten Morgen aus.

Fiesta in San Salvador

Eigentlich signalisierte mein Körper "schlafen", einen Tag war ich erst in El Salvador und da hatte er sich noch nicht an die Zeitverschiebung gewöhnt. Nach 'unserer Zeit' war es schließlich nicht 18.00 Uhr, sondern immerhin 1.00 Uhr in der Nacht. Dennoch wollte ich unbedingt an dem großen Friedens-Freudenfest teilnehmen.

Früh am Morgen war die Stadt schon geschmückt worden und kreuz und quer über die Straßen waren unzählige blau-weiße Fähnchen gespannt. Die Menschen waren in Hochstimmung.

Abends fuhren wir mit dem Pick-Up der Gemeinde in die Stadt, die Ladefläche vollgepackt mit Leuten aus '22 de abril'. In einer Seitenstraße außerhalb der City war die Fahrt zu Ende, niemand kam mit dem Wagen hinein.

Über Lautsprecher dröhnte uns schon die Musik entgegen, hörten wir schon die Rufe und Reden der Veranstalter. Eine wogende Menschenmenge schob sich durch die Straßen, wir dazwischen. Plötzlich ging es nicht weiter. Ein dickes Seil war quer über die Straße gespannt. An dem engen Durchlaß standen junge Männer und Frauen mit roten Stirnbändern und Halstüchern, große weiße Aufschrift: 'FMLN'.
Niemand von ihnen hatte Uniform an, niemand war bewaffnet. Wir mußten uns in der Schlange anschließen und als wir den Durchgang erreicht hatten, wurde jeder Einzelne sorgsam abgetastet. Eine Vorsichtsmaßnahme, damit keine Waffen in die Innenstadt geschmuggelt würden.
Die Straßen waren nur noch halb so breit wie normal, dicht an dicht, manchmal bis zur Straßenmitte, hatten die Leute ihre Verkaufsstände aufgebaut. Da gab es alles zu kaufen, was man sich nur denken konnte. Tortillas und Pupusas, Getränke und Obst, aber auch alles andere, was so auf den Märkten verkauft wird. Jeder wollte ein paar Colones verdienen.
Wir schoben uns durch die Menschenmassen, vorbei am Parque Libertad, Festplatz der Arena-Partei und der Militärs, zum Parque Civica. Dicht gedrängt standen die Menschen, wiegten sich im Takt nach der Musik, klatschten in die Hände und wo eine kleine Lücke entstand, tanzten sie voller Begeisterung. Kleine Kinder schaukelten mit ihren winzigen Körperchen nach der Musik, hüpften voller Lebensfreude auf den Schultern ihrer Väter, die manche von ihnen sicher jetzt zum ersten Mal sahen. Alles jubelte, lachte, sang, fiel sich um den Hals. Ein Freudentaumel, wie ich ihn noch nie erlebt habe, und ich wurde total mitgerissen.
Da waren so viele Männer und Frauen, die nach zehn und mehr Jahren das erste Mal aus den Bergen herunter in die Stadt gekommen waren. Frauen und Mädchen, die ich nie zu den Sympathisanten der Guerilla gerechnet hätte, liefen jetzt mit den bekennenden Tüchern herum.
Vor dem Nationalpalast eine große Tribüne, an der Wand des Gebäudes Transparente mit überlebensgroßen Fotos der bekanntesten Guerilleros und Spruchbänder mit der Aufschrift:
BIENVENIDO COMANDADORES GENERAL DE FMLN.
Immer wieder Redner, Sänger, Tanzgruppen. Und immer wieder von der Tribüne der Ruf: "Vive Farabundo Martí!" und die Menge antwortete: "Vive FMLN!"
Eine Gruppe aus Chalatenango, bekleidet mit wehenden schwarzen Tüchern trat auf. Im Tanz beugten sie sich bis tief zur Erde hinunter, wurden von den schwarzen Tüchern bedeckt, richteten sich wieder auf, liefen auseinander, kamen in der Mitte der Bühne wieder zusammen. Und wieder das Beugen bis zum Boden, die schwarzen Tücher vor den Gesichtern. Plötzlich standen alle aufrecht. Sie tänzelten an den Bühnenrand, lösten die schwarzen Tücher und

ließen sie hinunterflattern. Jetzt waren sie in schneeweiße Tücher gehüllt und frei und schwebend tanzten sie über die ganze Bühne. Dann lösten sie auch diese weißen Tücher vom Körper, schwenkten sie hoch über die Köpfe und warfen sie in die Menge. Tanz der Befreiung, Krieg und Trauer waren Vergangenheit, Friede und Freude hieß die Zukunft! Jahrelang haben sie in den Bergen gelebt, ihre Namen durften nicht bekannt werden, ihre Gesichter mußten sie verstecken, weil das Erkennen ihren Tod bedeutet hätte. Wie mögen sie sich fühlen so in der Öffentlichkeit? dachte ich. Und dann beschlich mich Angst. Was passiert, wenn der Friedensvertrag nicht eingehalten wird? Der Gedanke ließ mich nicht mehr los. Und mitten in meine Angst hinein wieder der Ruf: "Vive Farabundo Marti!" und ich wurde angesteckt von der Euphorie und rief mit: "Vive FMLN!"

An diesem Tag war nichts zu erkennen von den Krawallen, der Messerstecherei, die es beim ersten spontanen Fest am 16. Januar gegeben hatte. Da gab es viele Verwundete und auch einen Toten. Es gab nur Freude und Jubel.

Es wurde Mitternacht, Zeit für uns, zurück nach Credisa zu fahren. Viele waren schon gegangen, trotzdem war der Platz noch voller Menschen. Wieder drückte uns ein Mann die Hände, umarmt uns. Auch seine Zugehörigkeit zur FMLN erkennbar an Stirnband und Halstuch. Groß, blond, die Bräune der Hellhäutigen, - "Das ist doch kein Salvadorianer", dachte ich. Es war Ramón, ein Schweizer, seit zehn Jahren in den Bergen von Morazán. Das interessierte mich. Was macht ein Schweizer bei der Guerilla? Er erzählte seine Geschichte:

Sohn reicher Eltern, abgeschlossenes Studium, sein Leben in der Finanzwelt war gesichert. Er verzichtete darauf, ging als Arbeiter in eine Fabrik. Eltern und Studienkollegen waren entsetzt: "Warum gibst du dich selbst auf?"

Er sagte: "In der Fabrik konnte ich mich für andere Menschen einsetzen. In diesem Einsatz habe ich meine Identität gefunden. Jeder Mensch muß als Einzelwesen anerkannt werden mit all seinen Eigenheiten. Und als dieser ganz bestimmte Mensch ist er in einer Gruppe wichtig und kann wirken.

Hätte ich eine große Karriere gemacht, stünde ich immer außerhalb der Gruppen. Mein Zusammenleben mit anderen Menschen wäre immer auf einen kleinen Kreis Intellektueller beschränkt geblieben. Deshalb wurde ich Fabrikarbeiter. Jede Art von Unterdrückung und Ausbeutung hat mich krank gemacht. Reichtum versperrt den Blick nach unten und führt zu Unterdrückung. Die reiche Schweiz mit ihren Banken und Konzernen hatte mir immer mehr Grund zu Unzufriedenheit gegeben."

Irgendwann wurde er mit den Problemen von El Salvador konfrontiert, wollte sich selbst überzeugen, fuhr hin, sah die große Ungerechtigkeit und ging in die Berge.

"Es war gefährlich", sagte er. "Aber ich wußte, nein, wir wußten, wofür wir

kämpften."
"Und deine Gefühle jetzt? Wo alles vorbei ist? Bei diesem Fest?" fragte ich
ihn. Er lachte, und Tränen standen ihm dabei in den Augen: "Ich kann es nicht
sagen. Das Gefühl ist so groß, daß ich es nicht beschreiben kann, aber ich
könnte weinen vor Glück. Jetzt wollen wir aufbauen, es ist soviel zu tun." Und
wir umarmten uns wieder, wünschten uns Glück und dauernden Frieden, dann
trennten wir uns.

Repoblación Santa Marta

"Wir fahren nach Santa Marta, eine Repoblación aus Mesa Grande", sagte
Jerry. "Man kann jetzt hoffentlich ohne Schwierigkeiten in das Gebiet kommen." Ich freute mich darauf und außerdem konnte ich jetzt sehen, inwieweit
sich ihr Traum erfüllt hatte. Und mit Sicherheit würde ich dort bekannte Gesichter sehen.
In Gedanken ging ich weit zurück.
Sind es wirklich schon fünf Jahre her, daß ich im Flüchtlingslager Mesa Grande in Honduras gewesen bin? Mir war, als wäre es gestern gewesen, so
deutlich sah ich noch die Gesichter der Menschen vor mir. Und ich spürte noch
heute das Entsetzen und vor allem die Angst, die mich damals befallen hatte.
Es gab dort eine Gruppe, die nur ein Ziel vor Augen hatte: möglichst bald wieder in die Heimat nach El Salvador zu kommen. Ihre Vorstellung entsprach so
gar nicht den Gegebenheiten im Land. Sie sahen die Heimat wie ein Paradies,
glaubten an ein Leben in Freiheit.
Ich war gerade aus El Salvador gekommen, hatte die Unterdrückungen und
Verfolgungen erlebt, hatte gesehen, wie erbärmlich die Landbevölkerung leben mußte, sich nicht einmal das Nötigste zum Überleben kaufen konnte. Aber
sie waren taub für meine Bedenken. Frei wollten sie sein, nicht mehr Gefangene im Lager, streng bewacht von Militärs. Der erste Treck kam zurück, in ihr
Heimatdorf Santa Marta im Krisengebiet Chalatenango.
Wir fuhren also Sonntag in der Frühe los. Daß das Militär reduziert sein sollte,
davon war nichts zu sehen, aber sie ließen uns unbehelligt. Wir kamen durch
ein kleines Städtchen. "Hier", sagte Jerry, "war bis vor kurzem das Ende
jeder Fahrt, weiter durfte man nicht. Allein der Versuch durchzufahren war
schon sehr riskant."
An den Straßenecken waren noch die aufgestapelten Sandsäcke, es wimmelte
auch jetzt noch von Militärs. Die meisten hatten die Maschinengewehre auf
dem Rücken baumeln, nur wenige trugen sie im Anschlag unter dem Arm. Etwas gelangweilt schauten sie auf das Geschehen in den Straßen.
Weiter durch das herrliche Land. Herrlich? An vielen Stellen konnte man die
einstige Schönheit nur noch ahnen. Jetzt waren da kahlgeschlagene oder ver-

brannte Berghänge und schwarzverkohlte Skelette ehemaliger Baumriesen boten einen deprimierenden Anblick.

Aber dann waren auch lange Strecken, da mußte man einfach rufen: "Gott, deine Welt ist so schön!"

Der Pick-Up hatte sich wieder einmal holprige Serpentinen hinaufgequält. Jerry zeigte auf den gegenüberliegenden Berg: "Da ist Santa Marta!"

Das Auto sprang und hüpfte über Baumwurzeln und Gräben den steilen Bergpfad hinunter, an der anderen Seite hinauf, und da waren auch schon die ersten kleinen Holzhäuser.

Noch ein paar Kurven, noch ein paar Luftsprünge des Wagens, "Moment, da stimmt was nicht", meinte Jerry. Er schaute nach, ein Reifen war geplatzt. "Es ist nicht mehr weit, wir fahren weiter." Das letzte Stück der Fahrt versetzte der 'Plattfuß' uns recht harte Stöße, dann waren wir auf dem Dorfplatz. Häuser, Wege, Bäume und Sträucher, alles dunkelbraun und dürr, aber die Leute waren glücklich. Klar, es fehlte noch vieles, bei ihrer Rückkehr hatten sie nur ein paar traurige Überreste ihrer Häuser vorgefunden. Der Urwald hatte das Dorf wieder in Besitz genommen. Aber sie waren Zuhause.

Wir staksten durchs Dorf. Die Leute standen draußen vor ihren Häusern, lachten und grüßten. Kleine halbnackte Kinder schauten uns mit großen, dunklen Augen an. Hier ein Schwätzchen, dort ein paar Worte, ein Erkennen, so erkundeten wir Dorf und Umgebung.

Etliche Männer und Frauen liefen geschäftig herum, sie bereiteten für uns das Gästehaus vor, sorgten für ein Abendessen und wir schauten uns neugierig weiter um.

Wahnsinnig viele Hunde lagen träge in der Sonne. Aus halbgeöffneten Augen blinzelten sie uns an, um gleich wieder die Schnauze in den Sand zu stecken. Keinen Mucks gaben sie von sich. Man hätte über sie stolpern können, sie hätten sich nicht gerührt.

Was mich sehr verwunderte, im Dorf wimmelte es von Guerillas, ganz alte und ganz junge, Kinder noch. Und alle waren bewaffnet. Ich fragte einen jungen Muchacho, warum sie mit MGs herumlaufen und er sagte: "Das ist doch ganz einfach. Wir hier in Santa Marta haben noch große Probleme, und solange das Militär bewaffnet ist, können wir unsere Waffen auch nicht weglegen. Das wird mindestens bis Oktober so bleiben." Ihre schlimmen Erfahrungen saßen ihnen wohl zu tief in den Knochen. Auf dem Dorfplatz ging es turbulent zu. In Windeseile wurde ein Podium aufgebaut und Bänke herangeschleppt. Wir gingen weiter. Da war die Schule, leicht zu erkennen an den bemalten Wänden. Lernen, das Wichtigste auch hier, wie in Mesa Grande.

Wir stiegen den Abhang hinunter zum Fluß. Allzuviel Wasser hatte er nicht, aber es war klar wie Kristall und reichte aus, sich selbst und die Wäsche zu waschen. Am Fluß war es wunderschön. Das herrliche Grün, die blühenden

Bäume, kein Staub und nicht so heiß - das tat der verbrannten Haut unheimlich gut. Und plötzlich war es dunkel. Eine Menge Leute waren schon auf dem Platz und es wurden immer noch mehr. Sie warteten auf uns, oder besser gesagt, sie warteten auf Jerry. Nur selten ist ein Priester im Ort und wenn, dann wollen sie auch eine Messe feiern. Und niemand fehlte. Einige hatten ihre Gitarren mitgebracht und der Gottesdienst war wie ein Volksfest. Es gab viele Ansprachen, damit wir nur ja wußten, wie groß ihre Freude über unseren Besuch war. Und sie erwarteten eine Rede von mir, weil ich in Mesa Grande bei ihnen war und zu den besonderen Freunden gehörte. Vor allem aber, ich kannte ihre ganze traurige Geschichte.

Jetzt waren die größten Schwierigkeiten überwunden, es konnte nur noch besser werden.

Zum Gästehaus, Abendessen stand bereit, jeder hatte schon seine Portion auf dem Teller, Reis, ein gebackenes Ei und ein dunkelbrauner Brei. "Hm, Schokoladenpudding", sagte ich und probierte sofort. Von wegen Pudding, das sah nur so aus, waren aber zerquetschte schwarze Bohnen. Und natürlich stand da ein Korb mit den nicht wegzudenkenden Tortillas. Und jeder bekam einen großen Becher herrlichen schwarzen Kaffee. Ja, wir wurden rundherum verwöhnt.

Das Gästehaus bestand aus Wellblech und an den Wänden entlang und auch mitten im Raum standen Pritschen zum Schlafen. In Santa Marta ist auch dieses Klima: am Tag unerträglich heiß, in der Nacht eisig kalt. Und wir hatten keine Decken mitgenommen. Wir behielten die verschwitzten Klamotten an und legten uns auf die Pritschen.

Kaum war der Strom abgeschaltet und es war ruhig im Dorf, da fing das Theater an. Alle Viecher wurden munter. Ununterbrochen die ganze Nacht hindurch das Gebell der unzähligen Hunde, dazwischen das Krähen der Hähne, die Moskitos und die Flöhe hielten reichlich Mahlzeit. 'Ade, süßer Schlummer, es wäre so schön gewesen.'

"Halte dich ganz still und wecke die anderen nicht auf. Es reicht, wenn einer nicht schlafen kann", dachte ich und rollte mich vor Kälte zusammen. Und das Gekläff der Hunde, sie müssen direkt neben dem Gästehaus gewesen sein, wurde immer wütender. Ich konnte geradezu spüren, wie sie aufeinander losgingen. Und dazwischen das Knattern der Maschinengewehre. Als dann dicht neben mir, nur getrennt durch eine Wellblechplatte, eine Granate explodierte, bin ich vor Schreck hochgefahren. Ich hatte echt Angst.

Endlich wurde es Tag. Wie verabredet standen wir alle gleichzeitig auf. Und dann kam einer nach dem anderen mit dem Geständnis heraus, überhaupt nicht geschlafen zu haben. Hunde, Hähne, Flöhe und Schießen, da hatte keiner ein Auge zugemacht. Wir lachten. Jeder wäre gerne aufgestanden, aber mit Rücksicht auf die Schlafenden ist er liegengeblieben.

"Das Schießen," sagte Jerry, "sind Freudenschüsse. Die Muchachos schießen nur in die Luft." Trotzdem war mir mulmig zurmute. "Mag ja sein, aber ehrlich - eine verirrte Kugel im Bauch ist mir ebenso unangenehm wie eine gezielte."

Wir gingen zum Fluß hinunter. Es war schon wieder schrecklich heiß, intensiv brannte die Sonne auf der Haut. Die Hähne hatten sich in die Bäume verzogen, die Hunde lagen wie am Tag zuvor träge im Schatten und blinzelten uns müde entgegen. "Blöde Biester, nachts bringt ihr euch gegenseitig fast um, und jetzt liegt ihr scheinheilig herum. Ich könnte euch erwürgen."

Am Fluß war schon viel Betrieb. Das Wasser war angenehm kühl, und nach dem Waschen fühlten wir uns sehr gepflegt.

"Gibt es hier im Dorf auch so etwas wie ein Klo?"

"Klar, da drüben, sogar drei nebeneinander." Also hin und dann suchten wir uns doch lieber einen Busch.

Jerry wechselte mit einigen Männern aus dem Dorf den kaputten Reifen, und Viele andere schauten zu. Um 7.00 Uhr war alles erledigt, wir saßen beim Frühstück - Reis, zerquetschte schwarze Bohnen, ein Ei, Tortillas und Kaffee. Großes Abschiednehmen von Leuten im Dorf dann ging's heimwärts. Vier Stunden dauerte die Fahrt von Santa Marta bis Credisa.

Wir kamen durch ein Städtchen, wo Jerry den Reifen flicken ließ. Es gab da ein kleines Lokal und so wurde das Wichtigste zuerst erledigt - trinken. Man ist hier ständig ausgetrocknet, außen und innen. Selbst der Schweiß fühlt sich nicht naß an, sondern so, als hätte man sich mit Alleskleber bestrichen.

Jetzt noch die gute Gelegenheit wahrnehmen und zur Toilette gehen, so ein Lokal wird bestimmt ein sauberes Örtchen haben. Dachte ich. "Was denn, sie haben überhaupt keine Toilette?" "No, no tenemos." Der Wirt erklärte uns den Weg: "Die Straße ganz runter bis zum Markt, dann links um die Ecke zur Markthalle. Und da sind die Toiletten der Stadt."

Margret und ich schlenderten zum Markt, fanden auch die Halle mit den Toiletten. Daß ich nicht lache - die "Prunkstücke" befanden sich in einem schmalen Seitengang, zehn Stück in einer Reihe, alle ohne Türen oder sonst etwas zum schließen, und das Tollste, es waren diese niedrigen Betonröhren und die waren gefüllt bis zum Rand. Am Eingang zu dem Gang saß eine Frau und verkaufte Papier, ein Stückchen Zeitung, fast so groß wie eine Postkarte, kostete 10 Centavos, ein Stück Toilettenpapier 20 Centavos. In der Stadt gab es keinen Busch, also blieb uns nichts anderes übrig als diese Luxuseinrichtung zu benutzen.

Gegen Mittag waren wir in Credisa.

Ein Nachmittag begann, an dem ich mich total nutzlos und überflüssig fühlte. Ich ging zur Clínica - niemand da. Kindertagesstätten und Schulen - geschlossen. Zu nichts und niemanden fühlte ich mich zugehörig. Ach ja, ich sollte mich um intensivere Kommunikation und um mehr Solidarität zwischen der BRD und El Salvador kümmern. Wie sollte ich das machen? Mußte jetzt alles an meiner Unfähigkeit scheitern? Gott sei Dank, es ist Frieden und das ist das Schönste. Nun mußten ja auch die Entführungen, Verhaftungen und Folterungen aufhören. Warum also war ich trübsinnig? Konnte ich nicht darüber froh sein, daß der Katastropheneinsatz in Deutschland nicht mehr nötig ist? War ich ja auch, aber warum dann der Frust? Ich möchte Friedensarbeit leisten, mich für den Aufbau starkmachen, aber auf einmal hatte ich den Eindruck, daß das gar nicht sonderlich erwünscht ist. Was war nur los mit mir? War ich bitter? Ich wußte es selbst nicht genau. Ich wußte nur, ich war schrecklich allein. In dieser miesen Stimmung saß ich den ganzen Nachmittag auf dem Mäuerchen vor der Kirche, einen Plastikbeutel mit Cola, nuckelte lustlos an dem Strohhalm herum und besah meine zerstochenen Arme und Beine. Es juckte teuflisch und dicke entzündete Beulen zierten meine Beine, die inzwischen so geschwollen waren, daß sie eher zu einem Elefanten gepaßt hätten. Wieviel Creme und Pillen und Spray hatte ich eigentlich schon erfolglos ausprobiert? Jede Nacht verbrannte ich in meiner Kammer die Anti-Moskito-Spiralen. Mein Blut schmeckte den Zancudos (Mückeen) so gut, daß sie sich über alles hinwegsetzten.

Säen und ernten in '22 de abril'

El Salvador ist ein fruchtbares Land, nur '22 de abril' hat keinen Platz für Gärten. Außerdem kann man bei einer Müllhalde sowieso nicht von fruchtbarer Erde sprechen. Es mußte aber eine Lösung gefunden werden, wenigstens etwas anzupflanzen. Jerry kannte einen Fachmann, der die Leute über die Möglichkeiten aufklären sollte, jedes Fleckchen auszunutzen. Alle Vorbereitungen waren getroffen und eine Menge Leute kam in die Guaderia Monte Maria.
Antonio hatte vom Vulkan etliche Säcke mit Lava geholt und aus der Mühle Reisspelzen. Und dann saßen wir alle schön brav auf den Kinderstühlchen und hörten uns den langen, aber interessanten Vortrag des Fachmannes an.
Dann ging es an die praktische Arbeit. Zunächst mußte die Lava gesäubert werden. Alle organischen Bestandteile mußten entfernt werden. Da saßen wir denn auf dem Boden und krabbelten fein säuberlich Ästchen und Blätter heraus, die Asche mußte gesiebt werden. Antonio hatte schon vorher ein Sieb gebastelt. Er hatte einen Holzrahmen gemacht und Draht drübergezogen, vier Frauen hielten dieses Sieb, zwei schaufelten die Lava darauf und das Schütteln begann.
Eine andere Gruppe präparierte die Reisspelzen. Sie kamen ins Bassin,

Wasser dazu und dann mußte das Ganze umgewälzt werden, bis auch das letzte Krümelchen naß war. Fünfzehn Tage lang mußte das Zeug jetzt täglich gewendet und feuchtgehalten werden, dann würde es den Charakter von Lava haben. Der nächste Arbeitsgang, Pflanzbecher herstellen. In die Böden alter Papp- und Plastikbecher stachen wir Löcher, füllten die Becher mit Lava, gaben Tomaten und Gurkensamen hinein, ein bißchen Wasser mit einem kleinen Zusatz Düngemittel dazu, fertig. Die Becher stellten wir auf die Wellblechdächer der Champas. Einem wurde die Verantwortung übertragen, daß das tägliche Gießen nur ja nicht vergessen wurde, und nun muß man abwarten, was daraus wird.

Mit den Reisspelzen wurde das später ebenso gemacht. Es gab nur ein Problem, wir hatten keine Becher mehr. Antonio bekam den Auftrag, alte Autoreifen zu besorgen, die wurden dann halbiert, mit Lava gefüllt und wenn in zwei Wochen die Tomaten und Gurken groß genug sind, würden sie in die Reifen umgepflanzt und wir hatten Becher für neuen Samen.

Druckerei in der Moñsenor-Romero-Schule

Die Schule hat eine kleine Handdruckerei aus Deutschland. Sie soll ihnen helfen, mit Sprache und Schrift besser umzugehen. Aber die Lehrer müssen erst lernen, sie zu bedienen. Die Gelegenheit war günstig. Dieter, ein deutsher Dominikaner, versteht es gut, mit der Maschine umzugehen, sodaß er die Lehrer zu einer Schulung einladen konnte. Fünfzehn Lehrer waren gekommen und mit Feuereifer machten sie sich an die Arbeit. Zuerst setzten sie einen Text auf, dann zeigte Dieter ihnen, wie man die Buchstaben in die Schienen einfügt, machte vor, wo man größere nehmen sollte, machte sie auf Fehler aufmerksam, und sogar das Verbessern machte ihnen Spaß.

Nach vier Stunden konnte das erste Blatt gedruckt werden.

Leuchtend gelbe Farbe nahmen sie dazu und alle Köpfe hingen über der Maschine, als die Rolle langsam über das Papier bewegt wurde. Und als das erste Blatt fertig war, brachen sie in einen kaum zu überbietenden Jubel aus. Sie sprangen und tanzten herum wie Kinder.

Oje, so viel Mühe hatten sie sich gegeben und nun hatten sich doch ein paar Fehler eingeschlichen. Erstaunlich, das tat ihrer Freude überhaupt keinen Abbruch. Mit dem gleichen Eifer wurden die Fehler ausgebessert, neue Farbe aufgestrichen und wieder gedruckt. Das fertige Blatt hingen sie an die Wand, und dann bewunderten sie das Werk, das sie geschaffen hatten.

Die ganze Zeit hatte ich nur ihre Freude gesehen und etwas betreten war ich schon, als ich den Text las. Soviel Spaß bei diesem Inhalt?

Eigentlich paßte das gar nicht zusammen - oder doch?

Es ist ihre Realität, die Realität eines seit Jahren geschundenen Volkes, mit krassen Gegensätzen leben zu müssen. In diesem Fall hieß das: Jubel über den Frieden, Besorgnis wegen der Zukunft. Deshalb ihre Frage:

Frieden - Illusion oder Realität?
ich glaube an den Frieden,
    wenn die Todesschwadronen nicht mehr existieren;
ich glaube an den Frieden,
    wenn wir deutlich Freiheit haben, ohne Terroristen;
ich glaube an den Frieden,
    wenn der Hunger in meinem Volk nur noch eine Erinnerung ist;
ich glaube an den Frieden,
    wenn die Millionäre aufhören, sich die Unwissenheit
    des notleidenden Volkes zunutze zu machen;
ich glaube an den Frieden,
    wenn es keine Analphabeten mehr gibt;
ich glaube an den Frieden,
    wenn es in El Salvador wirklich ein demokratisches System gibt,
    wo alle Salvadorianer die gleichen Chancen haben.

Mit aller Fröhlichkeit hatten sie ihre ganze Unsicherheit dem Friedensvertrag gegenüber zum Ausdruck gebracht. Dieses Volk zu verstehen fällt oft schwer. Mit der gleichen Freude wie beim Setzen und Drucken widmeten sie sich nun der Reinigung jedes einzelnen Buchstabens, der Maschine und der bekleckerten Tische. Kein Fleckchen wurde übersehen.
Es war spät geworden und wenn wir vor der Dunkelheit in Credisa sein wollten, wurde es Zeit zu gehen. Jetzt legten wir noch viel größeren Wert darauf, im Hellen die Bahnlinie hinter uns zu bringen. Es wurde viel gestohlen, und bei uns war es besonders lohnend, denn, so hieß es: "Die Weißen haben immer Geld!"
Irgendwie konnte ich das sogar verstehen. Sie stahlen ja nicht aus Lust an der Kriminalität, sondern aus ihrer Not heraus. Das machte es dem Bestohlenen zwar nicht leichter, im Gegenteil, man war hilflos. Wie verhält man sich? Die Diebe anzeigen, sie ins Gefängnis bringen, das würde überhaupt nichts bewirken. Ihre Not ist zu groß und wenn der eine 'ausfällt', stahl eben ein anderes Familienmitglied. Ließ man es aber geschehen, ohne sich zu wehren, wurden diese Delikte bald als normal, als legitim angesehen. Die einzige Möglichkeit, die steigende Kriminalität zu bremsen, läge in der Arbeitsbeschaffung für alle.
Die Leute in '22 de abril' haben jetzt zum Teil schöne Häuser, einige auch Strom und Wasser, aber die Armut wurde größer. Es klingt paradox, ist aber eine der uns unverständlichen Realitäten, wobei viele Fakten eine Rolle spielen.

Vordergründig gesehen gibt es einen Aufschwung im Land, bei näherem Hinsehen stellt man fest, wie kompliziert alles ist. So war mein erster Eindruck von '22 de abril' ein sehr erfreulicher. "Es geht aufwärts", hatte ich gedacht und zunächst hatte auch niemand widersprochen, allerdings auch nicht meinen Enthusiasmus geteilt. Erst Estela sprach von den Hintergründen und den Schwierigkeiten der Leute.

"Gottes Strafe für eure Sünden ..."

Eine der amerikanischen Sekten, die sich immer mehr ausbreiteten, kam auch nach '22 de abril'. Mit viel Überredungskunst überzeugten sie einige Bewohner davon, daß es nur von Vorteil für sie wäre, Häuser von den Sekten erbauen zu lassen. Gutgläubig, wie Salvadorianer manchmal sind, und froh, wenn ihnen Entscheidungen abgenommen wurden, stimmten sie zu.

Das dicke Ende kam erst, als die Häuser schon fertig waren, nämlich die erschreckend hohe Summe, die sie zahlen mußten. Achtzehntausend Colones für ein Haus, unerschwinglich für Menschen, die oft gerade soviel hatten, um ihren täglichen Bedarf an Reis und Mais zu decken. Man mußte annehmen, daß das den Sekten durchaus bewußt war, denn ohne große Reden und Verhandlungen kam das nächste Angebot, monatlich 30 Colones zu zahlen. Das ist eine Menge Geld, zusätzlich war daran aber noch die Bedingung geknüpft, der Sekte beizutreten.

Zunächst schien das wenig problematisch zu sein. Die Sekten waren sehr spirituell, was der Mentalität der Salvadorianer durchaus entgegenkam. Ebenso war der Gedanke, daß Mißlichkeiten, Armut und Krankheit Gottes Wille sind und eventuell als Strafe für begangene Sünden über sie kommen, nicht abwegig. Also knappte man sich das für die Häuser geforderte Geld ab und wurde Sektenmitglied. Die Überlegung, daß da vielleicht doch etwas nicht stimmte, kam meist später. Sicher war nur, daß sie dann noch ärmer und dazu in einer Sekte waren, die ihre Seelenruhe zerstörte.

Die Menschen wurden total fertiggemacht, und alles unter dem Mäntelchen einer großen Frömmigkeit. Und irgendwann, wenn die Menschen total ausgeblutet waren, wurden sie gezwungen sein, wieder in Pappchampas zu ziehen. Und vielleicht werden einige von uns dann das schreckliche Urteil fällen: "Diese Leute sind es gar nicht wert, daß man sich Gedanken über sie macht. Sie wollen ja in ihrem Dreck hausen, sind ja freiwillig dahin zurückgegangen." So geschehen vor einigen Jahren in Venezuela. Damals hörte ich das nur von der einen, von der besitzenden Seite und fragte nicht nach den Gründen.

Hier in El Salvador brauchte ich nicht zu fragen, sah die betroffenen Armen und konnte mir den Weg genau vorstellen. Wie man das verhindern könnte? Ich weiß es nicht. Ein junger Mann war der Sekte beigetreten, ging ganz in ihr auf.

Seine Mutter wurde krank und nur eine Operation konnte ihr helfen. Als Gelegenheitsarbeiter verdiente er nicht genug, um eine Operation bezahlen zu können. Er bat seine neuen Glaubensbrüder, ihm das notwendige Geld zu leihen. Es wäre für diese ein Leichtes gewesen, aber sie taten es nicht. Die Begründung: Wenn deine Mutter krank ist, so ist das Gottes Wille. Wenn Gott will, daß sie gesund wird, geschieht das auch ohne Operation und wenn sie stirbt, hat Gott es so gewollt." Die Mutter wurde immer elender, der junge Mann war verzweifelt. Wäre die Sekte arm und hätte nicht die Möglichkeit zu helfen gehabt, er hätte sich damit abgefunden. Er erwartete nicht das Unmögliche. Was er nicht verstand, war die Einstellung dieser Leute. Sie wollten einen Menschen sterben lassen, der geheilt werden konnte, und das im Namen Gottes. Er war verwirrt, wußte nicht, was er machen sollte. Den Mut, die katholische oder lutherische Kirche um Hilfe zu bitten, hatte er nicht. Zum Glück hatte er der Sekte gegenüber keine finanziellen Verpflichtungen und so konnte er ihr ohne allzu große Schwierigkeiten den Rücken kehren.

Er kam in die Gemeinde '22 de abril' zurück.

Später erzählte er, wie er von der Sekte eingelullt worden war. Er und viele andere hatten sich von der Spiritualität packen, begeistern lassen. ". . aber als ich sie brauchte", sagte er, "haben sie mich im Stich gelassen."

Besuch bei Bischof Medardo Gomez

Ich mußte Bischof Gomez besuchen. Einmal, weil ich das Bedürfnis hatte, mit ihm zu sprechen, zum andern hatte ich ihm etwas von Freunden aus Deutschland zu bringen. Lidia sollte telefonisch einen Termin ausmachen, das war gar nicht so einfach. Doch eines Morgens, als ich in die Clínica kam, sagte Lidia, daß der Bischof mich noch am gleichen Tag erwartete. Ich hatte Dieter und Volker viel von Bischof Gomez erzählt, was für ein faszinierender Mensch das ist und wie er sich immer für seine Landsleute eingesetzt hat, daß sie ihn kennenlernen wollten. "Wenn du einen Termin bekommst, gehen wir mit." Nun mußte ich sie schnellstens suchen, die Zeit war sehr knapp. Ich lief durch die Gemeinde. Volker fand ich dann in der Guaderia Labor I, und Dieter in der Romero-Schule.

Punkt 16.00 Uhr standen wir vor seiner Tür. Mir fiel wieder die Vorsicht auf, mit der Besucher zuerst einmal "abgetastet" wurden, bevor sie bestimmte Gebäude betreten durften. Aber dann kamen wir in den Warteraum. Da saßen eine ganze Reihe Leute und wir machten uns auf eine lange Wartezeit gefaßt, aber es ging sehr schnell. "Fassen sie sich bitte kurz", wurde uns gesagt, "der Bischof hat wenig Zeit."

Wir kamen in sein Büro, Bischof Gomez saß hinter seinem Schreibtisch, schaute freundlich, aber doch ziemlich unbeteiligt. Schließlich wollten wir

ihm ja etwas von seiner kostbaren Zeit nehmen. Dann sah er mich an und blitzschnell kam er auf mich zu, umarmte mich. "Wir kennen uns ja", sagte er erfreut und sofort entstand eine lockere herzliche Atmosphäre. Wir frischten Erinnerungen auf, er sprach von der Repoblacion 1987, bei der wir uns kennengelernt hatten. "Es ist ein schönes Dorf geworden", sagte er, "aber schon bald wurde es von Militärs überfallen, bombardiert und die Leute mußten es wieder verlassen. Jetzt, nach fünf Jahren, ist alles wieder Urwald."
"Es ist Frieden", meinte Dieter, "da könnte das Dorf wieder neu aufgebaut werden."
Ja, es ist Frieden, aber, wie viele andere, traut auch der Bischof diesem Frieden nicht ganz. Für die Öffentlichkeit, für das Ausland, da ist schon Frieden. Niemand kann es sich leisten, jetzt wieder einen Krieg anzufangen, meinte er, "aber durch den Friedensvertrag ist der Grund für den Krieg nicht beseitigt."
Er fürchtet private Überfälle und das zu Recht. Und er muß auch für sich selbst fürchten. Es sind Flugblätter in der Stadt verteilt worden, schlimme Hetzblätter mit üblen Karikaturen: Gomez auf der Kanzel, über dem Kopf ein Heiligenschein, und von der Hüfte an abwärts ein haariges Ungeheuer mit Schwanz und Bocksbeinen. Darunter der Text: "Hütet euch vor dem Teufel im Priesterkleid" und darunter eine massive Morddrohung. "Die Angst jetzt", sagte er, "ist noch viel größer als im Krieg, weil wir den Feind nicht kennen. Wir brauchen die Solidarität des Auslandes jetzt noch mehr, sonst sind wir verloren."
Wir kamen auf die Verbreitung der Sekten zu sprechen. "Jetzt müssen die Kirchen mehr zusammenhalten", sagte er. "Die katholische Kirche tut sich da leider noch sehr schwer, aber unsere Zusammenarbeit ist dringend erforderlich. Es ist die einzige Möglichkeit, den Sekten Einhalt zu gebieten. Diese Sekten fressen unser Land und unsere Leute auf."
"Wie wird in El Salvador der 500 Jahre Conquista gedacht?"
Er meinte, daß man das nicht generell sagen könnte.
"Ein Teil der Bevölkerung wird sicher Jubelfeiern veranstalten, und zwar der reiche, der wohlhabende Teil. Die arme Bevölkerung hat nur Grund zur Trauer. Es hat sich in den 500 Jahren nichts geändert, die Indígenos sind immer noch unterdrückt, werden immer noch ausgebeutet. Sie werden immer noch wie Menschen zweiter Klasse behandelt."
Bischof Gomez hatte uns sehr, sehr viel Zeit geschenkt und wir durften ihn nicht noch länger in Anspruch nehmen. Beim Abschied lud er mich so herzlich zu einem Fest am Sonntag ein. Schade, daß es mit meinen Plänen nicht übereinstimmte.

Estela erzählte mir ein paar Geschichten

"Wie stehst du zu den 500 Jahren Entdeckung?" fragte ich Estela, und auch sie meinte, daß es zwei Gruppen mit unterschiedlicher Meinung gibt. "Die eine findet alles gut und richtig und sie will große Feiern veranstalten. Das sind die Nachkommen der Conquistadores. Und die sprechen auch von Entdeckung. Die anderen sagen Eroberung, und daß damals sehr viel Schändliches geschehen ist, und daß Scham und Trauer von Seiten der Conquistadores angebracht wäre. Nein", sagte Estela, "wir haben keinen Grund zum Feiern." Und sie erzählte mir Geschichten von berühmten Häuptlingen, die jetzt wieder neu aufleben. Ein großer Häuptling wurde immer wieder zitiert. Er hatte geklagt: "Wir haben die Fremden freundlich aufgenommen, haben Brot und Wein mit ihnen geteilt und zum Dank haben sie uns gequält und ganze Stämme ausgerottet."

Dann erzählte Estela mir von ihrem Volk:

"Indígenos lieben alles was schmückt. Sie gaben den Fremden Gold und Silber, damit auch sie sich schmücken konnten und bekamen dafür glitzernde Glasperlen. Es kam ihnen gar nicht auf den materiellen Wert des Goldes an, und da das funkelnde Glas sehr hübsch war, fühlten sie sich auch nicht benachteiligt. Die Fremden wollten aber immer mehr Gold, sie wollten alles haben. Da fragte der Häuptling einen der Fremden, ob die Christen alle so große und breite Körper hätten. Der sah ihn fragend an und der Häuptling meinte, wenn sie so eine Menge Gold brauchten, müßten sie doch furchtbar große und dicke Körper haben, um das alles daran unterzubringen."

Alles drehte sich nur um das Gold.

Einmal saßen Indígenos mit ihrem Häuptling um ein Feuer, als eine Gruppe Fremder ins Dorf kam. "Ihr betet das Gold an wie einen Gott!" riefen sie, raubten das Gold und brachten alle Indígenos um.

Ein anderer Häuptling hatte ein fast freundschaftliches Verhältnis zu einem Fremden. Sie saßen oft zusammen und der Fremde erzählte vom Christentum. Nach längerer Zeit, als er glaubte, den Häuptling bekehrt zu haben, fragte er diesen: "Willst du dich taufen lassen? Wenn du gestorben bist, kommst du in den Himmel. " Der Häuptling fragte zurück:

"Sind in dem Himmel auch Christen?" und die Antwort:

"Aber ja! Nur Christen kommen in den Himmel." Er lehnte die Taufe rigoros ab. In diesen Himmel wollte er auf keinen Fall.

Was aus dem Häuptling wurde, verschweigt die Geschichte."

Finca - ein Stück Erde, wie Gott es geschaffen hat

Wir fuhren in ein Stückchen Paradies, zur Finca. Auf der Autopista und den ausgebauten Straßen kamen wir schnell voran. Aber dann kamen wir in fast unberührte Landschaft. Der Weg war schmal und holprig, rechts und links von

Bäumen und Buschwerk bestandene steile Abhänge. Wir bogen vom Durchgangsweg ab, die Zufahrt zur Finca hinauf.
Querrinnen, Schlaglöcher und dicke Gesteinsbrocken machten das Fahren ein bißchen ungemütlich. Das Auto schwankte bedenklich mal nach rechts, mal nach links und ich wartete jede Sekunde darauf, daß es umkippte. Aber nein, unbeschädigt kamen wir oben an.
Der Blick über das Land, über diese herrliche Bergwelt, entschädigte für jedes unfreundliche Schlagloch. Es war so schön, daß es mir den Atem verschlug. Diana, eine Besucherin aus Chicago, brach in laute Jubelrufe aus. Warum blieb ich stumm? Ich brachte keinen Ton heraus, so überwältigt war ich von diesem Anblick.
Hier war also die höchste Stelle der Finca, ein relativ großer freier Platz. Ganz an der einen Ecke, recht nah am Abhang, das fast fertige Haus, ein langer Bau mit einem Sonnenvordach. Es ist zwar noch nicht eingerichtet, kann aber immerhin schon benutzt werden. Jerry und ich, wir haben dann ein bißchen "gesponnen", wie man eventuell, da jetzt Frieden ist, eine kleine Einnahmequelle erschließen könnte.
Das Plateau zog sich soweit über den Berg, daß man im Anschluß an das Schullandheim noch ein paar kleine Ferienhäuschen setzen könnte. Vielleicht könnte man sie an Touristen vermieten, die ihre Ferien in einer Landschaft machen möchten, wo nichts künstlich ist, in einer Landschaft, die so ist, wie Gott sie erschaffen hat. Luxus würde es nicht geben, und für einen Spaziergang mit Stöckelschuhen wäre die Finca absolut nicht geeignet. Durch die Finca und die ringsumliegenden (Ur)wälder zu streifen, ist sicherlich nicht bequem, ich kann das ruhig sagen, hatte ich doch am nächsten Tag einen gewaltigen Muskelkater.
Jetzt stand ich erst einmal inmitten des Paradieses und wußte nicht, wohin ich die Augen zuerst wenden sollte.
Tief unten schimmerte blau der See von Ilopango, eingerahmt von sanften Berghängen in allen Grüntönen. Auf der anderen Seite, über zahllose Berghänge hinweg, ragte das Teufelstor, zwei sich gegenüberstehende, fast kerzengerade in den Himmel ragende Felswände. Und obwohl sich Berg an Berg reiht, fühlte man sich nicht eingeengt, konnte der Blick weit, sehr weit über das Land schweifen. Es war so phantastisch, daß man jubeln mochte, oder - ganz still wurde.
"Wollt ihr nicht endlich die Finca besichtigen?" meinte Jerry. Gleich hinter dem Haus führte ein schmaler, holpriger Pfad durch Gebüsch und Gestrüpp hinunter. Unsere Sprache ist zu nüchtern, um die Eindrücke zu beschreiben. Pflanzen und Bäume, die ich noch nie gesehen hatte, deren Namen ich mir nicht einmal merken konnte, ließen meine Seele jauchzen. Dann wieder den ganzen Boden bedeckend Bekanntes, wie Farne und Rizinus. Mitten in diesem Urwald

an steilem Hang mächtige Bananenstauden mit leuchtendroten Blüten. Es sah aus, als hätte man Lampions in den Busch gehängt. Plötzlich standen wir in einem kleinen Garten, vielleicht so 20 qm groß, abgeteilt durch einen Zaun aus Bambusstangen. "Hier haben wir Möhren gesät", sagte Jerry, "der Spinat ist leider nichts geworden. Aber da oben an dem Hang haben wir noch ein Feld mit Ananas. Sie versprechen eine gute Ernte. Und ein Gärtchen mit Tomaten haben wir auch schon."
Unsere inzwischen schon etwas schweren Beine bewegten sich weiter den Hang hinab. Schlank und hochgewachsen leuchtete uns der hellgelbe Bambus mit seinem zartgrünen Laub entgegen. Rechts vom Weg war ein undurchdringliches Buschwerk mit intensiv orangefarbenen Blüten. Und in dem Buschwerk (wie hatte man sie dahinbekommen?) viele kleine, auf Stämmen stehende Holzkästen, die Bienenzucht. Immer weiter ging es hinunter. Langsam aber sicher ging uns die Puste aus und Jerry hatte ein Einsehen und legte eine Rast ein. Herrlich diese absolute Ruhe, nur unterbrochen vom Singen der verschiedenen Vögel und vom Rascheln des durch die Wildnis huschenden Getiers. Ganz tief saugte ich den betäubenden Duft des Tropenwaldes in mich hinein. Jerry meinte, wir könnten zurückgehen, wenn es zu anstrengend wäre, aber wie hätten wir darauf verzichten können, noch mehr von diesem wunderschönen Fleckchen Erde zu sehen? Also stapften wir noch tiefer hinunter. Wir kamen an einem großen Wasserbassin vorbei. Obwohl es betoniert ist und eine Pumpe besitzt, stört es die Harmonie überhaupt nicht. Die Ursprünglichkeit der Landschaft ging nicht verloren.
Wir hatten den Fuß des Berges und damit die Grenze der Finca erreicht. Lustig plätscherte der Bach, oder war es ein Fluß, der jetzt in der Trockenzeit zu einem Bach geschrumpft war? Auf jeden Fall trocknet er so gut wie gar nicht aus. Etwas Wasser ist immer da und von hier aus wird auch das Bassin vollgepumpt.
Wir haben uns in dem herrlich kühlen Wasser gewaschen und liefen noch ein Stück den Bach entlang. Nachdem wir noch ein paar Frauen bei ihrer schweren Arbeit des Wäschewaschens zugeschaut hatten, machten wir uns auf den Rückweg. Beim Aufstieg brauchten wir wohl ein paar Pausen mehr als beim Abstieg, aber es ging besser, als wir gedacht hatten.
Wir kamen nicht beim Haus an, sondern etwas weiter weg auf dem Hauptweg. Und da erwartete uns eine erfreuliche Überraschung, denn auf einmal standen wir vor einem ganz für sich allein stehenden kleinen Haus. Eigentlich war das ein Saatguthändler, aber man konnte bei ihm auch Beutelchen mit Keks kaufen, und was noch wichtiger war, Saft und Cola.
Jerry mußte nach '22 de abril' zurück und Tonio, der Fahrer, mußte noch Sand holen für den Bau des Hauses. Es war noch früh am Mittag und wir wollten gerne noch bleiben. "Ihr könnt mit Tonio zurückkommen", sagte Jerry. Und

das machten wir. Wir fuhren hinunter, durchs Dorf, weiter durch fruchtbare Felder. "Die gehören aber nicht Campesinos", sagte Tonio, dann waren wir am Fluß. Viel breiter als das Stück, das zur Finca gehört, ist er hier auch nicht. Tonio holte Schaufeln vom Wagen, watete bis zur Flußmitte, scheppte den Sand aus dem Flußbett und warf ihn in weitem Bogen auf den Weg.

Dieter und Volker wechselten sich ab, den Sand auf die Ladefläche zu schaufeln, immer für eine halbe Stunde.

Die beiden wollten Tonio eine Pause gönnen und meinten, sie könnten auch mal in den Fluß steigen und ihn da ablösen. Tonio ließ das nicht zu. "Im Wasser wimmelt es von gefährlichen Kleintieren," sagte er. "Die fressen sich in die Haut ein und dann werdet ihr krank davon. Mir macht das nichts aus. Wer von Kind an auf der Müllkippe gelebt hat so wie ich, ist an Dreck und Ungeziefer gewöhnt und ist widerstandsfähig und es macht ihm nichts aus." So blieb es bei der Einteilung - Tonio im Wasser, Dieter und Volker auf dem Weg. Ich mußte darauf achten, wenn jeweils die halbe Stunde zum Wechseln um war.

Ich setzte mich an den Rand des Wassers, machte es mir gemütlich, Unzählige Insekten schwirrten herum. Die über dem Wasser tanzenden Libellen glänzten in der Sonne wie Edelsteine. Ich kam richtig ins Träumen, obwohl die unersättlichen Moskitos immer wieder kamen und ihren Durst und Hunger stillten. Das würde wieder hübsche neue Beulen geben. Der Pick-Up war vollgeladen. Jetzt zurück zur Finca.

Wir rissen eine Menge Bananenblätter ab und bedeckten damit den triefendnassen Sand und hatten dadurch eine Kühle, und doch trockene Sitzgelegenheit. Bei dem Gedanken an die Fahrt verspürte ich ein leises Kribbeln im Magen, ich sah uns schon umgekippt irgendwo im Graben liegen. Aber Tonio ist ein guter Fahrer. Selbst diese schwierige Fuhre brachte er unbeschadet zur Finca, uns auch.

'22 de abril' - Bibliothek und neue Artesanía

In der alten Artesanía arbeiteten Frauen und Mädchen in einem winzigen Raum, der von der Kirche abgezweigt war. Sie hatten sich dort zwar wohlgefühlt, aber es war doch viel zu eng und beim Malen mußten sie stets darauf achten, sich nicht gegenseitig zu behindern.

Die neue Artesanía, einfach Klasse.

Die Werkstatt ist weiträumig und luftig, mit wunderschönen gemauerten Rundbögen. Ein Arbeitsplatz, der ganz dem entspricht, was hier gemacht wurde, Kunsthandwerk.

Ich sah mir die neuesten Malereien auf den Karten und Kreuzen an. Das waren nicht mehr die Bilder der vergangenen Jahre, nicht mehr die Darstellungen ihrer Hoffnung, Wünsche und Träume. Die Friedenssymbole waren nicht mehr

hoch oben am Himmel, in weiter Ferne und unerreichbar. Auf den neuen Malereien waren sie greifbar, beherrschten das ganze Bild.
Ich kaufte ein paar der Friedenskarten und bestellte eine Menge der bunten Kreuze und dann siegte doch meine Neugier, ich mußte jetzt zuerst die Bibliothek sehen.
Ein junger Mann, Margarito, führte mich durch die Artesanía, eine Treppe hoch, in einen kahlen Raum. An der Schmalseite stand eine Theke, auf dem Fußboden ein paar Farbtöpfe. "Ich wollte eigentlich in die Bibliothek", sagte ich. Margarito lachte und legte ein paar Bücher auf die Theke. "Siehst du nicht, daß das die Biblioteca ist? Ich muß nur noch die Wände bemalen und Regale aufstellen, dann ist sie fertig." Dabei legte er seine Hände auf die Bücher.
Es waren wirklich ganz wenige, aber er zeigte sie mir voller Stolz. Es waren fast nur Bücher, deren Inhalt von ihrer, der Geschichte der Indígenos, berichten. Als er mein Interesse daran bemerkte, wurde er sehr lebhaft.
"In El Salvador", sagte er, "gibt es nur noch sehr wenige reinrassige Indígenos und die wohnen fast alle in den Bergen. Die meisten wurden damals ausgerottet. Hier, so wie in ganz Centroamérica lebten hauptsächlich die Mayas. Ja, sie leben jetzt irgendwo in den Wäldern." "Wo genau?" " Sie möchten nicht, daß alle das wissen."
Ich blätterte in Büchern, er sah mir über die Schulter. Er zeigt auf eine Zeichnung. "Hier, Cristobal Colón. Der hat nichts Gutes getan. Er hat alle Kultur zerstört und die Menschen umgebracht." "Aber das war doch nicht Colón", wagte ich zu sagen.
Ein kurzes Überlegen. Dann: "Nein, Colón nicht persönlich, aber er hat die Conquistadores hierher gebracht. Ja, und die spanische Königin und der Papst haben sogar gestritten, wem das Land gehören sollte, obwohl es das Land der Mayas war." Margarito überlegte einen Moment, dann sprach er weiter. "Zuerst kam Cristobal Colón. Der Papst und die Königin haben dann die Conquistadores geschickt, weil die das Land haben wollten. Und dann haben sie die Menschen ausgebeutet und viele umgebracht."
Er dachte wieder nach. Und dann: "Heute ist das immer noch so, die Reichen beuten uns aus und quälen uns und bringen viele um. Und die Schuld daran hat Cristobal Colón. Die Indígenos liebten das Land und haben es immer geschützt, nie hätten sie das, was sie liebten, ausgebeutet und zerstört."
"Aber jetzt ist Frieden, und bald wird es hier besser sein", meinte ich. "Ihr werdet wieder euer eigenes Land haben." "Nein, die Reichen geben es nicht her. Die Gesetze sind so, daß sie uns immer betrügen können."
"Wie ist das jetzt mit den 500 Jahren Conquista? Gibt es hier Feiern? Oder Proteste? Was werdet ihr tun?" "Ich weiß es nicht", sagte er, "wahrscheinlich machen wir nichts."
"Wieso nicht?"

"Die Reichen werden feiern, aber wir haben keinen Grund dazu. Ich meine, daß es besser ist, wenn wir uns ruhig verhalten. Klar, es ist jetzt Frieden, aber können wir dem Frieden trauen? Denk doch nur, was die Conquistadores 500 Jahre lang mit uns gemacht haben. Es sind immer noch die gleichen Leute, die uns verfolgt und unsere Angehörigen getötet haben. Nein, es ist besser, wir bleiben ganz ruhig. Wir wollen keinen neuen Krieg, keine Verfolgung mehr."
"Aber es gibt keine Conquistadores mehr."
"Und warum müssen wir dann hier auf der Müllhalde leben? Wer hat uns denn von unserem Land vertrieben, wer hat unser Land gestohlen? Wir Indígenos sind immer noch minderwertiges Volk. Alles Recht ist bei den Nachkommen der Conquistadores und wir sind ihnen schutzlos ausgeliefert. Daran hat sich in den letzten 500 Jahren nichts geändert."
"Kämpft doch um euer Recht", sagte ich etwas ungehalten. Er sah mich lächelnd an: "Und was, glaubst du, haben wir in den letzten 12 Jahren getan? - Jetzt ist unsere Erde mit Blut getränkt." Ohne Übergang wechselte er das Thema, erklärte mir, wie er sich die Bibliothek vorstellte, wenn sie einmal fertig ist. Er zeigte auf einen Topf mit blauer Farbe: "Jetzt werde ich zuerst die Trennwände bemalen und dann können die Leute kommen und lesen. Das wird schön sein." "Adiós ! Nos vemos."

Besuch bei CRIPDES

Wir hatten einen Termin bei der UNTS, dem Gewerkschaftsverband. Es war ein ziemlich weiter Weg, quer durch die Stadt und wir hatten doch etwas mehr Zeit gebraucht, als wir berechnet hatten und kamen ein paar Minuten zu spät. Eigentlich haben Salvadorianer mit Pünktlichkeit nicht so viel im Sinn, hier jedoch mußten wir erfahren, daß es auch Ausnahmen gibt. Der Vorsitzende war schon weg.
Ein neuer Termin kam leider nicht zustande.
Hoffentlich hatten wir bei CPIPDES mehr Glück. Wir machten uns rechtzeitig auf den Weg, eine solche Panne durfte nicht noch einmal passieren.
Wie jeder Mensch zuerst sein Testimonio erzählt, beginnt bei den Organisationen und Verbänden das Gespräch immer mit der Geschichte ihrer Gründung.
Was ich in Mesa Grande als Testimonios der Lagerbewohner gehört hatte, wurde hier von CRIPDES bestätigt.
In den Jahren 1979/80 kam es zu den schlimmsten Massakern, verübt vom Militär an Campesinos. Den Campesinos warf man vor, Guerillas zu sein und diese wurden all der Verbrechen beschuldigt. Das Land wurde ihnen gewaltsam genommen, ihre Häuser zerstört, verbrannt.
Sie kämpften um ihr Land, aber keine Organisation war bereit, sie zu unterstützen. Erneute brutale Überfalle zwangen sie zur Flucht. Die Angst trieb sie

fort, nach Honduras, Costa Rica, Nicaragua, einige schafften es bis nach Canada. Tausende wurden auf der Flucht umgebracht.

CRIPDES sieht seine Aufgabe vor allem darin, Kriegsvertriebenen und Flüchtlingen zu den international gültigen Rechten zu verhelfen, wobei es nie eine Unterstützung der Regierung gegeben hat. Im Gegenteil. Campesinos, die in ihr Heimatdorf zurückkehrten, wurden von Militärs belästigt. Deshalb wollten viele immer noch nicht zurück, blieben aus Angst im Flüchtlingslager. Hier wurde CRIPDES aktiv und versuchte, den Menschen gewisse Sicherheit zu geben. Daraufhin kam die Beschuldigung, CRIPDES sei eine Fassade für die FMLN, sie alle seien verkappte Guerillas. Dennoch sind ein Teil der Campesinos in ihre verlassenen Dörfer zurückgekehrt. Die Ruinen der Häuser waren kaum noch zu sehen, der Urwald hatte von den einstigen Dörfern wieder Besitz ergriffen. Das überschwengliche Gefühl der neuen Freiheit ließ keine Mutlosigkeit aufkommen und die Menschen begannen sofort mit der Rodung, der Säuberung und dem Bau einfacher Wohnhütten.

Da startete die Regierung die nächste Kampagne: "Das Land gehört nicht den Campesinos, es wurde illegal besetzt."

Wer auf dieses seit Jahren verwahrloste Land jetzt Anspruch erhebt, ist nicht genau festzustellen. Die Campesinos besetzten ein kleines Stückchen Land, das einst ihr Eigentum war, Militärs nahmen es ihnen wieder weg, sobald die Hauptarbeit der Neuerschließung geleistet war. Auch nach dem Friedensvertrag macht die Regierung keine große Anstrengung, den Campesinos zu ihrem Recht zu verhelfen.

Die noch unter der Regierung von Präsident Duarte versprochene und jetzt neu in den Friedensvertrag aufgenommene Landreform besagt, daß niemand mehr als 250 Manzanas (ein Manzana ist ca. ein Hektar) besitzen darf. Solange jedoch die Regierung voll auf seiten der Oligarchie steht, haben die reichen Familien immer noch die Möglichkeit, ihren riesigen Besitz unter Familienangehörigen aufzuteilen. Das sieht dann ungefähr so aus:

Der Besitzer und seine Frau	250 =	500 Manzanas,
drei Kinder und Schwiegerkinder	250 =	1500 Manzanas,
je Familie 3 Kinder = neun Enkel	250 =	2250 Manzanas,
ergibt für diese Familie eine Fläche von		5250 Manzanas.

Und das ist wirklich knapp berechnet, denn die meisten Familien haben mehr als drei Kinder und dann werden auch noch Großeltern und irgendwelche alte Verwandte als Landeigentümer benannt.

Die Campesinos werden wieder für einen Hungerlohn bei zwölf und mehr Stunden täglich für die Großgrundbesitzer arbeiten müssen und es bleibt für die Bearbeitung ihres eigenen winzigen Feldes kaum Zeit übrig. Dieses war einer der Hauptgründe für den jahrelangen, grausigen Bürgerkrieg und durch den

Friedensvertrag wurde dieses Problem nicht gelöst.

Außerdem haben in ehemaligen Krisengebieten einige clevere Ausländer Land 'erworben'. So besitzt z.b. in San Vicente eine Mexikanerin etliche tausend Manzanas Land. Sie selbst lebt in ihrer Heimat, in Mexiko. Dieses Land, so verlangt CRIPDES, soll legal an die Campesinos gehen. CRIPDES zusammen mit anderen Organisationen sind in vollem Einsatz für das Recht der Campesinos. Die Regierung strengt sich nicht sonderlich an, sie verweist auf den Vertrag, der aber nur sagt: "Campesinos dürfen kein Land besetzen, Militär darf kein Land nehmen."

Deshalb der Zusammenschluß der Organisationen, wobei jedoch niemand sehr zuversichtlich ist. Ihre Hoffnung setzen sie auf die Wahl 1994, bei der zum ersten Mal die FMLN als Partei anerkannt und zugelassen wird. Das ist die große Hoffnung des Volkes und das Ziel, das sie erreichen wollen:

1. Campesinos in die Gesellschaft zu integrieren
2. Campesinos sollen ihre eigenen Produkte auf freiem Markt verkaufen können.

Bisher ist alles nur ein Wunschdenken. Beängstigend ist auch die lasche Vorgehensweise bei der Entwaffnung des Militärs. "Niemand soll mehr bewaffnet durch die Straßen gehen", heißt es im Vertrag, aber überall kommen einem Bewaffnete entgegen und keiner schreitet ein. Mit Besorgnis schaut man auf die durch die Reduzierung der Militäreinheiten entlassenen Soldaten, die ihre Waffen nicht ablieferten, sondern einfach mitnahmen. Man befürchtet, daß sie ihren ganz privaten Krieg gegen Mitglieder der FMLN führen. Die Folge könnte sein, daß sich die FMLN auch wieder bewaffnet. CRIPDES hofft, daß das nicht geschieht, auszuschließen ist es aber nicht. Die sicherste Methode das zu verhindern wäre, die USA dazu zu bringen, alle einst gelieferten Waffen zurückzufordern.

Chalatenango - Los Ranchos

An Chalatenango hatte ich nun wirklich keine sehr gute Erinnerung. Einmal, vor fünf Jahren, bin ich mit dem Bus durch dieses damals stark umkämpfte Gebiet gefahren und prompt in eine Militärkontrolle geraten. Ich erinnerte mich noch gut an das lange, unangenehme Verhör. Jetzt konnten wir hoffentlich unbehelligt durchfahren.

Das Sperrgebiet war jetzt befreite Zone, aber überall sah ich die gräßlichen Spuren eines 12-jährigen Krieges.

Die Dürre läßt alles noch viel trostloser erscheinen. Die letzte Regenzeit hatte viel zu wenig Wasser gebracht.

Wir fuhren über Brücken, die breite Flüsse überspannen, aber die Flußbetten sind nur noch Wüsten aus Steinen und Sand. Der Stausee des großen Flusses, der sonst die Wasserversorgung des Landes einigermaßen regelt, hatte nicht einmal mehr ein Viertel seiner normalen Wassermenge und an einigen Stellen liegt der Grund des Sees als kleine Insel über der Oberfläche. Es sieht zwar malerisch aus, die Folgen aber sind furchtbar.

Wir fuhren weiter durch das Land. Abgemagerte Kühe und Schweine mit spitz durch Fell und Haut stechenden Knochen trotteten über die Autostraße auf der Suche nach etwas Grün, stiegen in das staubige Flußbett auf der Suche nach einer letzten Wasserpfütze.

Das letzte Gras war braun und dürr, die Blätter an den meisten Bäumen und Pflanzen hingen kraftlos herab.

Und dann, kaum zu glauben, sah man Bäume dicht belaubt, das Blattwerk in dunklem, satten Grün. Woher haben die das Wasser?" fragte ich Jerry. "Die sind nicht auf Regen angewiesen", sagt Jerry, "die haben ihren eigenen, von der Natur gegebenen Wasserspeicher. Während der Regenzeit saufen die sich so voll, daß sie jede Dürre überstehen."

Und dann, welch trauriger Anblick, ganze Berghänge ohne jede Vegetation, nur tiefschwarze, dicke, total verkohlte Baumstümpfe, alles abgebrannt, "aus strategischen Gründen". Sinnlose Zerstörung eines herrlichen Landes.

Wir verließen die Autostraße. Auf holprigen Wegen schaukelten wir quer durchs Gelände, bergauf, bergab. Der Wagen rappelt und wackelt bedenklich von einer Seite auf die andere. Nur gut, daß der Magen leer war, ein voller hätte sich das nie bieten lassen, ohne sich bitter zu rächen.

Wir kamen wieder auf eine schöne, glatte Straße. "Seht doch nur, da oben auf der Bergspitze, da hockt ein kleines Dörfchen mit einer großen Kirche!" Jerry sagte: "Da müssen wir hinauf. Das ist Ciudad Chalatenango, die Hauptstadt dieser Region und seit einiger Zeit Bischofssitz."

Die kurvenreiche Straße hinauf, dann hatten wir die Stadt erreicht. Ganz so klein, wie sie von unten aussah, war sie aber doch nicht.

Wir fuhren zum Platz vor der Kirche, wo Christoph, ein deutscher Freund, schon wartete.

Drei Wünsche wurden gleichzeitig erfüllt: runter vom Wagen, ein paar Minuten im Schatten stehen, und Cola trinken, im Plastikbeutel natürlich.

Christoph drängte zur Weiterfahrt, bis Los Ranchos, seinem Dorf, war es noch eine ziemliche Strecke.

Christoph fuhr voraus, über Wege, die unpassierbar erschienen.

Sein Wagen wirbelte eine Unmenge Staub auf, der sich in Mund, Nase und Augen festsetzte. Die klebrige, verschwitzte Haut zog die feinen Staubpartikel magisch an und die Sonne brannte sie tief in die Haut hinein.

Christoph hielt an. "Fahrt ihr jetzt voraus, damit ihr meinen Staub nicht mehr schlucken müßt. Ich kann an meinem Auto die Fenster schließen, dann ist das nicht so schlimm. Verfahren könnt ihr euch nicht, es gibt jetzt nur noch diesen einen Weg."

Wir schaukelten weiter, Rutsch nach rechts, Rutsch nach links, und dann sind wir da, Los Ranchos, ein kleines Dorf mit allen Spuren ständiger Angriffe und Verteidigung.

Die kleinen Häuser, niedrig und dunkel, waren fest an die Erde gedrückt, als suchten sie Schutz. Auf dem etwas erhöhten Platz mitten im Dorf die Ruine der Kirche. Fast wirkte sie ein wenig arrogant in ihrer Verletztheit, wie eine alte Ritterburg und für einen Moment vergaß ich die Situation des Landes, vergaß ich den Grund der Zerstörung. In einem Anfall von Romantik sah ich nur in dem gleißenden Sonnenlicht das Malerische dieser Szene. "Nur keine Sentimentalität", dachte ich, "was du hier siehst sind nicht Überbleibsel aus dem Mittelalter in Europa, das hier sind Zeugen brutaler Gewalt gegen ein Volk, das nach Frieden und Gerechtigkeit schreit".

Meine Freunde hatten schon ein klitzekleines Lädchen entdeckt, standen vor der Fensteröffnung, um Cola zu kaufen. Die Zunge war dick und trocken und die Cola lauwarm, nicht gerade lecker, aber wenigstens flüssig.

Ein Gang durchs Dorf, bis zu einem Hügel, nicht sehr hoch, aber steil. Fast senkrecht, durch dichtes Gebüsch verdeckt, ging ein Pfad hinauf. Von oben aus zeigte Christoph uns die Orte, wo die schwersten Kämpfe stattgefunden hatten.

Angehörige vieler Dorfbewohner haben dabei ihr Leben verloren. Auch ein Bruder von Marta, Christophs Frau, kam um.

Ich fühlte mich so hilflos, hatte das Gefühl, etwas sagen zu müssen und wußte nicht, was. Die Gedanken purzelten mal wieder wirr durcheinander.

Zurück ins Dorf. Ganz vorsichtig, jeden Schritt prüfend, kletterten wir den Steig hinunter. Ein falscher Tritt, und man wäre schneller unten als man wollte. Das ging ganz schön in die Beine.

"Wir könnten noch", sagte Christoph, "auf den Hügel da drüben gehen. Der Ausblick lohnt sich echt." Klar wollten wir dort hinauf, konnte ja nicht allzu anstrengend sein. Es war ein dicker, runder Hügel, bewachsen mit trockenem, kaffeebraunem Gras, und der Weg zog sich ganz sanft ansteigend zur Kuppe hinauf. Aber selbst diese sanften Anstiege kosteten bei der Hitze und Trockenheit ganz schön Kraft. Wir ließen uns Zeit, machten öfter eine Pause und dann hatten wir den höchsten Punkt erreicht.

Christoph hatte nicht zuviel versprochen, es war märchenhaft. Ich nahm gar nicht mehr wahr, daß die Erde ausgedörrt und verbrannt war, ich sah nur dieses reizende Farbenspiel der verschiedenen Brauntöne. Ganz tief unten, weit weg, der Stausee. Von hier aus sah man nicht, wie tief der Wasserspiegel gesunken war, man sah nur dieses weißblaue silbrige Glitzern, das überhitzten Gewässern eigen ist. Einen bezaubernden Farbkontrast bildeten weiter unten die wasserspeichernden Bäume mit ihrem satten Grün.

Wir konnten uns gar nicht losreißen, zögerten den Rückweg immer weiter
hinaus. "Jetzt müssen wir aber", meinte Christoph, "die Sonne verschwindet
gleich." Und dann war ringsumher alles in purpurnes Rot getaucht. Die Sonne
hockte wie ein riesiges feuriges Tier auf dem gegenüberliegenden Hügel, um
sich dann im Zeitlupentempo dahinter zu verkriechen. Ich glaubte, im Paradies
zu sein. "Mein Gott, die Erde ist so schön. Warum läßt du es zu, daß der Mensch
sie so mißhandelt?" Hatte ich laut gesprochen? Ich weiß es nicht, aber wie die
Freunde mich ansahen, mußte ich es vermuten.
Es wurde sehr schnell dunkel und so rasch wie möglich stiegen wir hinab. Das
Dorf lag in vollständiger Dunkelheit. Auf dem Weg zu Christophs Haus wollten
wir noch zu dem kleinen Laden, irgend etwas Trinkbares kaufen. Der Laden
war geschlossen. "Wir öffnen wieder, wenn das Licht angeht", sagte die Frau.
Da war nichts zu machen.
Marta saß vor dem Haus in dem schwachen Schein einer Kerze. Sie hatte
Nudeln gekocht und wir aßen mit großem Appetit. Dazu bot sie uns heiße Milch
an, eine köstliche Rarität in El Salvador. Mein persönliches Problem, heiße
Milch ist mir ein Greuel, ich kriege sie einfach nicht runter.
Um 19.00 Uhr gingen auf dem Dorfplatz ein paar Lichter an. Ralph stürzte
gleich los: "Ich habe in dem Laden Bier gesehen. Wer möchte?" Schönes kaltes
Bier, wir spürten es schon durch die Kehle rinnen.
Ralph blieb lange weg und wir dachten, daß er seinen Durst gleich an Ort und
Stelle gelöscht hätte. Wir hatten ihm Unrecht getan. Die Frau wollte ihm kein
Bier geben und er mußte all seinen Charme aufbieten. Schließlich schob sie es
ihm heimlich zu, die Umstehenden durften das nicht sehen.
Christoph erklärte: Während des Krieges wurden über jeden, der Bier ver-
kaufte oder trank, schwerste Strafen verhängt. Das Gesetz hatten die Dorf-
bewohner selbst erlassen, zu ihrer eigenen Sicherheit. Jeder war Geheim-
nisträger, wußte, wer Freiheitskämpfer war, kannte vielleicht die Unter-
schlüpfe. Wer Bier getrunken hat, weiß nicht mehr genau, was er sagt. Die
Gefahr des Verrats, wenn so ein Mensch in die Gewalt der Militärs geraten
wäre, war zu groß.
Nach dem Friedensvertrag wurde das Verbot zwar aufgehoben, das
Bewußtsein der Menschen hatte es noch nicht erreicht. Das Bier war sehr
warm, löschte aber den Durst.
Wir nutzten die Zeit des Lichtes und gingen zur Kirche.
Der Platz davor war erleuchtet, Glühbirnen hingen an mit bunten Papiergir-
landen verzierten Seilen. Auch in der Kirche hingen Glühbirnen und außerdem
stand dort ein Fernsehgerät. Einige hockten dort und starrten auf den Bild-
schirm, andere saßen einfach nur schweigend und mit sich selbst beschäftigt
in einer Ecke der Kirchenruine. Die meisten hielten sich auf dem Vorplatz auf.
Sehr gesprächig waren sie nicht. Kein Wunder, mit Fremden zu reden mußten

sie erst lernen.

Es war ähnlich wie mit dem Bier, sie wurden mit der neuen Situation noch nicht fertig.

Christoph hatte inzwischen Schlafplätze für uns besorgt. Er führte uns zu einem - ja, was war das eigentlich? Vielleicht der Lagerraum des Dorfes? Wahrscheinlich, denn der Raum war vollgestopft mit allen möglichen Geräten. Viel erkennen konnte man nicht, es war inzwischen 21.00 Uhr, der Strom war abgeschaltet. Draußen, und hier drinnen erst recht, war es dunkel, man erkannte gerade noch die Umrisse der Dinge. Wir tasteten herum, fanden ein paar Pritschen. Wir waren sieben, vier konnten hier schlafen. Christoph meinte: "Gegen Ratten habt ihr doch nichts?" Und ob wir etwas dagegen hatten. Außerdem schnüffelten Schweine zwischen den Geräten herum und streunende Hunde gingen auf Jagd.

Dieter, Volker, Ralph und José überwanden ihre Abneigung und quartierten sich hier ein. Für zwei hatte Christoph Platz, fehlte noch eine Schlafstelle. "Ich nehme draußen die Hängematte", sagte ich, aber die war schon besetzt, Jerry hatte es sich darin gemütlich gemacht.

Die Nächte in Los Ranchos sind bitterkalt und außerdem waren die Flöhe sehr aktiv. Und auch hier hielten die Hähne sich nicht an die Regel, krähend die Sonne zu begrüßen. Sie krähten die ganze Nacht ohne Unterbrechung. Es war noch nicht 4.00 Uhr morgens, da hielt ich es nicht mehr aus. Den Rest der Nacht wollte ich doch lieber draußen spazieren gehen und schlich mich raus. Ich bekam einen Schreck. Auf der Bank saß jemand, den Kopf in die Hände gestützt. Es war zu dunkel, um zu erkennen, wer das war. Auf Zehenspitzen schlich ich mich an dem Menschen vorbei. Auf dem freien Platz fühlte ich mich besser. Lange blieb ich nicht allein, die anderen hatten genug von dem Scharren und Quietschen ihrer vierbeinigen Mitbewohner. Und das Krähen der Hähne hatte auch bei ihnen nicht zu ruhigem Schlaf beigetragen.

Alle waren da, nur José fehlte noch. "José? Der ist schon seit dem frühen Abend weg. Wohin? Keine Ahnung." Da war mir klar, wer da auf der Bank gesessen hatte. José hatte es vorgezogen, die Nacht draußen zu verbringen.

Mit unserer Morgentoilette waren wir schnell fertig und frühstücken konnten wir in Las Flore, meinte Christoph, da gäbe es ein gutes Lokal.

Die Temperatur war jetzt, so ungefähr 4.30 Uhr morgens, sehr angenehm. In dieser Höhe wird es erst etwas später heiß. So kletterten wir gut gelaunt und unsere Flohstiche kratzend auf den Pick-Up und fuhren los. Jerry hielt immer wieder an, um Campesinos, die zu den weit entfernt liegenden Feldern wollten, mitzunehmen. Schließlich waren genug Leute auf dem Wagen, daß niemand mehr umkippen konnte. Was machte das schon. Jeder war froh, wenn er mitfahren konnte.

Inzwischen hatte die Hitze sich durchgesetzt. Der aufwirbelnde Staub klebte auf der verschwitzten Haut. Langsam leerte sich der Pick-Up wieder, immer öfter klopfte jemand auf das Dach des Führerhauses und sprang vom Wagen. "Muchas gracias, adios!" und weiter ging die Fahrt.

Las Flores, eine ganz besondere Stadt. Sie hatte viele Kämpfe und Luftangriffe erdulden müssen, und jetzt waren hier mehr Zeichen der Befreiung als irgendwo sonst. Überdimensionale Bilder von Moñsenor Romero, Plakate und Schriftbänder mit der Aufschrift "Vive FMLN! Vive Farabundo Marti!" und "Gracias FMLN para la paz!" hingen an Hauswänden, waren über die Straßen gespannt. Und hier war nur wenig Militär, dafür um so mehr ehemalige Guerilleros.

Christoph führte uns zum Restaurant. Es war ein relativ großer Raum mit ein paar rohen Tischen und Bänken, alles ziemlich schmuddelig, trotzdem fanden wir es gemütlich.

Wir bestellten Frühstück. Der Kaffee war heiß und stark, es gab Tortillas und ein gebackenes Ei, das schmutzig aussah aber gut schmeckte. Dazu gab es einen Löffel sehr scharfen Käse und die so beliebten zermatschten Bohnen. Wir fühlten uns rundherum wohl, bestellten ein zweites Frühstück und genossen vor allem den guten Kaffee.

Danach gingen wir zur Zentrale der FMLN, der Comandante hatte sich zu einem Gespräch bereit erklärt. Er und seine Leute waren sehr zuversichtlich. Undurchdringlich wurde sein Gesicht, als er erzählte, der Präsident von El Salvador, Christiani, sei in Mexico für den Friedensnobelpreis vorgeschlagen worden.

Niemand glaubte, daß das irgendwo in der Welt ernsthaft in Erwägung gezogen würde, aber allein dieser Vorschlag mußte für Salvadorianer wie ein Schlag mitten ins Gesicht sein. Ihre Meinung dazu sah man in jedem Dorf, an Hauswänden, überall.

"Gracia FMLN para la paz!" und nirgendwo stand geschrieben "Gracias señor presidente".

Endlich wollten sie frei sein, wollten sich nicht mehr verstecken müssen. Dieser Präsident, dieses Militär, diese Todesschwadron, sie sollten ihnen keine Angst mehr machen. Sie wollten nicht mehr Freiwild sein.

Und nicht mehr verstecken wollte sich auch der RFM Radio Farabundo Martí. Dieser kleine Sender der Befreiungsbewegung hatte seit vielen Jahren unverfälschte Nachrichten durch den Äther geschickt. Durch ihn erfuhr die Bevölkerung alles, was die Regierung und das Militär geheimhalten wollten. Das Volk hatte Angst, der Sender könnte entdeckt werden und das hätte geheißen, daß sie nur noch einseitige, verfälschte Informationen bekommen hätten.

Irgendwo im Raum von Las Flores saßen damals die Leute von RFM unter der Erde und kein Außenstehender kannte das Versteck. Die Policia fand schon mal eine Antenne, zerstörte sie, aber nach kurzer Zeit wurde wieder gesendet. Die Zentrale wurde nie gefunden.

Und jetzt saßen sie mitten in Las Flores, ihr sparsam eingerichteter Senderaum stand jedem offen. Ich glaube, die Leute von RFM waren die einzigen, die keine Angst hatten, es könnte etwas schiefgehen.

"Hier in der Nähe", sagte Christoph, "findet in diesen Tagen eine Repoblación statt. Einzelne Familien sind schon wieder in dem Dorf. Wir sollten mal hinfahren."

In dem Dorf hatten immer wieder schwere Kämpfe stattgefunden und immer wieder war es bombardiert worden. Es war nicht viel übriggeblieben von dem Dorf, nur ein paar Mauerreste, fast verdeckt von dichtem, trockenem Gesträuch. An einigen Stellen Löcher im Boden, umgeben von aufgeschichteten Steinen, gerade groß genug, daß ein einzelner Mensch dahinter hocken konnte in dem Glauben, sicher zu sein vor dem Feuer der Maschinengewehre und den Bomben.

Wie vielen haben diese Löcher wohl wirklich Schutz gegeben? Wie viele haben hier wohl ihr Leben verloren?

Jetzt war alles tot. Die wenigen überwucherten Steine ließen den Gedanken, es könnten hier einmal Menschen gewohnt haben, erst gar nicht aufkommen. Und doch war es so, und die Leute wollten hierher zurück, es war ihr Zuhause.

Einmal entspannen, das herrliche Land genießen

Es wurde wieder eine halsbrecherische Fahrt. Der Wald schien undurchdringlich, aber langsam rumpelten wir immer tiefer in ihn hinein. Manchmal standen plötzlich, wie aus dem Boden gewachsen, Guerilleros vor uns. "Das ist normal", sagte Christoph. "In diesem Wald sind überall ihre Stellungen."

So sehr ich meine Augen auch aufmachte, ich konnte diese Stellungen nicht entdecken. Da waren nur diese einzelnen Guerilleros, die sicher sehen wollten, wer da in 'ihren Wald' eingedrungen war. Sie grüßten, wir grüßten; sie lachten, wir lachten und rumpelten weiter.

Der Wald lichtete sich etwas, wir kamen zum Rio Lempa.

"Noch ein kleines Stück", meinte Christoph, "dann kommt noch eine Brücke. Da müssen wir drüber", und stolz erklärte er, daß es sozusagen seine Brücke sei, die erste, die er selbst gebaut hätte.

Jerry war skeptisch und sehr vertrauenerweckend sah die Brücke auch wirklich nicht aus. Der Wagen ist über die zum Teil lockeren Bohlen, die außerdem noch beträchtliche Höhenunterschiede hatten, mehr gesprungen als gefahren. Aber es war die einzige Möglichkeit, den Fluß zu überqueren. Er hatte zwar wenig Wasser, aber seine Ufer waren steil, fielen fast senkrecht ab.

Auf der anderen Seite kamen wir in echte Schwierigkeiten. Da war erst einmal das starke Gefälle zum Fluß hinunter, und dann war der lockere Sand so tief, daß die Räder immer wieder durchdrehten.
Es hatte sich gelohnt. Der Rio Lempa, überall fast ausgetrocknet, war an dieser Stelle etwas gestaut. Ein kleiner See hatte sich gebildet. Der Wasserspiegel war um etliche Meter tiefer als normal. Auf der gegenüberliegenden Seite eine bizarre Felswand, die sonst ihre Reize unterhalb des Wasserspiegels versteckte. Auf Vorsprüngen und in Spalten wucherten Sträucher und Pflanzen in den schönsten Grüntönen. Im Hintergrund eine Bergkette, die Grenze zwischen El Salvador und Honduras.
Wild und schön ist dieses Land und das Lied von El Mariachi Cuscatleco fiel mir ein:
"Que bonita es mi patria"
"Oh wie schön ist meine Heimat,
die hübsche Wiege des Indios Atlacatl,
bewundert von der ganzen Welt,
weil sie die schönste von Mittelamerika ist."
Wir tummelten uns im Wasser, das an den meisten Stellen nur bis zur Hüfte ging und trotz seiner Wärme sehr erfrischend war. Jetzt nur nicht daran denken, daß nur wenige Kilometer von hier viele hundert Menschen umgekommen sind, daß der Fluß rot gefärbt war von dem Blut der erschossenen Flüchtlinge.
Es war 14.00 Uhr und wir mußten an den Aufbruch denken. Der nasse Rock klatschte um meine Schenkel. Ich hatte ihn, weil ich keinen Badeanzug hatte, einfach zwischen den Beinen zusammengeknotet. Und jetzt pladderte das nasse Zeug an mir herum.
Mit Mühe arbeitete sich das Auto wieder durch den Sand, rappelte wieder über die Superbrücke. Danach fand ich die Waldwege direkt erholsam.
Guajila, Rücksiedlerdorf von Leuten aus Mesa Grande, stand noch auf dem Besuchsplan. Hier war wirklich alles sehr gut durchdacht und organisiert.
In Guajila arbeitet ein deutscher Arzt. Den wollte ich besuchen und ging zur Krankenstation. Ich mußte quer durchs Dorf und war erstaunt, wie hübsch es hier war. Alles, auch die Häuser aus Baumstämmen, wirkten auf mich so heimelig, obwohl auch hier die meisten Bäume und Gewächse trocken und braun waren.
Ich ging also zur Clínica, sie ist viel größer als die in '22 de abril', lief durch den Flur, schaute in alle Räume, der Arzt war nicht da. Eine Frau stand vor mir: "Hier darf niemand hinein, wegen der Cholera", sagt sie. "Ich suche den Doktor, komme aus Deutschland." - "Besuch aus Deutschland? Das ist etwas anderes. Der Doktor ist in der Station, wo die schweren Fälle liegen. Er ist gerade bei den Kranken, aber geh nur hin. Du mußt bis zum Ende des Dorfes ge-

hen, dann siehst du schon das große Zelt. Das ist die Isolierstation." Ich verzichtete darauf. Mir schlotterten zwar nicht die Knie vor Angst, aber ich wollte das Schicksal auch nicht unnötig herausfordern. Langsam spazierte ich den Weg zurück. Alles war äußerst spartanisch, aber mich umgab eine himmlische Ruhe und es gab weder Militär noch Guerilla. Ja, das ist Frieden, das könnte das Paradies sein, wenn, ja wenn nicht dort hinten das große Zelt wäre. "Wir müssen los", sagte Jerry. Wir schüttelten viele Hände, "Adiós!" und dann mußten wir uns auch von Christoph verabschieden. Er mußte zurück nach Los Ranchos, und wir nach '22 de abril'.

Bei den Moskitos bin ich sehr beliebt

Ich glaube, alle Moskitos von El Salvador gaben sich bei mir ein Stell-dich-ein. Ich hatte wirklich alles getan, was man nur tun konnte, habe Tabletten gegessen, mich mit Zitronensaft eingerieben, Spray benutzt, sogar Injektionen habe ich mir geben lassen, aber nichts hat geholfen. Diese Biester schlugen immer wieder voll zu. Es juckte fürchterlich und die Stiche hatten sich alle entzündet.

Es mußte doch etwas geben, daß ich wenigstens das Jucken nicht mehr ertragen müßte. Also zur Ärztin in die Clínica.

"Ich brauche etwas gegen das Jucken, ich halte das nicht mehr aus. Aber bitte, keine Tabletten mehr." Die Ärztin machte ein mitleidvolles, fast besorgtes Gesicht und schrieb mir ein Rezept aus. "Das ist aber teuer und wir haben das nicht hier in der Clínica-Apotheke", meinte sie. Wie egal mir das doch war. Ich hätte alle meine restlichen Dollar ausgegeben, wenn es nur half. Gegenüber der Clínica in Credisa gibt es eine Apotheke. Ich holte meine Medizin, ging zurück zur Clínica, machte das Päckchen auf - Tabletten. Das hatte mir den Rest gegeben. Ich war psychisch so fertig, daß ich geheult habe wie ein Schloßhund.

Dann kam Jerry. "Was ist denn mit dir?" Und ich fauchte los: "Hier, du kannst die Sch...tabletten haben! Ich pfeif darauf!" Der arme Jerry, er mußte meine schlechte Laune ausbaden, blieb aber ganz ruhig und fuhr mit mir zur Stadt. Wir kauften in einer großen Apotheke eine Salbe, die wenigstens vorübergehend Linderung brachte. Danach erlaubten wir uns eine Pizza, tranken in aller Ruhe ein Bier dazu und dann war mein Seelenhaushalt wieder einigermaßen intakt. Der nächste Tag war ein Samstag. Kindertagesstätten, Schulen und Artesanía, alles war geschlossen.

Ich hielt das Stechen und Jucken nicht mehr aus, brauchte ein Moskitonetz, damit ich wenigstens in der Nacht Ruhe vor den Biestern hatte. Estela wollte mit mir zum Zentrum fahren und wir hatten uns für 9.00 Uhr verabredet. Wer nicht kam, war Estela. Über eine Stunde wartete ich vor der Clínica, dann bin ich alleine los.

Nach langem Suchen fand ich ein Geschäft. Das ist bestimmt nicht für Campesinos, dachte ich. Viel zu teuer.

Angesichts meiner Qual werden sie mir sicher verzeihen, daß ich in diesem eleganten Geschäft einkaufe, dachte ich.

"Möchten sie ein kleines oder ein großes Mosquitero?" fragte die Verkäuferin. "Ich möchte bitte ein großes, es ist für mich", sagte ich und sie legte mir zwei zur Auswahl vor, packte sie aber nicht aus. Ich fragte noch einmal: "Ist das auch bestimmt ein großes?" Die Verkäuferin versicherte es mit Nachdruck und ich machte mich überglücklich mit meinem Mosquitero auf den Weg, quetschte mich in den Bus und fuhr zurück nach Credisa.

Stolz zeigte ich Miriam meine Errungenschaft aber noch ehe ich es ausgepackt hatte, brach sie in schallendes Gelächter aus. An dem Umfang des Päckchens hatte sie schon gesehen, daß man mir ein Moskitonetz für ein Babybett verkauft hatte. "Und wieviel hast du bezahlt?" fragte sie. Schon ziemlich kleinlaut sagte ich: "90 Colones." Sie riß die Augen auf. "Ein Mosquitero für ein Baby 90 Colones? Muy caro!"

Dann hat sie überlegt. "Waren tauschen sie nur äußerst ungern um. Geld zurück, das gibt es überhaupt nicht. Egal, die müssen das umtauschen." Miriam sagte, sie hätte eine Freundin, die sehr gut verhandeln könne. "Juanita muß mit dir in das Geschäft gehen."

Nach langen Verhandlungen, Juanita mußte wirklich all ihre Überredungskunst aufbieten, waren sie endlich zu einem Umtausch bereit, nur, Mosquiteros für Erwachsene führte das Geschäft gar nicht. Da hatte man mich also ganz schön reingelegt. Ich nahm für das Geld eine Bluse. Woanders hätte ich wenigstens drei dafür bekommen.

"Willst du jetzt noch ein Mosquitero haben?" fragte Juanita. Komische Frage, ich wollte nicht nur, ich mußte eins haben. Sie ging mit mir in eine riesige Markthalle. Hier gab es alles, von Tortillas bis Möbel konnte man alles kaufen. Es war ein schreckliches Durcheinander, aber Juanita ging zielsicher auf eine Ecke zu und tatsächlich, wir fanden was wir suchten. "90 Colones", sagte die Marktfrau und das Verhandeln fing wieder an "90? No. 70 Colones." - "85 Colones." - "No, 70." So ging es hin und her. "Gut, 80 Colones", sagte die Marktfrau. Der Preis schien mir angemessen und ich wollte zahlen. Juanita war dagegen: "No no no", sagte sie und zog mich fort. Ich habe fast geheult: "Ich brauche das doch", aber gnadenlos hielt sie meinen Arm und lief mit festen Schritt Richtung Ausgang. Wir waren fast draußen, da rennt die Marktfrau hinter uns her, ruft: "Señora, das war ein Irrtum! Ich meinte 70! Ja, das Mosquitero kostet 70 Colones!" Ohne ein Wort drehte Juanita sich um, ich durfte das Mosquitero kaufen.

Der schwarze Strand von La Libertad

Ralph hatte einen Sonntagsausflug ans Meer organisiert. Wir durften den Pick-Up der Gemeinde nehmen, vorausgesetzt, Antonio fuhr. War doch klar, er sollte sowieso mitkommen und schließlich war es ja 'sein' Wagen. Mit fünfzehn Leuten aus der Gemeinde fuhren wir zur Pazifik-Küste in La Libertad, zur Costa del Sol. Azurblaues Meer mit schneeweißen Schaumkronen, der schwarze Sandstrand, der in der Sonne glitzerte wie mit Silber gepudert. Phantastisch!

Etwa 20 Meter vom Wasser entfernt stand einsam ein Baum.

Seine breit ausladende Krone warf einen weiten Schatten rings um den dicken Stamm. Ein guter Lagerplatz.

Ab ins Wasser! Klamotten aus, Schuhe weg und los. Der Sand war heiß wie glühende Lava und wir rannten wie gehetzt. Nur schnell die Füße im kalten Wasser ablöschen. Das Wasser war warm, wie zu hoch temperiertes Badewasser, aber es tat gut.

Mit ungeheurer Wucht schlugen die Wellen über unseren Köpfen zusammen, rissen uns von den Beinen und wir purzelten wild durcheinander. Ich schluckte eine Menge von dieser versalzenen Suppe, aber es machte einen Riesenspaß. Wir merkten gar nicht, wie die Zeit verging.

Langsam zog sich das Wasser zurück, Ebbe. In dem nassen Sand waren eigenartige Spuren, hunderte winzige Löcher, wie von einer Stopfnadel gestochen; flache, sternenförmige Grübchen, als hätten Kinder ihre Sandförmchen in den Sand gedrückt. Ich fing an zu buddeln, wollte sehen, was sich da versteckt. Da zog sich der Sand wie ein Krater tief nach unten, gefunden habe ich nichts. Bei jedem Sternengrübchen, bei jedem Loch, immer entstanden diese winzigen Krater.

Ich war neugierig, lief dorthin, wo die Wellen noch über den Strand schwappten. Und da sah ich sie, fadendünne fingerlange Würmchen und schneeweiße, sechseckige Tellerchen, schön verziert und mit kleinen Öffnungen an der Oberfläche. Und beide, Würmchen und Sterne zogen sich mit sagenhafter Geschwindigkeit in den Sand hinunter, sobald das Wasser sich zurückgezogen hatte.

Ich hatte meinen Kopf wohl zulange ungeschützt der Sonne ausgesetzt und jetzt rächte er sich grausam. Wenn ich das Gewühl darin richtig deutete, hatte er unzähligen Hummeln Asyl gewährt. Also peilte ich unseren schönen, schattigen Platz unter dem Baum an und spurtete los. Hummeln im Kopf und kochendheißen Sand unter den Füßen, da erreicht man seinen Schnelligkeitsrekord. Das schöne Plätzchen hatte sich verändert, um den Baumstamm herum war nur mehr ein Streifen von knapp einem halben Meter Schatten. Da wir alle sowieso recht müde waren und wir drei Hellhäutigen außerdem ziemlich verbrannt, packten wir unsere Sachen und fuhren nach Hause.

Fedecoopades

Viele Menschen bemühen sich, die Probleme des Landes zu lösen, so auch Fedecoopades, ein Zusammenschluß mehrerer gewerkschaftlicher Kooperativas.
Begonnen hatte es eigentlich sehr hoffnungsvoll.
Bei der Gründung 1980 hatte die katholische Kirche gute Dienste geleistet, es gab 80 Kooperatives, gut verteilt in allen Departements des Landes. Die Hauptprobleme der Campesinos zu beseitigen hatte Fedecoopades sich zum Ziel gemacht. Im Zuge der damaligen Landreform konnten Campesinos ein Stückchen Land kaufen, die Banken gaben ihnen einen Kredit. Fedecoopades konnte mit einigem Erfolg staatliche Kooperativen dazu bewegen, den Campesinos ihre Produkte abzukaufen. Ein paar Jahre ging das gut, die Bankzinsen konnten bezahlt werden und was übrigblieb reichte aus zum Leben.
Das hörte schlagartig auf, als die Großgrundbesitzer mehr Arbeitsstunden für ihre Plantagen von den Campesinos forderten und der Staat ihre Produkte nicht mehr kaufte. Die Zinsen konnten nicht mehr bezahlt werden, das Land wurde ihnen genommen. Die Repressionen von Seiten des Staates und des Militärs gegen die Kooperativen, nach der Gründung 1980 noch einigermaßen erträglich, nahmen zu. Mindestens hundert der Compañeros fanden einen gewaltsamen Tod, viele sind verschwunden und entführt worden.
Von den wenigen Feldern, die noch im Besitz der Campesinos waren, blieb nach den Bombardements nicht viel übrig. Die Landwirtschaft der Kleinen war zerstört. Sie flüchteten und ließen die traurigen Reste zurück.
Die Kooperativen fügten sich in Gruppen "zur Lösung der Konflikte" ein mit dem Bewußtsein "Frieden ist nur möglich, wenn es Gerechtigkeit für alle gibt, wenn 'Menschenrechte' nicht mehr nur ein Wort ist".
Die Regierung betrachtete Fedecoopades als Opposition, als Fassade für die Guerilla. Verfolgungen, Entführungen, Foltern und Morde nahmen zu. In ihrer gemeinsamen Arbeit mit anderen Kooperativen zur Erreichung des Friedens wurden sie stark behindert.
"Dieser Friede jetzt", sagte der Präsident von Fedecoopades, "war nur mit Hilfe aus anderen Ländern möglich. Es geht schon lange nicht mehr nur um Campesinos, sondern es geht um unser ganzes Volk. Wir haben ein großes Programm und streben einen noch stärkeren Zusammenschluß mit anderen Kooperativen an, wobei für jede einzelne ihr ganz spezieller Bereich im Vordergrund stehen soll. CRIPDES, Komitée für Kriegsvertriebene", sagte er, "befaßt sich jetzt nach dem Friedensvertrag hauptsächlich mit den Repoblaciones der Campesinos.

Eine Gruppe der Campesinos sind im ständigen Komitée der Debate Nacional. Sie werden vom linken Flügel der katholischen Kirche unterstützt. Ihr Ziel ist es, Männer und Jugendliche in die Cooperativa einzugliedern und Arbeit zu beschaffen. Sie geben Erziehungshilfe und Weiterbildung im Sozialbereich. Die Campesinos sollen die Gesamtsituation des Landes kennenlernen und verstehen. Eine schwierige Aufgabe. Aber nur so kann es Veränderungen im wirtschaftlichen und sozialen Bereich geben. Ohne diese Veränderungen", sagte der Präsident, "kann sich die Situation im Land nicht ändern."
Das alles ist sehr riskant, deshalb bietet Fedecoopades ihnen Rechtsschutz an, auch kleine Kredite sind möglich.
"Einmal im Jahr", meinte er weiter, "ist eine Generalversammlung mit Wahl der Vorstände für alle Bereiche: Pläne insgesamt, Finanzen, Kreditabteilung, Verteidigung der Erde, Projektabteilung. Letztere ist verantwortlich dafür, daß alle Beschlüsse ausgeführt werden. Regelmäßig werden Kurse und Seminare zur Weiterbildung durchgeführt.
Der Krieg ist beendet, der Prozeß des Wiederaufbaus muß beginnen, wobei die Campesinos eine wichtige Rolle spielen. Fedecoopades hat die Idee einer gemeinsamen Zusammenarbeit mit Regierung und FMLN. Die Regierung lehnt einen gemeinsamen Plan ab, Fedecoopades und FMLN üben Kritik am Regierungsplan. "Nur die Reichen profitieren davon", sagen sie, "denn 1. sieht die Regierung schon jetzt hohe Investitionen für den Wahlkampf der ARENA Partei vor, 2. sollen als erstes Reparaturen an Straßen, Telefonleitungen usw. vorgenommen werden. Die Armen fühlen sich dadurch betrogen."
"Die Straßen sind aber wirklich in sehr schlechtem Zustand", sagte einer von uns. "Sicher", sagte der Präsident, "dennoch sieht unser Plan zuerst den Bau von Wohnungen, Clínicas und Schulen vor. Was unser Volk am dringendsten braucht ist Essen, Arbeit und eine gute Erziehung und Ausbildung. Wir können jetzt auch noch kein Geld für den Wahlkampf ausgeben. In der jetzigen Situation wäre das Raub am Volk. Und wir brauchen unsere Kraft jetzt auch für andere Dinge.
Sehen sie zum Beispiel den sozial-ökonomischen Bereich, da tut sich überhaupt nichts. Aber das war ja gerade der Grund für den Krieg. Es ist zwar schön, daß das Militär sich etwas zurückzieht, wenn es in diesem Punkt aber keine Gerechtigkeit gibt, kann es wieder Krieg geben."
Mir lief ein kalter Schauer über den Rücken, aber er hatte ja Recht. Er sprach weiter und ich spürte sein starkes Bedürfnis, mit Ausländern über die Probleme seines Volkes zu reden. Erstaunlich für mich war, das Fedecoopades die eigene Organisation so wenig in den Vordergrund stellte. Es ging ihnen nicht darum, Erfolge auf ihre eigene Fahne zu schreiben, sondern gemeinsam mit anderen Kooperativen stark genug für die Arbeit zu sein.
Aus jedem Satz sprach die Tatsache, daß die Campesinos, die in Elendshütten

vegetieren, die wichtigste Rolle in El Salvador spielen.
"Wir müssen für ihre Alphabetisierung sorgen, nur dadurch kann Frieden ge-
festigt werden, können sie zur weiteren Entwicklung des Landes beitragen",
sagte einer der Mitarbeiter. Das größte Problem ist die Landfrage. Die Campesinos wollen zurück zu ihrem Stückchen, jetzt noch besetztem Land, wollen
es wieder bebauen. Sie wollen nicht mehr auf Müllhalden und Friedhöfen leben.
Die Regierung unterstützt aber die Reichen, die das Land in Besitz genommen
hatten. Besonders schwierig ist es in den ehemaligen Konfliktgebieten, wo
Flüchtlinge jetzt in ihre früheren Dörfer zurückgekehrt sind. Niemand hatte
sich um die total zerstörten Dörfer und um die verbrannte Erde gekümmert.
Jetzt, wo die Campesinos sich wieder ansiedeln, ihre Dörfer aufbauen, erin-
nert sich irgendein Großgrundbesitzer daran, daß er dieses Land einst für ein
Butterbrot erworben hatte. Er wendet sich an die Regierung und diese droht
mit harten Militäreinsätzen.
Die Campesinos wollen das Land nicht stehlen, sie wollen mit Hilfe eines
Rechtsbeistandes und Anwälten verhandeln.

Auf dem Mäuerchen in Credisa

Die Nachmittage sind lang, sehr lang.
Schulen und Kindertagesstätten sind geschlossen, durch die Gemeinde zu
laufen brachte ich nicht mehr fertig. Die sengende Sonne, das Jucken und die
Schmerzen der entzündeten Moskitostiche hatten mich geschafft. Ich saß mal
wieder auf dem Mäuerchen vor der Kirche und wartete. Wartete? Auf was
eigentlich? Ich wußte es selbst nicht und verging vor Selbstmitleid. Wie gerne
wäre ich in Altos del Cerro gewesen, dort oben auf der Wiese gesessen, den
herrlichen Ausblick genossen. Aber sie hatten keinen Platz für mich. Ich sah
es ja ein, das Haus war wirklich überfüllt. So blieb mir zur Siesta nur das
Mäuerchen oder der enge Hof bei meinen Wirtsleuten, von dem aus ich nicht
einmal die Straße sehen konnte.
Zweimal wöchentlich kam eine Waschfrau, Miriam konnte sich das leisten und
so lag entweder überall die schmutzige Wäsche herum, oder der Hof hing voll
mit der gewaschenen nassen Wäsche. Manchmal setzte ich mich trotzdem
dort hin um zu schreiben, hielt es aber nie lange aus. Ich fühlte mich so eingeengt. Natürlich sagte ich Miriam und José nichts davon, sie konnten es ja nicht
ändern und eigentlich wohnten sie für salvadorianische Verhältnisse wirklich
komfortabel. Nur, das Wissen darum machte es mir nicht leichter. Also landete ich immer wieder auf dem Mäuerchen. Ob irgendwer eine Ahnung hatte, wie
einsam ich mich fühlte?
Und dann gingen meine Gedanken auf Reisen. Ich dachte an die veränderte
Situation hier.

22 de abril, herumlaufen, wenn alles geschlossen ist, macht keinen Spaß und ist bei der angestiegenen Kriminalität auch kaum ratsam. Überall auf Militärs mit ihren MGs zu stoßen ist auch nicht gerade erfreulich. Sicher, ein bißchen haben sie jetzt die Arbeit der Polizei übernommen, Vertrauen erweckten sie trotzdem nicht.

Und doch - gestern wurde eine Frau unter dem dringendem Verdacht der Kindesentführung verhaftet. Seit einiger Zeit hatte sie täglich mit einem Korb mit Brot vor einer der Kindertagesstätten gesessen. Dann verschwand ein Kind und die Frau war auch nicht mehr da.

Das war das siebte Kind, das in den letzten sechs Wochen verschwunden ist. Jedesmal war vorher diese Frau in der Nähe. Es ist ein skrupelloses, für die Entführer lohnendes Geschäft. Pro Kind bekommen sie in den USA eintausend Dollar.

Es wäre schon grausam genug, wenn der Kindeshandel wegen illegaler Adoptionen durchgeführt würde. Aber so unglaublich es scheint, man verkauft die Kinder an Organbanken. Man vermutet mit Recht, daß Polizei und Rechtsanwälte die Finger in diesem bösen Spiel haben, anders wäre es gar nicht möglich, die Kinder über die Grenze zu bringen.

Wie unwichtig im Vergleich zu dieser Ungeheuerlichkeit sind dagegen die Diebstähle, obwohl sie viel Ärger und Aufregung verursachen.

In der Romero-Schule wurde eingebrochen, Bücher und die Druckmaschine gestohlen. Es war ein hoher finanzieller Verlust, ebenso ein Rückschlag für die Bildungsarbeit.

Die Druckmaschine war Lernhilfe vor allem bei der Rechtschreibung, auch für die Lehrer. Sie hatten gerade erst angefangen, damit zu arbeiten, sahen noch nicht den großen Wert dieser Hilfe und konnten den Verlust verschmerzen. Ohne die Bücher aber waren sie hilflos.

Nach ein paar Tagen wurde der Dieb entdeckt, als er die Sachen verkaufen wollte.

Sie zeigten ihn nicht an. Seine Familie hatte Hunger, er war ohne Arbeit, deshalb hatte er gestohlen.

Und dann wurde in der Clínica eingebrochen.

Die Clínica ist von einer recht hohen Mauer, die mit Glassplittern bespickt ist, umgeben. Medikamente sind sehr begehrt und dann findet man auch eine Möglichkeit, diese Mauer zu überwinden. In diesem Fall hatten die Diebe es hauptsächlich auf die Medikamente gegen Cholera abgesehen. Jeder hat Angst vor der Cholera und der Beweis, das dieses Mittel hilft, war erbracht, denn in '22 de abril' hatte es bis jetzt erst vier Cholera-Tote gegeben.

Wallfahrt nach Suchitoto

Im Norden der Region Cuscatlan, kurz vor der Grenze nach Chalatenango, liegt der Wallfahrtsort Suchitoto. Viele Menschen in '22 de abril' kommen aus Cuscatlan, so auch Fedelina. Drei ihrer Söhne waren ermordet worden, ihr Haus von Bomben zerstört. Mit ihren vier übrigen Kindern konnte sie in die Hauptstadt fliehen, auf die Müllkippe. Einige Zeit später gelang auch ihrem Mann die Flucht. Fedelina war glücklich, mit dem Rest ihrer Familie in Sicherheit zu sein und legte ein Gelübde ab:
"Sollte es jemals wieder Frieden in El Salvador sein, und sollte es möglich sein, nach Cuscatlan zu fahren, dann lade ich einen ganzen Bus voller Menschen zu einer Wallfahrt zur Mutter Gottes nach Suchitoto ein."
Der Friedensvertrag war unterschrieben, man durfte in die ehemaligen Krisengebiete, Fedelina löste ihr Gelübde ein.
All die Jahre hatten sie dafür gespart, jetzt hatte sie einen Bus gemietet und fünfzig Leute zur Wallfahrt eingeladen.
Morgens um 6.00 Uhr war Treffen an der Clínica. Natürlich war ich pünktlich dort, auf keinen Fall durfte ich den Bus verpassen. Aber kein Mensch war zu sehen. Ich wartete. Waren die vielleicht doch schon weg? Nach einer viertel Stunde kamen zwei ganz gemütlich angetrottet und so nach und nach fanden sich noch einige ein. Um 7.00 Uhr waren wir endlich vollzählig. Das war echte salvadorianische Pünktlichkeit.
Mit Begeisterung wurde der Bus geschmückt. Bunte Papierbänder wurden von allen Seiten her zur Mitte unter die Decke des Busses gespannt, dazwischen kamen fröhlich baumelnde Luftballons. An die Heckscheibe kam, ebenfalls mit bunten Bändern verziert, das Gnadenbild der Mutter von Suchitoto.
Es war eine ausgelassene Stimmung, es wurde gesungen und gelacht, zwischendurch machten wir uns über das mitgebrachte Essen und Trinken her.
Als mir bewußt wurde, was hier geschah, überfiel mich ein eigenartiges inneres Zittern. Noch vor wenigen Tagen wäre es lebensgefährlich gewesen, dieses Gebiet auch nur zu betreten, und jetzt fuhren wir singend und lachend immer weiter nach Norden.
Ortseingang von Suchitoto, der Bus hielt, alles aussteigen, aufstellen zur Prozession. Voran Mädchen mit brennenden Kerzen, dahinter zwei Mädchen mit dem Poster der Madonna.
In Reihen, immer nur zwei nebeneinander, stellten wir uns auf, ganz am Ende kamen die Gitarrenspieler. Fedelina achtete sorgsam auf die Einhaltung der richtigen Reihenfolge, alles mußte stimmen. Dreimal knallte es fürchterlich, ich dachte, es sind Kanonen und zuckte zusammen. "Was ist das?"
"Eine Wallfahrt muß mit Böllerschüssen eröffnet werden, sonst ist es keine richtige Wallfahrt", sagte Estela. Der Zug setzte sich langsam in Bewegung, Straßen rauf, Straßen runter, durch den ganzen Ort. Und unbarmherzig

brannte die Sonne. Überall, an Häusern, Straßen, Bäumen hatten die ständigen schweren Kämpfe ihre Spuren hinterlassen. Das grelle Sonnenlicht zerrte die tiefen Wunden schonungslos hervor.

Die Ortsbewohner saßen vor ihren Häusern, stumm, die Blicke auf uns gerichtet. Was mochten sie fühlen beim Anblick der Fremden? Was ging in ihnen vor, jetzt nach den vielen Jahren der Abgeschiedenheit? Sie hatten lange keine friedlichen Fremden mehr gesehen. Bei ihnen gab es immer nur abwechselnd Militär und Guerilla und das hieß immer: Kampf und Blutvergießen.

Noch ein Stück die Straße hoch, da lag sie vor uns, die Gnadenkirche. Groß, vielleicht sogar ein bißchen protzig, wie alle Kirchen aus der Zeit der spanischen Herrschaft. Neben den Merkmalen ganz normaler Verwitterung hatten auch ihre Mauern Einschußlöcher. Offensichtlich war sie aber nicht gezielt beschossen worden, denn außer den Löchern an den Außenwänden gab es keinerlei Zerstörungen an der Kirche. Das Nationalheiligtum hatte wohl beiden Seiten gleich viel bedeutet. Eine Stunde Gottesdienst. Zufällig waren wir in die Feier der Erstkommunion gekommen. Trotzdem ging der Priester in seiner Predigt auf unsere Wallfahrt ein. Viel verstanden hatte ich leider nicht, fand es aber sehr feierlich. Der offizielle Teil der Wallfahrt war vorbei.

"Jetzt fahren wir zu meinem Dorf", sagte Fedelina und da sie sich erkundigen mußte, welche Wege befahrbar waren, hatten wir Zeit genug, uns das Städtchen anzusehen. Wären nicht die Spuren des Krieges gewesen, hätte man es für eine echte Idylle halten können. Suchitoto ist zwar nicht sauberer als andere Städte und Dörfer in Salvador, hatte aber einen ganz besonderen Reiz. Vielleicht war es die Nachwirkung des Gottesdienstes? Vielleicht die berühmte Ruhe nach dem Sturm? Keine Ahnung, aber etwas Unerklärliches ging von diesem Ort aus. Der Bus verließ Suchitoto, auf der breiten Asphaltstraße fuhren wir weiter nach Norden. Abbiegen in eine unbefestigte Schotterstraße. "Hier riecht es aber eigenartig." Ich fuhr mit der Zunge über meine Lippen. "Puh, ist das süß!" Ich leckte an den Fingern. "Auch ganz süß." Kein Wunder, wir fuhren an einer Zuckerfabrik vorbei. Berge von Zuckerrohr lagen am Weg und Lastwagen brachten immer noch mehr. Die Luft war erfüllt von dem Qualm aus den Schornsteinen, von dem dicken süßen Qualm. Hinter der Fabrik wurde die bis dahin gut ausgebaute Straße plötzlich ein Waldweg. Er wurde immer enger, immer holpriger, Wald und Buschwerk wurden dichter. Ich habe wirklich nichts gegen ein bißchen Schaukeln. Was der Bus aber hier vollführte, das war schon sehr bedenklich. Der Bus hielt. Alle drängten nach draußen. Ich verstand die Aufregung der Leute nicht. Hier war doch nichts als dichtester Wald. Naja, es sollte mir recht sein, wenn die meinen, steigen wir eben aus, ich hatte sowieso den Drang nach einem "Busch".

Konzentriert, ja angestrengt, suchten die Augen einer Frau den Busch ab. Nicht einfach, da er sehr dicht und zudem steil ansteigend war. Dann hatte sie

gefunden, was sie gesucht hatte, ein paar dunkelbraune Mauerreste. "Hier habe ich gewohnt, das war mein Haus."
Ich wollte hochklettern, das Haus sehen aber gleich riefen mehrere durcheinander: "Halt! Nicht da hinein! Es können überall Minen liegen!"
Die Frau setzte sich auf die Erde, so, daß sie das sehen konnte, was von ihrem Haus übrig war. "Damals", sagte sie, "sind in meinem Haus fünfzehn Menschen umgekommen, alle aus meiner Familie." Ich setzte mich neben sie, sagen konnte ich nichts. Die anderen drängten weiter.
Nur wenige Meter, da waren wieder ein paar der braunen Steine und eine andere Frau zeigte darauf: "Das war mein Haus. Sechzehn Leute waren im Haus. Die Soldaten haben sie einfach umgebracht."
Und so ging es weiter, alle paar Meter ein Steinhäufchen und jedesmal kamen einer Frau oder einem Mann die traurigen Erinnerungen. Es bewegte sie tief und schmerzlich, weckte ihre Sehnsucht.
Fedelina drängte zum Einsteigen. Warum? Der Bus kommt hier ja doch nicht weiter. Diese enge Schlucht schafft der nie, dachte ich. Auf diesem Weg mit den tiefen Löchern und Furchen, den Hockeln und dicken Steinbrocken holt er sich höchstens einen Achsenbruch. Ich sah den Busfahrer an: das wird der doch nicht wagen? Irrtum, der fuhr tatsächlich. Na, der Mann hat Mut. Beim Fahren merkte ich, wir brauchen ebenfalls Mut. Der Bus sprang wie verrückt, legte sich fast bis zum Umfallen mal auf die rechte, dann auf die linke Seite. Das kratzende und knackende Geräusch der Äste an den Fenstern war auch nicht gerade beruhigend. Endlich wurde der Weg, wenn auch nicht besser, so doch wenigstens breiter. Wir kamen zu einer Lichtung, Ende der Fahrt.
Baumriesen gab es nur wenige, dafür war das niedere Gesträuch um so dichter. "Hier können wir durchlaufen", sagte Fedelina. "Die Militärs haben hier die Leute nur mit Maschinengewehren und Macheten umgebracht oder haben Bomben geworfen. Deshalb gibt es hier keine Minen." Ein Trampelpfad führte den Abhang hoch, hörte aber bald auf, war total überwuchert. Wir mußten uns den Weg regelrecht erkämpfen. Und nichts hinderte die Sonne daran, uns mürbe zu machen. Ich hatte das Gefühl, sie wollte mir das Gehirn rausbrennen, und die Füße taten auch nur noch mechanisch ihren Dienst.
Wieder ein paar dunkle Steine. Daß das mal ein Haus gewesen war, sah man an den zwei Öffnungen im Mauerrest, die einmal Fenster gewesen sein mußten. "Das war unsere Kirche", sagte Fedelina. Ihr Mund lächelte, in ihren Augen lag eine tiefe Wehmut.
Weit auseinandergezogen Ruinen, das ehemalige Dorf. "Das war mein Haus", sagte ein Mann. "Als die Bomben fielen, sind wir aufs Feld gelaufen. Als die Flugzeuge weg waren, gab es nur noch Trümmer. Da sind wir in die Stadt geflohen."
Ich keuchte, sagte zu Dieter: "Ich kann nicht mehr. Mir ist so übel." Fedelina

sagte: "Nur noch hundert Meter", und ich torkelte weiter. Fedelinas Haus, auch nur Trümmer.

"Ja, die Bomben", sagte sie, "die haben meine Söhne getötet. Sie haben es nicht geschafft, aufs Feld zu laufen."

Ihr Mann erzählte weiter: "Fedelina war sehr krank, mußte operiert werden, sonst mußte sie sterben. Im Nachbardorf war ein Arzt, einer mußte ihn holen. Er kam, hatte aber keine Instrumente. Er machte die Operation, mit einem einfachen Messer, auf freiem Feld. Dann kamen die Soldaten zurück, haben alles zerstört, was noch nicht ganz kaputt war und haben alle Leute umgebracht, die sie fanden. Meine arme Fedelina mußte sich gleich nach der Operation um die anderen Kinder kümmern, mußte mit ihnen fliehen. Und da hat sie dieses Gelübde abgelegt: wenn sie das überlebt und der Krieg aus ist, macht sie eine Wallfahrt nach Suchitoto." Fedelina zeigt mit der Hand: "Da haben wir noch so viele Tote begraben, wie es möglich war." Ich schaue in die Richtung, kniehohes, trockenes Gras, das sticht und ein scheußliches Brennen auf der Haut verursacht.

Dann sah ich ein paar Holzkreuze in dem struppigen Gewächs. Man sieht noch die eingeritzten Namen, auf einem sind es fünfzehn, auf einem acht, auf einem anderen zwölf. Ich zählte sechs oder sieben Kreuze. Und dann sah ich alles nur noch verschwommen.

Schwarze Kreise, rote, blaue und weiße Flecken tanzten vor meinen Augen. Saß mein Kopf überhaupt noch fest? Mein Hals bestand aus einer Spirale, dachte ich, jemand hat daran getippt und nun baumelte der Kopf hin und her. Das Haus von Fedelinas Freunden steht noch, tief im Wald.

"Ich sehe das Haus, aber es sehr weit weg", sagte ich.

Dieter sagt: "Das sind nur ein paar Schritte, aber du hast einen Sonnenstich." Dann saß ich, auf einer Bank? Auf einem Baumstamm? Keine Ahnung. Jemand gab mir Wasser. Mir war schwindlig, aber der Kopf hörte auf zu wackeln. "Bitte noch Wasser." Das gab er mir, in einer dunklen Cocosnußschale. Ich war gierig danach. "Nimm nur einen Schluck", sagte Dieter, "es ist kein gutes Wasser." Gut oder nicht gut, wie egal mir das war. Irgendwie landete ich in einer Hängematte unter einem Dach. Der Raum hatte nur drei Wände, war eng und stickig, ich kriegte keine Luft. Über mir hing eine Machete, riesengroß erschien sie mir, gleich fällt sie runter und schneidet mir den Hals ab. Jemand fächelte mir mit einem Sombrero Luft zu. Hatte ich lange in der Hängematte gelegen? Ich wußte es nicht. Aber, es ging mir nicht gut, jedoch besser. Ich trank noch einmal von dem Wasser, jetzt wirklich nur ganz wenig. Fedelinas Freundin brachte Reis und gekochtes Fleisch von irgendeinem Wühltier aus dem Wald. Auch die Versicherung wie gut das schmeckt konnte mich nicht zum Essen verleiten. Ich verspürte keinerlei Hunger.

Cecilia pflückte Mangos vom Baum, gab mir eine und ich biß hinein, verzog das

Gesicht. Ich hatte eine saftige, süße Frucht erwartet. Diese aber war knochenhart und bitter. "Klar", sagte Cecilia, "die ist ja auch noch nicht reif. Auf unreife Mangos streut man Salz. Das schmeckt gut." Und tatsächlich, das war gar nicht schlecht. Ich hatte den Sonnenstich soweit überwunden, daß ich wieder laufen konnte.

Wir mußten nicht wieder an den Dörfern vorbei, zum Glück gab es einen kürzeren Weg zur Straße, wo man auch nicht so total der sengenden Sonne ausgesetzt war. Wir mußten uns zwar durch Gestrüpp zwängen, aber der dichte Wald bot Schatten. Außen patschnaß verschwitzt, innen ausgetrocknet, so kamen wir beim Bus an. Die halsbrecherische Fahrt konnte beginnen. Nach gut einer Stunde, wir waren fast an der Schotterstraße zur Zuckerfabrik, kamen wir an einen Bach, der noch ein bißchen Wasser hatte. Wurde auch Zeit, der Bus brauchte dringend Kühlwasser.

Jetzt noch durch die dicke, süße Zuckerluft, die Hauptstraße war erreicht. "Nichts kann noch passieren, jetzt kann es zügig nach San Salvador gehen", dachte ich und dann fing es unter dem Bus an zu klappern. Kein Problem. Der Fahrer kroch unter den Bus, hämmerte und klopfte und schraubte herum, und schon rollten wir weiter über die herrliche, glatte Asphaltstraße.

Die Freude dauerte nur kurze Zeit, es knallte kurz, der Bus hatte seinen Geist aufgegeben. Nichts konnte ihn zum Fahren bringen, er hat die Strapazen nicht verkraftet und fünfzig Leute standen mitten in Cuscatlan auf der Straße.

Da wir noch ziemlich nah an der Zuckerfabrik waren, mußte hier eine Haltestelle des Linienbusses sein. Gut gedacht, sie war wirklich nicht weit entfernt. Der Bus kam, ein paar konnten sich noch reinquetschen, zwei oder drei paßten noch aufs Dach. Warten auf den nächsten Bus. Bei dem war es nicht anders und beim nächsten auch nicht. Alle Busse überfüllt. Wieso? Die Busse kamen aus Chalatenango und fuhren nach San Salvador. Wollten die Leute nur die gerade gewonnene Freiheit auskosten? Die Freiheit, quer durch das bis vor ein paar Tagen verbotene Gebiet zu fahren?

Das Warten machte uns nichts aus, im Gegenteil, es war schön hier zu sitzen. Und in jeden Bus, der kam, paßten ein paar Leute hinein. Zuletzt waren wir noch acht.

Am späten Abend kamen wir in Credisa an. Der Sonnenstich war doch noch nicht überwunden, mir war speiübel und ich hatte Kopfschmerzen. Und dennoch war in mir eine tiefe Ruhe und Zufriedenheit.

CDHES (comisión interamericana de derechos humanos El Salvador)

El Salvador 1977, als der kleine arme Mensch keinerlei Rechte besaß, weder auf Arbeit, noch auf Essen, nicht auf die Unversehrtheit seines Körpers noch auf die seines Geistes, nicht einmal das Recht auf Leben, da entstand die Menschenrechtskommission. Im Frühjahr 1987 konnte ich mit ihrem Präsidenten, Herbert Anaya Sanagria, sprechen, im Herbst des gleichen Jahres wurde er brutal ermordet.

Und jetzt stand ich hier in ihrem Büro. An den Wänden viele Fotos von ermordeten Frauen und Männern aus ihren Reihen. Eines von ihnen zeigte Herbert Anaya, nicht herausgehoben, nicht größer als die übrigen Bilder, sondern als einen von vielen anderen.

Ich wunderte mich darüber, hatte eigentlich ein Riesenfoto des ermordeten Präsidenten erwartet. Bis mir klar wurde: diese Gleichheit gehört zu dem Begriff "Menschenrechte".

"Wir brauchen keine neuen Aufgabenbereiche", sagte der Sprecher, "wir wollen und müssen sie nur erweitern."

Nein, neue Aufgabenbereiche brauchen sie nicht, aber ihre Möglichkeiten, die sind neu. Bisher war es so, daß kaum jemand unter seinem richtigen Namen gearbeitet hat. Sie sind bisher in der Öffentlichkeit aufgetreten, haben Entführungen und Massaker, alle Arten von Verletzungen der Menschenrechte angeprangert, versucht, Verhaftete frei zu bekommen, und immer unter anderem Namen. Es war ihr einziger Schutz.

Jetzt können sie offiziell ihre Arbeit tun, ihren richtigen Namen benutzen ohne Angst, deswegen ermordet zu werden. Und jetzt stehen ihnen auch Rechtsanwälte bei und sie haben internationale Kontakte aufnehmen können. Es gibt Filmdokumente über die Massaker an der Landbevölkerung, die meisten befinden sich allerdings in Mexiko. Sie sollen jetzt zurückgeholt werden und einer Komission der CDHES vorgelegt werden, die die Verbrechen des Krieges bearbeitet. Alles muß genau überprüft werden, Pannen können sie sich nicht leisten. Die Friedensverträge von San José sind zu schwach, um die Rechte der Menschen tatsächlich schützen zu können. Es wurde zugesichert, daß die Verbrechen an Moñsenor Romero, Herbert Anaya und den sechs Jesuiten, deren Ermordung durch die Weltpresse gegangen war, geahndet würden.

CDHES will mehr, nämlich daß allen Verbrechen nachgegangen wird, auch denen an den vielen unbekannten Priestern und Ordensschwestern, an Arbeitern und Campesinos.

Es gibt die Möglichkeit, Mörder, Folterer, Entführer vor ein Gericht zu bringen, aber hier zeigt sich deutlich eine der Schwachstellen in den Friedensverträge. Weder Regierung noch Polizei rühren auch nur einen Finger bei der Suche nach den Schuldigen. Die Leute selbst müssen ihre Peiniger suchen und die Beweise der Schuld erbringen. Und das kostet Geld, viel Geld. Und dabei sitzt ihnen das Schlußpunktgesetz im Nacken, das schon bald in Kraft treten wird. Wer bis zu diesem Datum nicht angeklagt ist, braucht keine Strafe mehr zu befürchten.

Es ist unmöglich, in dieser kurzen Zeit die unzähligen Verbrechen aufzuklären, die Verbrecher auch nur zu finden. Es ist Waffenstillstand in El Salvador, aber in dem Prozeß vom Krieg zum Frieden gibt es viele Konflikte. Das Volk muß weiter zu den Bedingungen leben, die zu dem Krieg geführt hatten. Ihre ganze Hoffnung setzen sie auf die Wahl 1994, darauf, daß es gerecht zugehen wird. Nach dem Papier von San José haben alle Salvadorianer Wahlrecht. Flüchtlinge hatten bisher nicht das Recht zu wählen, auch dann nicht, wenn ihr Heimatort nur wenige Kilometer von ihrem jetzigen Wohnort entfernt war. Auf ihrem Ausweispapier prangte dick der Stempel "Flüchtling" und das schloß sie von allen Rechten, auch dem Wahlrecht, aus.
Sie kämpften schon lange darum, "richtige" Ausweispapiere zu bekommen. Werden diese Vieltausende Menschen jetzt wählen dürfen? Haben sie jetzt die Möglichkeit, einer Partei ihrer Wahl Stimmen zu geben? Wenn ja, dann können sie hoffen auf eine bessere Zukunft, eine Zukunft mit dem Recht, endlich Mensch zu sein.

Nueva Esperanza

Schon früh am Morgen klopfte Volker an meine Tür: "Padre Miguel fährt zu einer Repoblación, einem Dorf zurückgekehrter Flüchtlinge. Wenn du mit willst, mußt du sofort kommen." "Ich habe keinen Schlüssel und Miriam schläft noch!" rief ich durch die verschlossene Tür. Ich konnte nie raus, solange Miriam schlief, und sie schlief immer sehr lange.
"Such den Schlüssel", rief Volker zurück, "und komm dann zur Clínica!" Ich suchte verzweifelt und hatte schließlich Glück. Ich konnte raus, wenn auch ohne Frühstück. Macht nichts, das war ich inzwischen gewohnt.
Miguels Büro liegt am anderen Ende der Stadt und mit dem Bus ist man ziemlich lange unterwegs. Wir befürchteten schon, er wäre ohne uns abgefahren. Die salvadorianische Pünktlichkeit kam uns aber zugute. Miguel war noch längst nicht zur Abfahrt bereit. Mir blieb sogar noch Zeit, eine Pupuseria zu suchen. Genießerisch meine Pupusa essend, kam ich zum Büro zurück und als ich da noch eine gute Tasse Kaffee bekam, war die Welt wieder vollkommen in Ordnung.
Miguel hat ein tolles Auto. Niemand muß auf der Ladefläche stehen, bequem saßen wir im Wagen und fuhren über die Autostrasse nach San Vicente. Miguel war ein rasanter Fahrer und ließ fast alle Autos hinter sich. Einmal überholten wir eine lange Schlange weißer PKWs und Lastenwagen mit Männern in weißen Anzügen und weißen Helmen. UNO-SAL auf (Uno-Truppen Erkundungsfahrt. Oder gab es einen bestimmten Grund, daß so viele unterwegs waren? Egal, auf jeden Fall übten sie auf uns eine beruhigende Wirkung aus.

Auf alle hatten sie diese Wirkung nicht. Das Militär liebt sie nicht, nennt sie die "weiße Krankheit", die möglichst schnell verschwinden soll.

Irgendwo in San Vicente mußten wir runter von der Autostrasse auf eine Schotterstraße. Das kannten wir ja schon zur Genüge und das bißchen Rappeln war noch ganz angenehm. Richtig los ging es, als wir auch die verlassen mußten und den Weg nach Nueva Esperanza einschlugen. Die Luft, wie gewohnt, heiß und trocken und der in dieser Gegend sehr starke Wind ließ keine Staubkörnchen auf der Erde liegen. Und das Auto half kräftig beim Aufwirbeln mit. Der Staub war dicht wie eine Nebelwand und nahm jede Sicht.

Das Auto machte Luftsprünge, daß der Kopf immer wieder enge Bekanntschaft mit der Decke machte. Ich klammerte mich am Sitz und an der Rückenlehne fest, die Gewalt der Stöße war stärker. Vor einem fast ausgetrockneten Bachbett hielt Miguel an. "Ende der Fahrt." Aus ein paar Baumstämmen war notdürftig eine Brücke über den Bach "gebastelt" worden. Eigentlich ist das Bett für einen Bach viel zu tief und zu breit, Vielleicht ist das ja doch ein Fluß? Auf jeden Fall mußten wir hinüber, ohne Auto, das würde die Brücke nicht aushalten. Und dann leuchtet uns das große gelbe Schild entgegen: "Bienvenido en la Nueva Esperanza". Wir kamen ins Dorf. Die gleichen Hütten wie überall im Land. Auffallend, sie standen nicht so dicht beieinander. Auffallend auch: niemand lungerte herum, alle waren beschäftigt .

Ein dürrer, etwas schlaksiger Mann mit viel zu kurzen Jeanshosen und einem Sombrero, der hoch auf seinem Kopf thronte, kam auf uns zu, lachend und fröhlich, Padre Angél. Er wußte, daß Besuch kam und man sah ihm die Freude an. Er führte uns zu einer großen Holzhütte mit Vorzelt. Auf starke Balken war eine Plane als Dach und an einer Seite eine Plane als Windfang gespannt. Ein langer Tisch und zwei Bänke, ohne Rückenlehne versteht sich, luden zum Sitzen ein. Es war echt gemütlich. Und dann stand auch noch in kürzester Zeit ein köstliches Mittagessen vor uns, kleine Stückchen Huhn, Reis und ein pikanter Tomatensalat. Und dazu bekamen wir einen großen Krug mit Saft. Es war herrlich, daran konnte auch der heftige Wind, der uns die Plane um die Ohren klatschte, nichts ändern.

Nach dem Essen beim Gang durchs Dorf erzählte Padre Angél:

"Diese Leute waren vor Jahren nach Nicaragua geflüchtet und jetzt bauen sie hier ihre 'Neue Hoffnung' auf. Bis zum Beginn der Regenzeit sollen alle Bewohner richtige Häuser haben, wir sind schon beim Bauen."

Und wir gingen bis zum Ende des Dorfes, wo schon die ersten fast fertigen Häuser standen. Sie sind wunderschön und Nueva Esperanza wird sicher einmal ein Musterdorf werden.

Der Padre lachte: "Die Leute waren begeistert, als ich ihnen den Plan unterbreitete und wollten unverzüglich mit dem Bauen beginnen. 'Das erste Haus bauen wir für unseren Padre Angél', sagten sie. Ich habe aber ganz streng gesagt, daß der Padre erst dann ein Haus bekommt, wenn alle anderen Häuser haben. Zuerst haben sie protestiert, als sie aber sahen, wie ernst es mir war, schickten sie sich darein. Sie arbeiten jetzt schnell und viele Stunden am Tag. Alle haben Angst, daß mein Haus nicht rechtzeitig zur Regenzeit fertig ist."

Er führte uns zu einem Zelt mitten im Dorf, so ein kleines spitzes Campingzelt. "Das ist meine Wohnung," sagte er und ließ uns eintreten. Dieses kleine Ding hatte er noch unterteilt. Im hinteren Teil stand ein Bett, das nannte er sein Schlafzimmer. Im vorderen Teil stand ein Tisch voller Papiere und ein Stuhl, das nannte er Büro. Er machte uns ein Zeichen, nicht so laut zu sein, weil sein Hausgenosse gerade seinen Mittagschlaf hielt. Ich konnte aber keinen Menschen entdecken und für ein zweites, verstecktes Bett war doch überhaupt kein Platz.

Padre Angél lachte und zeigte mit dem Finger unter seinen "Schreibtisch". Da lag auf ein paar Tüchern eine Gans und sah uns aus halbgeöffneten Augen an. "Madame schaut aber ganz schön vorwurfsvoll", dachte ich. "Scheint sauer zu sein wegen der Störung."

Wir gingen hinaus und überließen sie ihrer Mittagsruhe.

Es gab einiges zu sehen im Dorf. So hatten sie zum Beispiel ein recht großes Holzhaus als Gästehaus eingerichtet. Es hatte einen Aufenthaltsraum und einen großen Schlafraum mit mehreren Betten.

"Wir haben keine Probleme wenn Besuch kommt", sagt der Padre. "Sie können bleiben, solange sie wollen und können leben wie sie wollen."

Dann zeigte er uns das Wichtigste, einen Brunnen.

"Unsere Wasserversorgung ist gesichert", sagte er "und das Wasser kann man sogar trinken." Er lachte uns wieder an: "Die Konstruktion ist eine deutsche Erfindung." " Oje, welcher Erfinder mochte dieses Ding verbrochen haben? Es sah zu ulkig aus. Über dem Brunnenschlacht war ein verwirrendes Geflecht aus Stahlrohren, an dessen einem Ende ein Rad befestigt war, sah aus wie von einem alten Fahrrad. An der Felge war ein kleiner Handgriff.

Eine Frau mit einem Wasserkrug auf dem Kopf kam den Weg entlang, grüßte freundlich und ging zu dem Brunnen. Für mich kam es einem Wunder gleich, als sie mühelos das Rad in Bewegung setzte und es lief tatsächlich helles, klares Wasser aus einem der Rohre. Sogleich haben wir davon getrunken und - es war köstlich.

Padre Angél sagte: "Wo Wasser ist, da ist alles möglich." Er hob seine Arme, drehte sich in alle Himmelsrichtungen: "Hier können wir Felder anlegen und säen und ernten. Wir werden alles in Gemeinschaftsarbeit machen so wie jetzt auch. Es wird wunderbar werden. Und dann sollen auch alle Kinder zur Schule gehen, das ist wichtig. Ja, viele gehen jetzt schon zur Schule, nach Ciudad Romero, auch eine Repoblación. Die Leute sind aus Panama zurückgekommen."

"Ciudad Romero? Das sind aber etliche Kilometer. Wir sind daran vorbeigefahren." "Klar, sie müssen weit laufen, aber das macht nichts. Die Kinder laufen gerne." Eigentlich verstand ich die Eile nicht, mit der hier gearbeitet wurde, sie entsprach überhaupt nicht der Mentalität dieses Volkes. Padre Angel erklärte es uns.

"Ungefähr ein halbes Jahr bekommt Nueva Esperanza noch Unterstützung (woher, das hat er nicht gesagt), dann sind wir auf uns selbst gestellt. Bis dahin muß noch allerhand gemacht werden. Vor allem muß die Ernährungsfrage und die Krankenversorgung geregelt sein. Jetzt ist es noch so, daß Kinder bis zu sieben Jahren und alte Leute den Arztbesuch und die Medikamente kostenlos bekommen. Wir möchten das gerne beibehalten. Ob das möglich ist, hängt davon ab, wie wir mit der Feldbestellung vorankommen und ob die Leute Arbeit bekommen. Aber ganz egal, ob jemand Arbeit hat oder nicht, einen Teil seiner Zeit muß jeder für die Arbeit im Dorf, für den Aufbau des Dorfes aufbringen. Bis jetzt ist alles bestens geregelt."

Beim Plaudern sind wir kreuz und quer durchs Dorf spaziert und standen auf einmal wieder dort, wo wir ein so leckeres Mittagessen bekommen hatten. Damit war dann unser Besuch beendet. Ein Dorfbewohner stand schon dort und wartete, er wollte zur Krankenstation. Keine Frage, er fuhr natürlich mit uns. Ein herzlicher Abschied von Padre Angél. Und wieder waren wir auf dem Weg mit den unzähligen Schlaglöchern, die sich oft über die ganze Wegbreite hinzogen, die tiefen Gräben und der pulverfeine Sand. An vielen Stellen hatte der Sturm den Sand in die Schlaglöcher gefegt, daß man sie überhaupt nicht sehen konnte. Und dann hauten die Räder mit voller Wucht in so ein Loch hinein, das manchmal bis zu einem halben Meter tief war. Und jedes mal knallte der Kopf unsanft gegen das Wagendach.

Vor uns sah ich Ciudad Romero. Geschafft, dort würden wir diesen fürchterlichen Weg verlassen und auf die Schotterstraße einbiegen. Nach dieser Tortur würde das Fahren dort weich wie auf Wolken sein.

Ich wäre hier gerne einmal ausgestiegen und hätte mir die Hütten aus der Nähe angeschaut. Zuerst waren mir nur die Dächer aus Palmblättern aufgefallen. Dann bemerkte ich, daß die Wände ebenfalls aus Palmblättern waren und zwar geflochten oder gewebt. Es sah eigenartig aus, aber wunderschön.

Padre Miguel hielt nicht an, bog auch nicht nach links ab auf die Schotterstraße, sondern er fuhr nach rechts in den Wald hinein und rüttelte uns weiter arg durcheinander.

Tief im Wald, am Wegrand, halb versteckt zwischen Bäumen und Gestrüpp ein flacher dunkler Ziegelbau, die Krankenstation. Viele Leute warteten auf den Arzt und hierher wollte auch unser Mitfahrer.

Wir stiegen ebenfalls aus dem Wagen und die Leute nahmen gleich die Gelegen-

heit wahr, uns ihre Geschichte zu erzählen und in Sekundenschnelle waren aus lethargisch vor sich hinschauenden Menschen lebhaft diskutierende Versammlungsteilnehmer geworden.
Auch sie waren aus ihrem Dorf geflüchtet, blieben aber all die Jahre in der Nähe. Sie hatten sich die ganze Zeit über in den fast undurchdringlichen Wäldern versteckt, immer in Angst, entdeckt zu werden. Das Dorf wurde zerstört, das Militär vermutete wohl keine Überlebenden. Und eines Tages wagten es die Leute, zurück ins Dorf zu kommen. Und dann kam der Friedensvertrag. Eine neue Angst ist in ihnen, ebenso berechtigt wie die vorherige.
Es war ihr Dorf, mit viel Mühe bauten sie es wieder auf. Und jetzt sollten sie es räumen, sollten Platz machen für eine Siedlung ehemaliger Militärs. Schon zweimal waren Landvermesser dort und es war nur eine Frage der Zeit, wann ihnen ihr Dorf genommen würden.
Sie redeten und redeten, vielleicht wollten sie sich ihre Furcht von der Seele reden. Wir waren geduldige Zuhörer und ich merkte, daß es ihnen gut tat.
Inzwischen ließen es sich die Stechmücken wieder gut bei mir schmecken. Ich konnte gar nicht so schnell schlagen, wie die sich auf meine Arme und Beine niederließen. In den Wäldern von San Vicente war es noch heißer als in San Salvador, dazu die enorm hohe Luftfeuchtigkeit, das beste Klima für diese aufdringlichen, stechenden Biester. Ich konnte es kaum aushalten und dachte: "Wann gehen wir denn raus aus diesem Busch und ins Dorf?"
"Vamos", sagte Miguel endlich und ich atmete auf, wir würden den Busch hinter uns lassen, im Dorf hätte ich etwas Ruhe. Es ging noch tiefer in den Wald hinein. Ich sah nur Bäume, wild durcheinander gewachsene Sträucher und Gebüsch, Lianen baumelten mir ins Gesicht, nur ein Dorf konnte ich nirgendwo entdecken. Ich stolperte weiter, immer brav hinter den anderen her. Überraschend standen wir dann vor einer sich tief an die Erde drückenden Holzhütte, das erste Haus des Dorfes. Und weiter in den Wald, der hin und wieder den Blick auf eine niedere Holzhütte freigab. Da war ein kleines gerodetes Fleckchen. Unser Begleiter sagte: "Das ist der Brunnen." Der Brunnen war tief, sehr tief. Dunkel war es dort drinnen und ich sah nicht einmal das geringste Glitzern, das durch Wasser, und wenn es noch so wenig ist, verursacht wird. Ich sah nur dieses tiefe, dunkle Loch im Boden. Vergeblich suchte ich nach einer Vorrichtung, einer Winde, einem Seil, irgend etwas, womit das Wasser nach oben geschöpft würde. Es war nichts da. Das Loch war offen, ohne Deckel, und wer dort hinunter fiel, der war rettungslos verloren.
Zwei Frauen kamen zum Brunnen, sie trugen nicht die üblichen runden Wasserbehälter, sondern Eimer, und ein Seil hatten sie dabei. Daran ließen sie die Eimer in den Schacht hinunter, zogen sie dann mühsam wieder hoch. Es dauerte ziemlich lange und das Ergebnis? Die Eimer waren knapp zu einem Viertel mit Wasser gefüllt, schmutziges Wasser, voller Ästchen, Blättern,

Getier. Trotzdem schienen sie zufrieden, nahmen die Eimer auf den Kopf und verschwanden im Wald. So unversehens wie sie aufgetaucht sind, so sind sie auch wieder verschwunden.

Ich weiß nicht, wieso, aber ich war ganz benommen, wie in einem Traum zwischen wachen und schlafen. Die Dunkelheit des Waldes, die vereinzelten, tief am Boden liegenden Hütten, die huschenden Menschen, plötzlich da und gleich wieder weg, das alles war so unwirklich. Hätten die Moskitos mich nicht so bearbeitet, ich hätte tatsächlich geglaubt, daß ich träumte.

Wir hatten die letzte Hütte erreicht, hatten das ganze Dorf gesehen. Dorf? Konnte man das Dorf nennen? Ich wußte es nicht, meiner Vorstellung von Dort entsprach das in keiner Weise. War ja auch nicht wichtig. Es war das Zuhause dieser Leute, man darf es ihnen nicht nehmen.

Unser Campesino aus Nueva Esperanza war inzwischen von dem Arzt behandelt worden und stieg in den Wagen. Das hieß, noch einmal zurück durch den dichten Staub und dem Kopf neue Stöße zufügen. Seltsam, es machte mir überhaupt nichts aus. In Deutschland hätte ich sicher gejammert, in diesem Land und bei diesen Menschen erscheint einem das alles als ganz selbstverständlich. Dennoch war es eine Wohltat, als wir endlich wieder auf der Autopista waren. Der Tag war anstrengend, und dennoch war es ein unvergeßliches Erlebnis.

Mit dem TICA-Bus nach Nicaragua

Um fünf Uhr am Morgen fuhr der TICA-Bus vom Zentrum San Salvador ab nach Nicaragua. Zwölf bis dreizehn Stunden sollte die Fahrt dauern, aber man hatte uns gesagt, TICA, das wären Luxusbusse. Der einzige Luxus bestand allerdings darin, daß es einen Kofferraum gab und jeder Reisende einen Sitzplatz hatte, der stabil und gut gepolstert war. Wir fuhren nach Norden, durch Chalatenango. An der Grenze El Salvador/Honduras zahlten wir die Ausreisegebühr und mußten dann zu Fuß das Stück zur Migración Honduras laufen. Der Bus wurde in der Zwischenzeit innen und außen besprüht mit irgend welchen Insektenmitteln. Bis wir die Einreisegebühr für Honduras entrichtet hatten, waren die Kammerjäger mit ihrer Arbeit fertig, die Fahrt ging weiter. Es war schon später Vormittag und wir hatten Hunger, und vor allem Durst. Die Luft im Bus war heiß und stickig.

Der Fahrer hielt an einem Lokal an, sauber, gemütlich, und man konnte draußen sitzen. Wir suchten einen Tisch unter einem großen Sonnenschirm aus, bestellten ein Frühstück, eine extra Coca-Cola gegen den trockenen Hals und waren guter Dinge.

Es sollte weitergehen. Einige Fahrgäste hatten hier den Bus gewechselt, wollten zur Hauptstadt, nach Tegucigalpa. Andere waren von dort gekommen und stiegen bei uns ein.

In Honduras sieht man nicht diese Zerstörungen wie in El Salvador, weder die durch Krieg noch die durch Erdbeben. Das war mir schon bei meinem ersten Besuch vor fünf Jahren aufgefallen. Armut sieht man auch in Honduras, aber man sieht keine abgebrannten Wälder, Berghänge und Häuser, keine zerbombten Dörfer. Das macht die ganze Landschaft irgendwie weicher. Schade, daß die Fensterscheiben des Busses alle mit blauer Farbe bestrichen waren, als Schutz gegen die Sonne. Immer nur durch die paar kleinen, ausgekratzten Gucklöcher zu schauen wurde mit der Zeit dann doch sehr anstrengend.

Wir näherten uns der Grenze nach Nicaragua. Der Busfahrer sammelte die Pässe ein. Die gleiche Prozedur wie am Grenzübergang El Salvador/Honduras auch hier, Ausreisegebühr, Einreisegebühr. Wir haben alles brav bezahlt, saßen im Bus und warteten auf die Weiterfahrt. Da fiel es einem Zöllner auf einmal ein, daß er ja auch deutsche Pässe kontrolliert hatte. "Steigen Sie noch einmal aus und gehen Sie zur Migracion. Deutsche brauchen ein Visum, pro Person 25 US-Dollar." Còrdobas, die Landeswährung, nahm der Beamte nicht an, es mußten Dollar sein. Wir hatten keine Ahnung, ob das rechtens war, also haben wir zähneknirschend bezahlt. Wir waren schon so viele Stunden unterwegs und ich war müde. Erschien mir deshalb Nicaragua so langweilig? Im Vergleich zu den anderen mittelamerikanischen Ländern war es sehr enttäuschend. Das einzige, was sie gemeinsam haben, ist die fürchterliche Hitze und die Dürre. Wir durchquerten viele Flüsse und alle waren total ausgetrocknet, bei einigen ist der Bus gar nicht erst über die Brücke gefahren, sondern hat den kürzeren Weg durchs Flußbett genommen. Und auch hier trotteten die mageren Kühe über die Autostraße, hin zum Fluß, in der Hoffnung, eine Pfütze zu finden.

Die Luft im Bus wurde immer drückender, immer ermüdender. Endlich, um 19.00 Uhr, nach vierzehn Stunden Fahrt, kamen wir in Managua an. Es war stockfinster. Keiner von uns kannte sich hier aus, also ließen wir uns von einem Taxi zum Dominikaner-Konvent bringen. Niemand war zu Hause.

Wir setzten uns draußen auf die Treppe und warteten. Nach drei Stunden kamen sie. Keiner hatte daran gedacht, daß wir uns hätten anmelden sollen und so waren sie natürlich überrascht, wahrscheinlich auch nicht sehr erfreut, als da drei Besucher auf ihrer Treppe saßen. Vor allem mich sahen sie befremdet an, was hatte eine Frau hier zu suchen. Ich bekam das große Zittern. "Gibt es in der Nähe ein Hotel?" fragte ich. "Nein", sagte Padre Rafael, "wir besorgen morgen ein Privatquartier." Das hieß, ich konnte für diese eine Nacht bleiben.

Wir bekamen ein gutes, reichhaltiges Essen und konnten Kaffee und Saft trinken, soviel wir wollten.

Ich bekam ein Zimmer mit Bett, Schreibtisch und Schrank, und man höre und staune, mit eigener Dusche und Toilette. Das Bett war groß und breit, aber statt einer Matratze war es mit einem Holzbrett und einer ganz dünnen Schaumstoffauflage ausgestattet. Ganz schön hart, ging es mir durch den Kopf, morgen früh werde ich bestimmt überall blaue Flecke haben. Irrtum, es war sehr angenehm und ich habe geschlafen wie ein Murmeltier. "Schade", dachte ich, "daß ich nicht bleiben kann."

Der Mensch ist doch ein 'Gewohnheitstier', nach dieser kurzen Zeit '22 de abril' hatte ich mich so an die Wasserknappheit gewöhnt, daß ich ernsthaft überlegt habe, ob ich wohl duschen dürfte. Aber dann war die Verlockung doch größer als meine Scheu.

Als ich ins Speisezimmer kam, warteten Dieter und Volker schon und wir nahmen ein fürstliches Frühstück zu uns. Und dann sind wir losgezogen, wollten ins Zentrum der Stadt, zu Fuß natürlich. Wir schlugen den Weg zur Hauptstraße ein und kamen an netten Häusern vorbei. Mitten dazwischen entdeckten wir windschiefe Holzbaracken, Menschen waren nur wenige auf der Straße. Dann lag das hübsche Stadtviertel hinter uns und das Gesicht der Stadt hatte sich total verändert, Die Gerippe von drei- oder vierstöckigen Häusern, die beim Erdbeben 1972 zerstört worden waren, schauten uns aus leeren Fensterhöhlen an. Bei manchen dieser Häuser fehlte die ganze Vorderfront und in einigen hatten sich im Erdgeschoß Familien einquartiert. Das machte die Szene jedoch kein bißchen lebendiger, alles wirkte so geisterhaft. San Salvador ist schmutzig und häßlich, aber irgendwo in ihrer Häßlichkeit und Armut ist Leben. Managua ist nicht ganz so schmutzig, der Verkehr auf den Straßen ist bedeutend disziplinierter, aber die Stadt ist langweilig, tot. Die Menschen haben keinen Mumm, die Gesichter haben alle einen Ausdruck von Resignation.

In der Ferne sahen wir die zwei Türme der Kathedrale. Dorthin wollten wir gehen, das Feierliche so eines Gotteshauses würde uns guttun.

Wir standen vor der Kathedrale, ein imposantes Bauwerk, aber auch sie starrte uns wie aus leeren, toten Augenhöhlen an, ihre Mauern hatten tiefe Wunden, ebenfalls von dem Erdbeben damals. Wir stiegen die Stufen hoch in der Erwartung, in eine, wenn auch beschädigte, Kirche zu kommen. Aber der Anblick war schaurig, wie für einen Horrorfilm gemacht. Der Fußboden war mit vertrocknetem Gras bewachsen, die Säulen zum ehemaligen Seitenschiff zum Teil ausgebrochen und verwittert. Die schwere Steinplatte des Altars lag am Boden, an einer Seite etwas angehoben durch den Rest des Sockels. Durch das offene Dach, durch die breiten Spalten im Gemäuer fiel das grelle Sonnenlicht, zerrte die Trostlosigkeit hervor. Hinter dem Altar ging eine wenig vertrauenerweckende Treppe hinunter. Noch eine Treppe, wir waren in der Krypta. Kein Sonnenstrahl verirrte sich hierher, der Raum war in ein Halbdunkel getaucht. An der hinteren Wand eine breite, aber niedrige Öffnung. Sah aus wie ein riesiges, schwarzes Maul. Meine Neugier ließ mich ganz nah herantreten, die Augen gewöhnten sich an die Dunkelheit. In der Mitte stand, wie ein drohendes Ungeheuer, ein Sarkophag, tiefschwarz, als hätte ein Feuer ihn mit Ruß überzogen, aber es war das einzig Unzerstörte in diesem Gemäuer und ließ alles noch unheimlicher und gespenstischer erscheinen.

Wir verließen die Kathedrale und gingen zum Konvent zurück. Sicher mußte ich jetzt meine Sachen packen und wurde woanders untergebracht. Aber als wir zurückkamen, war das Mittagessen schon fertig und danach zogen sich alle zu einer Ruhepause in ihre Zimmer zurück, also ging auch ich in 'mein Zimmer', legte mich aufs Bett und genoß die himmlische Ruhe.

Am Abend saßen wir dann alle zusammen, unterhielten uns. Ein bißchen begriff ich jetzt, was in diesem Land eigentlich los war. Das Ende des Kommunismus in Europa war für Nicaragua ein schwerer Schlag. Von den westlichen Staaten ziemlich vernachlässigt, waren sie auf die Hilfe der Ostblockstaaten angewiesen. Die Propaganda hatte sie an eine christlich-kommunistische Entwicklung glauben lassen, die Nicaragua zu einem blühenden Land, in dem die Menschenrechte akzeptiert würden, gemacht hätte. Der Zusammenbruch und die damit verbundenen Nachrichten aus Europa waren für sie alle ein schwerer Schock, sie fühlten sich verraten. Daher also kam ihr für mich so befremdliches Verhalten, und es war gar nicht in erster Linie meine Anwesenheit, sondern die politische Lage im Land und die dadurch entstandene Unsicherheit.

Daß ich nicht die ganze Woche im Konvent wohnen durfte, damit hatte ich mich abgefunden, obwohl ich gerne bleiben wollte. Ich fühlte mich hier nämlich so richtig wohl. Heute war auf jeden Fall nicht die Rede vom Auszug, ich konnte noch bleiben.

"Morgen früh um 8.00 Uhr fahren wir nach León", sagte Rafael noch, "Ihr könnt mitkommen."

Wir verbrachten einen schönen Tag in León. Die kleinen Parks mit den zum Ausruhen einladenden Steinbänken, auf die man immer wieder stößt, machten die Stadt so anmutig.

León ist Universitätsstadt und die vielen jungen Leute, dazu eine Menge Ausländer, machen León lebendig, die Menschen sehen nicht so frustriert aus wie in Managua. Und auch wir fühlten uns hier wie ganz normale Touristen. Dementsprechend gelöst waren wir auch auf der Rückfahrt. Wir fuhren der Nacht entgegen, wie im Zeitraffer verschwand mit einem letzten Aufglühen die Sonne am Horizont, tauchte die Welt in einen roten Schimmer. Ein Ochsenkarren, fast nur noch als Silhouette erkennbar, machte daraus eine phantastische, romantische Szene. Es war immer noch nicht die Rede davon, daß ich gehen müßte und das machte den Tag noch schöner. Das Duschen morgens und abends steigerte noch mein Wohlbefinden, bewirkte es doch, daß die unzähligen Beulen der Moskitostiche langsam aber sicher abheilten. Ich wurde zwar auch hier gestochen, aber die Stiche entzündeten sich nicht.

Besuch beim deutschen Botschafter

Der eigentliche Grund für meine Fahrt nach Nicaragua: ich wollte in Managua zur deutschen Botschaft. Ich mußte einfach versuchen, mehr über den Verbleib von Heidrun zu erfahren. Um nicht eine lange Wartezeit zu riskieren ging ich ohne vorherige Anmeldung hin. Als der Botschafter mein Anliegen hörte, war er sofort zu einem Gespräch bereit und ließ die dicke Akte "Heidrun" kommen. Heidrun, eine deutsche Grundschullehrerin, arbeitete in den Schulen in '22 de abril'. Von einem Aufenthalt in Nicaragua war sie 1990 nicht mehr zurückgekehrt.

"Ich erinnere mich gut an sie", sagte er, "sie ist kurz vor ihrem Verschwinden noch bei mir gewesen. Es ist eine sehr mysteriöse Sache, aber wir geben keine Ruhe, wir wollen sie finden. Trotzdem müssen wir damit rechnen, daß dieser Fall nie aufgeklärt wird."

Er erlaubte mir volle Einsicht in diese Akten. Ich konnte alle Aktivitäten der vor zwei Jahren noch sandinistischen Polizei nachlesen, "Es gab viele Spuren, aber alle erwiesen sich als Seifenblasen und nach dem Selbstmord des Hauptzeugen sah die Polizei keine Möglichkeit zu weiterer Nachforschung. Dieser Hauptzeuge war ein Freund von Heidrun, bei dessen Familie sie zuletzt gewesen war. Wahrscheinlich ist sie danach nicht mehr gesehen worden. Die Aussage einer jungen Frau, Heidrun noch an der Bushaltestelle gesehen zu haben, konnte stimmen, oder auch nicht. Nicht ein Mensch hatte sich gemeldet, um das zu bestätigen. Der Freund wurde vorgeladen, um seine Aussage zu dem letzten Besuch zu machen. Während des Verhörs bat er um Wasser, obwohl er genau wußte, daß die Stadt an diesem Tag ohne Wasser war. Angeblich hatte er Wasser in seinem Auto und man gestattete ihm, hinauszugehen. Ein Polizist ging mit bis zur Haustür, sah keinen Grund dafür, bis zum Auto mitzugehen. So mußte er ohne eingreifen zu können mit ansehen, wie dieser Freund ein Gewehr aus seinem Wagen nahm und sich erschoß. Damit wurde aus dem Hauptzeugen der Hauptverdächtige. Seine Mutter wurde vernommen, wußte angeblich gar nichts, gab nicht einmal zu, Heidrun im Haus gesehen zu haben. Vielleicht war ihre Angst auch zu groß. Sie schwieg und die Polizei wollte die Akten schließen.

"Nein", sagte der Botschafter, "wir haben uns damals vor zwei Jahren nicht damit zufrieden gegeben und wir geben uns auch jetzt nicht zufrieden. Bei jedem kleinsten Hinweis, den wir bekommen, fordern wir immer wieder neue Untersuchungen." "Man kann doch einen Menschen nicht spurlos verschwinden lassen, und in einem Land mit dunkelhäutigen, schwarzhaarigen Menschen muß so ein hellblondes, hellhäutiges Mädchen doch jedem auffallen", sagte

ich. "Man muß sie doch finden."
"Sehen Sie", meinte der Botschafter, "das ist dort sehr schwierig. Obwohl das Land in der Gegend sehr flach ist, gibt es gerade dort sehr viele Möglichkeiten, einen Menschen für immer verschwinden zu lassen. Es gibt dort unzählige Höhlen, die man nie vermuten würde. Es gibt dort tiefe Schluchten und Kraterseen, die nicht einmal die Einheimischen kennen. Suchtrupps mit Hunden waren unterwegs, aber Spuren sind dort sehr schnell verwischt. Es war das perfekte Verbrechen."
"Wenn der Freund nun wirklich schuldig war, und das Verbrechen war perfekt, und er wußte, daß man sie nie finden würde, warum hat er sich dann das Leben genommen?" fragte ich. "Es war ihm doch überhaupt nichts nachzuweisen."
"Es sind leider alles nur Vermutungen", sagte der Botschafter. "Es gibt hier Verhörmethoden, die dem Verhörten, oder auch Verdächtigen, das Gefühl geben, daß die Polizei alles weiß und nur noch das Geständnis hören will. So etwas muß man hier vermuten. Wenn er Heidrun wirklich umgebracht haben sollte, und wenn er sie in eine dieser Erdhöhlen gebracht haben sollte und diese Höhle mit etwas Erde verschlossen hat, wird man sie nie finden. Man könnte vielleicht irgendwann durch Zufall auf ihre Überreste stoßen, das Verbrechen selbst würde dadurch nicht aufgeklärt."
Nein, er glaubt nicht, daß es jemals Gewißheit geben wird, "Trotzdem", so sagt er weiter, "geben wir nicht auf, lassen wir nicht nach in der Forderung nach weiterem Suchen. Ja, hätte die deutsche Kripo die Möglichkeit, hier zu arbeiten, sie könnte es vielleicht schaffen. Aber sie hat nicht das Recht dazu."
Es war nicht sehr viel Neues, was ich erfahren hatte, trotzdem war es gut, hier gewesen zu sein. Zumindest weiß ich jetzt, daß die deutsche Botschaft in Nicaragua den Fall nicht als abgeschlossen betrachtet. Mehr als das Gespräch mit dem Botschafter, mehr noch als das, was er gesagt hatte, zeugen die Daten der letzten Protokolle davon. "Lassen Sie uns bitte jedes kleinste Detail, das uns unbekannt ist, sofort wissen. Es gibt uns die Handhabe, verschärft bei der Polizei auf intensives Suchen zu drängen. Wir wollen den Fall geklärt haben."
Er gab mir die Adresse der Mutter des Freundes. Er meinte, ich könnte sie besuchen, "Gehen Sie aber nicht allein in diese Gegend, sie ist immer noch unsicher und wir wollen nicht nach noch einer Deutschen suchen müssen."
Andrerseits meinte er, wenn nach dieser langen Zeit jemand ganz privat mit der Mutter sprechen würde, vielleicht würde sie doch den einen oder anderen Hinweis geben. Als die Brüder von Heidrun hier gewesen sind, war es vielleicht noch zu früh. Schließlich hatte die Frau gerade ihren Sohn verloren und jedes Wort hätte den toten Sohn belasten können. "Man muß das alles bedenken", sagte der Botschafter. "es war für sie ein schwerer Schlag, aber es ist

möglich, daß sie jetzt an die Familie in Deutschland denkt, die in vollkommener Ungewißheit über den Verbleib eines geliebten Menschen ist. Aber es müßte schon jemand ganz privat zu ihr gehen. Bei der Polizei bleibt sie bei ihrer Aussage, nichts zu wissen."

"Man muß das verstehen", meinte er. "Immerhin liegt die Vermutung sehr nahe, daß ihr Sohn ein schweres Verbrechen begangen hat oder zumindest darin verwickelt ist. Da hat sie einfach Angst." Ich bin trotzdem nicht hingefahren. Seine Warnung, nicht allein in diese Gegend zu gehen, klang ehrlich und ich nahm sie sehr ernst.

Die letzten zwei Tage in Nicaragua

Am Nachmittag brachte Padre Ricardo uns zum Büro von TICA-Bus, Samstag wollten wir zurück nach San Salvador. Die Abfertigung ging sehr schnell, wir zahlten die Fahrtkosten, 35 US-Dollar pro Person, und schon waren wir wieder draußen, Samstag früh um 5.00 Uhr fährt der Bus los.

Wir hatten keine Ahnung, ob man so früh schon ein Taxi bekommen würde, deshalb sind wir zu Fuß zum Konvent gegangen. Das hatte zwei Gründe, erstens um uns den Weg zu merken, zweitens um festzustellen, wieviel Zeit wir brauchten. Zwei Stunden sind wir gelaufen, den Weg kannten wir trotzdem nicht. Wir hatten uns total verlaufen, obwohl Dieter und Volker einen ausgeprägten Orientierungssinn haben.

Manchmal kam uns etwas bekannt vor, mußten dann aber unseren Irrtum einsehen und schließlich wußten wir überhaupt nicht mehr, wo wir waren. Auf der Hinfahrt hatten wir ein kleines Denkmal gesehen, das war aber auch der einzige Anhaltspunkt. Ansonsten nichts, das man sich hatte merken können. Die Straßen mit ihren Löchern und Unebenheiten glichen sich ebenso wie die Häuserreihen, im Wechsel hübsche Häuser - verfallene Bruchbuden.

Ob wir am Samstag früh, wenn es noch dunkel ist, den Weg finden würden? Kein Problem, wir müßten eben mehr als zwei Stunden für den Weg berechnen. Abends saß ich noch in meinem Zimmer, immer noch im Konvent und hörte irgendwo aus dem Haus leise Musik. Padre Ricardo spielte seine Lieblingsplatte, Mozart. Dann hörte auch das auf, es war ganz ruhig im Haus, nur ein Ventilator surrte.

Ich saß einfach nur so herum. Die Blasen vom Sonnenbrand waren geplatzt und hingen jetzt in Fetzen an meinem Rücken und den Schultern. Ich zog mir große Fladen Haut vom Rücken und beobachtete dabei eine kleine, niedliche Eidechse, die an der Wand über meinem Bett herum krabbelte. Ein bißchen hatte die Lethargie dieser Stadt auch von mir Besitz ergriffen. Aber ich fühlte mich wohl, rundherum wohl und zufrieden. Eine angenehme Müdigkeit überkam mich und ich ging schlafen. Wo meine Eidechse geblieben war, keine Ahnung. Vielleicht

hatte sie sich unter meiner Decke verkrochen. Es war mir egal.
Am nächsten Tag ging ich noch einmal zur Kathedrale, diesmal allein. Und wieder hatte ich mich verirrt. Es war heiß, und ein scharfer Wind fegte mir eine Menge Dreck ins Gesicht, kühlte die Luft aber kein bißchen ab. Irgendwann, es war nach zwei oder drei Stunden, sah ich die zwei Türme der Kathedrale. Jetzt konnte nichts mehr passieren. Dann stand ich davor und es erschien mir noch trostloser. Selbst die Palmen machten das Spielchen mit. Die hoch in den Himmel ragenden, silbrigen Stämme mit den fast vertrockneten Wedeln an der Spitze, vom Wind weit zu einer Seite hin gedrückt und schwankend, sahen aus wie Gespenster.
Meine Kehle war ausgetrocknet und ich kaufte mir am Straßenrand eine Cola, natürlich im Plastikbeutel. Leider waren keine Trinkhalme da und ich mußte wieder das Experiment wagen, ein Loch in den Beutel zu beißen, um an die begehrte Flüssigkeit zu kommen. Ich beglückwünschte mich selbst, habe es tatsächlich gelernt. Ohne Schwierigkeit und ohne mich zu bekleckern, saugte ich den ganzen Beutel leer. Das hob meine Stimmung ganz enorm.
Dann hinein in die Kathedrale. Niemand sonst war da. Vorsichtig stieg ich die verrosteten, nur noch zur Hälfte bestehenden Eisentreppen zur Empore hoch, vorbei an kleinen dunklen Nischen. Das Dach über der Empore war noch intakt, das Halbdunkel und die absolute Stille waren mir unheimlich. "Wie in einer Gruft", dachte ich und erwartete jeden Moment, auf etwas Grausiges zu stoßen. Unbewußt versuchte ich, leise zu laufen, keine Geräusche zu machen. Ich trat auf etwas Weiches, rutschte, hätte mich fast lang hingelegt und trotz der Hitze kroch eine Gänsehaut über meinen Rücken.
Das Weiche quetschte sich in meine Sandalen, nichts Gruseliges war daran. Hier hatte nur jemand sein 'menschliches Geschäft' verrichtet und das klebte nun an meinen Zehen.
Das brachte mich schnell in die Wirklichkeit zurück und als dann noch eine Gruppe junger Leute mit Schwatzen und Lachen die Treppe herauf polterte, war das schummerige Gefühl vorbei.
Der Bann war gebrochen, endlich konnte ich auch meine Kamera nehmen und fotografieren.
Zeit zum Aufbruch, eineinhalb Stunden braucht man wenigstens von der Kathedrale zum Konvent, wenn man stramm durchgeht und ich hatte versprochen, zum Mittagessen zurück zu sein.
Verschwitzt und verdreckt kam ich an, aber pünktlich. Nach dem Essen - Siesta. Ich glaubte, zehn Zentner zu wiegen, so schwer lag mein Körper auf dem Bett.
Gut ausgeruht liefen wir noch ohne Ziel durch die Straßen, fanden ein nettes Lokal und genehmigten uns ein schönes, kaltes Bier. Der letzte Tag in Nicaragua war zu Ende.

Die Sorge, wie wir zur TICA-Busstation kommen würden, war unbegründet, Padre Ricardo brachte uns mit dem Auto hin.

Die Rückfahrt war genauso wie die Hinfahrt. Ich hätte gerne ein kleines Nikkerchen gemacht. Die meisten Mitfahrer schliefen, aber ich kann beim Fahren nie schlafen. So kostete ich alles, was eine Busfahrt in Mittelamerika zu bieten hat, voll aus.

Wieder in San Salvador

Nirgendwo sind die großen Verbindungsstraßen so kaputt wie in Chalatenango. Der Bus wechselte in oft halsbrecherischen Manövern ständig von einer Straßenseite zur anderen, um den schlimmsten Schlaglöchern auszuweichen. Zum Glück gab es nicht allzu viel Gegenverkehr. Wenn aber aus der anderen Richtung ein Fahrzeug kam, das ebenfalls diese Manöver machte, hielt man unwillkürlich die Luft an, Wir waren schon ein Stück im Land, mitten auf der Straße Kinder, die gar keine Anstalten machten, von der Straße zu gehen. Im Gegenteil, sie standen da, schauten dem Bus entgegen, rührten sich nicht vom Fleck. Der Busfahrer hielt an, gab ihnen ein paar Münzen, und sie sprangen zur Seite. Ein paar Kilometer weiter, wieder Kinder auf der Straße und wieder räumten sie das Feld, nachdem sie Münzen bekommen hatten.

Ich verstand das nicht, in der Hauptstadt würde kein Busfahrer anhalten und den Straßenkindern etwas geben, warum hier? Die nächsten Kinder waren in Sicht und mir war alles klar. Die Kinder schaufelten unermüdlich mit dem Sand vom Straßenrand die tiefsten Schlaglöcher zu, Auto- und Busfahrer zahlten dafür gern ein paar Centavos. Eine Arbeitsbeschaffungs-Maßnahme die funktionierte, ohne daß eine Behörde einen Finger rührte. San Salvador - Endstation. Schnell noch etwas trinken, und dann ab nach Credisa. Es war so, als kämen wir nach Hause, schön! Klar, daß ich zuerst noch mit nach Altos del Cerro gefahren bin, Jerry begrüßen. Lange hielt ich mich nicht auf, hundemüde wie ich war, wollte ich nur noch schlafen. Aber daraus wurde nichts. Die ganze Familie Andino hatte gewartet, ich mußte etwas essen, Miriam machte mir Kaffee und dann sollte ich erzählen. Als ich von meinem Besuch beim deutschen Botschafter erzählte, rückten sie ganz nah ran, um nur ja kein Wort zu verlieren. "Was ist mit Heidrun? Sucht man sie noch? Glaubst Du, daß man sie noch findet?" Ich fragte: "Kennt ihr Heidrun?" Claudia holte Fotos, Heidrun hatte bei ihnen gewohnt.

'22 de abril', Artesanía

An diesem Vormittag gab es einfach kein Problem. Es gab Wasser, und ich konnte mich waschen und die Zähne putzen. Miriam war schon früh aufgestanden und ich bekam Kaffee und Brot zum Frühstück, Lidia war in der Clínica und ich konnte Dollar in Colones umtauschen und der Verkaufsstand an der Clínica war auch noch geöffnet, daß ich da noch in aller Ruhe eine Tasse Kaffee trinken konnte. Alles war perfekt.

Es war an der Zeit, mich um meine Bestellung in der Artesanía zu kümmern. Nach langer Zeit - oder war das wirklich erst eine Woche her - balancierte ich mal wieder über die Bahnschwellen in Richtung '22 de abril'. In der Artesanía wollte ich ein bißchen Druck machen, daß nur ja die Kreuzchen, die ich bestellt hatte, bis zu meiner Abreise fertig wären. Es grenzte fast an ein Wunder, alle hundert Kreuze waren fertig. Natürlich habe ich die Frauen gebührend wegen ihres Fleißes gelobt, sie hatten das gerne. Wie gut, daß mir Taschen hier viel zu unbequem waren und ich immer mit Rucksack durch die Gegend lief. So konnte ich die Kreuzchen alle dort hinein packen und gleich mitnehmen.

Alles hatte so prima geklappt, da wollte ich dem Ganzen noch die Krone aufsetzen und mittags in der Stadt zum Essen gehen. Aber, Miriam war nicht da, niemand war da und ich stand vor der verschlossenen Tür. Was sollte ich machen? Mich mit dem vollen Rucksack in den Bus quetschen und zur Stadt fahren? Nee, also Mittagessen ade. Oder mit dem schweren Ding auf dem Rücken in der Mittagsglut herumlaufen? Lieber nicht. Was blieb? Cola und Bananen kaufen, aufs Mäuerchen setzen, speisen und warten.

Auf dem Großmarkt

Ein Großeinkauf für die Schulen und Kindertagesstätten war fällig. Einiges kam schon von der Finca, aber es mußte doch noch eine Menge gekauft werden. Mit sechs Leuten fuhren wir zum Großmarkt. Wir teilten uns in drei Gruppen ein, zu zweit, jeder mit einem Einkaufszettel, strebten wir auseinander. Tonio, der Fahrer, blieb beim Wagen zurück.

Wir hatten nicht einmal eine Tasche dabei, geschweige denn einen Einkaufswagen und ich machte mir Gedanken, wie wir die Waren zum Auto bringen sollten. Das waren ja nicht nur ein paar Meter.

"Wir kaufen zuerst Apfelsinen", sagte Ceci und zog mich in die Halle. Gleich am Eingang ein riesiger Berg der goldgelben Früchte. Gut sahen die aus und ich hätte die sofort gekauft. Nicht so Ceci, sie nahm eine in die Hand, beäugte sie von allen Seiten, legte sie weg und zog mich weiter. Beim nächsten Apfelsinenberg war Ceci wohl mit der Ware zufrieden, aber der Preis sagte ihr nicht zu.

Wir liefen von Berg zu Berg und dann hatten wir das Richtige gefunden. Die Apfelsinen entsprachen Cecis Vorstellung, der Preis war auch akzeptabel. Aber, ich staunte nicht schlecht, die ruhige, um nicht zu sagen schüchterne Ceci feilschte herum und bekam tatsächlich einen Preisnachlaß.

"Und wie kriegen wir diese Menge Apfelsinen zum Wagen?" fragte ich. Aber da stand schon einer von den Markthelfern neben uns, ein kleiner, ausgemergelter Mann. Hemd und Hose waren stark verschlissen und schlotterten an seinem dürren Körper herum. Er lief barfuß, hatte weder Strümpfe noch Schuhe.

Eine armselige Gestalt und ich dachte: "Wie oft will der denn wohl zum Wagen laufen und wieder zurück, bis alle Apfelsinen dort sind. Der bricht uns doch schon bei zehn Kilo zusammmen." Er aber nahm einen der typischen Körbe von der Wand, größer als ein Wagenrad, und packte ihn hoch voll, packte alle Apfelsinen hinein, die wir gekauft hatten. Dieses schwere Ungetüm nahm er auf den Rücken und schleppte es, weit nach vorn gebeugt, damit nur ja nichts hinunter fiel, die ganze Strecke bis zu unserem Auto. Dort kippte er die Ladung auf die Erde und ging zurück.

Als nächstes standen Ananas auf dem Einkaufszettel. Ceci wußte genau, wie die Früchte beschaffen sein mußten, denn wieder prüfte sie eingehend, ehe sie sich zum Kauf entschloß. Und auch hier stand ein Träger bereit, stapelte geschickt unsere hundert Ananas auf einen Wagenrad-Korb, setzte sich ihn auf den Nacken und schleppte ihn zum Wagen. So ging es weiter, bis alle Aufträge erfüllt waren.

Inzwischen hatten auch die anderen ihre gekaufte Ware gebracht und Tonio hatte schon mit dem Sortieren begonnen. Ceci winkte mir zu: "Komm, wir müssen noch etwas kaufen." Ich sah mir die Berge an: Apfelsinen, Mangos, Gurken, Kohl, Ananas, Zwiebeln, Yuccawurzeln und Tomaten, was fehlt denn noch? Ceci strahlte mich nur an. "Da sind Lastwagen aus Guatemala", sagte ich erstaunt, aber genau dahin wollte Ceci, einen kleinen Beutel Kartoffeln kaufen. Die Menge stand in keinem Verhältnis zu der Menge der anderen Waren, das konnte ich bequem selbst tragen.

Kartoffel werden wohl ewig zu den Luxusartikeln gehören. Sie wachsen nicht in El Salvador, hier ist es zu heiß und zu trocken. Deshalb wird man sie immer aus Guatemala einführen müssen. Also kauft man nur zu besonderen Gelegenheiten ein paar. Ansonsten verwendet man Yuccawurzeln. Mit Yucca kann man alles machen, einfach kochen wie Salzkartoffel, in die Suppe geben oder braten. Zuerst waren meine Geschmacksnerven nicht sonderlich begeistert davon, haben sich aber bald daran gewöhnt und ich konnte ehrlich sagen: "Yucca schmeckt gut."

Wir waren wieder beim Wagen. Alles Obst und Gemüse sortierten wir nach den Bestellungen: Escuela Moñsenor Romero: zwanzig Ananas, fünfzig Apfelsinen, dreißig Mangos, zehn Gurken. Guaderia Sector III: fünfzehn Ananas, zwanzig Apfelsinen. Und so ging es weiter, zählen, zählen, immer mehr zählen und in Säcke, Netze oder Körbe packten, Tonio verstaute alles schön ordentlich und der Reihe nach auf dem Wagen. In den Guaderias und Escuelas lieferten wir das Gewünschte ab, Feierabend.

Ein paar Tage Guatemala

Pünktlich um 6.00 morgens sind wir, Jerry und ich, mit dem Pick-Up von Credisa abgefahren nach Guatemala.

"Die anderen kommen mit dem Bus nach", sagte Jerry.

"Und warum fahren die nicht mit uns?"

"Weil die mit dem Bus fahren." Manchmal konnte Jerry schon sehr 'erschöpfende' Antworten geben. "Vielleicht", dachte ich, "will er ihnen die vielen Stunden auf der Ladefläche ersparen", aber die Busse waren ja auch nicht gerade bequem. Ich fragte nicht weiter, die Fahrt war viel zu schön, um mir darüber weitere Gedanken zu machen.

El Salvador ist bezaubernd. Es wäre eines der schönsten Urlaubsziele, wenn die Kriegsschäden beseitigt wären.

Das Landschaftsbild wechselte ständig und je weiter wir nach Westen kamen, um so farbenprächtiger wurde das Bild. Trotz der Trockenheit standen viele Bäume in voller Blüte. Von weitem sahen sie aus wie riesige Blumensträuße, einige in intensivem und doch zarten Lila, andere goldgelb oder in feurigem Rot-Orange, und manche Blüten waren ganz zart blau. Die Farben leuchteten uns schon von weitem entgegen.

Als Blumen im Garten hätte mich diese Vielfalt der Farben schon begeistert, aber große Bäume mit dieser Blütenpracht, das war überwältigend. Ich wollte es in Worten ausdrücken und konnte nur ein Wort sagen: "Schön!"

Und ausgerechnet da versagte meine Kamera.

An der Grenze nach Guatemala mußten wir sehr lange warten. Nicht, daß es Probleme mit der Einreise gegeben hätte, aber auf der schmalen Straße hatten sich ein paar Lastwagen so verkeilt, daß an ein Weiterkommen nicht zu denken war. Man konnte weder vor noch zurück. Die Ausreisenden und die Einreisenden behinderten sich gegenseitig und die Grenzbeamten liefen wie aufgescheuchte Hühner dazwischen, waren der Situation einfach nicht gewachsen. Und ich konnte wieder eine neue Erfahrung machen: keiner der Autofahrer drehte durch, niemand beschimpfte den anderen. Jeder versuchte auf seine Art, das Chaos zu entwirren.

In Guatemala war alles ganz anders als in El Salvador. Nicht nur, daß das Land lange nicht so verwüstet ist, auch die Landschaft und die Vegetation ist eine andere. Wir kamen an Feldern vorbei mit Gemüse, das in keinem anderen Land in Mittelamerika wächst. Da gab es weite Felder mit Kartoffeln, mit Blumenkohl und anderen Kohlsorten, und sogar Erdbeerfelder und Apfelbäume.

Und überall sahen wir den schlanken Bambus, dünn wie ein Finger, den Jerry so gern für die Finca hätte. Ich sah zunächst nur, wie schön dieser Bambus war mit seinen hellgelben Stengeln und den zartgrünen, schmalen Blättern. Jerry dachte aber mehr an die Nützlichkeit dieser Pflanzen und klärte mich auf: "Dieser Bambus ist bestens geeignet als Begrenzung an den steilen und gefährlichen Abhängen auf der Finca. Sehr leicht kann da jemand, besonders die Kinder, in die tiefen Schluchten stürzen und man würde sie niemals mehr finden, weil sie so dicht bewachsen sind. Der Bambus wäre dort wie ein Zaun." "Und trotzdem ist er schön", brummte ich und Jerry lächelte. Serpentinen schlängelten sich die Berghänge hoch und ich erlebte ganz ungewohnte Temperaturunterschiede. Oben auf den Bergen war es kalt, im Tal bedeutend wärmer, wenn auch nicht ganz so heiß wie in El Salvador. Und dann lag vor uns der Vulkan von Guatemala City, noch einen Berg hinauf und tief unter uns im Tal die größte Stadt von Centroamérica.

Am Straßenrand, an den Hängen, die zur Stadt hinunter führten, kleben wie Wespennester winzige Hütten aus Pappe und erschreckend viele Unterstände. Da waren ein paar armdicke Äste, überspannt mit einem Stückchen Plastik oder Pappe. Die spärlich bekleideten Menschen versuchten, einen Schutz gegen den kalten Wind zu errichten.

"Das ist eine neue Landbesetzung", sagte Jerry. "Warum tun die das?" fragte ich zurück, und Jerry: "Das sind Leute, die kein Zuhause mehr haben, und dafür gibt es viele Gründe. Das können Leute sein, die von ihrem Land vertrieben wurden, die verfolgt werden. Es kann auch sein, daß eine Familie so groß geworden ist, daß ein Teil gehen muß, weil kein Platz mehr für sie da ist. Auf jeden Fall sind das hier jetzt alles Heimatlose."

Das dämpfte meine wunderbare Stimmung gewaltig, riß mich in die Wirklichkeit zurück. Auf dem letzten Stück bis zum Dominikanerkonvent verdrängte ich diese Bilder, aber ich wußte, daß sie immer wieder in mein Bewußtsein zurückkommen würden.

Im Konvent stellten wir nur unsere Taschen ab und gingen gleich wieder los. Irgendwo nahmen wir ein verspätetes Mittagessen zu uns und fuhren dann weiter zur Haltestelle der Busse aus El Salvador. Um 17.00 Uhr sollten die anderen dort ankommen.

Zum Schluß mußten wir über einen Fußgängerüberweg die Straße überqueren. Die Treppe hatte Stolperstellen. Mein Fuß blieb hängen und schmerzte fürchterlich. Aber ich, hart wie Kruppstahl, marschierte weiter. (Wegen der auftretenden Schwellung bandagierte ich mir später den Fuß. Ich ließ niemanden merken, wie schwer mir das Laufen fiel.)

Wir warteten, aber der Bus kam nicht. Niemand konnte uns Auskunft geben, warum er nicht kam und auch nicht, wann er ankommen würde. Wir trauten uns nicht, den Platz zu verlassen. Es konnte Stunden, oder auch nur ein paar Minuten dauern und wir durften sie auf keinen Fall verpassen. Wir standen an einer Straßenkreuzung, so konnten wir den Bus auch dann nicht übersehen, wenn er mal aus einer anderen Richtung kommen sollte. Langweilig wurde mir das Warten bestimmt nicht, es war hier so viel Betrieb, gab so viel zu sehen. Auf der anderen Straßenseite standen zwei junge Frauen, die sich lebhaft unterhielten. Die eine wäre mir sicher gar nicht aufgefallen, sah aus wie alle anderen auch. Aber die andere weckte meine Aufmerksamkeit. Ein zierliches Persönchen, in einen langen, bunten Rock gewickelt. Der Rock in diesen typischen, herrlich bunten Farben, wahrscheinlich selbst gewebt. Die Bluse, ebenfalls aus dieser groben Baumwolle, sah auch mehr wie gewickelt als genäht aus. Auf dem Kopf trug sie einen Korb, groß und vollgepackt. Zuerst hatte sie noch eine Hand am Korbrand, aber dann brauchte sie beide Hände zum Gestikulieren und ließ ihn los. Das ganze Persönchen war in Bewegung und ich dachte: "Gleich liegt der Korb unten", aber er schaukelte nur mal ein bißchen, sie schob ihn kurz zurecht, nichts passierte.

Mir fiel auf, in Guatemala liefen viele in dieser malerischen Kleidung herum. Es gibt noch mehr Indigenas, Nachkommen der Mayas, als in El Salvador und hier verstecken sie sich nicht. Sie leben in den Bergen mit ihrer eigenen Kultur, scheuen aber auch nicht den Gang in die Stadt. Die Zeit verging und es war kalt. In El Salvador hatte ich mir gewünscht, einmal zu frieren, hier wurde der Wunsch mehr als genug erfüllt.

Mit mehr als zwei Stunden Verspätung kam der Bus endlich an. Ich hatte so mit fünf oder sechs Leuten gerechnet. Aber vierundzwanzig Erwachsene waren gekommen und einige hatten noch ihre Kinder mitgebracht. Darum konnten also nicht alle mit dem Pick-Up fahren. Das ging nicht einmal bis zum Konvent und so mußten eben etliche auch wieder Bus fahren. Bei den Dominikanern wurden wir bestens untergebracht. Sie hatten ein großes Gästehaus. Eigentlich waren es vier Häuser, so aneinander gebaut, daß ein großer Innenhof entstanden ist. In der Mitte üppig bepflanzt mit Palmen, Riesenkakteen, Isotes, den Eierpflanzen und Blumen. Mitten in dieser Pracht eine runde Steinbank. Jeweils zwei teilten sich ein Zimmer und jedes Zimmer hatte eine Dusche und eine Toilette. Ob Guatemala auch unter Wassermangel litt, ich wußte es nicht. Hier gab es überhaupt keine Probleme. Kaltes Wasser, heißes Wasser, zu jeder Tages- und Nachtzeit. Und das Essen war köstlich.

Ein einmaliges Erlebnis

Jerry hatte mir nur gesagt, er wollte in Guatemala Samen für die Finca kaufen, weshalb dann so viele Leute mitgefahren sind, konnte ich nicht verstehen. Nach dem Frühstück, das es eigentlich um 7.00 Uhr geben sollte und dann doch erst um 8 Uhr gab, weil niemand sich von den Duschen trennen konnte, war alles klar. Estela hatte Zettel vorbereitet und jeder durfte einen nehmen. Die Gruppe eins durfte Schwester Rosana am Vormittag besuchen, die Gruppe zwei mußte bis zum Nachmittag warten.

Die aus der ersten Gruppe sprangen wie verrückt vor Freude herum. Bis vor ein paar Wochen hätte noch niemand geglaubt, ihre geliebte Rosana überhaupt noch einmal zu sehen.

Rosana hatte lange in der Gemeinde '22 de abril' gearbeitet, hauptsächlich in den Kindertagesstätten und Schulen, aber auch sonst überall, wo sie gebraucht wurde. Sie hatte so ein liebes Wesen, daß ihr alle Herzen zugeflogen sind. Und dann wurde sie versetzt, nach Guatemala, und lebt jetzt dort im Konvent der Dominikanerinnen. Es war schmerzlich für die Gemeinde, und jetzt, Monate später, konnten sie sie besuchen.

Ich gehörte zur zweiten Gruppe. Jerry brachte die anderen zum Schwesternkonvent und kam dann zurück. "Ich fahre zum Maya-Museum", sagte er, "wer mit will ..." Alle wollten mit und ich muß sagen, ich freute mich sehr darauf. Und wenn auch nur ganz wenig von den Mayas übrig war, ich wollte es sehen. Ich dachte sicher nicht viel anders als die meisten Europäer, daß man hier ziemlich primitive Dinge vorfinden würde. Und dann war ich überwältigt. "Unkultivierte Wilde", hatte man sie genannt und unzählige, unersetzliche Kulturgüter zerstört. Und dennoch gab es hier unschätzbare Werte, Skulpturen, Vasen, Haushaltsgeräte von unvorstellbarer Schönheit. In Glasschränken sicher aufbewahrt die Kleidung der Quiché-Maya in ihrer herrlichen Farbenpracht. Mauerreste von Pyramiden und Stelen aus der Zeit vor der sogenannten Entdeckung, reich verziert mit phantastischen Ornamenten nehmen den Blick gefangen.

Die Pyramiden der Maya und Quiché-Maya waren keine Grabmale, sondern Tempel, die mit ihrer Höhe von etwa vierzig Metern selbst den Urwald überragten. Treppen führten über die ganze Vorderfront hinweg bis zur Spitze des Tempels. Hier im Museum war gleich neben den Mauerresten eine nachgebildete Tempelanlage. Später konnte ich in El Salvador noch einen unzerstörten Pyramiden-Tempel bewundern.

Meine Sprache ist zu armselig, auch nur annähernd die Schönheit zu beschreiben und mein Empfinden auszudrücken. Jetzt fehlte mir meine Kamera, aber die hatte ja leider ihren Geist aufgegeben.

Nachmittags besuchten wir Schwester Rosana. Sie zeigte uns das ganze Haus, natürlich viel komfortabler als in Credisa. Sie bot uns Getränke an, erzählte ein bißchen von ihrer Arbeit, auch hier in einer Schule, aber in einer anerkannten, Rosana machte keinen unzufriedenen Eindruck, und doch spürte man ihre Sehnsucht nach '22 de abril'.

Wir blieben den ganzen Nachmittag zusammen und bummelten durch die Stadt. Am nächsten Tag wollten wir nach Antigua, einer Stadt aus der spanischen Kolonialzeit.

Wenn man so durch Guatemala fährt, über die Straßen ohne nennenswerte Schäden, über Berge und durch Täler ohne Spuren von Zerstörung und Krieg, kann man sich kaum vorstellen, daß es hier ebenfalls so große Armut gibt. Wir suchten ja auch nicht nach dem Elend. Das jetzt und hier war ein Ausflug und ein Besuch bei einem lieben Menschen. Antigua ist ein ganz reizendes Städtchen. Abgesehen von den Menschen erinnert nichts an Mittelamerika. Es ist eine typisch spanische Stadt, ganz ordentlich im Viereck gebaut, die Häuser in spanischem Stil. Im Zentrum der Stadt ein großer, quadratischer Platz, eingerahmt von den wichtigsten Gebäuden wie Rathaus, Museum, Banken usw., auf dem Platz Steinbänke unter schattenspendenden Palmen. Während wir auf die Busfahrer warteten, machten wir es uns auf den Bänken bequem und ließen die Atmosphäre auf uns einwirken. Ein kleiner Junge stand vor mir, ein Indigena, barfuß, Hemd und Hose schlotterten um seinen mageren Körper. Mit bittenden Augen hielt er mir einige Ketten entgegen, bunte Bohnen, auf eine Schnur gereiht. Ich kaufte ihm eine ab, umgerechnet bezahlte ich ungefähr 20 Pfennig dafür. Und schon waren andere Kinder da, die ebenfalls ihre selbst hergestellten kleinen Dinge verkaufen wollten. Die Kinder kommen aus den Bergen in die Stadt, hier gibt es immer den einen oder anderen, der ihnen etwas abkauft und damit ihr Überleben sichert.

Wir teilten uns wieder in kleine Grüppchen auf und gingen auf Entdeckungstour. Mit mir gingen Consuelo, Margarita, Jesús und Cecilia. Die großen und kleinen Geschäfte interessierten sie am meisten. Sie plapperten unaufhörlich und es störte sie nicht im geringsten, daß ich kaum zuhörte. Hin und wieder machte ich sie auf etwas besonders Hübsches aufmerksam, sie schauten auch brav hin und - steuerten den nächsten Laden an. Und das machte mir wiederum nichts aus.

Und dann entdeckte ich ein nettes kleines Café und lud sie ein. Das war eine Überraschung, innen wirke das Café typisch deutsch, oder zumindest europäisch. An den Wänden hingen Plakate von Theaterveranstaltungen in Dortmund, in Berlin, in Wien, alle in deutscher Sprache. Ich bestellte Kaffee und Kuchen und gemütlich auf den gepolsterten Stühlen sitzend ließen wir es uns schmekken.

Am Nebentisch saß der Besitzer und unterhielt sich mit einem Gast, auf deutsch. Dann sagte der Gast etwas und ich mußte lachen. Der Wirt sah mich an, stutzte: "Sie haben verstanden, was wir gesprochen haben?" Ich wußte nicht, was er meinte. "Aber sicher, wieso nicht?" Und er: "Sie sprechen deutsch???" "Das ist ja lustig. Als Deutsche werde ich wohl deutsch sprechen, oder?" Er sah mich prüfend an. "Ach? Ihre Hautfarbe, die ist so gar nicht deutsch. Ich habe sie für eine Guatemalteca gehalten. Ihre Begleiter, sind das auch Deutsche?" "Nein, wieso? Sehen die so deutsch aus? Das sind meine salvadorianischen Freunde."

Wir plauderten noch ein Weilchen, er erzählte, daß er schon seit 15 Jahren in Guatemala lebt und höchstens mal zu einem Besuch nach Deutschland möchte. "Aber noch fehlt mir das Geld für die Reise", sagte er. "Ich kann von den Einnahmen meines Cafes zwar ganz gut hier leben, aber zu mehr langt es auch nicht."

Meine Freunde waren total stumm geworden und sahen mich nur fragend an. Ich erzählte ihnen so gut ich konnte, was wir gesprochen hatten. Als ich sagte, der Wirt hätte mich für eine Guatemalteca gehalten, lachten sie und freuten sich. "Ja, das stimmt. Wenn du ein paar Tage hier bist, dann bist du nicht mehr so ein Bleichgesicht, deine Haut ist dann so dunkel wie unsere." Und sie strahlten, fanden es toll, daß ein Deutscher sich so geirrt hatte.

Die Meinung über die Hautfarbe kann dort sehr unterschiedlich sein. Die Leute, die zu ihrer Abstammung stehen, und das sind in der Hauptsache die Campesinos, tauen immer erst so richtig auf, wenn nach zwei Tagen Aufenthalt meine Blässe einer braunen Hauttönung Platz gemacht hat. Dann gehöre ich wieder zu ihnen. Bei Claudia aus meiner Gastfamilie in Credisa war das ganz anders. Sie bedauerte mich, weil ich schon so bald meine schöne weiße Farbe verloren hatte. Claudia wäre zu gerne hellhäutig. Ich sagte ihr, daß sie ein bildschönes Mädchen ist und daß gerade der Bronzeton ihrer Haut ihre Schönheit noch mehr hervorhebt. Verblüfft, aber doch erfreut sah sie mich an. Als abends die Familie beisammen war, sagte Claudia: "Margot findet dunkle Haut schön, schöner als weiße", und alle strahlten mich an.

Daran mußte ich jetzt denken, als vor allem Consuelo so erfreut über den Irrtum des deutschen Wirtes gewesen war. Wir bummelten noch ein bißchen durch die Straßen und gingen dann zu dem großen Platz, unserem Treffpunkt. Langsam trudelten alle ein und als wir sicher waren, daß niemand mehr fehlte, konnten wir an die Rückfahrt denken. Die anderen fuhren wieder mit dem Bus, Jerry und ich mit dem Auto. "Adios! Wir sehen uns dann zum Abendessen im Konvent." Wir fuhren wieder über die kurvenreiche Asphaltstraße, bergauf, bergab.

Jetzt erst fielen mir die vielen, mit Blumen geschmückten Kreuze am Straßenrand auf und ich fragte Jerry danach. "Nein, das sind keine Kriegsopfer, keine Ermordeten. Die Leute wissen genau, wie gefährlich die Straße ist, trotzdem fahren sie hier so unvorsichtig. Überall, wo so ein Kreuz steht, ist jemand in die Schlucht neben der Straße gestürzt. Da geht es so steil und felsig hinunter, das überlebt keiner. Siehst du? Manchmal stehen mehrere Kreuze dicht beieinander, manchmal stehen auf einem Kreuz mehrere Namen. So ist das nun mal, die Leute werden nicht gescheit."

Trotzdem ließ ich mir die gute Laune nicht vermiesen. Die abwechselnd bizarre und dann wieder liebliche Landschaft fesselte mich, ließ mich stumm und ehrfürchtig werden. Der Mensch mag noch so großartige Dinge schaffen, es bleibt ein Nichts gegenüber dem, was Gott geschaffen hat. Am nächsten Morgen fuhr die Gruppe zurück nach El Salvador, wir blieben noch einen Tag, um den Samen zu kaufen. Als wir zum Gartencenter kamen, wußte ich, warum Jerry für den Einkauf nach Guatemala fuhr. Das Angebot an Samen und Pflanzen war reichhaltig wie in einem guten Gartencenter in Deutschland. In El Salvador würde man so etwas vergeblich suchen.

Jerry kaufte ein. "Hoffentlich machen die an der Grenze keine Schwierigkeiten. Manchmal tun sie das aus Schikane." Zum Mittagessen genehmigten wir uns den Besuch eines piekfeinen Restaurants, dann holten wir unsere Taschen vom Konvent und machten uns ebenfalls auf die Heimfahrt.

In der Stadt hatten wir ein bißchen die Orientierung verloren, aber dann im freien Land konnte man sich gar nicht mehr verfahren. Es führte nur diese eine Straße von Guatemala nach El Salvador.

An der Grenze hatten wir Glück. Einer der Beamten wohnte früher in '22 de abril'. Er kam sofort, um Jerry zu begrüßen. Und der gute Mann hat alles für uns geregelt. In einem Dorf in Santa Ana wurden wir von Soldaten angehalten, aber die wollten wohl nur zeigen, daß sie immer noch die Macht dazu hatten. Klar waren wir etwas nervös, denn auch wir hatten uns noch nicht so ganz daran gewöhnt, daß Frieden ist. Noch ein kurzen Besuch an einem wunderschönen See, und dann gings ohne Aufenthalt durch bis Credisa.

Abschied von '22 de abril' und den Freunden

Zum letzten Mal fuhr ich mit dem Klapperbus Ruta 9 nach San Salvador ins Zentrum, einkaufen für das Abschiedsessen, das ich abends geben wollte. Mit dem Rucksack voller Delikatessen, Kartoffeln, Fleisch für Gulasch, Gemüse, Milch und Puddingpulver zum Dessert, so saß ich am Straßenrand am Parque Libertad und wartete auf den Bus. Auf einmal kam mir das alles hier gar nicht mehr so furchtbar vor, im Gegenteil, mich befiel eine tiefe Traurigkeit.

"Jetzt werde nur nicht sentimental", dachte ich und wollte diese Stimmung abschütteln, rief mir die Stunden ins Gedächtnis, wo ich tief deprimiert und voller Heimweh auf dem Mäuerchen gesessen hatte, wo ich einsam gewesen bin und am liebsten gleich nach Deutschland geflogen wäre. Die traurige Stimmung blieb. Ich betrachtete die inzwischen vernarbten Moskitostiche und dachte: Das ist jetzt auch vorbei, die Biester werden dich nicht mehr stechen. Es half nicht. "Jammerlappen!", schalt ich mich selbst, "konzentriere dich auf das Gute, das dich Zuhause erwartet," Kein Gedanke konnte mich wirklich fröhlich machen.

Der Bus kam, ich fuhr zurück nach Altos del Cerro, packte die eingekauften Waren aus. Mein Fuß tat mir so weh. "Zuhause werde ich gleich zum Arzt gehen, der gibt mir etwas gegen die Schwellung." Daß er nicht nur verstaucht, sondern gebrochen war, wurde erst ein paar Wochen später festgestellt.

Unter starken Schmerzen, Zähne zusammengebissen, humpelte ich die Straße hinunter nach Credisa. Der Weg kam mir auf einmal so lang vor. Hoffentlich merkte niemand, daß ich den Knochen kaputt hatte, wäre doch zu peinlich gewesen.

Wie üblich fragte Miriam, ob ich müde wäre und schlafen wollte. Warum glaubte sie eigentlich jedesmal wenn ich kam, ich wollte ins Bett? Das war ein Rätsel, daß ich wohl nie lösen werde. Naja, dieses Mal konnte ich sie davon überzeugen, daß ich nicht schlafen wollte, sondern meine Koffer packen mußte.

Miriam machte ein trauriges Gesicht. "Wann kommst du wieder nach El Salvador?" "Ich weiß es nicht, aber ich komme wieder." Und ich weiß genau, sie nehmen es als Versprechen. Ich werde mit Sicherheit wieder hinfahren.

Was ist es, das mich so stark in dieses Land, zu diesen Menschen hinzieht? Was fesselt mich denn so sehr daran? "No se, ich weiß es nicht."

Ein Land findet keine Ruhe (1995)

Etwas war anders als sonst, ich wußte nur noch nicht, was es war. War es unterschwellige Angst? Quatsch, die Gefahr, irgendwo mit einer Kugel im Kreuz gefunden zu werden, die war doch längst vorbei. Sicher, die Kriminalität war rapide angestiegen, Jugendliche machten Raubzüge. Die Taschen der Europäer waren besonders beliebt, denn Europäer, Deutsche, sind nach ihrer Meinung ja alle so reich.

Nein, das konnte es eigentlich nicht sein. Ich wußte, es wird viel gestohlen, aber man verweigert ihnen das Notwendigste zum Leben und deshalb konnte ich ein gewisses Verständnis dafür aufbringen. Klar, es war trotzdem ärgerlich, aber man mußte ja nicht seine gesamte Barschaft mit sich herumschleppen. Fürchtete ich die Maras, die Jugendbanden, die mit Messern und Pistolen herumfuchteln und auch bereit sind, sie zu benutzen? Die konnten schon Angst einflößen. Aber sonst? "Werde endlich nüchtern," sagte ich mir, "und lerne, Gefühle auszuschalten."

Es waren so viele Deutsche da

Acht Deutsche waren zu Besuch in der Comunidad '22 de abril', ein bißchen viel auf einmal. Wir, das waren Ingrid, Reiner und ich, wohnten in Altos del Cerro, Alles war etwas anders als bei früheren Besuchen. Viele Deutsche waren da, die gehörten mehr oder weniger zusammen. War ich isoliert? Ich habe das doch nie empfunden, als nur Wenige hier gewesen sind während des Krieges. "Reiß dich zusammen. Du bist bei Freunden. Das Land hat endlich Frieden. Alles ist prima." Ich ging zu Lidia ins Büro, in eine Kindertagesstätte, in die Artesanía, die wichtigsten Leute begrüßen. Schule ist nicht, Ferien, bis Januar.

Da war wieder dieses blöde Gefühl

Ein paar Tage war ich erst hier und mußte mein Zimmerchen schon wieder räumen. Und da war es wieder, dieses blöde Gefühl. Ich war traurig, fühlte mich einsam, abgeschoben. Vielleicht war es ja ganz normal, daß ich gehen mußte, denn Padre Alberto bekam Besuch von einem Freund aus einem anderen Departemento und wollte, daß der hier wohnt. Ich packte meinen Koffer, meine Taschen, Jerry brachte mich zur Finca. Ich liebe die Finca, aber sie ist so furchtbar weit von allem entfernt und ich würde dort keinerlei Kontakt haben, nicht zur Gemeinde, nicht zu den Freunden, nicht zu den anderen Deutschen. Nur Zoila und Cristina würden dort sein und die waren mir total fremd. Ich wußte nicht, wo ich sie einordnen sollte.

Zuerst war ich unsicher, stand da ein Mann oder eine Frau vor mir? Die Hosenbeine steckten in klobigen Gummistiefeln, das weite Baumwollhemd reichte ihr bis zu den Schenkeln und eine Schirmmütze bedeckte das Gesicht, so daß es noch dunkler erschien, als es ohnehin schon war. Zoilas Haut ist kaffeebraun, die Augen tiefschwarz, ebenso ihr kurzes, krauses Haar. Sie sah mich an, neugierig, mißtrauisch.

Cristina, außergewöhnlich klein, sah aus wie ein Schulkind und benahm sich auch so, sie hatte noch nicht die Scheu, die viele Erwachsene bei Fremden zeigen.

Eine knappe Begrüßung und sie gingen wieder an ihre Arbeit. Delmi, ein etwa 10-jähriges Mädchen, kam mit einen Säugling den Berg herauf, Cristinas Baby. Ich konnte es kaum glauben, Cristina ist doch selbst noch fast ein Kind, und das sollte ihr Baby sein?

Wir waren allein und wußten nicht, was wir miteinander anfangen sollten. Ich versuchte ein Lächeln, es wurde nur ein schiefes Grinsen. Warum nur ließen sie mich einfach stehen? Oder gaben sie mir Arbeit? Das konnte ja heiter werden. Ich sah mir einen Teil der Finca an. Gütiger Himmel, ich hatte total vergessen, wie anstrengend das hier ist, ging zurück zum Haus und setzte mich auf einen Stein, wartete. Plötzlich war die Sonne verschwunden. Es war noch früh und dennoch war die Nacht schon da.

Was jetzt? Zoila und Cristina kamen zum Haus zurück. Was sollten wir machen? Im Dunklen war die Verständigung so schwierig, ich brauchte doch beim Sprechen Hände und Füße. Wir saßen vor dem Haus. Ich teilte die mitgebrachte Cola mit ihnen und damit es nicht ganz so still war, spielte ich ein bißchen auf der Mundharmonika. Die Wirkung war verblüffend. Plötzlich war der Bann gebrochen, wir lachten uns an. Zoila fing zu singen an.

Am Nachmittag hatte sie Finca-Kaffee gekocht und Cristina preßte noch Zitronen aus. Ich trank den starken schwarzen Kaffee ohne Zucker, er schmeckte mir gut, und ich trank den Saft der Zitronen, ebenfalls ungesüßt und stieß damit auf totales Unverständnis. Jeder Becher Kaffee und jeder Becher Saft mußte mit wenigstens fünf Löffeln Zucker gesüßt werden, das war normal. Etwas weniger hätten sie vielleicht noch gelten lassen, aber ganz ohne Zucker? Das war abartig in ihren Augen und prompt dichtete Zoila ein Lied: "Las alemanas no qieren azucar. Deutsche mögen keinen Zucker, sie sind komische Leute und trinken nur Cola."

In der Ferne schimmerten die Lichter von San Salvador, wie unzählige Glühwürmchen leuchteten sie zu uns her durch die Nacht, weit und unerreichbar. Und unser Berg lag in absoluter Finsternis.

Der Mond stieg hinter dem Berg auf, für mich immer wieder ein faszinierendes Erlebnis. Und dann strahlten mit einer ungeheuren Leuchtkraft Millionen Sterne am Himmel. Der schlanke Bambus am Berghang wiegte sich im leichten Wind, die zarten Zweige bewegten sich wie Geisterarme. Der Traum von einer heilen Welt nahm Besitz von mir.

Cristina unterbrach die Stille, sie wollte hinuntergehen in ihre Casa. Der Tag beginnt früh auf der Finca, also geht man auch früh schlafen.

Gab es kein Licht hier im Haus? Ich wußte es nicht. Auf jeden Fall tappten wir im Dunklen herum. Das Haus hatte zwei kleine Kammern, in denen es ein Bett, einen Schrank für etwas Wäsche, einen Tisch und einen Stuhl gab. Das Wichtigste im Haus aber ist der große Allzweckraum. In einer Ecke stand ein Propangaskocher, ein langer Tisch und eine Bank dahinter. An der hinteren Wand waren Pritschen gestapelt. Zoila richtete in dem großen Raum ihr Bett her, ich bekam eine der kleinen Kammern und hier gab es Licht. Das Haus, für Schüler gedacht, die abwechselnd für einige Tage hier wohnen, lernen und sich mit der Arbeit auf dem Feld vertraut machen sollen, war ein fester Bau mit einem Dach aus Wellblech. Alles sehr solide und schön. Nur eine Decke zwischen Dach und Wohnraum gab es nicht.

An den Sparren des Daches in meiner Kammer hatte ich bei meiner Ankunft seltsame Beutel hängen sehen. Fledermäuse? In der Nacht wurden die Beutelchen munter. Und es gab noch andere Bewohner unter dem Dach: Ratten. Eine leichte Gänsehaut rieselte mir über den Rücken. "Die Biester werden bestimmt an mir herumnagen, aber am nächsten Morgen stellte ich erfreut fest: Meine Füße waren nicht angeknabbert.

Trotzdem machte ich Jerry, als er am Morgen kam, darauf aufmerksam: "Sieh mal, was da oben hängt." "Kein Problem," meinte er, "es gibt Holz genug, Don Artemio zieht eine Decke ein, bis zum Abend ist das erledigt." Ich war beruhigt, denn auf Don Artemio konnte man sich verlassen, er machte alles, was man ihm sagte. Nur an eines hatten wir nicht gedacht, nämlich: er machte, was man ihm sagte, nicht mehr und nicht weniger, und als ich abends in meine Kammer ging, das Licht anknipste, da blieb es dunkel, nur durch eine winzige Ritze kam ein schwacher Schein. Artemio hatte gute Arbeit geleistet, die Decke war hervorragend gemacht, da konnte kein Tier durchschlüpfen. Nur hatte niemand ihm gesagt, daß die Glühbirne nicht zwischen Decke und Dach hängen sollte. Und jetzt dringt halt nur ein sehr schmaler Lichtstreifen durch eine Ritze.

Das Zimmer hatte ein Fenster nach draußen, Ich öffnete es und kroch unter mein Moskitonetz. Früh am Morgen weckte mich ein unangenehmes Gefühl. "Da ist doch ein Fremder im Zimmer, ich spüre es genau." Mit den Augen tastete ich alle Ecken ab, nichts. Ich schaute zum Fenster. Ein Junge, vielleicht 12 oder 13 Jahre, steckte ungeniert den Kopf durchs Fenster und starrte mich an. Es war ihm nicht einmal peinlich und ich mußte ihm ziemlich energisch klarmachen, daß er verschwinden sollte. Gleich darauf zog dieser üble Duft mir in die Nase. Ich öffnete die Tür, Cristina stand an dem Propangaskocher und rührte in einem großen Topf herum. Es stank entsetzlich und am intensivsten von all den Gerüchen war der Knoblauchduft. Was immer Cristina da kochte, von dem Zeug würde ich ganz bestimmt nichts essen. Bei Knoblauch dreht sich nun mal mein Magen um. Ich mußte weg vom Haus, aber der Duft verfolgte mich.

Mittagszeit, ich war erleichtert. Es gab nämlich überhaupt kein Mittagessen. Cristina hatte einen Sud aus reichlich Knoblauch und einigen mir unbekannten Pflanzen gekocht und war dabei, das Zeug auf die Pflanzen zu sprühen. Das war es also, ein wirksames Mittel gegen Blattläuse und Insekten, ohne Gift benutzen zu müssen.

Zoila legte neue Gemüsebeete an, dabei konnte ich helfen. Don Artemio hatte schon Terrassen am Hang angelegt und mit dickem Bambus befestigt, eine wichtige Maßnahme, wenn der nächste Regen nicht alles Erdreich hinunterreißen sollte. Eine andere, ebenfalls erfolgreiche Methode besteht darin, die Ränder der Beete mit Ananas zu bepflanzen. Ananas ist eine kräftige Pflanze und verhindert das Abrutschen des Bodens. Zwischen einigen Beeten waren auch schon Gräben ausgehoben, in denen sich das Regenwasser sammelte und lange Zeit für Feuchtigkeit sorgte.

Oberhalb des Hanges lag ein Riesenberg Hühnermist. Wir griffen mit beiden Händen tief hinein, füllten ihn in Säcke, schleppten sie den Hang hinunter und verteilten den Mist gleichmäßig auf die Beete. Dann bedeckten wir ihn mit Erde, und keuchten wieder den Berg hinauf, die nächste Ladung zu holen. Die Sonne brannte, es war schrecklich heiß. Empfand Zoila die Hitze eigentlich nicht? Ich machte allerdings irgendwann schlapp und aus Angst, wieder einen Sonnenstich zu bekommen, ging ich zum Haus zurück. Die Hängematte lockte, aber der Dreck im Haus schaute mich vorwurfsvoll an. Also machte ich zuerst sauber und dann streckte ich mich aus. Zoila machte ebenfalls Feierabend. Es war Freitag, außerdem Zoilas Geburtstag. Wir hatten noch Tortillas, tranken Kaffee dazu. Ich hätte Zoila so gern ein Geschenk gemacht, aber was? In Gedanken kramte ich meine Koffer und Taschen durch, mir fiel nichts ein. Wie spät war es eigentlich? Ich sah auf meine Armbanduhr und schon war das Problem mit dem Geburtstagsgeschenk gelöst. Zoila war begeistert, hat noch nie eine Uhr besessen. Ungläubig fragte sie: "Para mi?" "Si, claro, para tu cumpleaños, muchas felicidades." Wir saßen noch etwas beisammen, tranken noch mehr Kaffee, dann fuhr Zoila nach '22 de abril' zu ihrer Familie.

Ganz allein auf der Finca

Alle waren weg, ich war allein. Es war eine himmlische Ruhe. Von irgendwo weit unten kam gedämpft das Gackern von Hühnern herauf, hin und wieder bellte ein Hund. Sonst war nur das leise Rauschen der Bäume und das Rascheln der mannshohen Gräser zu hören.

Am späteren Abend kam ein starker Wind auf, wie immer abends, und rüttelte an dem Blechdach. Und in der Nacht rumpelte das Dach so laut daß ich dachte: "Da fallen ja Unmengen Wasser vom Himmel. Bestimmt ist das ein Wolkenbruch." Ein unbändiges Verlangen, den Regen auf der Haut zu spüren, trieb mich nach draußen. Alles war trocken, kein Tropfen Wasser fiel vom Himmel, aber es rumpelte immer noch und nun hörte es sich an, als würde jemand leere Fässer über eine holprige Straße rollen.

Das war in der Nacht, und jetzt am Tag wieder diese Stille. Meine Hände waren verschwitzt, der Kugelschreiber rutschte mir aus den Fingern und der vom Schweiß feuchte Arm klebte an den Blättern meines Heftes fest. Es war so still, daß das leicht schmatzende Geräusch, das durch das Lösen des Armes vom Papier verursacht wurde, unangenehm laut erschien. Also hörte ich auf mit dem Schreiben, legte mich in die Hängematte und träumte.

Die Stille wurde jäh unterbrochen. Aus dem Tal kam das Knallen von Schüssen zu mir herauf. Woher genau kam das? Ich konnte es nicht lokalisieren, und wohin wollten diese Leute mit den Gewehren und was oder wen suchten sie? Ich war ganz allein, weit und breit kein Mensch, ich könnte mir die Lunge aus dem Hals schreien, niemand würde mich hören. War das jetzt Angst, was ich empfand? Ich wußte es nicht genau, aber unangenehm war es, sehr unangenehm. "Ruhe bewahren," dachte ich, "überlege, was du tun kannst," und kam zu dem Schluß, daß ich nichts tun konnte. So beschäftigte mich nur noch die Frage: "Wer schießt? Und warum? Der Krieg ist vorbei und es gibt einen Friedensvertrag. Aber was ist schon ein Vertrag, wenn der Friede so ganz anders aussieht, als man sich ihn gewünscht hat. Die Zeit der großen Massaker ist vorbei, aber sonst? Umgebracht werden Menschen immer noch, jedoch hinterrücks, heimtückisch. Also, was ist da los?"

Ich wollte gar nicht daran denken, und doch waren die Gedanken auf einmal bei dem Mann, den man Anfang der Woche erschossen aufgefunden hatte. Der Täter meldete sich, wollte gegen gute Bezahlung seine Auftraggeber nennen. Am nächsten Tag lag auch er tot im Straßengraben.

Vorgestern fand man hier in Soyapango zwei Ermordete, wahrscheinlich Angehörige der jetzt offiziell anerkannten Partei der FMNL. Die protestieren jetzt, öffentlich und lautstark, verlangen Aufklärung solcher Fälle, gehen gegen die Todesschwadron an. Ihr Protest verhallt irgendwo im Raum. Sicher wird jetzt zugegeben, daß der CIA und Präsident Bush von der Todesschwadron gewußt hatten. Aber ist das ein Erfolg, wenn sie gleich eine Entschuldigung parat haben, wieso sie trotz dieses Wissens Militärhilfe gegeben haben? Angeblich sollte dadurch das Eindringen des Kommunismus in El Salvador verhindert werden.

Eine UNO-Kommission wurde beauftragt zu forschen, Verbrechen aufzuklären. Aber es wurden Forderungen gestellt, wodurch das Ganze schon im Voraus zum Scheitern verurteilt war. Die Regierung will keine Aufklärung. Und so wird weiter gemordet.

Mir war unheimlich so allein hier auf dem Berg und ich überlegte, wie ich in die Stadt kommen könnte. Es fährt ein Bus, aber der Weg zur Haltestelle war weit, beschwerlich und einsam. Und irgendwo da unten waren die Leute mit den Gewehren. Ich lag in der Hängematte, horchte, versuchte zu erkennen, ob die Schüsse näherkamen. Plötzlich, wie begonnen, hörte die Schießerei auf. Waren die Schützen weg? Oder hockten sie noch im Busch? Mein Herz hämmerte nicht mehr so verrückt, die Nerven beruhigten sich.

Es ist schon schwierig, bei so einer Sache gleichgültig, oder wenigstens ruhig zu bleiben in einem Land, in dem so viele Jahre ein erbitterter Kampf stattgefunden hat. Möglich, daß diese Menschen gar nicht mehr anders können, als mit Gewalt ihr Recht zu verlangen. Was bedeutet denn schon ein Friede auf dem Papier, eine Unterschrift unter einem Vertrag, wenn die Bedingungen gar nicht, oder nur minimal eingehalten werden.

Aber sonst ist die Finca ein Paradies

Es gelang mir, den Zwischenfall zu verdrängen und mich ganz auf die Schönheit der Natur einzustellen, dem leichten Rauschen des Windes, dem Singen der Vögel und Zirpen der Insekten zu lauschen. Nur ganz leicht raschelte das Dach, der gelbe Bambus mit seinen spitzen, hellgrünen Blättern schaukelte sanft im Wind und ein paar Bienen summten herum, tänzelten zwischen blühenden Gräsern und grellgelben Blumen. Wunderschöne bunte Schmetterlinge flogen von Blüte zu Blüte, und im Sonnenlicht schwebten glitzernde Libellen wie lebendige Edelsteine.

Ich lag in der Hängematte, das vorspringenden Dach schützte mich vor der Sonne, und ich beobachtete die herumkrabbelnden Käfer.

Neben mir auf der Mauer hockte behäbig eine große haarige Spinne und ließ sich den Pelz von der Sonne bescheinen. "Na du? Geht's dir gut?" Sie glotzte mich an, als wollte sie sagen: "Halte den Mund, du störst mich."

Noch ein Gast kam. Ein kleiner, dürrer Hund, seine Rippen schienen durch das wie von Motten zerfressene Fell. Ich hatte ihn nicht kommen hören, er war einfach da und stand mit spitz aufgerichteten Ohren neben mir, bewegte sich nicht, gab keinen Ton von sich, stand nur da und sah mich an. Er sah so einsam, so verloren aus. Ob Hunde auch träumen? "Du bist aber mickerig, du kleiner Köter," sagte ich, "willst du was von mir? Wovon träumst du?" Er stand da, unbeweglich und stumm und sah mich an. "Du willst nur gestreichelt und gekrault werden, habe ich recht? Hat dich noch nie jemand gestreichelt? Sieh

mich nicht so an, ich werde es auch nicht tun." Er sah so traurig aus und er tat mir leid. Trotzdem sagte ich: "Hör mal, kleiner Hund, du mußt das verstehen, ich kann dich nicht kraulen. Denn weißt du, wer das nicht gewohnt ist, der flippt leicht aus und wenn du das tust, dann beißt du vielleicht zu." Ich blickte zur Mauer. "He, Spinne, du bist ja auch noch da. Jaja, wir können miteinander reden, aber bleibe bitte wo du bist. Eigentlich mag ich nämlich keine Spinnen, aber ich gebe zu, du bist wirklich schön."
Das Knattern eines Motorrades zerriß die Stille und schon tauchte Jerry über dem letzten Hügel auf. Und als ob sie sagen wollten "jetzt brauchst du uns nicht mehr", waren Spinne und Hund verschwunden.
Es wurde Zeit, wieder an die Arbeit zu gehen. Das Land war pulvertrocken, die Pflanzen hatten Durst. Mit großen Gießkannen bewaffnet mühten wir uns bergab - bergauf, bergab - bergauf, bis alle Beete mit Wasser versorgt waren. Sonst gab es im Moment nichts zu tun.
Jerry blieb über Nacht auf der Finca, eine große Beruhigung für mich.
Früher Morgen. Ich saß träumend auf einem dicken Stein am Hang. Es war schon hell, aber die Sonne war noch nicht aufgegangen und ich konnte die relative Kühle des frühen Morgens genießen.
Die gegenüberliegenden Berge hatten noch keine Farbe und ich sah nur ihre schwarzen Silhouetten. Und dann, gleißend, weißglühend, mit breitem Strahlenkranz, stand die Sonne auf der Bergspitze, wanderte höher und höher und in nur wenigen Minuten schon hatte sie die Luft erhitzt.
Ich wartete darauf, daß Jerry ausgeschlafen hätte und wir dann wieder die Beete gießen würden. Ich könnte ja auch schon allein damit anfangen, nur konnte ich mich einfach nicht von dem bezaubernden Bild der Umgebung losreißen.
Und dann kam Jerry schon den Weg herauf, er hatte schon alle Pflanzen begossen. Und jetzt wollten wir frühstücken. Ein Stück den Berg hinunter gab es eine kleine Tienda. Ich wollte Brot kaufen zum Frühstück. Vorsichtig, stolpernd, tappte ich den holprigen, steinigen Weg hinunter. Ein einziger falscher Tritt konnte schon verhängnisvoll sein. Ja, es ist nun mal so: Das Paradies hat keine asphaltierte Straße, ist dadurch aber um so reizvoller. Ich kam zu dem Laden. Die Frau war sehr freundlich, aber Brot? "Pan? No hay. Hacia mediadía." Gibt es nicht. Erst mittags. "Gut, dann nehme ich Tortillas." "Tortillas? No hay. Hacia mediadía también." Also auch keine Tortillas. Aber es gab Eier und ich kaufte ein paar. Jerry hatte schon Kaffee gekocht, und wir aßen die Eier dazu, ein fürstliches Frühstück.
Don Artemio kam, die Wasserleitung vom Tank bis in die Nähe der höchstgelegenen Beete mußte verlegt werden. Es gab da wohl Rohre mit einem Wasserhahn und auch den dazu gehörenden Schlauch, das Wasser kam jedoch nur spärlich. Aber was nützt der schönste Wasserschlauch, wenn man das

Wasser trotzdem zu den Beeten schleppen muß, weil kein Druck da ist? Klarer Fall, die Rohre lagen nicht richtig.

Es würde keine leichte Arbeit sein, der Boden war hart und steinig. Don Artemio machte nicht den Eindruck, als ob er sie besonders gerne machen würde und nur widerwillig nahm er sein Werkzeug und ging an die Arbeit.

Der Pick-Up rumpelte den Weg hoch, Antonio teilte mit, daß Albertos Gäste fort waren. Mein Zimmer in Altos del Cerro war wieder frei, ich war erfreut, konnte zurück in die Gemeinde. Jerry hatte nicht viel Verständnis, unterstellte mir, die Finca nicht zu mögen. So ein Unsinn. Ich liebe dieses kleine Paradies. Dennoch litt ich unter der Einsamkeit und dem Abgeschnittensein von der übrigen Welt. Ich lud mein Gepäck auf den Pick-Up, wir fuhren zurück. In Altos del Cerro wollte ich duschen aber, was selten vor kam, es gab auch hier kein Wasser. Credisa und '22 de abril' waren schon seit einer Woche ohne Wasser. Ich wollte in die Guaderia, aber, wenn es kein Wasser gibt, bleiben die Kindertagesstätten geschlossen.

Blieb die Artesanía. Sie arbeiteten an einem ziemlich großen Auftrag, alle Arbeitsplätze waren belegt, für mich war keine Ecke am Tisch und kein Stuhl frei, ich konnte also nicht einmal helfen. Und kaum jemand sah von seiner Malerei auf. Schnell bemerkte ich, daß ich ihnen überall im Weg stand. Also habe ich mich sehr bald verabschiedet.

Ausflug nach Santa Tecla

Der Pick-Up wurde einen ganzen langen Tag in der Gemeinde nicht gebraucht. "Hast du Lust, nach Santa Tecla zu den Ausgrabungen zu fahren?" fragte Jerry. "Estela und Mariela kommen auch mit. Es ist interessant."

Wir fuhren durch die weite, manchmal unbewohnte Landschaft, durch Dörfer und Städtchen mit starken Spuren des Krieges, vorbei an blühendem Zuckerrohr. Jerry machte einen Umweg, und dann hielt er neben einem riesigen schwarzen Feld an. So weit man sehen konnte, nur schwarzes bröckeliges Gestein, totes Land.

"Was ist das?" "Lava," sagte Jerry, "das größte Lavafeld in El Salvador." "Hat Lava nicht diese rostrote Farbe?" fragte ich. "Ja, aber es gibt auch schwarze Lava." Ich war beeindruckt, konnte nichts sagen. Was mag hier vorher gewesen sein? Und was ist nun darunter begraben? Jetzt war es schaurig, geisterhaft und dennoch faszinierend.

Ich stellte mir vor, da wäre vielleicht ein Dorf gewesen, oder mehrere Dörfer, mit Menschen und Tieren, und der Vulkan spuckte sein Feuer aus, schleuderte glühende Gesteinsmassen auf vielleicht ahnungslose Menschen. Vielleicht entsteht hier irgendwann neues Leben?

Dieses Land ist wie seine Kultur, man glaubt, sie sei ausgestorben und bemerkt auf einmal verwundert: sie lebt.

El Salvador besinnt sich, findet langsam zurück zu seiner Wurzel. Es ist noch ein weiter Weg, braucht noch viel Zeit, und doch, langsam entdecken sie ihren eigenen Wert. Und diese Entdeckung läßt sie in seinem ganzen Ausmaß das Unrecht erkennen, das ihnen über Jahrhunderte angetan worden ist.

Wir kamen zu der Ausgrabung eines Maya-Dorfes. Estela sagte: "Sieh mal, das war eine Küche und dort ist ein Schlafzimmer. Und da, das ist eine Sauna."

Ich lachte, aber Estela blieb ernst: "Du glaubst das nicht? Aber es stimmt, die Indios haben die Sauna erfunden, nicht die Europäer."

Wir zählten die Lavaschichten, fünfzehn waren es, das heißt, fünfzehn Mal wurden diese Dörfer unter heißer Asche begraben. Wir gingen ins Museum, konnten Gebrauchs- und Schmuckgegenstände mit farbenprächtigen Malereien bewundern und fremdartige, grausig schöne Skulpturen zogen mich in ihren Bann. Die Pyramiden auf den Hügeln, welch großartige Architektur. Was hatte man uns früher eigentlich eingeredet? Wie wurden Indianer dargestellt? Als wilde Horde ohne jede Kultur und ich dachte: "Menschen, die das geschaffen haben, sollen primitiv gewesen sein? Welch eine Ignoranz."

Ich schämte mich wieder einmal, zu den arroganten Europäern zu gehören, die glauben, nur sie hätten Kultur.

Auf dem Rasen zwischen den Hügeln waren eine Menge Kinder und Jugendliche. Ihr Spiel erschreckte mich. Das war kein Spiel, erinnerte vielmehr an Drill und Kampf. Und Jerry sagte: "Sie sagen, das sind Jugendgruppen, aber es ist die Vorstufe zum Militär." Mein Gott, diese Kinder. Ich mochte nicht mehr zusehen, wendete mich ab.

Unmenschliche Zustände in den Maquilas

Wir kamen an einer "Zona Franca" vorbei. Eine sogenannte Freihandelszone. Die Betonung sollte wohl eher auf 'Handel' als auf 'Frei' liegen. Mir kamen die langgestreckten Hallen auf dem umzäunten Gelände mit dem von Männern in Uniform bewachten Tor wie ein Gefängnis vor. Und dabei wußte ich zu dem Zeitpunkt noch gar nicht, unter welchen Voraussetzungen dort gearbeitet wird. Später erst erfuhr ich, wie erniedrigend die Bedingungen sind, unter denen die Frauen in den Maquilas ausländischer Firmen arbeiten.

Bis zu 15 Stunden täglich sitzen sie unter den heißen Wellblechdächern an den Nähmaschinen und selbst die kürzeste Pause zu machen ist verboten. Hört eine Frau kurz auf zu nähen, wenn auch nur, um kurz die Schultern zu entspannen, wird sie geschlagen. Zweimal am Tag gibt es fünf Minuten Pause, um zur Toilette zu gehen. Dann stehen sie in einer langen Schlange und warten. Wer nicht drankommt, muß unverrichteter Dinge an den Arbeitsplatz zurück.

Jeder Näherin wird eine bestimmte Menge an Näharbeiten zugewiesen, und sie darf den Arbeitsplatz erst verlassen, wenn alles fertig ist und das bedeutet oft: 15 bis 16 Stunden ohne Pause an der Nähmaschine sitzen. Schafft jemand das Pensum während der regulären Zeit, kann er sicher sein, daß am nächsten Tag das Soll erhöht wird.

Der Lohn ist beschämend niedrig, Mehrstunden werden überhaupt nicht bezahlt. "Warum lassen die Frauen sich das bieten? Warum arbeiten sie immer noch hier in den Maquilas?" fragte ich Jerry. Zuerst sagt er gar nichts, und dann: "Weil sie darauf angewiesen sind. 60 % der Bevölkerung sind arbeitslos, da nehmen die Leute vieles in Kauf, um die Familie am Leben zu halten." "Aber das ist unwürdig." Jerry sagte: "Trotzdem sind sie froh, arbeiten zu können."

Demo zur UCA - Universidad Centroamerica

Der 15. November, der Tag der Ermordung von sechs Jesuiten der UCA, der Köchin und deren Tochter, jährte sich zum vierten Mal. Eine Großdemonstration sollte vom Parque Salvador del Mundo, Platz "Erlöser der Welt", zur UCA stattfinden und unzählige Menschen nahmen daran teil.

Man fragte sich wieder, ebenso wie bei dem Mord an Erzbischof Romero, wieso nie ernsthaft nach den Tätern gefahndet wurde, obwohl jeder wußte, daß die Todesschwadron dafür verantwortlich war, aber Regierung und Gericht hüllten sich in Schweigen.

Auf dem Platz wimmelte es von Menschen mit Schrifttafeln und Transparenten. Eine nicht abzusehende Menschenschlange machte sich auf den weiten Weg zur UCA.

Bei dem Gedenkgottesdienst standen die meisten Teilnehmer draußen, fanden keinen Platz im Auditorium. Auch nach vier Jahren war die tiefe Betroffenheit noch deutlich zu spüren. Brennende Kerzen wurden verteilt und ein langer Lichterzug bewegte sich durch das Universitätsgelände. Wir kamen zu der Stelle, wo man die Toten gefunden hatte: gepflegter Rasen, acht Rosenstöcke, sonst nichts. Schlicht und einfach, für jeden der acht Ermordeten eine blutrote Rose.

Ein Brief, der keinen erreicht hat

Hallo, warum ich Dir schreibe? Wahrscheinlich um Gedanken loszuwerden, die ich nicht aussprechen kann. Wer würde sie verstehen? Ich liege in meinem Zimmerchen in Altos del Cerro bei weit geöffneter Tür auf dem Bett. Licht mußte ich nicht machen, es schien genug vom Gemeinschaftsraum zu mir herein. Fina klapperte mit Tellern herum, Beatrice plapperte unentwegt. Fina rief: "Margot, quiere una sopa?" Ich rief zurück: "No, no quiero, gracias." Ich höre Stühle rücken, klappern der Teller, ihr Reden und der Geruch der Suppe steigt mir in die Nase. Ich könnte die Tür schließen, aber was hätte ich davon? Das Reden und Klappern würde ich trotzdem hören, der Suppengeruch käme trotzdem in meine Kammer, da das einzige Fenster nicht nach draußen, sondern in den Gemeinschaftsraum ging.

Es gab hier viele Geräusche und gegen die meisten sind die im Haus selbst fast schon mit Totenstille zu bezeichnen. Unterhalb des Hauses war die Straße mit unzähligen Schlaglöchern und ohne Pause donnerten und dröhnten die Busse und Autos am Haus vorbei. Es war wahnsinnig laut, und dennoch war ich froh, hier wohnen zu dürfen.

Bis vorhin habe ich draußen gesessen. Der Vulkan hatte eine dicke graue Wolkenmütze aufgesetzt, etwas tiefer hatte er einen leichten Pelz aus weißen Wolken angelegt. Ich sah die Sonne hinter dem Berg verschwinden. Zuerst färbte sich der Himmel vom intensiven Rot zum leuchtenden Violett, wurde dann dunkel, bis er fast schwarz war.

Dann erschien der Mond. Nahm er ab? Oder nahm er zu? Ich konnte es nicht erkennen, denn die Sichel stand wieder einmal nicht senkrecht, sie liegt wieder wie eine polierte Suppenschüssel am Himmel. Dann waren die Sterne da. Wieviel Millionen mochten das sein? Nirgendwo hatte ich so viele Sterne gesehen.

Es war immer noch heiß, die Nächte brachten keine Kühle, in den Häusern war eine unangenehm feuchte Hitze.

Ich saß also draußen und sah hinunter auf die Lichter der Stadt. Ein bezaubernder Anblick, ich konnte es kaum glauben, daß es die gleiche Stadt war, die ich am Tag so unsagbar schmutzig und verfallen erlebe.

Ich geriet ins Träumen und dann überkam mich diese Wehmut. So viele Fragen, wer kann sie beantworten? Ich sah hinauf zu den Sternen und dachte, es fiele keinem Menschen auf, wenn da einer plötzlich verschwinden würde, es sei denn, einer der großen, bekannten wäre nicht mehr da. Es ist wie bei den Menschen, dachte ich und dann war wieder diese Panik da, die mich in letzter Zeit so häufig quält. Die Dunkelheit hat das Elend gnädig zugedeckt, die Sterne, die Lichter der Stadt, vermitteln ein Gefühl des Friedens. Es hielt nicht an, dieses Gefühl des Friedens, plötzlich wurde mir dann wieder schmerzhaft bewußt, daß in diesem Land immer noch der gewaltsame Tod zu Hause war.

Ich schreie nach dem Gott, der die vielen sinnlose Tode mit angesehen hatte. Waren es sechzig- oder siebzigtausend? Oder noch mehr? Ihre Namen sind vergessen, ausgelöscht wie ein verschwundener kleiner Stern. Keine Namen, nur noch Zahlen. Es sind nur wenige bekannte und berühmte Opfer, die man nannte, die man nicht vergaß. Die Namen der unzähligen Campesinos waren ausgelöscht. Das Herz war mir so schwer, weil ich so hilflos war, und ich konnte nichts dagegen tun. Ich war so müde.

Ein Tag, der ermüdend anfängt

Es war ziemlich klar, das würde ein äußerst langweiliger Tag. Ich ging morgens zu allen Guaderías, nur eine war offen und es waren insgesamt nur zehn Kinder da, alle anderen waren krank. Die Kinder, und ebenso viele Erwachsene in der Gemeinde hatten das Dengue-Fieber. Ist das ansteckend? Ich wußte es nicht, spielte für mich aber keine so große Rolle. Es wird von Mücken übertragen und da ich der besondere Liebling dieser Biester bin, brauche ich gar keinen Menschen, der das Fieber an mich weitergibt. Wenn ich es kriegen soll, dann sicher auf direktem Weg. Verrückt war nur, daß man alle Vorsorge traf, um von Malaria verschont zu bleiben und dann trat auf einmal ein ganz anderes, ebenso teuflisches Fieber auf.

Ich wußte nicht recht, was ich tun sollte. Also entschloß ich mich zu einem Spaziergang durch die Gemeinde, wollte jedoch mal einen ganz anderen Weg nehmen als den über die Bahnlinie.

Über Monte Maria, da gab es bestimmt Pasajen, die ich noch nicht kannte. Die Straße ging nicht so steil hoch, es war nur ein stetiges Ansteigen und schon nach ein paar hundert Metern war ich naß geschwitzt, der Atem kam keuchend aus meiner Lunge. "Langsam gehen", sagte ich mir, "ganz langsam. Du hast ja Zeit, sehr viel Zeit." In meinem Kopf war ein grausames Dröhnen. Ich verlor ein bißchen die Orientierung. Macht nichts, eine der Pasajen hinunter und ich komme mit Sicherheit zur Bahnlinie.

Ich war auf dem richtigen Weg, ganz unten sah ich schon den Platz, den Mittelpunkt der Gemeinde. Inzwischen hatte er kaum noch tiefe Löcher und Gräben. Auch die Bahnlinie war lange nicht mehr so holprig wie früher. Das waren erhebliche Verbesserungen. Aber immer noch fehlt das Wasser und auf meinem Weg über die Bahnlinie kamen mir viele Frauen und Mädchen mit den cántaros (runde Wasserbehälter) auf dem Kopf entgegen.

Ich erreichte die feste Straße. Wohin jetzt? Nach oben? Nach unten? Unschlüssig sah ich mich um, einige Leute sahen mich eigenartig an. Oder bildete ich mir das nur ein? Ich wollte ausruhen. Ob mich dieses Fieber schon erwischt hatte? Quatsch, so schnell wird es einen ja nicht erwischen. Erst einmal die Straße hinunter. Vielleicht fand ich einen Stein, auf den ich mich setzen, vielleicht sogar etwas Schatten, in dem ich ausruhen konnte.

Ah, da war schon die Romero Schule. Die Tür zur Küche stand offen, da fand ich den ersehnten Platz zum Sitzen, ohne von der Sonne gepeinigt zu werden. Geofredo war auch da, wir redeten ein bißchen, dann mußte er weiter, hatte im Büro zu tun. Sollte ich mitgehen? Aber sicher, dann konnte ich auch gleich in die Artesanía reinschauen, dort vielleicht etwas arbeiten. Meine Gedanken

waren schon auf dem Weg aber mein Körper spielte nicht mit, war müde und
träge. Etwas später stand ich doch auf der Straße, aber total lustlos und wußte nicht wohin. Was war denn nur mit mir? Am besten ich ging zurück, legte
mich in die Hängematte und wartete ab.
Eine Gruppe Kinder mit ihren Erzieherinnen kamen die Straße hoch. Von weitem riefen sie schon: "Hola Margot! Quiere caminando tambien?" Spazieren-
gehen? Ich hatte kein bißchen Mumm in den Knochen und wehrte ab, doch sie
gaben keine Ruhe. "Por favor, Margot." Na gut. Ich latschte hinter ihnen her,
über die Bahnlinie, aber in die andere Richtung. Hier bin ich noch nie gewesen.
Wir verließen die Schienen und waren auf einem schmalen Weg. Es ging bergauf. An einer Seite fiel der Hang senkrecht ab. Tief unten sah ich eine Menge
Leute. Ein paar Mädchen mit gefüllten Wasserkrügen kamen den Hang hoch. Ich
wußte ja gar nicht, daß da unten ein Bach ist, und dann sah ich auch die Frauen,
sie waren beim Wäschewaschen. Ich wollte noch bleiben, zusehen. Reina
zeigte kein Verständnis dafür. "Was ist daran interessant? Sie waschen wie
alle Leute waschen." Wir stiegen immer weiter den Berg hinauf, die Augen
stets auf den Pfad gerichtet. Er war uneben, Gräben, Baumwurzeln und Steine
zierten den Weg und man konnte sich leicht die Knochen brechen oder gar
abstürzen. Ich hatte ein bekanntes Ziehen in den Beinen, "Morgen werde ich
einen herrlichen Muskelkater haben." Ich wunderte mich, daß die kleinen,
zarten Kinderchen das ohne Murren und Jammern schafften, dabei sind einige
erst knapp zwei Jahre alt.
Vor uns eine Müllkippe, die nicht bebaut war. Wir mußten durch den zum Teil
glitschigen Abfall, der rechts und links bis an den Rand des Hanges reichte.
Keiner nahm das zur Kenntnis, nicht die Erzieherinnen und nicht die Kinder. Es
war wohl ebenfalls normal. Andres jubelte, er hatte im Müll ein paar zerris-
sene Schuhe gefunden. Ein anderes Kind zeigte stolz die schlaffe Hülle eines
Balles und wieder ein anderes entdeckte eine verbeulte Blechdose. So ein
Müllberg war eine wahre Fundgrube. Trotzdem konnte ich die Begeisterung
nicht ganz teilen und war froh, als wir dieses stinkige Stück Weg hinter uns
hatten. Weiter kletterten wir den Berg hinauf und erreichten die Kuppe. Es
war nicht zu fassen, wir waren auf einem traumhaft schönen Plateau. Ein
Campesino ließ seine zwei Kühe grasen und dennoch war genügend Platz zum
Spielen für die Kinder. Ich wunderte mich schon lange nicht mehr darüber, in
diesen Höhen Kühe zu sehen. Ihnen war kein Berg zu hoch, kein Hang zu steil,
wenn sie Wasser oder Gras witterten. Und Gras gab es hier genug, grünes saftiges Gras, denn noch hat die Erde Feuchtigkeit von der gerade erst beendeten
Regenzeit. Der Weg hierher hatte sich gelohnt, besonders für mich. Die Le-
bensgeister waren zu mir zurückgekehrt, alles Bedrückende fiel von mir ab.
Am Horizont sah ich den Vulkan von San Salvador, davor die Hauptstadt, den
Turm der Kathedrale im Zentrum, den schlanken schneeweißen Turm der

Kirche im Osten der Stadt. Tief unter uns Credisa und angeschmiegt an den Berghang die Gemeinde '22 de abril'. Am Hang des Vulkans gegenüber Altos del Cerro. Ich schlenderte zur anderen Seite des Plateaus, schaute hinunter auf Soyapango. Rechts, tief eingebettet zwischen grün bewaldeten Bergen, glitzerte der Lago Ilopango, ein Bild so schön, wäre es gemalt, man würde es kitschig nennen. Es war wieder sehr heiß, und doch war es hier oben angenehm, nicht zuletzt durch die hohen Palmen mit ihren ausladenden Fächern und dem gewaltigsten Gummibaum, den ich je gesehen habe. Wir faßten uns bei den Händen und bildeten einen Kreis um seinen dicken Stamm, der eigentlich aus mehreren ineinander verschlungenen Stämmen bestand. Und die ungeheure Krone spendete den ach so begehrten Schatten. Die Wurzeln wanden sich wie Riesenschlangen oberhalb der Erde, über den Abhang hinaus um dann etliche Meter tiefer wieder im Boden zu verschwinden.

Und der sanfte Wind vermittelte einen Hauch von Frische. War ich wirklich am Morgen in mieser Stimmung? War ich echt elend? Davon war jetzt nichts mehr übrig. Ich fühlte mich pudelwohl, kletterte mit den Kindern überall herum, pflückte mit ihnen Blumen. Sie brachten mir kleine Zweige vom Gummibaum, die aber immer noch die Größe der Gummibäume in unseren Wohnungen haben. Und Sträuße vom Rizinus brachten sie mir, immer darauf bedacht, daß auch Früchte daran sind. Die Stunden vergingen so schnell, es wurde Zeit zum Aufbruch und ich staunte wieder über die Ausdauer der Kinder. Das Hinuntergehen war, weiß Gott, nicht einfach, aber keines der Kinder jammerte.

Am Bach oder besser am Tümpel waren immer noch Frauen beim Waschen und immer noch schleppten Mädchen die schweren Wasserkrüge auf dem Kopf nach oben und zu ihrem Zuhause.

Wo die Bahnlinie die Calle '22 de abril' kreuzt, trennten wir uns. Die Erzieherinnen mit den Kindern gingen die Straße hinunter zur Guaderia und Reina meinte: "Du kannst weiter die Straße nach oben gehen, der Weg ist weniger beschwerlich und bedeutend kürzer." Also ging ich die Straße hoch, immer weiter, immer weiter, ich keuchte schon wie eine alte Dampflokomotive. Und dann war mir plötzlich klar, ich hatte mich verlaufen, längst hätte ich schon in eine der Pasajen abbiegen müssen. Ich fragte ein paar Jungs nach dem Weg und sie gaben mir ganz toll Auskunft, erklären mir den Weg ganz genau. Ich hatte leider nur total vergessen, daß Salvadorianer auch dann bereitwillig Auskunft geben, wenn sie selbst nicht wissen, wo es langgeht. Und ich lief und lief, Pasajen rauf, Pasajen runter, war schon länger unterwegs, als wenn ich die normale, viel weitere Strecke gegangen wäre, wußte noch immer nicht, wo ich mich befand. Und dennoch erreichte ich, wenn auch ausgelaugt und ausgepumpt, Monte Maria. Die Stolperwege lagen hinter mir, vor mir nur noch die Asphaltstraßen und wenn es auch keinen Schatten

gab und der Asphalt heiß wie eine Herdplatte war, atmete ich erleichtert auf. Ich stand auf der Straße, konnte wirklich nicht weiter, mußte erst einmal verschnaufen. Und wieder sah man mich eigenartig an, verstand wohl nicht, daß jemand schlappmacht. Also zwang ich meine müden Knochen zum Weitergehen. "Ist ja nicht mehr weit, die Straße runter, an der nächsten Ecke hoch, noch einmal runter und dann das letzte Stück rauf nach Altos del Cerro. Hört sich leicht an, aber wenn die Beine schwer sind wie Blei ... Altos del Cerro, da wartet leckeres Wasser auf mich und vor allem die geliebte Hängematte."
Und manchmal geschehen Wunder. Ich überlegte noch, wie ich mit dem geringsten Kräfteaufwand das letzte Stück schaffte und wo ich wenigstens ab und zu ein paar Zentimeter Schatten ergattern konnte, da hielt ein mir entgegenkommendes Auto an und ich hörte eine fröhliche Stimme: "Hola Margot! Que tal?" Antonio, der Fahrer der Gemeinde, war auf dem Weg zu Sabine. Wir redeten kurz miteinander, Antonio drehte den Wagen und brachte mich nach Hause, bis vor die Tür. Ich war vollkommen kaputt, aber der Tag war doch noch zauberhaft geworden.

Kleines Getier

Das Blatt eines Apfelsinenbäumchens schaukelte wie trunken über den Boden, hin und her, vor und zurück, um schließlich umzukippen. Zum Vorschein kam eine fette Ameise, die sich die viel zu schwere Last aufgebürdet hatte. Geschickt hatte sie das Blatt erneut auf sich geladen, torkelte weiter. Sie änderte die Richtung, oder hatte sie die Orientierung verloren? "Ich würde dir ja helfen, aber du müßtest mir schon sagen, wohin du willst." Das Blatt schaukelte weiter, die Ameise gab nicht auf.
Und da war ein großer brauner Falter. Er flog nicht ins Licht, er taumelte auf dem Boden herum, bewegte die Flügel nur ganz leicht auf und ab, wenige Millimeter vom Boden entfernt. Er machte ein paar Schrittchen vor, ein paar Schrittchen zurück, wackelte träge mit den Flügeln, das war schon alles.

Ein Stückchen weiter lag ein schwarzes Ding, etwa vier Zentimeter lang, dreieckig, an einer Seite etwas dicker. Ein Blatt? oder ein Stück Baumrinde? oder vielleicht ein Stengelchen von der Bananenstaude? Wieso interessierte mich das? Vielleicht, weil es so wohlgeformt war. Ich ging näher heran, betrachtete es eingehend. Ein Stückchen Holz. Unverständlich, da hatte jemand etwas so Kunstvolles geschnitzt und einfach weggeworfen? Ich wollte es aufheben, da flog es fort.
Eine volle Stunde war vergangen, die Ameise schleppte immer noch ziellos, aber unermüdlich, ihre schwere Last herum, der Falter versuchte immer

noch vergeblich zu fliegen, nur das unbekannte Insekt war fort. Und ich, wie bin ich? Wie dieses seltsame Tier, das sich bei vermeintlicher Gefahr gleich aus dem Staub macht? Oder wie der Falter, der zwar die Flügel bewegt und sich trotzdem nicht vom Boden abheben kann? Oder wie die Ameise, die sich sinnlos abrackert?

In der Hauptstadt

Reiner mußte zur Bank, Ingrid und ich blieben draußen, setzten uns auf die Umgrenzungsmauer des Parque Libertad. Wir mußten lange warten und es war sehr heiß. Ingrid machte sich etwas Luft und zog ihren Rock ein Stückchen hoch, ihre Knie waren unbedeckt. Zu dumm, ich hatte lange Hosen an und konnte den Beinen keine Luft gönnen. Eine Frau überquerte die Straße, kam direkt auf uns zu. Sie sah ärmlich aus, Kleid und Schürze waren recht schmuddelig. Ich war sicher, daß sie um ein paar Colones betteln wollte.
Sie stand vor uns, schaute uns halb vorwurfsvoll, halb ärgerlich an. Nein, sie wollte nicht betteln, zerrte nur energisch an Ingrids Rock, bis die Beine ganz und gar bedeckt waren. "Man kann zu viel sehen, das ist gefährlich," sagte sie und ging weiter.
Reiner kam, wir schlenderten über den Platz. Eine Karre, bunt bemalt, stand am Straßenrand. Glasbehälter mit Säften in verschiedenen Farben waren darauf aufgebaut, daneben lagen die unvermeidlichen Plastikbeutel. Getränke bekommt man immer in Beuteln, egal ob man Saft, Cola oder Bier trinken möchte. Dazu gab es meist einen Strohhalm. Wenn keiner da ist, wird der Beutel zugeknotet, man beißt ein kleines Loch in die Spitze und saugt so die Flüssigkeit aus dem Beutel.
Zuerst hatte ich große Schwierigkeiten damit, war dauernd mit der Flüssigkeit bekleckert. Aber irgendwann ist man selbst überrascht, welche Routine man dabei entwickelt. Gleich beim Saftstand verkaufte eine Frau Tortillas. Auf dem Boden neben ihr stand eine Lattenkiste und in der Kiste lagen zwei Babys mit pechschwarzen Wuschelköpfchen und schliefen. Es sah süß aus, fast romantisch und man war versucht, die Tragik der Situation darüber zu vergessen.
Die Mütter stehen von früh am Morgen bis zum Abend am Straßenrand, verkaufen irgendetwas, um die Familie ernähren zu können, und während der ganzen Zeit lagen oder hockten ihre Kinder daneben in der glühenden Sonne, dem Dreck der Straße, den Auspuffgasen der Autos ausgeliefert. Mir wurde wieder bewußt, wie wichtig in '22 de abril' die Guaderias sind. Die Kinder konnten spielen und waren nicht allen möglichen Gefahren ausgesetzt.
El Rosario, Dominikanerkirche am Parque Libertad. Sie hatte einen hohen freistehenden Turm. "Wo ist der Turm geblieben?" Nur ein kleiner Stumpf

war noch da. Nach sechs Jahren hatte man bemerkt, daß er beim Erdbeben 1986 schwerste Schäden abgekriegt hatte. Er hätte zu jeder Zeit einstürzen können, und das an dem belebtesten Platz der Stadt. Jetzt hat man ihn abgerissen. Die Ruinen der damals zerstörten Häuser waren immer noch da, noch etwas wackeliger, noch etwas bedrohlicher. Niemand kümmerte sich darum, man hatte sich an den Anblick gewöhnt. An den Straßenrändern und auf dem Platz, dicht nebeneinander, Verkaufsstände mit allen nur erdenklichen Waren. Jetzt im November erweitert durch das Weihnachtsangebot, vor allem Plastikbäume und Baumschmuck in allen Farben glitzernd. Der Nikolaus an der Ecke mit seinem warmen Mantel und der Pelzmütze auf dem Kopf wirkte bei dieser Hitze ziemlich komisch, aber auch er gehörte dazu. Am ulkigsten aber fand ich die Pappkühe und Papphähnchen mit ihren roten, warmen Nikolausmützen.

Die Mittagszeit war längst vorbei, wir verspürten ein wenig Hunger. Und außerdem meldete sich mein kaputtes Bein auf unangenehme Weise, ich mußte etwas sitzen.

In der Nähe gab es ein kleines Cafe. Es hatte nur drei Tische, war aber sauber und der Kaffee war gut. Wir nahmen dazu Pan dulce, ein Gebäck mit Honig überbacken. Es sah lecker aus, nur klebte mitten auf meinem Stückchen, wie eine Verzierung, ein fettes Insekt.

Schon eigenartig, wie unempfindlich man wird. Mit meinen nun nicht gerade sauberen Fingern kratzte ich das Insekt heraus und verspeise den Kuchen mit großem Genuß.

Ausflug mit der nucleo social

Die deutschen Besucher der Gemeinde waren zum Jahresausflug der nucleo social, dem für soziale Angelegenheiten in der Gemeinde zuständigen Gremium, eingeladen.

Antonio fuhr uns mit dem Pick-Up nach Atecozol in Sonsonate. Atecozol war früher einmal, vor dem grausigen Krieg, eines der schönsten und begehrtesten Touristencentren. Es war immer noch wunderschön, nur gab es keine Touristen mehr.

Die ganze Anlage war so, wie die Natur sie gemacht hatte, ein Park, in dem alles wachsen durfte, wie es wollte. Das einzige von Menschen gebaute in diesem Park war das Schwimmbecken, das sich aber wunderbar in die Landschaft einpaßt.

Das Wasser war klar wie Kristall, nur tummelten sich unzählige kleine, schwarze Fische darin. Ich wußte immer noch nicht, ob sie wirklich die Füße anknabbern oder ob Jerry mich auf den Arm genommen hatte.

Am Horizont ragte der Izalco, der eindruckvollste Vulkan von El Salvador, in den strahlend blauen Himmel. Vor ein paar Jahren hatte er auf wunderbare Weise gezeigt, daß er sich nicht ausbeuten ließ. Er ließ die Geschäftsleute investieren und dann ... Seit ewigen Zeiten war der Izalco lebendig. Ohne Unterbrechung stiegen Rauchschwaden aus dem Krater. Ein cleverer Geschäftsmann wollte eine lohnende Attraktion daraus machen und baute oben auf dem Cerro verde - der "grüne Berg" liegt dem Izalco gegenüber - ein elegantes Hotel mit Terrassen, Blick auf den Izalco. Und damit seine reichen Gäste es auch recht bequem hätten, ließ er eine Seilbahn bauen, einzige Haltestation war das Hotel. Aber kaum waren Hotel und Seilbahn fertig, hörte der Vulkan auf zu qualmen.

Gottes Wille? Oder was sonst?

Wir gingen am Nachmittag in die Kirche zum Gottesdienst. Frauen aus Reiners Gemeinde hatten eine Altardecke gebatikt, die er jetzt der Gemeinde '22 de abril' überreichen wollte. Und Reiner predigte, vom Reich Gottes auf Erden, vom Teilen, über das Wort: "Was ihr dem geringsten meiner Brüder tut, das habt ihr mir getan."
Er sprach davon, wie seine Gemeinde Solidarität versteht, wie sie die Menschen in Salvador unterstützen kann, und wieviel wir in Deutschland von den Salvadorianern lernen können.
Er sagte es ungefähr so: "Niemand ist nur Gebender, und niemand ist nur Nehmender. Wir in Deutschland, und ihr in Salvador - wir sind beide Gebende und Nehmende, so können wir helfen, das Reich Gottes zu verwirklichen."
Es war mucksmäuschen still in der Kirche, alle hörten gebannt auf seine Worte.
Nun ist es in Salvador nicht ungewöhnlich, daß jeder seine ganz persönlichen Bitten in der Kirche sagt. Nach Reiners Predigt stand ein Mann auf, er wollte ein Gebet sprechen, eine Bitte, sagte er. Der Mann war keinem näher bekannt, man wußte nur, daß er zu ziemlich fanatischen Charismatikern gehörte. Aber warum sollte er nicht sein Gebet sprechen? Es war schließlich ganz normal. Und der Mann betete: "Gott, hilf uns, daß wir nicht an die irdischen Dinge denken. Hilf uns, daß meine armen Mitbrüder einsehen, daß Jesus nichts von dem, was er über Teilen, Besuch im Gefängnis, und diese Sachen gesagt hat, wörtlich gemeint hat. Laß meine Brüder erkennen, daß alles auf das Geistige hin gemeint ist."
Er sagte zwar nicht wörtlich, Armut und Elend sind Gottes Wille, aber jeder wußte, das Gebet sprach diesen Gedanken aus. Immer noch wird den Menschen hier dieses Sklavendenken eingeimpft und immer noch gibt es Menschen, die

darin die Wahrheit und echtes Christentum sehen. Es ist deprimierend.

Eine ganz besondere Speise

Manchmal, nicht sehr oft, gibt es Tamales. Dazu braucht man gekochtes Hühnerfleisch, das man zerkleinert und mit einem Teig aus Mais vermischt. Daraus werden kleine Würstchen geformt und mit Bananenblättern dick und fest umwickelt. Wie kleine Päckchen sieht das aus und die müssen dann mehr als zwei Stunden lang kochen.
Dieses Festessen gibt es bei Hochzeiten, großen Feiern und auch, wenn ein Gast besonders bewirtet werden soll.
Tamales ist wirklich kein billiges Essen. Ich schlenderte durch die Gemeinde. Vor einem Häuschen saßen mehrere Frauen, die Tamales zubereiteten.
"Das muß ja ein Riesenfest werden," dachte ich. "Diese Menge Tamales reicht ja fast für die ganze '22 de abril'".
Ich sah mir das einen Moment lang an. Hier stimmte etwas nicht. Die Frauen mischten und wickelten unermüdlich, nur eines vermißte ich, nämlich das Lachen und Jauchzen. Das war so ungewöhnlich, daß ich fragte: "Welches Fest wird denn da vorbereitet?"
Nein, es gab kein Fest, ein Verwandter ist gestorben. Die Tamales waren für das Neun-Tage-Totenessen. Es ist so Brauch, daß alle Nachbarn neun Tage hintereinander zum Essen kommen und an jedem Tag gibt es Tamales.

Eine unliebsame Erfahrung

Ich hatte keine Colones mehr. Kein Problem, Lidia konnte mir Schecks eintauschen. Ich marschierte los, die Pasaje hinunter und dann über die Bahnlinie nach '22 de abril'.
Viele Leute kamen mir entgegen, wir grüßten einander, Kinder stellten sich wieder in Reih und Glied auf, lachten: "Un Foto, por favor", ich tat ihnen den Gefallen, knipste und setzte meinen Weg fort.
Und dann hatte ich die 1. Calle '22 de abril' erreicht. Von hier aus ging es nur noch bergab.
Gerade war ich an der Kirche vorbei, da wurde ich von einem Betrunkenen angepöbelt. Wieso? Ich verstand das nicht. Ich hatte immer gedacht, daß mir das nie passieren könnte. War ich denn nicht mehr "ihre amiga"?
Ich ging weiter, der Mann klebte mir an den Fersen. Er wollte Geld von mir. Aber ich war doch im Moment selbst blank. Nein, er glaubte mir nicht, Deutsche haben immer Geld, viel mehr als sie brauchen. Er rückte bedenklich nah an mich heran, und, ich konnte es kaum glauben, er bedrohte mich. Auf

einmal waren es sechs, die mich regelrecht umzingelten und mit ihrem besoffenen Gelaber auf mich einredeten. Mein Herz bubberte wie verrückt. "Zeige nur nicht, daß du Angst hast, dann hast du verspielt." Ich schaute in ihre Gesichter und ging im gleichen Tempo wie zuvor weiter.

Einer wollte mich aufhalten, faßte meinen Arm. Ich streifte seine Hand weg, wie man eine lästige Fliege verscheucht. Verblüfft ließ er meinen Arm los, aber sie blieben mir auf den Fersen und das war sehr unangenehm.

Endlich hatte ich die Pasaje zum Büro erreicht. Sie folgten mir nicht weiter und ich atmete auf, bei Lidia fühlte ich mich sicher. Ich wollte es ihr nicht erzählen, jedoch ließen mich die Nerven im Stich, ich fing an zu zittern. Ich redete mir ein: "Ich zittere aus Wut" und wußte doch genau, "ich habe Angst." Natürlich konnte ich mich nicht ewig hier im Büro aufhalten, zögerte aber mein Gehen immer wieder hinaus. Schließlich verabschiedete ich mich doch. Da war nur noch die Frage, ob ich über die Bahnlinie gehen sollte. An der Kirche vorbei, wo sicher diese Kerls lauerten? Sie wußten, wohin ich wollte und daß es auf dem Weg viele einsame Ecken gab.

Für heute reichte es mir, und da Vorsicht noch niemandem geschadet hat, entschied ich mich für den bedeutend weiteren aber relativ sicheren Weg die Hauptstraße entlang.

Wie ich mich weiter verhalten sollte, ob ich morgen trotzdem wieder die Bahnlinie entlang in die '22 de abril' gehen würde? Ich wußte es nicht.

Eine Finca in Honduras

Die Finca war so schön. Leider sahen die Stechmücken das auch so und verzierten mit ihren Stichen wieder meine Arme und Beine. Spätestens morgen werden es dann wieder dicke rote Beulen sein. Trotzdem bin ich gern auf der Finca.

Am nächsten Tag wollten wir nach Honduras fahren. Es soll dort eine Finca geben, die einen Wahnsinnserfolg mit neuen Methoden bei verschiedenen Früchten haben soll. Treffen an der Kirche zur Fahrt nach Honduras. Jerry fuhr den Pick-Up, ich durfte vorne neben ihm sitzen.

Die Fahrt war lang, deshalb hatten wir auf die Ladefläche ausnahmsweise ein paar Bänke aufgestellt und die anderen Mitfahrer machten es sich so bequem wie möglich. Eine wunderbare Fahrt, höchstwahrscheinlich aber nur für mich, denn oft schaukelte und rappelte der Wagen fürchterlich und die Leute auf der Ladefläche wurden unsanft hin und her geworfen.

Der Straßenzustand ließ sehr zu wünschen übrig. Schlaglöcher und Risse im Asphalt, die wegen ihrer Größe nicht zu umfahren waren, lange Strecken aufgerissener Fahrbahn gab es sowohl in El Salvador als auch in Honduras.

Trotzdem hatten die Leute auf der Ladefläche des Pick-Up wohl viel Spaß, ich hörte sie singen und lachen und schreien vor Vergnügen.

Wir fuhren durch Chalatenango zur hondurenischen Grenze. "Es ist kalt in Chalatenango", sagte Jerry und zog fröstelnd die Schultern ein. Ich mußte lachen. "Welchen Begriff hast Du denn von Kälte?" Für mich hatte sich die Temperatur überhaupt nicht geändert, es war und ist heiß.

Je weiter wir nach Norden kamen, umso stiller wurde es auf der Ladefläche. Jerry hielt an. Das kleine Trüppchen hockte zusammengekauert in einer Ecke und bibberte vor Kälte. War ich denn hier die einzige, die nicht gefroren hatte? Ich hatte noch einen Jogginganzug im Rucksack, Ilda bekam die Hose und Zoila die Jacke. Ich zog die Jeans aus und gab sie Milagro, Jerry gab seine Jacke an Corina. Nur für Artemio und Kaspar hatten wir nichts Wärmendes.

Wir fuhren weiter. Problemlos kamen wir über die Grenze. Honduras, Santa Rosa de Copán, unser Ziel war erreicht. Den Laden von Padre Fausto fanden wir schneller als gedacht, nur gab es dumme Gesichter auf beiden Seiten, wir wurden heute, am Donnerstag, gar nicht erwartet. Padre Fausto war fest davon überzeugt, mit Jerry unser Kommen für Montag vereinbart zu haben. Das hieß im Klartext, er hatte in dieser Woche keinen Schlafplatz für uns.

Wir suchten und fanden ein Hotel. Ich teilte ein Zimmer mit Zoila und Corina. Das Zimmer war sehr einfach, aber sauber und vor allem nicht teuer. Und, o Jubel, es gab hier keine Moskitos, keine Zancudos. Aber, es gab auch kein Essen. Am Stadtrand hatten wir ein kleines Lokal gesehen, dorthin fuhren wir, und das Essen dort war ausgezeichnet.

Freitag, wir wollten früh bei Padre Fausto sein.

Um 6.00 Uhr waren wir vor dem Lokal vom Abend vorher, wollten frühstücken. Geöffnet wurde aber erst um 7 Uhr. Macht nichts, warten wir halt. Der Wirt war nett, ließ uns schon eine halbe Stunde früher rein. Das Frühstück mit Kaffee, Reis, Käse, Bohnen und Tortillas war gut und reichhaltig.

Im Hof von Padre Fausto's Laden war schon Hochbetrieb, seine "Patienten" warteten darauf, von ihm behandelt zu werden. Arzt ist Padre Fausto nicht, auch nicht ausgebildeter Heilpraktiker, aber die Menschen seiner Gemeinde vertrauen ihm, denn er weiß selbst genau, wo seine Grenzen sind. Vielen kann er helfen mit Medizin aus der Natur, und manche Leute brauchen Massagen. Das kann und macht Padre Fausto gut, und wir meinten, ein bißchen sollte die Gemeinde '22 de abril' davon profitieren.

Ilda und Milagro waren Feuer und Flamme. Sie arbeiten auf der Finca in der medicina natural, lernen dabei wieder neu die Heilkraft verschiedener Kräuter kennen. Unter Mariannes Anleitung stellen sie Salben und Tinkturen her und verkaufen sie in der Tienda der Gemeinde.

Und jetzt hatte Padre Fausto sie eingeladen, den ganzen Tag in seiner Sprechstunde zu bleiben, ihm zuzusehen, vielleicht noch etwas zu lernen, vor allem den Umgang mit Kranken und die Anwendung der Naturheilmittel. Sie waren selig.

Uns anderen gab der Padre einen Mitarbeiter mit, der sich auf den Fincas bestens auskannte. Auf Padre Faustos Fincas wird nur mit cultura orgánico, Naturdünger, gearbeitet.

Die erste Finca, die wir besuchten, liegt, wie alle anderen auch, die nicht Großgrundbesitzern gehören, an einem steilen Hang. Und wie sonst auch auf jeder Finca hatte der Boden mehr Steine als Erde.

Wir kletterte hinunter zur ersten Anpflanzung, Papayas. Ich konnte es einfach nicht glauben, mir fielen fast die Augen aus dem Kopf vor Staunen beim Anblick dieser unwahrscheinlichen Menge und Größe der Papayas. Einige Stämme waren sogar abgeknickt unter der schweren Last ihrer Früchte. Und Kaffee gab es hier und es würde eine gute Ernte geben. Noch waren die Bohnen grün, aber groß und rund und hohe Bananenstauden spendeten den nötigen Schatten. Konnten diese Prachtexemplare von Bananen tatsächlich auf diesem steinigen Boden gewachsen sein? Das Staunen nahm kein Ende. Die dichtbewachsenen Hänge mit den Düngebohnen im dunklen, satten Grün, sahen prachtvoll aus. Das also ist der Erfolg der Cultura Orgánico.

Wir blieben zum Mittag auf der Finca, es gab Bananen und Apfelsinen. Die Campesina fragte, ob wir dazu Fresco mochten und gab jedem einen großen Becher mit einem Saft, keine Ahnung von welcher Frucht, aber was man gut erkennen konnte, waren viele winzige Möhrenstückchen, die darin schwammen. Das sah lustig aus, schmeckte gut, und vor allem, es löschte den wahnsinnigen Durst.

Nach den Besuchen der drei Fincas waren wir kurz vor Dunkelwerden müde und kaputt, aber überaus zufrieden, wieder in Santa Rosa. Ilda und Milagro warteten schon, müde, hungrig und glücklich, genau wie wir.

Nach dem Essen, (habe ich je so gut und üppig gegessen?) gingen wir ins Hotel. Wir wollten schlafen, denn die Nacht würde kurz sein. Ilda und Milagro dachten anders darüber. Sachte öffnete sich unsere Zimmertür, Ilda steckte den Kopf durch den Spalt. "Können wir reinkommen?" Und schon waren beide in unserem Zimmer.

"Margot, tun dir die Beine weh?" Ich sagte: "Nein, warum?" "Ganz bestimmt tun dir die Beine weh, du bist viel gelaufen und geklettert," meinte Milagro, "und bestimmt hast du auch schlimme Kopfschmerzen," dabei sah sie mich erwartungsvoll an. Was blieb mir übrig? Ich mußte ihr den Gefallen tun und unter schrecklichen Schmerzen leiden. "Es war ein anstrengender Tag und alle Knochen tun mir weh. Ja, Kopfschmerzen habe ich auch." Ilda strahlte übers ganze Gesicht: "Ich kann dir helfen, ich mache dich gesund." Ausgezogen bis auf die Unterwäsche legte ich mich aufs Bett, Ilda nahm ihr Salbentöpfchen und probierte an mir das bei Padre Fausto erlernte Massieren aus.

"Und jetzt mußt du sagen, daß es dir sehr gut getan hat und daß die Schmerzen weg sind." Und ganz ehrlich konnte ich antworten: "Das war wunderbar, ich fühle mich unheimlich gut."

Am nächsten Morgen, wir waren um 5.00 Uhr aufgestanden, kam Kaspar verschlafen in die Hotelhalle. Milagro stürzte sich sofort auf ihn. "Du siehst schlimm aus, du hast Schmerzen." "Nein," sagte Kaspar, "ich bin nur noch etwas müde." Milagro gab keine Ruhe: "Du kannst ruhig zugeben, wenn es dir nicht gutgeht. Ich massiere dich, und dann fühlst du dich gleich besser." "Aber ..." da schaltete ich mich ein. "Ich denke doch, daß du gräßliche Kopfschmerzen hast, aber keine Angst, Milagro nimmt sie dir ganz schnell weg."

Kaspar wurde massiert und dann durfte er schmerzfrei sein. Es gab noch weitere Fincas zu besichtigen. Die erste lag am steilen Hang eines Berges und hatte steinigen Boden. Fruchtbarer, guter Boden gehört den paar Reichen im Land. Bis zum Häuschen des Campesinos konnten wir fahren, dann sind die Steige nur noch zu Fuß zu bewältigen. Es ging weit hinauf und auf halber Höhe machten wir eine Pause. Ein Baum mit einer breiten Krone spendete Schatten, wir hatten eine phantastische Aussicht auf die Bergwelt von Honduras. Wir setzten uns ins Gras. Ein wunderbares Plätzchen, hier konnte man es aushalten. Leider hatten die Ameisen das auch schon festgestellt. Es wimmelte nur so von den kleinen frechen Biestern und sie erdreisteten sich, auf meinen Beinen Klettertouren zu machen. Zurück blieben dicke, juckende Beulen.

Und dann ging es zur nächsten Finca. Wieviele sind eigentlich in Padre Faustos Obhut? Und wie schafft er es, daß die Campesinos so gut und selbständig arbeiten?

Die Fahrt über eine gute Aschenstraße war so angenehm, daß ich alles um mich herum genießen konnte. Es ging immer höher den Berg hinauf, die Aussicht war herrlich.

Wir waren schon ziemlich weit oben, da mußten wir die Straße verlassen und in einen Schotterweg einbiegen, der gerade die Breite des Wagens hatte. Der Weg war total ausgefahren, es ging abwechselnd steil hinauf, steil hinunter, mit der Gemütlichkeit war es vorbei. Auf der einen Seite berührte der Pick-Up fast die Felswand, auf der anderen Seite fiel der Hang steil hinab. Der Boden war einmal weich und rutschig, dann wieder hart und holprig, die Räder fanden kaum Halt auf dem Schotter und den lockeren Steinen. Manchmal rutschten sie bedenklich, ich sah uns schon den Hang hinabkollern. Die Steigungen und Gefälle waren so unübersichtlich, man konnte nicht sehen, ob es nach einer Steigung geradeaus oder in eine der scharfen Kurven ging. Der Weg schien kein Ende zu nehmen. Allen Schwierigkeiten zum Trotz haben wir die Finca doch noch erreicht.

Sie liegt in 2000 Metern Höhe und hier erlebten wir eine unvorstellbare Vegetation. Hatten wir schon am Tag zuvor gestaunt, hier waren wir überwältigt. Bohnen, Tomaten, Ananas, Papayas, dick und prall und in Hülle und Fülle. Eigentlich war der Boden gar nicht zu bebauen, bestand nur aus Steinen, viel mehr noch als auf den anderen Fincas. Padre Fausto und seine Campesinos wollten beweisen, daß auch dieses unfruchtbare Land Früchte trägt, wenn man es wirklich will. An dem ganzen Steilhang haben sie in mmühsamer Arbeit kleine Terassen gebaut, aber nicht wie auf der Finca der '22 de abril'. Da werden immer nur auf einem Teil des Hanges Beete angelegt, von der Natur, so wie Gott sie geschaffen hat, soll möglichst viel erhalten bleiben. Noch etwas ist anders. Statt die Beete mit Bambus zu befestigen, wird hier jeweils eine Reihe Izote gepflanzt. Aber das begradigte Stückchen Land mit Erde und Naturdünger auffüllen, das muß man auch auf diesen Wunderfincas.

Dieser Hang sah sehr ordentlich aus: ein Beet, eine Reihe Izote, einen halben Meter tiefer wieder ein Beet, eine Reihe Izote, Und das den ganzen Berg hinunter. Die Erde mußte von weit her angeschleppt werden, doch es hat sich gelohnt. Alles gedeiht prächtig.

Woran mochte das liegen? Vielleicht an der Izote? Es ist eine gute Pflanze, gibt dem Boden bei Regen noch mehr Halt als Bambus, denn ihre Wurzeln sind stark und dringen tief in jeden Boden ein. Außerdem sind die fleischigen weißen Blüten ein begehrtes Gewürz.

Padre Fausto und seine Campesinos hatten großes Glück, auf dieser Finca ist eine starksprudelnde Quelle mit herrlich klarem Wasser und unermüdlich und erfrischend rauscht der Bach, glitzert wie Kristall.

Zoila tanzte und jubelte, sprang an dem Bach entlang und dann bückte sie sich tief hinunter, um das sprudelnde Wasser an den Händen zu spüren. Und prompt fiel sie hinein. Sie strampelte und zappelte und fuchtelte wild mit den Armen. Wir mußten noch am gleichen Tag über die Grenze, also war keine Zeit, Zoilas Zeug zu trocknen. Das mußte die Sonne unterwegs besorgen.

Vor uns lag dieser fürchterliche Weg. Ein paar hundert Meter klappte das ganz gut, wenn auch der Wagen heftig hin und her schaukelte. Aber dann fanden die Räder keinen Halt auf dem lockeren, steinigen Untergrund und rutschten einfach weg, Gott sei Dank in Richtung Felswand. Es wurde zu riskant und alle mußten runter vom Wagen, laufen. Ich durfte weiter mitfahren und setzte mich ins Führerhaus. Lieber wäre ich auch gelaufen, das muß ich zugeben, aber ich hatte mir einen Bänderriß zugezogen und das Bein hätte den Abstieg nicht überstanden.

Jerry lenkte den Pick-Up über das gefährlichste Stück Weg, er sagte kein Wort, aber ich konnte die ungeheure Anspannung spüren. "Nur keine Angst zeigen," dachte ich, "das könnte ihn verunsichern." Aber als wir dann diese halsbrecherische Strecke hinter uns hatten, konnte ich einen Stoßseufzer der Erleichterung doch nicht unterdrücken.

Die anderen konnten wieder aufsteigen. Das Fahren war immer noch äußerst riskant, doch Jerry meinte, daß wir das wohl auch noch überstehen würden. Dem Himmel sei Dank, wir hatten die Aschestraße erreicht. Unser Begleiter fuhr noch bis zur Hauptstraße mit, dann nahm er den Bus nach Santa Rosa de Copán und wir fuhren Richtung El Salvador.

Verschafft sich hier jemand einen Nebenverdienst?

Gegen 1.005 Uhr waren wir an der Grenze. "Heute ist Samstag," sagte der Beamte, "und da darf ich nach 12.00 Uhr niemanden mehr rein- oder rauslassen. Erst wieder am Montag." Jerry fragte: "Wieso? Seit wann ist das so? Ich versteh das nicht." Der Beamte zuckte mit den Schultern: "Bestimmung von oben," dabei machte er ein sorgenvolles Gesicht und meinte sehr geheimnisvoll: "Wenn Sie 25 Lempire zahlen, kann ich vielleicht eine Ausnahme machen und Sie passieren lassen." Wie bitte? Da war ja wohl etwas faul. Entweder gab es diese Bestimmung, dann mußten wir bis Montag warten, oder es gab sie nicht, dann brauchten wir nicht extra zu zahlen. Aber wir waren machtlos, hatten keine Wahl und gaben ihm die geforderten Lempire.
Jerry fragte ihn um eine Quittung. "Nein," sagt der Grenzer, "Quittungen darf ich nicht schreiben, das ist gegen die Vorschrift." "Aber einen Zettel schreiben, das geht doch, ja?" "Ja, einen Zettel, den kann ich wohl schreiben." Er nahm ein Stückchen Papier, schaute in Jerrys Paß und schrieb: Gerardo deutsch, dazu die Paßnummer, aber statt Jerry den Zettel zu geben, legte er ihn mit wichtiger Miene auf das Geld. Jerry wollte den Zettel nehmen, der Beamte hinderte ihn daran. "Ich habe alles genau aufgeschrieben," sagte er, "aber abgeben darf ich das Papier nicht." Keine Quittung, kein Zettel, wir konnten jedoch froh sein, überhaupt die Grenze passieren zu dürfen. Die Abfertigung ging dann sehr schnell, und wir standen vor dem salvadorianischen Grenzbeamten. Wir hatten schon befürchtet, hier einen ebenso cleveren Zöllner anzutreffen. Aber, keine Probleme bei der Einreise.

Ein Tag in der Artesanía

Das Haus war leer, was machte ich jetzt? Ich wäre gern zur Artesanía gegangen, aber ich konnte mich noch nicht überwinden, allein durch '22 de abril' zu gehen, schließlich war ich noch ein zweites Mal angepöbelt und bedrängt worden. Daß man Hilfe bekam, wenn es brenzlich wurde, damit war nicht zu rechnen. In solchen Fällen mischen Salvadorianer sich nur ganz selten ein. Nun, da ich wußte, daß ich in einer üblen Situation nur auf mich selbst gestellt sein würde, mußte ich mir zuerst sicher darüber sein, ob es Angst oder eher die Enttäuschung war.

Noch während ich mir den Kopf darüber zerbrach, zog ich Schuhe an, nahm den Rucksack und ging los. Ich mußte in die Gemeinde gehen, und zwar über die Bahnlinie, vorbei an den Maras, vorbei an den Männern, die mich erschreckt hatten. Es gab keine andere Möglichkeit, mir über meine Gefühle klar zu werden. Und dann war ich tatsächlich in der Artesanía angekommen, auch ohne Begleitung.

Ich fand noch einen freien Platz am Tisch und dann saß ich den ganzen Vormittag dort und malte, bis zum Mittag.

"Um 14.00 Uhr mußt du wieder hier sein, dann fängt die Arbeit wieder an," hat Anita mir nachgerufen.

Natürlich war ich pünktlich. Vita gab mir ein Holzbrettchen: "Malst du mal ein Bild, so wie man in Deutschland malt?"

Als es fertig war, hat es fast Streit gegeben, jeder wollte das Bild für sich haben. Anita sprach ein Machtwort: "Das bleibt in der Artesanía," und sie suchte gleich einen geeigneten Platz. Dann durfte ich Kreuze malen, Kreuze, die so gar keine Ähnlichkeit haben mit den Kreuzen, wie wir sie kennen. Mit ihren leuchtenden, bunten Farben lachen sie dich an und Vita sagte: "So bunt und schön wie unsere Kreuze, so bunt und schön ist Gottes Welt."

Da waren diese weißen kleinen Häuser mit den roten Dächern gemalt, eine grüne Wiese mit Blumen und ein Feld mit Mais. Manchmal ist eine Campesina auf ein Kreuz gemalt, die einen Korb mit Früchten auf dem Kopf trägt. Und ein Campesino ist mit seiner Machete unterwegs, Kinder sitzen auf einer Schulbank oder sind beim Spielen. Und häufig steht über allem ein Regenbogen, eine Sonne, oder eine Taube.

"Das ist unsere Welt," sagen die Artesanos, "wie sie einmal gewesen ist, wie sie in unseren Träumen aussieht, wie Gott will, daß sie wird. Wir malen die Kreuze so bunt, weil das Kreuz ein Zeichen des Lebens ist und weil wir wünschen, daß alle Menschen die gleichen Chancen haben." Ja, es sind Kreuze der Sehnsucht, der Hoffnung, des Glaubens an eine bessere Zukunft. Sie warten immer noch auf diese Chance.

Während sie erzählten, kam mir dieses Lied in den Sinn, das sie immer wieder singen:

"Todavía cantamos, todavía pedimos,
todavía soñamos, todavía esperamos
por un mundo distinto
sin aprension sin ayunos sin dolor y sin llanto
y porque vuelvan al nido nuestros seres queridos."

"Noch singen wir, noch bitten wir,
noch träumen wir, noch hoffen wir
von einer anderen Welt

ohne Unterdrückung und ohne Hunger
und ohne Schmerz und ohne Tränen,
weil unsere Lieben in ihr Nest zurückkehren."

Feierabend, es war kurz nach 17 Uhr. Eine knappe Stunde und es würde
stockdunkel sein. Es hatte mir Spaß gemacht, den ganzen Tag in der Artesanía
zu arbeiten.
Ich stand in der Pasaje und wartete auf Jerry. Er wollte mich doch abholen,
hatte er es vergessen? Länger konnte ich nun wirklich nicht warten, schaffte
es sowieso nicht mehr vor dem Dunkelwerden und auf keinen Fall wollte ich in
der Dunkelheit über die Bahnlinie gehen. Nirgends mußte man so sehr mit den
Maras und ihrem Angriff rechnen wie dort. Also nahm ich wieder einmal den
längeren Weg, hinunter zum Boulevard, dann die Straße hoch nach Bredisa.

Hallo, ich muß noch einmal schreiben,

eigentlich geht es mir gut, und dennoch konnte ich letzte Nacht wieder einmal
nicht schlafen. Wirre Gedanken tummeln sich in meinem Kopf herum. Plötzlich
war da nur noch ein Satz: "Ich bin so weit entfernt." Dann wußte ich nicht
weiter, habe mich gefragt: "Wovon bin ich weit entfernt? Von Deutschland?
Von Zuhause? Von der Familie und den Freunden? Oder von mir selbst? Ich bin
so weit entfernt, aber von wem oder was?"
Lange habe ich draußen im Dunklen gesessen, sah die Lichter der Stadt
glitzern.
Die Dunkelheit hat den Berg verschluckt, nur die Lichter der paar Häuser, die
oben auf dem Berg stehen, sind zu sehen und schweben wie eine Krone am
nachtschwarzen Himmel. Ich verlor mich in Träume. Vor meinem geistigen
Auge sah ich eine heile Welt, eine Welt ohne Angst, eine Welt, in der alles in
Ordnung ist.
Ich konnte träumen, bis das Donnern und Dröhnen der Busse und Autos, die
sich den Berg hochquälen, wieder voll in mein Bewußtsein drang.
Ich hatte das alles ausgeschaltet, wenn auch nur für eine kurze Zeit, hatte eine
Schwelle vor mir aufgerichtet, doch sie wurde von der Wirklichkeit wegge-
fegt, und ich sah wieder die Stadt, wie sie tatsächlich war, häßlich, schmut-
zig, zerstört. Die Lichter, die mir so freundlich zugeblinkt hatten, sie hatten
ihre magische Kraft verloren.
Und dann sah ich die Gemeinde '22 de abril' vor mir, in der es trotz vieler
neuer Häuser auch immer noch diese Champas aus verrostetem Blech, ohne
Fenster, ohne Türen gibt.
Ich war nicht mehr fähig zu träumen, konnte die Augen nicht mehr
verschließen.

Kannst du verstehen, daß ich schon wieder vergleichen mußte? Was haben wir geschuftet, wie haben wir uns abgerackert, um menschenwürdig leben zu können, damals in Deutschland. Und weißt du, was mich so traurig macht? Daß ich diesen echten Willen, dem Elend zu entkommen, hier so selten spüre. Alle warten immer nur darauf, daß ihnen jemand sagt, was sie tun sollen. Niemand ergreift von sich aus die Initiative.

Manchmal fürchte ich, ungeduldig zu werden, verstehe nicht, warum sie dieses Sklavendenken nicht endlich abschütteln. Sie sind doch jetzt freie Menschen, leben in einem blühenden fruchtbaren Land. Warum wissen sie es nicht zu nutzen? Meine Seele weint. Nicht um meinen eigenen Kummer, der schwebt irgendwo neben mir, losgelöst von mir.

Meine Seele weint wegen der Menschen, die nicht aus ihrer Sklaverei herauskommen. Und der Gedanke machte mich krank, auch ihre Freundlichkeit könnte vielleicht ein Zeichen sein. Ohne es zu wollen, fragte ich mich manchmal: "Ist es das Lächeln der Unterdrückten, die sich davon einen Vorteil versprechen?" Ich weiß daß dieses Denken gemein ist, aber warum stimmen sie immer zu, wenn ein Weißer etwas sagt? Warum sagen sie nicht mal "Verdammt nochmal!", wenn sie "verdammt nochmal" meinen? Ich will keine Freundlichkeit und keine Umarmung, wenn man mir lieber einen Tritt versetzen würde. Und ich will kein Lächeln, nur weil ich die begehrten Dollars bringe. Ich wünsche mir nur Offenheit und Ehrlichkeit.

Mein Herz ist so traurig und ich fühle mich auf irgendeine Art betrogen. Bald ist Weihnachten und überall singt man von Frieden den Menschen auf Erden. Ich kann diese Lüge nicht mehr ertragen.

Noch unerträglicher ist aber, daß die Morddrohungen gegen bestimmte Leute nicht aufhören und daß man nur selten davon erfährt. Und wenn jemand umgebracht worden ist und auf der Straße gefunden wird, schweigt man es tot oder schiebt es den Maras zu, so wie früher jedes Greuel der Guerillo zugeschoben wurde. Das ist ja so einfach. Nach Tätern gefahndet wird immer noch nicht, oder nur sehr lasch.

Was mache ich denn nur? Ich jammere dir die Ohren voll und vergesse dabei, daß es auch noch Erfreuliches gibt. Dirk, das ist dieser junge Mann aus Dresden, ist mit Eifer dabei, einen Sonnenofen zu bauen. Das meiste Material dafür hat er aus Deutschland mitgebracht, aber er läuft sich die Hacken ab, um fehlende Teile zu finden. Vor allem ist er darauf bedacht, möglichst preiswert einzukaufen. Er hat schnell gemerkt, wie knapp das Geld in der Gemeinde ist. Die Leute schauen ihm interessiert, aber auch sehr skeptisch bei der Arbeit zu. Sie können es sich nicht vorstellen, daß man nur mit Sonne, ohne Holz und ohne Feuer kochen kann. Zugegeben, ich habe auch einige Zweifel, aber die Spannung ist größer.

Es war gut, den Brief zu schreiben, es hat meine Seele von einigem Druck befreit.

Schule unter der Sonne

Die Kluft zwischen Credisa und '22 de abril' wird größer. Zu viele Kinder haben noch immer keine Möglichkeit, die reguläre Schule zu besuchen, es ist viel zu teuer. Schulgeld und Schulkleidung, Bücher, Hefte und Papier, wer kann das bezahlen? Manchmal spart eine ganze Familie mit Tanten und Onkeln jeden Colon, um wenigstens einem Kind der Familie die Schule, vielleicht sogar ein Studium, zu ermöglichen. Es passiert jedoch selten, weil das Geld selbst dann noch nicht ausreicht.

Die zwei Schulen in '22 de abril' können nicht mehr Schüler aufnehmen, außerdem sind viele Leute inzwischen so lethargisch geworden, können sich nicht einmal mehr aufrappeln, die Kinder pünktlich in die Schule zu schicken.

Es ist frustierend, die Kindern ziehen verwahrlost durch die Straßen, stehen mit ihren Leimtüten schnüffelnd an den Ecken und ihr Anschluß an eine Straßenbande ist vorauszusehen, wenn nicht von irgendwo Hilfe kommt. Viele haben Hunger und schnüffeln, um diesen Hunger nicht mehr zu spüren.

Die Kinder in El Salvador mußten schon so früh unendlich viel Gewalt und Elend sehen und erleben. Wen wundert es da, daß sie selbst ebenfalls gewalttätig werden. Ich will das nicht entschuldigen, ich möchte es nur verstehen.

Ich hasse jede Art von Gewalt, aber diese Kinder - sie haben keine Ahnung von Gut und Böse, sie wollen nur überleben.

Und wir? Sollen wir uns einfach damit abfinden, daß es eine verlorene Generation ist?

Nein, diesen Kindern muß man eine reelle Chance geben. Zuerst müssen sie lesen lernen, und schreiben. Aus dieser Überlegung heraus entstand die Schule unter der Sonne.

Früh um 7.00 Uhr sitzen zwei Lehrer auf der Straße, einen Packen Papier zum Schreiben und ein Becher mit Stiften neben sich und warten. Jeder, der lernen möchte, egal in welchem Alter er ist, kann am Unterricht teilnehmen und das tun eine ganze Menge. Es gibt keinen Zwang, keine festgelegte Zeit, jeder kann kommen oder gehen wann er will. Leider sind manche schon total kaputt, kommen nur einmal und nie wieder.

Und jetzt mußte die Straßenschule geschlossen werden. Es war kein Geld mehr da, um die Lehrer zu bezahlen, kein Geld für das Lehrmaterial. Und da plötzlich war allen bewußt geworden, daß sie hier eine einmalige Chance hatten. Das Wunder geschah, es fanden sich Menschen, die diese Schule unterstützten, es kann weiter unter der Sonne unterrichtet werden.

Ein besonders schwerer Abschied

Es ist immer schwer, Abschied zu nehmen, man weiß ja nie, ob und wann man sich wiedersieht. Mich machte jeder Abschied traurig, nur die Abschiedsfeiern halfen ein wenig darüber hinweg, wenn Corina und Ilda ihre Sketsche aufführten.

In diesem Jahr war es besonders wichtig, zu singen und zu tanzen, die kleinen Theaterstückchen aufzuführen und unter vielen Freunden zu sein. Wie anders sollten die Leute ihren Kummer verarbeiten, daß sie ein ganzes Jahr ohne ihren Padre Jerry zurechtkommen müssen, wenn er in Mexico ist?

Es war Hochbetrieb auf der Finca und es wurde gefeiert bis spät in die Nacht hinein. Auf Holzbänken entlang der Wand standen Töpfe und Schüsseln mit Essen und Getränken. Alles mit einem Schild gekennzeichnet: Tamales, Tortillas, Arroz, Fresco, Comida alleman, Cafe, so muß man nicht ständig die darüber gebreiteten Tücher anheben und nachsehen, was sich darunter verbirgt. Alles Eßbare muß zugedeckt werden, denn in Sekundenschnelle ist sonst die Oberfläche der Speise schwarz von Ameisen und sonstigem kleinen Getier. Die kleinen gefräßigen Biester sind schneller als man gucken kann, auf alles haben die Appetit. Und weil sie so flink sind, haben sie ja auch diesen Erfolg, wenn sie sich mit meinem Blut laben wollen. Meine Arme und Beine sprechen eine deutliche Sprache.

Lidia sagte zu mir: "Setzt dich dort hin," und zeigte auf ein freies Eckchen der Bank, auf der die Speisen standen und sie heftete einen Zettel an die Wand über meinem Kopf und die ganze Gesellschaft stand vor mir und amüsierte sich. Auf dem Zettel stand mit großer deutlicher Schrift: "Comida para Zancudos" - Essen für Stechmücken. Wer den Schaden hat, braucht für den Spott nicht zu sorgen. So unendlich viel Leben und Fröhlichkeit war auf der sonst so ruhigen Finca, aber zwischendurch hockten immer wieder einige mit dem Gesicht zur Wand und ließen den Tränen ihren Lauf. Lidia sagte: "Ich glaube nicht, daß der Padre wieder zurück nach El Salvador kommt," und eine Flut von Tränen kollerte über ihr Gesicht. Viele Männer sind schon ins Ausland gegangen, wollten Arbeit suchen, um Frau und Kinder ernähren zu können. Kaum einer ist zurückgekommen. Oft wissen die Familie nicht einmal, wo die Männer sind. Warum sollte der Padre es anders machen als diese Männer? "Er kommt nicht zurück nach '22 de abril'." "Doch er kommt zurück, es ist nur sein Sabbat-Jahr."

"Alles hat seine Zeit ..." und es war mal wieder die Zeit zu lachen. Unter allgemeinem Jubel zauberte jemand eine Piñata hervor, schlang das Band um einen Dachbalken und als erster mußte Jerry versuchen, sie mit verbundenen Augen zu treffen und zu zerschlagen. Er suchte sie überall, nur nicht da, wo sie wirklich baumelte. Jeder durfte sein Glück versuchen und es dauerte lange, bis endlich nur noch Fetzen der Pinata an dem Band baumelten und die Süßigkeiten sich zur Freude der Kinder auf dem Boden verteilten.

Eine Gruppe Musiker kam, sang und spielte eine ganze Stunde lang die mitreißenden Lieder aus Lateinamerika. Das hat mir gut gefallen, doch als sie gegangen waren, dröhnte wieder die aufdringliche Musik aus dem Cassettenrecorder. Musik, das ist überhaupt so eine Sache in El Salvador. Egal wo man sich

befindet, sobald ein Deutscher auftaucht, wird jede Musik doppelt laut gespielt. Sie zeigen damit, daß man willkommen ist und haben wenig Verständnis dafür, wenn man es lieber etwas gedämpfter haben möchte.
Es war sehr spät in der Nacht und viele Gäste waren schon gegangen, nur ungefähr dreißig waren noch da. "Und wann fahren wir zurück?" fragte ich. Jerrys erstaunte Gegenfrage: "Wieso? - Heute Nacht nicht mehr." Einige holten schon eine Pritsche hervor, stellten sie in eine Ecke des Festraumes und schliefen. Ich suchte einen ruhigeren Platz, ging mit meiner Pritsche hinter das Haus, aber da war schon alles besetzt. Hinter dem Auto war Platz. Die Musik war immer noch ohrenbetäubend laut, und kalt war es, und der Vollmond schien mir direkt ins Gesicht.

Der letzte Fincatag

Am Morgen weckte mich die Sonne. Überall standen Pritschen herum, einige waren schon geräumt, auf anderen lagen noch die Langschläfer, konnten sich nicht zum Aufstehen entschließen. Übernächtigt sahen wir alle aus.
Dirk hatte am Tag zuvor den Sonnenofen fertiggemacht. Der sollte unbedingt am Abschiedstag eingeweiht werden. Einen passenden Eisentopf hatte er auch preisgünstig gekauft. Und jetzt kochte er Kaffee zum Frühstück, nur mit Sonnenenergie. Wir alle standen voller Erwartung im Kreis um dieses Wunderwerk und tatsächlich, das Wasser kochte, sprudelte ebenso schnell wie auf einem Holzfeuer. Dirk gab den Kaffee ins Wasser, ließ alles vorschriftsmäßig kochen und dann - war der Kaffee ungenießbar. "Ich habe den Topf doch ausgewaschen," klagte er mit todunglücklichem Gesicht. "Was war denn mit dem Topf?" und er erzählte: "Ich wollte sparen und habe überall nach einem billigen Topf gesucht. Bei einem Trödler sah ich diesen Topf, er war genau richtig zum Kochen mit Sonnenenergie. Der Mann brauchte den Topf gar nicht, die alten Schrauben konnte er auch in eine Kiste packen. Er schüttete sie aus und hat mir den Topf für wenig Geld verkauft." Alte Schrauben also, deshalb schmeckte der Kaffee nach Schmieröl.
Gut, daß Corina skeptisch gewesen ist und dem Sonnenofen nicht getraut hatte. Heimlich, damit niemand etwas merkt, hatte sie nach herkömmlicher Art, also auf Holzfeuer, Kaffee gekocht. (Übrigens wurde ausgerechnet Corina begeisterte Anhängerin der Sonnenküche.)
Fast alle waren weg, es war wieder still auf der Finca. Zum letzten Mal kletterte ich ein paar Pfade hinunter, nahm Abschied von diesem kleinen Paradies. Zum letzten Mal überließ ich mich meinen Träumen. In einem salvadorianischen Gedicht heißt es: Der Traum, den man allein träumt, kann reine Illusion sein. Der Traum, den man gemeinsam träumt, ist Zeichen des Neuen. Also laßt uns schnell träumen, gemeinsam träumen.

Bei Padre Benito

Noch ein Tag in El Salvador, dann würde ich mit Jerry nach Mexico fliegen. Wie gerne hätte ich ein bißchen geschlafen, die Nacht war alles andere als erholsam. Das war leider nicht möglich, mittags wollte Padre Benito mich abholen, ich sollte unbedingt in seine Gemeinde kommen. Er wollte mir das schon lange sagen, hat sich nur nie getraut, aber jetzt war eben die letzte Möglichkeit.

Er kam, wir fuhren los, Richtung Ilopango. Diese Straße dorthin kannte ich noch gar nicht. Die Landschaft war einfach zauberhaft. Wir fuhren eine lange, schnurgerade Straße durch grüne Felder, vorbei an blühenden Bäumen, und oben auf dem Berg war die Gemeinde San Martín. Ich sollte mich erst einmal in Ruhe umsehen, meinte Padre Benito, später käme dann die equipo pastoral.

Ich spazierte über den Platz, ging bis zum Rand des Plateaus und war überwältigt. Fast senkrecht fiel der Hang in die Tiefe, direkt hinein in den Lago Ilopango. Dieser Kratersee hat es mir schon immer angetan und obwohl jeder nur von dem wirklich wunderschönen Lago Coatepque schwärmt, ist dieser in Ilopango der See meiner Träume.

"Die Menschen in San Martin müssen sehr glücklich sein, hier leben zu können, in dieser wunderschönen Landschaft," dachte ich und vergaß ganz, daß man von der Schönheit des Landes nicht satt wird. Trotzdem, wenn ich das hier mit '22 de abril' verglich - ein Unterschied wie Tag und Nacht.

Die Leute von der equipo pastoral waren eingetroffen, hatten auf dem Platz Bänke aufgestellt, wir saßen uns im Kreis gegenüber. Lange erzählten sie von ihrer Gemeinde. Ich fragte: "Wo ist die Gemeinde? Hier ist nur die Kirche und ich sehe keine Wohnhäuser." "Die Gemeinde ist groß, erstreckt sich über eine weite Fläche und die Häuser stehen weit auseinander, im Feld und unter Bäumen. Hier auf dem Plateau ist die Kirche und die Clínica." Sie zeigten mir die Clínica und die dazugehörige Apotheke, kein Unterschied zu denen in anderen Dörfern und Gemeinden, der spärliche Bestand an Medikamenten säuberlich in den Regalen aufgereiht. Ich durfte in verschiedene Salbentöpfchen hineinschauen und schnuppern. Der Höhepunkt der Führung befand sich draußen, ein Geviert von etwa einem Quadratmeter. Auf vier Pfählen befand sich ein Dach, darunter, genau in der Mitte, eine gemauerte Feuerstelle, darauf ein Topf. Was das Besondere daran war, sollte ich bald erfahren. "Hier," sagte eine der Helferinnen nicht ohne Stolz, "stellen wir die Salben her, die wir dir vorhin in der Apotheke gezeigt haben. Wir machen sie aus Kräutern, die in unserem Garten wachsen, oder im Wald."

Zurück zu den Bänken, die Versammlung ging weiter und dann kam Padre Benito auf sein eigentliches Anliegen zu sprechen. Benito ist ein salvadorianischer Priester ohne nennenswerten Kontakt zu irgendeinem Ausland. Sein Wunsch, eine Partnerschaft mit einer Gemeinde in Deutschland. "Kannst du mir behilflich sein?

Wir wünschen uns so sehr eine Freundschaft mit Menschen in Deutschland, Briefe schreiben und so. Wir hätten so gerne auch einmal Besuch aus Deutschland. Ach ja, eine Partnerschaft wäre schön, und vielleicht könnte so eine Gemeinde uns sogar ein klein wenig unterstützen? Wir brauchten zum Beispiel dringend Hilfe für unsere Krankenstation. Wir schaffen das nicht allein."

Ich versprach ihm, mich in Deutschland umzuhören, hatte aber nur wenig Hoffnung auf Erfolg. Das habe ich ihm auch offen gesagt, daß ich alles versuchen würde, aber nichts versprechen kann, weil fast alle Gemeinden schon irgendwo in der Welt mit irgendeinem Dorf eine Partnerschaft pflegen. Padre Benito war so niedergeschlagen, so traurig, und ich konnte nicht anders, mußte ihm wenigstens etwas Mut machen: "Ich kann aber versprechen, daß ich mich sehr bemühen werde." Möge der Himmel mir dabei helfen.

Sein Gesicht hellte sich etwas auf. Wir machten noch einen Rundgang und fuhren zur Nachbargemeinde, die ebenfalls von ihm betreut wird. Der Tag war zu Ende und der Padre hatte den Leuten versprochen, am Abend einen Gottesdienst zu feiern und ihnen einen Gast aus Deutschland vorzustellen. Natürlich war ich bereit, dabei zu sein, nur hatte Benito vergessen mir zu sagen, daß ich in diesem Gottesdienst zu den Leuten reden sollte. Durfte ich sie enttäuschen? Das brachte ich nicht übers Herz, und so tat ich, was ich konnte. Es war mit Sicherheit keine geschliffene Predigt, bestimmt war es das schlimmste Kauderwelsch, das je in einer Kirche gesprochen worden ist, aber ich hatte mein ganzes Herz hineingelegt.

Als Padre Benito mich zurück nach '22 de abril' brachte, war es bereits dunkel. Zum letzten Mal saß ich vor dem Haus, schaute auf die Lichter von San Salvador, sah in den mit Sternen übersäten Himmel. Morgen würde ich nach Mexico fliegen, eine Woche in der Riesenhauptstadt verbringen, Museen besuchen und die Schätze der Mayas und Azteken bewundern, den Teil von Tenochtitlan sehen, (Stadt der Mexicos zur Zeit von Cortez) der jetzt ausgegraben wird. Mir war klar, eine Woche ist viel zu kurz. Und dennoch freute ich mich darauf. Wie kurz eine Woche ist, merkte ich erst richtig, als sie vergangen war.

Auf dem Flug in die Heimat war es mir noch vergönnt, den, wie ich glaube, schönsten Golf der Welt zu sehen, den Golf von Mexiko mit seinem klaren Wasser, intensiv grün wie Jade und dennoch durchsichtig wie Kristall.

"Mein Gott, Deine Welt ist so schön, laß sie bitte nicht untergehen!"